ŒUVRES COMPLÈTES
DE
SHAKSPEARE

IV

Paris. — Imprimé chez Bonaventure et Ducessois, 55 quai des Augustins.

ŒUVRES COMPLÈTES
DE
SHAKSPEARE

TRADUCTION
DE
M. GUIZOT

NOUVELLE ÉDITION ENTIÈREMENT REVUE

AVEC UNE ÉTUDE SUR SHAKSPEARE
DES NOTICES SUR CHAQUE PIÈCE ET DES NOTES

IV

Mesure pour mesure.—Othello.—Comme il vous plaira.
Le conte d'hiver.—Troïlus et Cressida.

PARIS

A LA LIBRAIRIE ACADÉMIQUE

DIDIER ET Cⁱᵉ, LIBRAIRES-ÉDITEURS

35, QUAI DES AUGUSTINS

—

1863

Tous droits réservés.

MESURE POUR MESURE

COMÉDIE

NOTICE

SUR MESURE POUR MESURE

Cette pièce démontre que le génie créateur de Shakspeare pouvait féconder le germe le plus stérile. Une ancienne pièce dramatique, d'un certain Georges Whestone, intitulée *Promas et Cassandra*, composition pitoyable, est devenue une de ses meilleures comédies. Peut-être n'a-t-il même pas fait l'honneur à Whestone de profiter de son travail; car une nouvelle de Geraldi Cinthio contient à peu près tous les événements de *Mesure pour mesure* et Shakspeare n'avait besoin que d'une idée première pour construire sa fable et la mettre en action. Dans la nouvelle de Cinthio, et dans la pièce de Whestone, le juge prévaricateur vient à bout de ses desseins sur la sœur qui demande la grâce de son frère. Condamné par le prince à être puni de mort, après avoir épousé la jeune fille qu'il a outragée, il obtient sa grâce par les prières de celle qui oublie sa vengeance dès que le coupable est devenu son époux.

L'épisode de Marianne a été heureusement inventé par Shakspeare pour mieux récompenser la chaste Isabelle. Un critique moderne ne voit qu'une froide vertu dans la conduite de cette jeune novice : il l'eût préférée plus touchée du sort de son frère, et prête à faire le sacrifice d'elle même. La scène touchante où Isabelle implore Angelo, son hésitation quand il s'agit de sauver son frère aux dépens de son honneur suffisent pour l'absoudre du reproche d'indifférence. Il ne faut pas oublier qu'élevée dans un cloître elle doit avoir horreur de tout ce qui pouvait souiller son corps qu'elle est accoutumée à considérer comme un vase d'élection ; d'ailleurs une vertu absolue a aussi sa noblesse, et si elle est moins dramatique

que la passion, elle amène ici cette scène si vraie où Claudio, après avoir écouté avec résignation le sermon du moine et se croyant détaché de la vie, retrouve, à la moindre lueur d'espoir, cet instinc inséparable de l'humanité qui nous fait embrasser avec ardeur tout ce qui peut reculer l'instant de la mort. Par quel heureux contraste Shakspeare a placé à côté de Claudio ce Bernardino, abruti par l'intempérance, auquel même il ne reste plus cet instinct conservateur de l'existence!

Le prince, qui veut être la Providence mystérieuse de ses sujets, est un de ces rôles qui produisent toujours de l'effet au théâtre. Il soutient avec un art infini son déguisement, et il est remarquable que Shakspeare, poëte d'une cour protestante, ait prêté tant de noblesse et de dignité au costume monastique. C'est une remarque qui n'a pas échappé à Schlegel au sujet du vénérable religieux que nous avons déjà vu dans la comédie de *Beaucoup de bruit pour rien*. Mais le philosophe se trahit sous le capuchon qui le cache dans l'exhortation sur la vie et le néant adressée par le duc à Claudio. Cette tirade contient quelques boutades de misanthropie qui ont sans doute été mises à profit par l'auteur des *Nuits*.

En général, le défaut de cette pièce est de ne pas exciter de sympathie bien vive pour aucun des personnages. Les caractères odieux n'ont pas une couleur très-prononcée, quand on les compare à tant d'autres créations profondes de Shakspeare. Mais l'intrigue occupe constamment la curiosité, on doit y admirer une foule de pensées poétiquement exprimées, et plusieurs scènes excellentes. L'unité d'action et de lieu y est assez bien conservée.

Mesure pour mesure, selon Malone, fut composée en 1603.

MESURE POUR MESURE

COMÉDIE

PERSONNAGES

VINCENTIO, duc de Vienne.
ANGELO, ministre d'Etat en l'absence du duc.
ESCALUS, vieux seigneur, collègue d'Angelo dans l'administration.
CLAUDIO, jeune seigneur.
LUCIO, jeune homme étourdi et libertin.
DEUX GENTILSHOMMES.
VARRIUS [1], courtisan de la suite du duc.
LE PRÉVOT DE LA PRISON.
THOMAS, } religieux franciscains.
PIERRE,
UN JUGE.
LE COUDE [2], officier de police.
L'ECUME [3], jeune fou.
UN PAYSAN BOUFFON, domestique de madame Overdone.
ABHORSON, bourreau.
BERNARDINO, prisonnier débauché.
ISABELLE, sœur de Claudio.
MARIANNE, fiancée à Angelo.
JULIETTE, maîtresse de Claudio.
FRANCESCA, religieuse.
MADAME OVERDONE, entremetteuse.
Des Seigneurs, des Gentilshommes, des Gardes, des Officiers, etc.

La scène est à Vienne.

ACTE PREMIER

SCÈNE I

Appartement du palais du duc.

LE DUC, ESCALUS, SEIGNEURS *et suite.*

LE DUC.—Escalus!

ESCALUS.—Seigneur!

LE DUC.—Vouloir vous expliquer les principes de l'administration paraîtrait en moi une affectation vaine et discours inutiles, puisque je sais que vos propres connaissances dans l'art de gouverner surpassent tous les

---

[1] Varrius pouvait être omis, on lui adresse bien la parole, mais c'est un personnage muet.
[2] *Elbow.*
[3] *Froth.*

conseils et les instructions que pourrait vous donner mon expérience. Il ne me reste donc qu'un mot à vous dire : votre capacité égalant votre vertu, laissez-les agir ensemble et de concert[1]. Le caractère de notre population, les lois de notre cité, les formes de la justice sont des matières que vous possédez à fond, autant qu'aucun homme instruit par l'art et la pratique que nous nous rappelions. Voilà notre commission, dont nous ne voudrions pas vous voir vous écarter.—(*A un domestique.*) Allez dire à Angelo de se rendre ici.—Quelle opinion avez-vous de sa capacité pour nous remplacer? Car vous savez que nous l'avons choisi avec un soin particulier pour nous représenter dans notre absence, que nous l'avons armé de toute la puissance de notre autorité, revêtu de tout l'empire de notre amour, et que nous lui avons transmis enfin par sa commission tous les organes de notre pouvoir. Qu'en pensez-vous?

ESCALUS.—S'il est dans Vienne un homme digne d'être revêtu d'un si grand honneur, et de si hautes fonctions, c'est le seigneur Angelo.

(Entre Angelo.)

LE DUC.—Le voilà qui vient.

ANGELO. — Toujours soumis aux volontés de Votre Altesse, je viens savoir vos ordres.

LE DUC.—Angelo, votre vie présente un certain caractère où l'œil observateur peut lire à fond toute votre histoire. Votre personne et vos talents ne sont pas tellement votre propriété que vous puissiez vous consacrer entièrement à vos vertus, et les consacrer à votre avantage personnel. Le ciel se sert de nous comme nous nous servons des torches : ce n'est pas pour elles-mêmes que nous les allumons; et si nos vertus restaient ensevelies dans notre sein, ce serait comme si nous ne les avions pas. La nature ne forme les âmes grandes que pour de grands desseins; jamais elle ne communique une parcelle de ses dons que comme une déesse intéressée qui

---

[1] Les commentateurs ont trouvé ici une lacune qu'ils n'ont pu remplir.

retient pour elle l'honneur d'un créancier, en exigeant l'intérêt et la reconnaissance. Mais j'adresse mes réflexions à un homme qui peut trouver en lui-même toutes les instructions que ma place m'obligerait de lui donner. Tenez donc, Angelo. Pendant notre absence, soyez en tout comme nous-même. La vie et la mort dans Vienne reposent sur vos lèvres et dans votre cœur. Le respectable Escalus, quoique le premier nommé, est votre subordonné. Prenez votre commission.

ANGELO.— Mon noble duc, attendez que le métal dont je suis fait ait subi une plus longue épreuve avant d'y imprimer une si noble et si auguste image.

LE DUC.— Ne cherchez point de prétextes : ce n'est qu'après un choix bien mûr et bien réfléchi que nous vous avons nommé : ainsi, acceptez les honneurs que je vous confère. Les motifs qui pressent notre départ sont si impérieux qu'ils se placent au-dessus de toute autre considération, et ne me laissent pas le temps de parler sur des objets importants. Nous vous écrirons, suivant l'occasion et nos affaires, comment nous nous trouverons ; et nous comptons bien être au courant de ce qui vous arrivera ici. Adieu ; je vous laisse tous deux avec confiance au soin de remplir les devoirs de vos fonctions.

ANGELO.— Mais du moins, accordez-nous, seigneur, la permission de vous accompagner jusqu'à une certaine distance.

LE DUC.— Je suis trop pressé pour vous le permettre ; et, sur mon honneur, vous n'avez pas besoin d'avoir de scrupule : ma puissance est la mesure de la vôtre ; vous pouvez renforcer ou adoucir la rigueur des lois, selon que votre conscience le trouvera bon. Donnez-moi la main. Je veux partir secrètement : j'aime mon peuple ; mais je n'aime pas à me donner en spectacle à ses yeux. Quoique ses applaudissements soient flatteurs, je n'ai point de goût pour le bruit et les saluts retentissants de la multitude ; et je ne crois pas que le prince qui les recherche agisse avec prudence et... Encore une fois, adieu.

ANGELO.— Que le ciel assure l'exécution de vos desseins !

ESCALUS.—Qu'il conduise vos pas, et vous ramène heureux !

LE DUC.—Je vous remercie, adieu.

(Le duc sort.)

ESCALUS, *à Angelo*.—Je vous prie, monsieur, de m'accorder une heure de libre entretien avec vous ; il m'importe beaucoup d'approfondir tous les devoirs de ma place : j'ai reçu des pouvoirs, mais je ne suis pas encore bien au fait de leur étendue et de leur nature.

ANGELO.—Je suis dans le même cas.—Retirons-nous ensemble, et nous ne tarderons pas à nous satisfaire sur ce point.

ESCALUS.—J'accompagne Votre Seigneurie.

(Ils sortent.)

SCÈNE II

Une rue de Vienne.

LUCIO et DEUX GENTILSHOMMES.

LUCIO.—Si notre duc et les autres ducs n'entrent pas en accommodement avec le roi de Hongrie, eh bien alors ! tous les ducs vont tomber sur le roi.

PREMIER GENTILHOMME.—Le ciel veuille nous accorder la paix, mais non pas celle du roi de Hongrie !

SECOND GENTILHOMME.—Amen !

LUCIO.—Vous imitez là ce dévot pirate qui se mit en mer avec les dix commandements, mais qui en effaça un de la table.

SECOND GENTILHOMME.—*Tu ne voleras point?*

LUCIO.—Oui : il effaça celui-là.

PREMIER GENTILHOMME.—Aussi était-ce là un commandement qui commandait au capitaine et à ses compagnons de renoncer à leurs fonctions : car ils ne s'embarquaient que pour voler. Il n'y a pas parmi nous tous un soldat qui, dans l'action de grâces avant le repas, goûte beaucoup la prière qui demande la paix.

SECOND GENTILHOMME.—Jamais je n'ai entendu aucun soldat la désapprouver.

LUCIO.—Je vous crois; car vous ne vous êtes jamais trouvé, je pense, là où on disait les grâces.

SECOND GENTILHOMME.—Non, dites-vous? au moins une douzaine de fois.

PREMIER GENTILHOMME.—Quoi donc? en vers?

LUCIO.—Dans tous les rhythmes et dans toutes les langues?

PREMIER GENTILHOMME.—Je le pense, et dans toutes les religions?

LUCIO.—Oui. Pourquoi pas? Les grâces sont les grâces en dépit de toute controverse; par exemple, vous êtes un mauvais sujet en dépit de toute grâce.

PREMIER GENTILHOMME.—Dans ce cas il n'y a eu qu'un coup de ciseaux entre nous.

LUCIO.—Je l'accorde, comme entre le velours et la lisière; vous êtes la lisière.

PREMIER GENTILHOMME.—Et vous le velours; un excellent velours, une pièce de première qualité. J'aimerais autant servir de lisière à une serge anglaise, que d'être râpé comme vous l'êtes pour un velours français[1]. Est-ce que je parle sensiblement maintenant?

LUCIO.—Je crois que oui; et vous sentez péniblement vos discours. J'apprendrai d'après vos aveux à boire à votre santé; mais ma vie durant j'oublierai de boire après vous.

PREMIER GENTILHOMME.—Je crois que je me suis fait tort, n'est-ce pas?

SECOND GENTILHOMME.—Certainement, que tu sois pincé ou non.

LUCIO.—Ah! voilà, voilà madame la Douceur qui vient. J'ai acheté chez elle des maladies jusqu'à la somme de....

SECOND GENTILHOMME.—Combien, je vous prie?

PREMIER GENTILHOMME.—Devinez.

SECOND GENTILHOMME.—Jusqu'à trois mille dollars par an.

---

[1] Équivoque entre le mot *pil'd*, terme qui désigne la qualité du velours, et *pill'd*, qui signifie *épilé, chauve.*

[2] *Dollars* et *dolours*, équivoque qui revient souvent dans Shakspeare.

PREMIER GENTILHOMME.—Et plus.

LUCIO.—Une couronne française de plus¹.

PREMIER GENTILHOMME.—Vous me croyez toujours des maladies ; mais vous vous trompez : je suis sain.

LUCIO.—Ce mot-là ne veut pas dire être en santé pour vous ; mais vous êtes sain comme un tronc d'arbre creux, vos os sont creux. L'impiété a fait de vous sa proie.

(Entre madame Overdone.)

PREMIER GENTILHOMME.—Holà ! quelle est celle de vos hanches qui a la plus forte sciatique?

MADAME OVERDONE.—Bien, bien, on vient d'arrêter et de mettre en prison quelqu'un qui vaut cinq mille hommes comme vous.

PREMIER GENTILHOMME.—Qui est-ce, je vous prie?

MADAME OVERDONE.—Hé ! c'est Claudio, le seigneur Claudio.

LUCIO.—Claudio en prison ? Cela n'est pas.

MADAME OVERDONE.—Et moi je sais que cela est ; je l'ai vu arrêter ; je l'ai vu emmener ; et il y a bien plus encore : c'est que d'ici à trois jours il doit avoir la tête tranchée.

LUCIO.—Mais, après tout ce badinage, je ne voudrais pas que cela fût vrai : en êtes-vous bien sûre ?

MADAME OVERDONE.—Je n'en suis que trop sûre ; et cela, c'est pour avoir donné un enfant à mademoiselle Juliette.

LUCIO.—Croyez-moi, cela pourrait bien être. Il m'avait promis de venir me joindre il y a deux heures, et il a toujours été exact à sa parole.

SECOND GENTILHOMME.—D'ailleurs, vous savez que cela se rapproche assez de la conversation que nous avons eue sur pareil sujet.

PREMIER GENTILHOMME.—Et surtout cela s'accorde avec l'ordonnance qu'on a publiée.

LUCIO.—Partons : allons savoir la vérité du fait.

(Ils sortent.)

MADAME OVERDONE, *seule*.—Ainsi, grâce à la guerre, à la sueur, au gibet, à la misère, je me trouve sans cha-

---

¹ Il feint de prendre le mot couronne de France, c'est-à-dire un écu, pour la *couronne de Vénus*.

lands. (*Entre le bouffon.*) Eh bien, quelles nouvelles?

LE BOUFFON. — Là-bas, on emmène un homme en prison.

MADAME OVERDONE. — Oui ; et qu'a-t-il fait?

LE BOUFFON. — Une femme.

MADAME OVERDONE. — Mais quel est son délit?

LE BOUFFON. — D'avoir été pêcher des truites dans la rivière d'autrui.

MADAME OVERDONE. — Quoi ! Y a-t-il une fille grosse de son fait?

LE BOUFFON. — Non : mais il y a une fille qu'il a rendue femme. Vous n'avez pas entendu parler de l'ordonnance : n'est-ce pas?

MADAME OVERDONE. — Quelle ordonnance, mon ami?

LE BOUFFON. — Que toutes les maisons des faubourgs de Vienne seront jetées bas.

MADAME OVERDONE. — Et que deviendront celles de la cité?

LE BOUFFON. — Elles resteront pour graine : elles seraient tombées aussi, si un sage bourgeois n'avait plaidé en leur faveur.

MADAME OVERDONE. — Mais toutes nos maisons de refuge dans les faubourgs seront-elles abattues?

LE BOUFFON. — Jusqu'aux fondements, madame.

MADAME OVERDONE. — Voilà vraiment un changement dans l'État ! Que deviendrai-je?

LE BOUFFON. — Allons, ne craignez rien ; les bons procureurs ne manquent pas de clients. Quoique vous changiez de place, vous n'avez pas besoin pour cela de changer d'état ; je serai toujours votre valet. Allons, du courage ; on prendra pitié de vous ; vous qui avez presque usé et perdu vos yeux au service, on vous prendra en considération.

MADAME OVERDONE. — Qu'avons-nous à faire ici? Thomas, retirons-nous.

LE BOUFFON. — Voici le seigneur Claudio conduit en prison par le prévôt, et voici madame Juliette.

(*Ils sortent.*

SCÈNE III

Entrent LE PRÉVÔT, CLAUDIO, JULIETTE *et des* OFFICIERS DE JUSTICE, *puis* LUCIO *et les* DEUX GENTILSHOMMES.

CLAUDIO, *au prévôt.* —Ami, pourquoi me donnes-tu ainsi en spectacle au public? Conduis-moi à la prison où je dois être enfermé.

LE PRÉVÔT. —Je ne le fais pas par mauvaise disposition pour vous, mais sur un ordre spécial du seigneur Angelo.

CLAUDIO. —Ainsi, ce demi-dieu de la terre, l'autorité, peut nous faire payer notre délit au poids[1] : tels sont les décrets du ciel! Elle frappe qui elle veut, épargne qui elle veut ; et elle est toujours juste.

LUCIO. —Quoi donc, Claudio! D'où vient cette contrainte?

CLAUDIO. —De trop de liberté, mon Lucio, de trop de liberté ; comme l'intempérance est la mère du jeûne, de même une liberté dont on fait un usage immodéré se change en contrainte. Comme les rats avalent avidement le poison qui les tue, nos penchants poursuivent le mal dont ils sont altérés, et en buvant nous mourons.

LUCIO. —Si je pouvais parler aussi sagement que toi dans les fers, j'enverrais chercher certains de mes créanciers; et cependant j'aime encore mieux être un faquin en liberté, qu'un philosophe en prison. Quel est ton crime, Claudio?

CLAUDIO. —Ce serait le commettre encore que d'en parler.

LUCIO. —Quoi, est-ce un meurtre?

CLAUDIO. —Non.

LUCIO. —Une débauche?

CLAUDIO. —Si tu veux.

LE PRÉVÔT. —Allons! monsieur, il faut marcher.

---

[1] Métaphore tirée de l'usage de payer l'argent au poids, méthode plus sûre que celle de la numération des espèces.

CLAUDIO. — Encore un mot, mon ami. — (*Il prend Lucio à part.*) Lucio, un mot à l'oreille.

LUCIO. — Cent, s'ils peuvent te faire quelque bien. — Est-ce qu'on regarde de si près à la débauche?

CLAUDIO. — Voici ma position. D'après un contrat sérieux, j'ai acquis la possession du lit de Juliette. Vous la connaissez; elle est parfaitement ma femme, si ce n'est qu'il nous manque de l'avoir déclaré par les cérémonies extérieures. Nous n'en sommes point venus là, uniquement dans la vue de conserver une dot, qui reste dans le coffre de ses parents, auxquels nous avons cru devoir cacher notre amour, jusqu'à ce que le temps les réconcilie avec nous. Mais le malheur veut que le secret de notre union mutuelle se lise en caractères trop visibles sur la personne de Juliette.

LUCIO. — Un enfant, peut-être?

CLAUDIO. — Hélas! oui, malheureusement; et le nouveau ministre qui remplace le duc... je ne sais si c'est la faute et l'éclat de la nouveauté, ou si le corps de l'État ressemble à un cheval monté par le gouverneur, qui, nouvellement en selle, et pour lui faire sentir son empire, lui fait sentir tout d'abord l'éperon; ou si la tyrannie est attachée à la dignité, ou bien à l'homme qui l'exerce... Je m'y perds... Mais ce nouveau gouverneur vient de réveiller toutes les vieilles lois pénales qui étaient restées suspendues à la muraille comme une armure rouillée, depuis si longtemps que le zodiaque avait dix-neuf fois fait son tour, sans qu'aucune d'elles eût été mise en exécution; et aujourd'hui, pour se faire un nom, il vient appliquer contre moi ces décrets assoupis et si longtemps négligés : sûrement c'est pour faire parler de lui.

LUCIO. — Je garantirais que oui; et ta tête tient si peu sur tes épaules, qu'une laitière amoureuse pourrait la faire tomber d'un soupir. Envoie après le duc, et appelles-en à lui.

CLAUDIO — Je l'ai déjà fait; mais on ne peut le trouver. — Je t'en conjure, Lucio, rends-moi un service : aujourd'hui ma sœur doit entrer au couvent, et y commencer son noviciat. Fais-lui connaître le danger de ma position;

implore-la en mon nom ; prie-la d'employer des amis auprès du rigide ministre; dis-lui d'aller elle-même sonder son cœur. Je fonde là-dessus de grandes espérances ; car il est à son âge un langage muet et touchant qui est fait pour émouvoir les hommes : en outre, elle a un talent heureux quand elle veut employer les raisonnements et la parole, et elle sait persuader.

LUCIO. — Je prie le ciel qu'elle y réussisse, autant pour le salut des autres coupables de ton espèce qui, sans cela, auraient à subir des peines rigoureuses, que pour te conserver la vie, que je serais bien fâché que tu perdisses si follement à un jeu de *tic tac*. Je vais la trouver.

CLAUDIO. — Je te remercie, bon ami Lucio.

LUCIO. — D'ici à deux heures...

CLAUDIO. — Allons, prévôt, marchons.

(Ils sortent.)

SCÈNE IV

Un monastère.

Entrent LE DUC ET LE MOINE THOMAS.

LE DUC. — Non, vénérable religieux, écartez cette idée; ne croyez point que le faible trait de l'amour puisse percer un sein bien armé. Le motif qui m'engage à vous demander un asile secret a un but plus grave et plus sérieux que les projets et les entreprises de la bouillante jeunesse.

LE MOINE. — Votre Altesse peut-elle s'expliquer?

LE DUC. — Mon saint père, nul ne sait mieux que vous combien j'aimai toujours la vie retirée, et combien peu je me soucie de fréquenter les assemblées que hantent la jeunesse, le luxe et la folle élégance. J'ai confié au seigneur Angelo, homme d'une vertu rigide, et de mœurs austères, mon pouvoir absolu et mon autorité dans Vienne, et il me croit voyageant en Pologne ; car j'ai eu soin de faire répandre ce bruit dans le peuple, et c'est ce qu'on croit. A présent, mon père, vous allez me demander pourquoi j'en agis ainsi?

LE MOINE. — Volontiers, seigneur.

LE DUC. — Nous avons des statuts rigoureux et des lois rigides (freins et mors nécessaires pour des coursiers fougueux), que nous avons laissé dormir depuis dix-neuf ans, comme un vieux lion dans sa caverne, qui ne va plus chercher sa proie. Comme un faisceau de verges menaçantes qu'un père indulgent a formé uniquement pour effrayer par leur vue ses enfants, et non pour s'en servir, ces verges deviennent à la fin un objet de moquerie plutôt que de crainte, il en est de même maintenant de nos décrets ; morts pour le châtiment, ils sont morts eux-mêmes ; la licence tire la justice par le nez ; l'enfant bat sa nourrice, et tout ordre est renversé.

LE MOINE — Il dépendait de Votre Altesse de dégager la justice de ses liens, quand vous le trouveriez bon ; et elle aurait paru plus redoutable en vous que dans le seigneur Angelo.

LE DUC. — J'ai craint qu'elle ne le fût trop. Puisque c'est par ma faute que j'ai donné à mon peuple tant de liberté, ce serait en moi une tyrannie de frapper, et de les punir cruellement pour des transgressions que j'ai ordonnées moi-même ; car c'est ordonner les crimes que de leur laisser un libre cours, sans faire craindre le châtiment. Voilà pourquoi, mon père, j'ai chargé Angelo de cet emploi : il peut, à l'abri de mon nom, frapper l'abus au cœur, sans que mon caractère, qui ne sera point exposé à la vue, soit compromis. C'est pour suivre son administration, que je veux, sous l'habit d'un de vos frères, observer à la fois et le ministre et le peuple. Ainsi, je vous prie de me fournir un habit de votre ordre, et de m'enseigner comment je dois me conduire pour avoir tout l'air d'un vrai religieux. Je vous donnerai, à loisir, d'autres raisons de ma conduite : à présent, écoutez seulement celle-ci. — Angelo est austère ; il est en garde contre l'envie : à peine avoue-t-il que son sang circule, ou qu'il aime mieux le pain que la pierre : nous allons voir par la suite, si le pouvoir vient à changer son caractère, ce que sont nos hommes à belles apparences.

(Ils sortent.)

SCÈNE V

Un couvent de femmes.

ISABELLE, FRANCESCA, *ensuite* LUCIO.

ISABELLE. — Et sont-ce là tous vos priviléges à vous autres religieuses?

FRANCESCA. — Ne sont-ils pas assez étendus?

ISABELLE. — Oui, sans contredit, et ce que j'en dis n'est pas que j'en désire davantage : au contraire, je souhaiterais qu'une règle plus étroite assujettît la communauté des sœurs de Sainte-Claire.

LUCIO, *au dehors.*—Holà, quelqu'un! la paix soit en ces lieux!

ISABELLE. — Qui est-ce qui appelle?

FRANCESCA. — C'est la voix d'un homme. Chère Isabelle, tournez la clef, et sachez ce qu'il veut; vous le pouvez, et moi non; vous n'avez pas encore prononcé vos vœux; lorsque vous l'aurez fait, il ne vous sera plus permis de parler à un homme qu'en présence de la supérieure; alors, si vous lui parlez, vous ne devez pas lui montrer votre visage ; ou si vous montrez votre visage, vous ne pouvez pas parler.—On appelle encore; je vous prie, répondez-lui.

(Francesca sort.)

ISABELLE. — Paix et félicité! Qui est-ce qui appelle?

LUCIO. — Salut, vierge, si vous l'êtes, comme ces joues l'annoncent assez. Pouvez-vous me rendre le service de me faire parler à Isabelle, novice dans ce monastère, et l'aimable sœur de son malheureux frère Claudio?

ISABELLE. —Pourquoi dites-vous son malheureux frère? Permettez-moi cette question, d'autant plus que je dois vous déclarer à présent que je suis cette Isabelle, et sa sœur.

LUCIO. — Aimable et belle novice, votre frère vous dit mille tendresses; il est en prison.

ISABELLE. — O malheureuse? Eh! pourquoi?

LUCIO. — Pour une action qui lui vaudrait de ma part,

si je pouvais être son juge, des remerciements pour punition : il a fait un enfant à sa bonne amie.

ISABELLE. — Monsieur, ne vous jouez pas de moi !

LUCIO. — C'est la vérité. — Je ne voudrais pas (quoique ce soit mon péché familier d'imiter le vanneau avec les jeunes filles, et de badiner, la langue loin du cœur[1]) prendre cette licence avec les vierges. Je vous regarde comme un objet consacré au ciel et sanctifié, comme un esprit immortel par votre renoncement au monde, et auquel il faut parler avec sincérité comme à une sainte.

ISABELLE. — Vous blasphémez le bien en vous moquant ainsi de moi.

LUCIO. — Ne le croyez pas. Brièveté et vérité, voici le fait : votre frère et son amante se sont embrassés ; et comme il est naturel que ceux qui mangent se remplissent, que la saison des fleurs conduise la semence d'une jachère dépouillée à la maturité de la moisson, de même son sein annonce son heureuse culture et son industrie.

ISABELLE. — Y a-t-il quelque fille enceinte de lui ? ma cousine Juliette ?

LUCIO. — Est-ce qu'elle est votre cousine ?

ISABELLE. — Par adoption ; comme les jeunes écolières changent leurs noms par amitié.

LUCIO. — C'est elle.

ISABELLE. — Oh ! qu'il l'épouse !

LUCIO. — Voilà le point. Le duc est sorti de cette ville d'une étrange manière, et il a tenu plusieurs gentilshommes, et moi entre autres, dans l'espérance d'avoir part à l'administration : mais nous apprenons par ceux qui connaissent le cœur du gouvernement, que les bruits qu'il a fait répandre étaient à une distance infinie de ses vrais desseins. A sa place, et revêtu de toute son autorité, le seigneur Angelo gouverne l'État ; un homme dont le sang est de l'eau de neige ; un homme qui ne

[1] *La langue loin du cœur*, c'est-à-dire quand le vanneau s'éloigne en criant de son nid pour tromper l'oiseleur.

sent jamais le poignant aiguillon ni les mouvements des sens, mais qui émousse et dompte les penchants de la nature par les travaux de l'esprit, l'étude et le jeûne. —Pour intimider l'abus et la licence qui ont longtemps rôdé imprudemment auprès de l'affreuse loi, comme des souris près d'un lion, il a déterré un édit dont les rigoureuses dispositions condamnent la vie de votre frère ; Angelo l'a fait emprisonner en vertu de cette loi; et il suit littéralement toute la rigueur du statut pour faire de Claudio un exemple. Toute espérance est perdue, à moins que vous n'ayez le pouvoir, par vos prières, de fléchir Angelo ; et c'est là l'affaire que je suis chargé de traiter entre vous et votre malheureux frère.

ISABELLE.—En veut-il donc à sa vie?

LUCIO.—Il a déjà prononcé sa sentence ; et, à ce que j'entends dire, le prévôt a reçu l'ordre pour son exécution.

ISABELLE. — Hélas! quelles pauvres facultés puis-je avoir pour lui faire du bien?

LUCIO.—Essayez votre pouvoir.

ISABELLE.—Mon pouvoir! hélas! je doute...

LUCIO.—Nos doutes sont des traîtres, qui nous font souvent perdre le bien que nous aurions pu gagner, parce que nous craignons de le tenter. Allez trouver le seigneur Angelo, et qu'il apprenne par vous que quand une jeune fille demande, les hommes donnent comme les dieux ; mais que si elle pleure et s'agenouille, tout ce qu'elle demande est aussi certainement à elle qu'à ceux mêmes qui le possèdent.

ISABELLE.—Je verrai ce que je pourrai faire.

LUCIO.—Mais, promptement.

ISABELLE.—Je vais m'en occuper sur-le-champ ; et je ne prendrai que le temps de donner connaissance de cette affaire à notre mère. Je vous rends d'humbles actions de grâce : recommandez-moi à mon frère ; ce soir, de bonne heure, j'enverrai l'instruire de mon succès.

LUCIO.—Je prends congé de vous.

ISABELLE.—Mon bon seigneur, adieu.

(Ils se séparent.)

FIN DU PREMIER ACTE.

ACTE DEUXIÈME

SCÈNE I

Un appartement dans la maison d'Angelo.

Entrent ANGELO, ESCALUS, UN JUGE, LE PRÉVOT[1], OFFICIERS *et suite*.

ANGELO. — Il ne faut pas que nous fassions de la loi un épouvantail pour effrayer les oiseaux de proie, jusqu'à ce qu'en voyant son immobilité, familiarisés par l'habitude, ils osent venir se percher sur l'objet même de leur terreur.

ESCALUS. — Vous avez raison ; mais cependant n'aiguisons le glaive de la loi que pour blesser légèrement, plutôt que pour frapper des coups mortels. Hélas ! ce gentilhomme que je voudrais sauver avait un bien noble père. Daignez considérer, vous que je crois de la vertu la plus stricte, que dans l'effervescence de vos propres affections, si l'occasion avait concouru avec le lieu, et le lieu avec le désir, et qu'il n'eût fallu, pour obtenir l'objet de vos vœux, que laisser agir la fougue téméraire de votre sang, il est bien douteux que vous n'eussiez pu quelquefois dans votre vie tomber dans la faute même pour laquelle vous le condamnez aujourd'hui, et attirer sur vous la loi.

ANGELO. — Autre chose est d'être tenté, Escalus, autre chose de succomber. Je ne disconviens pas qu'un jury qui condamne un prisonnier à perdre la vie ne puisse, dans les douze jurés qui le composent, renfermer un ou deux voleurs plus coupables que l'homme dont ils font

---

[1] Le prévôt est ici une espèce de geôlier.

le procès; mais la justice saisit le crime là où il se montre à elle. Qu'importe aux lois que des voleurs jugent des voleurs! Il est tout simple de nous baisser pour ramasser le joyau que nous voyons; mais nous foulons aux pieds le trésor que nous ne voyons pas, sans jamais y songer. Vous ne devez pas tant excuser sa faute, par la raison que j'aurais pu en commettre de semblables; dites plutôt que, lorsque moi qui le condamne, je tomberai dans la même offense, mon jugement doit être à l'instant mon arrêt de mort, et que nulle partialité ne peut intervenir. Seigneur, il faut qu'il périsse.

ESCALUS.—Que ce soit comme le voudra votre sagesse.

ANGELO.—Où est le prévôt?

LE PRÉVÔT.—Ici, s'il plait à Votre Honneur.

ANGELO.—Que Claudio soit exécuté demain matin sur les neuf heures; amenez-lui son confesseur; qu'il se prépare à la mort, car il est au terme de son pèlerinage.

(Le prévôt sort.)

ESCALUS.—Allons, que le ciel lui pardonne! et qu'il nous pardonne aussi à tous! Quelques-uns prospèrent par le crime, d'autres succombent par la vertu. Il en est qui ont tous les vices, et qui ne répondent d'aucun[1]; d'autres sont condamnés pour une faute unique.

(Entrent le Coude, l'Écume, le Bouffon, officiers de justice.

LE COUDE.—Allons, amenez-les : si ce sont des gens de bien dans un État que ceux qui ne font autre chose que de commettre des abus dans les maisons de prostitution, je ne connais plus de lois; qu'on les amène.

ANGELO.—Eh bien! monsieur, quel est votre nom? et de quoi s'agit-il?

LE COUDE.—Sous le bon plaisir de votre Grandeur, je suis un pauvre constable du duc, et mon nom est Coude. Je tiens à la justice, monsieur, et j'amène ici devant Votre Grandeur deux insignes *bienfaiteurs.*

ANGELO.—Bienfaiteurs? Eh bien! quels bienfaiteurs sont ces gens-là? Ne sont-ce pas des malfaiteurs?

---

[1] *Brakes of vice.* Les commentateurs ont donné mille explications de ces mots, que nous traduisons en leur laissant le sens le plus naturel, *bois* de vices, *repaire* de vices, *multitude* de vices.

LE COUDE.—Sous le bon plaisir de Votre Grandeur, je ne sais pas bien ce qu'ils sont : mais ce sont de vrais coquins, j'en suis sûr, exempts de toutes les *profanations mondaines* qui sont du devoir de tout bon chrétien.

ESCALUS.—Voilà qui coule de source; voilà un officier bien sensé.

ANGELO.—Poursuivez : de quelle espèce sont ces deux hommes? Coude est votre nom? Eh bien! que ne parlez-vous, Coude?

LE BOUFFON.—Il ne le peut pas, seigneur; il a un trou au coude.

ANGELO, *au Bouffon*.—Qui êtes-vous?

LE COUDE.—Lui, seigneur? un garçon de taverne, seigneur; un meuble de mauvais lieu au service d'une femme de mauvaises mœurs, dont la maison, monsieur, a été, comme on dit, démolie dans les faubourgs; et aujourd'hui, elle tient une maison de bains, qui, je crois, est aussi une fort mauvaise maison.

ESCALUS.—Comment savez-vous cela?

LE COUDE.—Ma femme, monsieur, que je *déteste*, devant le ciel et devant Votre Grandeur...

ESCALUS.—Comment? votre femme?

LE COUDE.—Oui, monsieur, qui, j'en remercie le ciel, est une honnête femme...

ESCALUS.—Et c'est pour cela que vous la *détestez*?

LE COUDE.—Je dis, monsieur, que je me *détesterai* moi-même, aussi bien qu'elle, si cette maison n'est pas une maison de prostitution, je veux regretter sa vie; car c'est une vilaine maison.

ESCALUS.—Comment savez-vous cela, constable?

COUDE.—Hé! monsieur, par ma femme, qui, si elle avait été adonnée au vice *cardinal*[1], aurait pu être accusée en fornication, en adultère et en toutes sortes d'impuretés dans cette maison.

ESCALUS.—Par les intrigues de cette femme?

LE COUDE.—Oui, monsieur, par madame Overdone; mais

---

[1] Cardinal est ici pour *charnel*.

comme elle lui a craché au visage, c'est elle qui l'a provoquée.

LE BOUFFON.—Monsieur, sous le bon plaisir de Votre Grandeur, cela n'est pas.

LE COUDE.—Prouve-le devant ces *coquins* qui sont ici; prouve-le, *honnête homme*.

ESCALUS, *à Angelo*. — Entendez-vous comme il dit un mot pour l'autre?

LE BOUFFON. — Monsieur, elle est devenue grosse, et avait envie, sous votre respect, de pruneaux cuits; nous n'en avions que deux, monsieur, dans la maison, qui étaient dans ce temps-là comme dans un plat de fruits, un plat d'environ trois sous; Vos Grandeurs ont vu de ces plats-là; ce ne sont pas des plats de Chine, mais de fort bons plats.

ESCALUS. — Continue, continue : peu importe le plat.

LE BOUFFON. — Non, monsieur, pas d'une tête d'épingle : vous avez raison, monsieur ; mais au fait. Comme je disais, cette dame Coude étant, comme je dis, enceinte, et ayant un fort gros ventre, a eu envie, comme j'ai dit, de pruneaux ; il n'y en avait que deux, comme j'ai dit, dans le plat ; maître l'Écume que voilà, cet homme-là même, ayant mangé le reste, comme j'ai dit, et comme je dis, payé fort honnêtement : car, comme vous savez, maître l'Écume, je ne pourrais vous rendre les trois sous.

L'ÉCUME. — Non, vraiment.

LE BOUFFON. — Fort bien : comme vous étiez donc, si vous vous en souvenez, à casser les noyaux des susdits pruneaux.

L'ÉCUME. — Oui, c'est vrai, j'étais là.

LE BOUFFON.— Allons, fort bien : comme je vous disais donc, si vous vous le rappelez, que tels et tels étaient incurables de la maladie que vous savez, à moins qu'ils n'observassent un bon régime, comme je vous disais.

L'ÉCUME. — Tout cela est vrai.

LE BOUFFON. — Eh bien! fort bien, alors...

ESCALUS.—Allons, vous êtes un sot ennuyeux : au but. Qu'a-t-on fait à la femme de ce Coude, dont il ait sujet de se plaindre? Venez tout de suite à ce qu'on lui a fait.

LE BOUFFON. — Votre Grandeur ne peut en venir là encore.

ESCALUS. — Ce n'est pas mon intention, non plus.

LE BOUFFON. — Mais, monsieur, vous y viendrez, avec la permission de Votre Grandeur : et, je vous en supplie, considérez maître l'Écume, que voilà ici, monsieur. Un homme de quatre-vingts livres de revenu par an, dont le père est mort à la Toussaint. — N'était-ce pas à la Toussaint, maître l'Écume?

L'ÉCUME. — Le soir de la Toussaint.

LE BOUFFON. — Fort bien : j'espère que ce sont là des vérités. Lui, monsieur, étant assis, comme je dis, sur un tabouret. — C'était à *la Grappe-de-Raisin*, où vous aimez à vous asseoir, n'est-il pas vrai?

L'ÉCUME. — Oui, je l'aime, parce que c'est une chambre ouverte et bonne pour l'hiver.

LE BOUFFON. — Allons, fort bien. J'espère que ce sont là des vérités.

ANGELO, *à Escalus*. — Ce récit durera toute une nuit de Russie, quand les nuits sont les plus longues. Je vais vous quitter et vous laisser entendre leur affaire, avec l'espérance que vous trouverez matière à les faire tous fouetter.

ESCALUS.—Je m'y attends. Salut, seigneur. (*Angelo sort.*) —Allons, l'ami, continuez : qu'a-t-on fait à la femme de Coude, encore une fois?

LE BOUFFON. — Une fois, monsieur? Il n'y a rien eu qu'on lui ait fait une fois.

LE COUDE.—Je vous en conjure, monsieur : demandez-lui ce que cet homme a fait à ma femme.

LE BOUFFON.—Je vous en conjure, monsieur, demandez-le-moi.

ESCALUS. — Eh bien! qu'est-ce que cet homme lui a fait.

LE BOUFFON. — Je vous en conjure, monsieur, considérez bien le visage de cet homme-là.—Mon bon l'Écume, regardez sa Grandeur : c'est pour de bonnes vues. Votre Grandeur remarque-t-elle son visage?

ESCALUS.—Oui, fort bien.

LE BOUFFON. — Non, je vous prie, remarquez-le bien.

ESCALUS. — Eh bien ! c'est ce que je fais.

LE BOUFFON. —Votre Grandeur voit-elle quelque chose de mal dans sa figure?

ESCALUS. — Mais non.

LE BOUFFON. — Je veux supposer[1] sur le livre sacré, que sa figure est ce qu'il a de pis en lui. — Eh bien! si la figure est la pire chose qu'il y ait en lui, comment maître l'Écume aurait-il pu faire aucun mal à la femme du constable? Je voudrais bien le savoir de Votre Grandeur.

ESCALUS. — Il a raison : constable, que répondez-vous à cela?

LE COUDE.—Premièrement, s'il vous plaît, la maison est une maison *respectée;* ensuite, cet homme est un drôle *respecté*, et sa maîtresse est une femme *respectée*[2].

LE BOUFFON.—Par cette main, monsieur, sa femme est une personne plus *respectée* qu'aucun de nous tous

LE COUDE.—Maraud, tu mens ; tu mens, méchant valet; le temps est encore à venir qu'elle ait jamais été *respectée* par homme, femme, ou enfant.

LE BOUFFON.—Monsieur, elle a été *respectée* avec lui, avant qu'il l'eût épousée.

ESCALUS. —Lequel est le plus sage ici, la Justice ou l'Iniquité[3] ?—Cela est-il vrai?

LE COUDE, *au bouffon.*—O scélérat, vaurien, méchant *Hannibal*[4]! Moi, j'ai été *respecté* avec elle avant que je fusse marié avec elle? Si jamais j'ai été *respecté* avec elle, ou elle avec moi, que Votre Honneur ne me croie pas le pauvre officier du duc. Prouve cela, scélérat Hannibal, ou j'aurai contre toi mon action de *batterie*.

ESCALUS.—S'il vous donnait un soufflet, vous pourriez aussi avoir votre action en diffamation.

LE COUDE.—Oh! je remercie bien Votre Grandeur pour cet

---

[1] Supposer pour *déposer*.
[2] Pour *suspectée*.
[3] Personnages des *Moralités*. La Justice est ici pour le constable et l'Iniquité pour le fou.
[4] Cannibale,

avis-là. Qu'est-ce que Votre Grandeur désire que je fasse de ce méchant coquin ?

ESCALUS. — Mais, officier, puisqu'il y a en lui quelques iniquités que tu voudrais découvrir, si tu le pouvais, laisse-le continuer comme à l'ordinaire, jusqu'à ce que tu saches ce qu'elles sont.

LE COUDE. — Oh ! vraiment, j'en remercie Votre Grandeur, — Tu vois bien, coquin, ce qui t'arrive maintenant : tu vas continuer, coquin, tu vas continuer.

ESCALUS, à l'Écume. — Où êtes-vous né, mon ami ?

L'ÉCUME. — Ici, à Vienne, monsieur.

ESCALUS. — Est-il vrai que vous ayez quatre-vingts livres de rente ?

L'ÉCUME. — Oui, si c'est votre bon plaisir, monsieur.

ESCALUS. — Bon. (Au bouffon.) De quel métier êtes-vous, monsieur ?

LE BOUFFON. — Garçon de taverne, le garçon d'une pauvre veuve.

ESCALUS. — Le nom de votre maîtresse ?

LE BOUFFON. — Madame Overdone.

ESCALUS. — A-t-elle eu plus d'un mari ?

LE BOUFFON. — Neuf, monsieur : Overdone [1] pour le dernier.

ESCALUS. — Neuf ! — Approchez-vous de moi, maître l'Écume. Maître l'Écume, je ne voudrais pas que vous fissiez connaissance avec des garçons de taverne ; ils vous soutireront, maître l'Écume, et vous les ferez pendre : allez-vous-en, et que je n'entende plus parler de vous.

L'ÉCUME. — Je remercie Votre Grandeur ; quant à moi, jamais je ne vais dans aucune chambre de taverne, que je n'y sois attiré par quelqu'un.

ESCALUS. — Allons, plus de cela, maître l'Écume ; adieu. (L'Écume sort.) Venez çà, monsieur le garçon de taverne ; quel est votre nom, monsieur le garçon de taverne ?

LE BOUFFON. — Pompée.

ESCALUS. — Et quoi encore ?

---

[1] *Overdone by the last*, « épuisée par le dernier. » *Overdone* fait ici calembour.

LE BOUFFON.—Haut-de-chausses, monsieur.

ESCALUS. — Oui, et en bonne foi, votre haut-de-chausses [1] est ce qu'il y a de plus grand en vous ; en sorte que, dans le sens le plus brutal, vous êtes Pompée le Grand. Pompée, vous êtes en partie un entremetteur, Pompée, de quelque manière que vous coloriez la chose, sous le nom de garçon de taverne, ne dis-je pas vrai? Allons, avouez-moi la vérité; vous vous en trouverez bien.

LE BOUFFON. — Franchement, monsieur, je suis un pauvre diable qui voudrait vivre.

ESCALUS.—Comment voudriez-vous vivre, Pompée? En étant un agent d'infamie... Que pensez-vous du métier, Pompée ? Est-ce là un métier permis?

LE BOUFFON.—Si la loi veut le permettre, monsieur.

ESCALUS.—Mais la loi ne le permettra pas, Pompée, et il ne sera pas permis à Vienne.

LE BOUFFON.—Votre Grandeur est-elle dans l'intention de mutiler toute la jeunesse de la ville?

ESCALUS.—Non, Pompée.

LE BOUFFON.—Eh bien! monsieur, suivant ma petite opinion, elle ira donc toujours là. Si Votre Grandeur veut mettre le bon ordre parmi les prostituées et les vauriens, vous n'aurez plus rien à craindre des entremetteurs.

ESCALUS.—Il y a de jolies ordonnances qui commencent à s'exécuter, je peux vous en assurer; il n'y va que d'être pendu et décapité.

LE BOUFFON. — Si vous pendez et décapitez tous ceux qui commettent ce péché, seulement pendant dix ans, vous serez bien aise de donner la commission de trouver des têtes. Si cette loi s'exécute dans Vienne pendant dix ans, je veux louer la plus belle maison de la ville pour trois sous par fenêtre. Si vous vivez assez pour voir cela, dites : Pompée me l'avait bien dit.

ESCALUS. — Grand merci, bon Pompée ; et, en récompense de votre prophétie, écoutez-moi bien : — je vous donnerai un avis : que je ne vous revoie pas devant moi pour aucune plainte quelconque; et qu'on ne vienne pas

---

[1] *Bum*. Nous avons mis ici le contenant pour le contenu.

me dire que vous demeurez encore là où vous êtes : si je vous y retrouve, Pompée [1], je vous chasserai à grands coups jusqu'à votre tente, et je serai un rude César pour vous. — Pour vous parler net, Pompée, je vous ferai fouetter; ainsi, pour cette fois, Pompée, portez-vous bien.

LE BOUFFON. — Je remercie Votre Grandeur de son bon conseil; mais je le suivrai, selon que la chair et la fortune en décideront. — Me fouetter? Non, non : que le charretier fouette sa rosse; un cœur vaillant n'est point chassé de son métier à coups de fouet.

(Il sort.)

ESCALUS. — Approchez, maître Coude; venez, maître constable : combien y a-t-il de temps que vous êtes dans cet emploi de constable?

LE COUDE. — Sept ans et demi, monsieur.

ESCALUS. — Je pensais bien, par votre habileté à l'exercer, qu'il y avait quelque temps que vous l'occupiez. Ne dites-vous pas sept ans entiers?

LE COUDE. — Et demi, monsieur.

ESCALUS. — Hélas! il vous a coûté bien des peines. On vous fait tort de vous en charger si souvent; est-ce qu'il n'y a pas dans votre garde des hommes en état de vous suppléer?

LE COUDE. — En bonne foi, monsieur, il y en a bien peu qui aient quelque talent pour cette espèce d'emploi : on les choisit; mais ils me choisissent après pour les remplacer : je le fais pour quelques pièces d'argent, et je vais toujours pour tous les autres.

ESCALUS. — Écoutez-moi : apportez-moi les noms d'environ six ou sept des plus capables de votre paroisse.

LE COUDE. — A la maison de Votre Grandeur, monsieur?

ESCALUS. — Oui, chez moi. Adieu. (*Coude sort.*) — (*Au juge de paix.*) Quelle heure croyez-vous qu'il soit?

LE JUGE. — Onze heures, monsieur.

ESCALUS. — Je vous prie de venir dîner avec moi.

LE JUGE. — Je vous remercie humblement.

---

[1] Pompée est un nom souvent donné aux chiens.

ESCALUS. — Je suis bien affligé de la mort de Claudio ; mais il n'y a point de remède.

LE JUGE. — Le seigneur Angelo est sévère.

ESCALUS. — C'est une nécessité ; la clémence cesse d'être clémence quand elle se montre trop souvent. Le pardon est toujours le père d'un second crime ; mais cependant... malheureux Claudio ! — Il n'y a point de remède. — Venez, monsieur.

(Ils sortent.)

SCÈNE II

Un autre appartement dans la maison d'Angelo.

Entrent LE PRÉVOT ET UN VALET.

LE VALET. — Il est occupé à entendre une affaire ; il va venir tout de suite. Je vais vous annoncer.

LE PRÉVOT. — Je vous en prie, faites-le. (*Le valet sort.*) Je viens savoir ses ordres : peut-être se laissera-t-il fléchir. Hélas ! son délit est comme un crime en songe. Tous les âges, toutes les sectes, sont atteints de ce vice, et il faut, lui, qu'il meure pour cela !

(Entre Angelo.)

ANGELO. — Eh bien ! quel sujet vous amène, prévôt ?

LE PRÉVOT. — Votre bon plaisir est-il que Claudio meure demain ?

ANGELO. — Ne vous ai-je pas dit qu'oui ? N'avez-vous pas l'ordre ? Pourquoi venez-vous me le demander une seconde fois ?

LE PRÉVOT. — J'ai craint d'agir trop précipitamment. Sous votre bon plaisir, j'ai vu quelquefois qu'après l'exécution, la justice s'est repentie de son arrêt.

ANGELO. — Allez, cela me regarde ; faites votre devoir, ou cédez votre place, on peut fort bien se passer de vous.

LE PRÉVOT. — Je demande pardon à Votre Honneur. — Que fera-t-on, monsieur, de la gémissante Juliette ? Elle est bien près de son terme.

ANGELO. — Conduisez-la dans quelque lieu plus convenable, et cela sans délai.
(Le valet revient.)

LE VALET. — Voici la sœur de l'homme condamné, qui demande à être introduite près de vous.

ANGELO. — A-t-il une sœur?

LE PRÉVOT. — Oui, seigneur : une jeune fille très-vertueuse, et qui est prête à entrer dans une communauté, si elle n'y est pas déjà.

ANGELO. — Allons, qu'on la fasse entrer. (*Le valet sort.*) — (*Au prévôt.*) Voyez à ce que la fornicatrice soit transférée ailleurs : qu'on lui fournisse le nécessaire, mais sans superflu : je donnerai des ordres pour cela.
(Entrent Lucio et Isabelle.)

LE PRÉVOT, *faisant mine de se retirer.* — Que Dieu sauve Votre Honneur.

ANGELO. — Restez encore un moment. — (*A Isabelle.*) Vous êtes la bienvenue : que désirez-vous?

ISABELLE. — Vous voyez devant vous une malheureuse suppliante. Qu'il plaise seulement à Votre Honneur de m'entendre.

ANGELO. — Voyons, quelle est votre requête?

ISABELLE. — Il est un vice que j'abhorre plus que tous les autres, et que je voudrais voir surtout frappé par la justice; je ne voudrais pas le défendre, mais il le faut; je ne voudrais pas le défendre, mais je suis en guerre avec moi entre ce que je voudrais et ce que je ne voudrais pas.

ANGELO. — Voyons, le sujet?

ISABELLE. — J'ai un frère qui est condamné à mourir, je vous conjure de condamner sa faute, et non pas mon frère.

LE PRÉVOT. — Le ciel veuille te donner des grâces émouvantes!

ANGELO. — Condamner le crime et non le criminel! Mais tout crime est condamné, même avant qu'il soit commis. Mes fonctions se réduiraient à zéro, si je trouvais les fautes dont la peine est marquée dans le code, pour laisser échapper les coupables.

ISABELLE. — O loi juste, mais cruelle! Alors, j'avais un frère! — Que le ciel garde Votre Honneur!

LUCIO, *à Isabelle*. — N'y renoncez pas ainsi : revenez vers lui : priez-le ; jetez-vous à ses genoux ; attachez-vous à sa robe : vous êtes trop froide, vous ne lui demanderiez qu'une épingle que vous ne pourriez pas le faire avec plus d'indifférence : avancez vers lui, vous dis-je.

ISABELLE *se rapproche*. — Faut-il donc qu'il meure?

ANGELO. — Jeune fille, il n'y a point de remède.

ISABELLE. — Il y en a : je pense que vous pourriez lui pardonner, et que ni le ciel ni les hommes ne se plaindraient de ce pardon.

ANGELO. — Je ne veux pas le faire.

ISABELLE. — Mais, le pourriez-vous si vous le vouliez?

ANGELO. — Voyez-vous, ce que je ne veux pas faire, je ne le peux pas.

ISABELLE. — Mais pourriez-vous le faire sans nuire à personne au monde, si votre cœur était touché de la même pitié que le mien ressent pour lui?

ANGELO. — Son arrêt est prononcé ; il est trop tard.

LUCIO, *bas à Isabelle*. — Vous êtes trop froide.

ISABELLE. — Trop tard! non : moi qui prononce une parole, je peux la révoquer. Croyez bien une chose, c'est que de toute la pompe qui appartient aux grands, ni la couronne du monarque, ni le glaive du ministre, ni le bâton du maréchal, ni la robe du juge, rien ne leur sied aussi bien que la clémence. S'il eût été à votre place, et que vous eussiez été à la sienne, vous auriez fait un faux pas comme lui ; mais lui n'aurait pas été aussi impitoyable que vous.

ANGELO. — Je vous prie, retirez-vous.

ISABELLE. — Je voudrais que le ciel m'eût donné votre pouvoir, et que vous fussiez Isabelle. En serait-il de même alors? non. Je vous dirais ce que c'est que d'être juge, et ce que c'est d'être prisonnier.

LUCIO, *à part*. — Bien ; parlez de lui, c'est la corde sensible.

ANGELO. — Votre frère est condamné par la loi ; vous perdez vos paroles.

ISABELLE. — Hélas! hélas! toutes les âmes qui ont existé ont été condamnées, et le Dieu qui eût pu se venger avec le plus de justice a trouvé un remède pour les sauver. Que seriez-vous si celui qui est le suprême arbitre des jugements vous jugeait seulement comme vous êtes? Oh! pensez à cela, et alors la clémence respirera entre vos lèvres, et vous serez un homme nouveau.

ANGELO. — Cessez vos plaintes, belle jeune fille; c'est la loi, et non pas moi, qui condamne votre frère : il serait mon parent, mon frère ou mon fils, qu'il en serait de même pour lui ; il faut qu'il meure demain.

ISABELLE. — Demain! oh! cela est bien prompt! Épargnez-le, épargnez-le; il n'est pas préparé à la mort; même pour la cuisine nous tuons le gibier dans sa saison : servirons-nous le ciel avec moins d'égard que nous ne nous traitons nous-mêmes, grossières créatures? Mon bon, mon bon seigneur, réfléchissez-y : qui est-ce qui est mort pour cette faute? Il y a beaucoup de gens qui l'ont commise.

LUCIO. — Courage; bien dit.

ANGELO. — La loi, pour être endormie, n'était pas morte. Cette foule de gens n'auraient pas osé commettre ce délit, si le premier qui a enfreint la loi avait répondu de son action; maintenant la loi est éveillée, elle observe ce qui se passe, et, telle qu'un devin, elle regarde dans un cristal qui fait voir quels crimes futurs déjà existants, ou nouvellement conçus, grâce à la tolérance, se préparaient à éclore et à naître, et vont être étouffés, arrêtés dans leurs progrès, et finir là où ils existent.

ISABELLE. — Et cependant prouvez quelque pitié.

ANGELO. — Je la prouve surtout en prouvant la justice, car alors j'ai pitié d'hommes que je ne connais pas, et qu'un crime pardonné aujourd'hui empoisonnerait dans la suite; je fais justice à un homme qui, payant pour une action criminelle, ne vivra plus pour en commettre une seconde. N'insistez plus : votre frère mourra demain; il faut vous résigner.

ISABELLE. — Ainsi, il faut que vous soyez le premier qui prononciez cette sentence, et lui le premier qui la subisse : oh ! il est beau d'avoir la force d'un géant; mais c'est une tyrannie d'en user comme un géant.

LUCIO. — Bien dit.

ISABELLE. — Si les grands de la terre pouvaient tonner comme Jupiter, jamais Jupiter ne serait en paix ; le plus pauvre petit officier occuperait sans cesse son ciel à tonner ; on n'entendrait que le tonnerre. — Ciel miséricordieux ! toi, tu fendras plutôt des traits sulfureux de ta foudre le chêne noueux et rebelle à la cognée, que le doux myrte; mais l'homme, l'homme orgueilleux, revêtu d'une autorité d'un moment, lui qui connaît le moins ce dont il est le plus sûr, son existence fragile comme le verre, il se plaît comme un singe en fureur à des actions si extravagantes à la face du ciel, qu'il fait pleurer les anges, qui, s'ils étaient sujets aux mêmes caprices que nous, riraient à en devenir mortels.

LUCIO. — Oh ! serrez-le de près, serrez-le de près, jeune fille, il s'adoucira. Il se rend déjà ; je m'en aperçois.

LE PRÉVOT. — Prions le ciel qu'elle vienne à bout de le fléchir !

ISABELLE. — Nous ne pouvons nous peser dans la balance avec notre frère ; les grands ont le privilége de badiner avec les saints ; c'est en eux saillie d'esprit; chez leurs inférieurs, c'est une odieuse profanation.

LUCIO. — Vous êtes dans le bon chemin, jeune fille ; appuyez.

ISABELLE. — Ce qui n'est qu'un mot d'humeur chez le général devient, dans la bouche du soldat, un vrai blasphème.

LUCIO. — Où a-t-elle appris tout cela ? — Encore.

ANGELO. — Pourquoi m'appliquez-vous ces adages ?

ISABELLE. — Parce que l'autorité, quoique sujette à errer comme les autres, porte avec elle une espèce de remède qui couvre le mal d'une cicatrice. Descendez dans votre sein ; frappez à la porte de votre cœur, et demandez-lui quelle faute il se connaît qui ressemble à celle de mon frère. S'il avoue un penchant naturel au crime dont il est coupable, qu'il ne fasse donc pas retentir dans votre bouche un arrêt de mort contre mon frère.

ANGELO, *à part*. — Elle parle, et avec tant de bon sens que mon bon sens éclot en même temps. (*A Isabelle.*) Adieu.

ISABELLE. — Cher seigneur, revenez.

ANGELO. — Je me consulterai. — Revenez demain.

ISABELLE. — Écoutez par quels moyens je veux vous corrompre : mon bon seigneur, revenez.

ANGELO. — Que dites-vous, me corrompre?

ISABELLE. — Oui, par des dons que le ciel partagera avec vous.

LUCIO. — Autrement vous auriez tout gâté.

ISABELLE. — Ce n'est pas avec de vains sequins d'or éprouvé, ni avec des pierres dont le taux est riche ou pauvre, selon la valeur que leur attache la fantaisie; mais avec de fidèles prières qui s'élèveront vers le ciel, et y entreront avant le lever du soleil; avec les prières des âmes préservées de la corruption du monde, des vierges qui jeûnent, et dont le cœur n'est consacré à rien de terrestre.

ANGELO. — Allons, revenez me voir demain.

LUCIO, *à part, à Isabelle*. — Retirez-vous, tout va bien : sortez.

ISABELLE. — Que le ciel veille sur la sûreté de Votre Honneur[1] !

ANGELO, *à part*. — Ainsi soit-il; car je prends le chemin de la tentation dont les prières préservent.

ISABELLE. — A quelle heure viendrai-je demain retrouver Votre Seigneurie?

ANGELO. — Quand vous voudrez, avant midi.

ISABELLE. — Le ciel préserve Votre Honneur !
(*Elle sort avec Lucio.*)

ANGELO. — De toi, et même de ta vertu ! — Que veut dire ceci? Que veut dire ceci? Est-ce sa faute ou la mienne? De la tentatrice ou de celui qui est tenté, lequel pèche le plus? Ah! ce n'est pas elle; et ce n'est pas elle qui me tente; c'est moi qui, exposé au soleil près de la violette,

---

[1] Isabelle emploie le mot *honour* pour dire *Votre Seigneurie*, et le juge ramène ce mot à son premier sens.

fais comme la charogne plutôt que comme la fleur, et me corromps sous la vertueuse influence de la saison. Se peut-il que la modestie soit plus dangereuse à nos sens que la femme légère? Tandis que nous n'avons que trop de terrain perdu, irons-nous raser le sanctuaire pour y établir nos vices? Oh! fi! fi donc! Que fais-tu, ou qui es-tu, Angelo? Veux-tu la convoiter criminellement pour ces mêmes avantages qui la rendent vertueuse? Ah! que son frère vive! Les voleurs sont autorisés au brigandage, lorsque leurs juges eux-mêmes volent. Quoi! est-ce que je l'aime parce que je désire l'entendre parler encore, et me repaître de la vue de ses yeux? A quoi rêvais-je donc? O ennemi rusé qui, pour attraper un saint, amorce ton hameçon avec des saints! La plus dangereuse des tentations est celle qui nous pousse au crime par les attraits de la vertu : jamais la prostituée avec ses deux forces réunies, l'art et la nature, n'a pu émouvoir une fois mes sens; mais cette fille vertueuse me subjugue tout entier. Jusqu'à ce moment, quand je voyais les autres aimer, je souriais, et m'étonnais de leur folie.

(Il sort.)

SCÈNE III

Une prison.

LE DUC *en habit de religieux*, LE PRÉVÔT.

LE DUC.—Salut, prévôt, car je crois que c'est ce que vous êtes.

LE PRÉVÔT.—Oui, je suis le prévôt : que désirez-vous, bon religieux?

LE DUC.—Contraint par ma charité, et par mon saint ordre, je viens visiter les âmes affligées renfermées dans cette prison : accordez-moi le droit ordinaire de me les laisser voir, et de m'informer de la nature de leurs crimes, afin que je puisse leur administrer en conséquence mes secours spirituels.

LE PRÉVÔT.—Je ferais davantage s'il en était besoin.

(Entre Juliette.)

Tenez, voici une de mes dames, une jeune fille, qui, tombant dans les feux de sa jeunesse, a brûlé sa réputation : elle est enceinte, et le père de son enfant est condamné à mort ; un jeune homme plus propre à commettre un second délit semblable qu'à mourir pour le premier.

LE DUC.—Quand doit-il mourir?

LE PRÉVÔT.—A ce que je crois, demain. (*A Juliette.*) J'ai pourvu à vos besoins : attendez un moment, et l'on vous conduira.

LE DUC, *à Juliette.*—Vous repentez-vous, belle enfant, du péché que vous portez?

JULIETTE.—Oui, et j'en porte la honte avec patience.

LE DUC.—Je vous enseignerai les moyens d'examiner votre conscience, et d'éprouver si votre pénitence est solide, ou si elle n'est que superficielle.

JULIETTE.—Je l'apprendrai bien volontiers.

LE DUC.—Aimez-vous l'homme qui vous a fait ce tort?

JULIETTE.—Oui, autant que j'aime la femme qui lui a fait tort.

LE DUC.—Ainsi, il paraît que c'est d'un consentement mutuel que votre crime a été commis?

JULIETTE.—Oui, d'un consentement mutuel.

LE DUC.—Votre péché a donc été plus grand que le sien ?

JULIETTE.—Je le confesse, et je m'en repens, mon père.

LE DUC.—Cela est bien juste, ma fille ; mais prenez garde que vous ne vous repentiez que parce que le péché vous a causé cette honte : cette douleur n'est jamais que pour nous-mêmes, et non pour le ciel ; elle montre que si nous n'offensons pas le ciel, ce n'est point par amour, mais uniquement par crainte.

JULIETTE.—Je me repens de ma faute, parce que c'est un péché, et j'en accepte la honte avec joie.

LE DUC.—Persévérez là-dedans. Votre complice, à ce que j'entends dire, doit mourir demain ; je vais le visiter et lui donner mes conseils. Que la grâce du ciel vous accompagne!—*Benedicite.*

(Il sort en priant.

JULIETTE.—Il doit mourir demain! ô injuste loi, qui me laisse une vie dont toute la consolation est d'éprouver à chaque instant toutes les horreurs de la mort!

LE PRÉVÔT.—C'est bien dommage qu'il en soit là!

(Ils sortent.)

SCÈNE IV

Appartement dans la maison d'Angelo.)

Entre ANGELO.

ANGELO.—Quand je veux méditer et prier, mes pensées et mes prières s'égarent d'objet en objet : le ciel a de moi de vaines paroles, tandis que mon imagination, sans écouter ma langue, est attachée sur Isabelle. Le ciel est sur mes lèvres, comme si je ne faisais qu'en retourner le nom dans ma bouche; et dans mon cœur croît la fatale passion qui le remplit. L'État, dont j'étudiais les affaires, est comme un bon livre qui, à force d'être relu souvent, n'inspire plus que l'aversion et l'ennui; oui, je me sens capable (que personne ne m'entende!) de changer ce grave ministère dont je suis fier pour une plume légère, vain jouet de l'air. O dignité! ô pompe extérieure! qu'il t'arrive souvent d'extorquer le respect des sots par tes vêtements et ton enveloppe, et d'enchaîner les âmes plus sages à tes fausses apparences;—chair, tu n'es que chair! Inscrivez, *bon ange*, sur la corne du diable, ce ne sera plus le cimier du diable.

(Entre un valet.)

ANGELO.—Hé bien! qui est là?

LE VALET.—Une certaine Isabelle, une sœur, qui demande à vous parler.

ANGELO.—Montre-lui le chemin. (*Le valet sort.*—*Seul.*) O ciel! pourquoi tout mon sang se reflue ainsi vers mon cœur, le rendant inutile à lui-même, et privant tous mes autres organes du ressort qui leur est nécessaire? Ainsi la foule insensée se presse autour d'un homme qui s'évanouit; ils viennent tous pour le secourir, et interceptent ainsi l'air qui le ranimerait ; ainsi les sujets d'un monarque bien-aimé oublient leur rôle, et poussés par une respectueuse affection, se pressent en sa présence là où leur amour mal instruit va nécessairement paraître une injure.

(Entre Isabelle.)

ANGELO.—Eh bien! belle jeune fille?

ISABELLE.—Je suis venue savoir votre bon plaisir.

ANGELO.—J'aimerais bien mieux que vous pussiez le deviner, que de me demander de vous l'apprendre.— Votre frère ne peut vivre.

ISABELLE.—En est-il ainsi? Que le ciel conserve Votre Honneur ! (Elle va pour se retirer

ANGELO.—Et cependant il peut vivre encore un temps, et il se pourrait qu'il vécût aussi longtemps que vous, ou moi... Pourtant, il faut qu'il meure.

ISABELLE.—Sur votre arrêt?

ANGELO.—Oui...

ISABELLE.—Quand? je vous en conjure, afin que, dans le répit qui lui est accordé, plus long ou plus court, il puisse être préparé à sauver son âme.

ANGELO.—Oh! malheur à ces vices honteux! il vaudrait autant pardonner à celui qui vole à la nature un homme déjà formé, qu'à l'insolente volupté de ceux qui jettent l'image du Créateur dans des moules prohibés par le ciel : il n'est pas plus coupable de trancher perfidement une vie légitimement formée, que de jeter du métal dans des vaisseaux défendus pour créer une vie illégitime.

ISABELLE.—Telles sont les lois du ciel, mais non celles de la terre.

ANGELO.—Dites-vous cela? En ce cas, je vais bientôt vous embarrasser. Lequel aimeriez-vous mieux, ou que la plus juste des lois ôtât en ce moment la vie à votre frère, ou, pour racheter sa vie, de livrer votre corps à la douce impureté, comme celle qu'il a déshonorée?

ISABELLE.—Seigneur, croyez-moi, j'aimerais mieux sacrifier mon corps que mon âme.

ANGELO.—Je ne parle point de votre âme; les péchés

que la nécessité nous force de commettre, ne servent qu'à faire nombre, sans nous charger davantage.

ISABELLE. — Comment dites-vous?

ANGELO. — Non, je ne puis pas garantir cela; car je pourrais donner des raisons contre ce que je viens de dire. Répondez-moi à ceci : — moi, qui suis la voix de la loi écrite, je prononce contre votre frère un arrêt de mort : n'y aurait-il point de la charité dans un péché qui sauverait la vie de ce frère?

ISABELLE. — Ah! daignez le faire : j'en prends le péril sur mon âme; ce ne serait point un péché, mais un acte de charité.

ANGELO. — Si vous vouliez le faire vous-même au péril de votre âme, le poids du péché et de la charité serait le même.

ISABELLE. — Oh! si demander la vie de mon frère est un péché, ciel, fais-m'en porter tout le poids! et si c'est en vous un péché que de céder à ma sollicitation, tous les matins je prierai le ciel que cette faute soit ajoutée aux miennes et que vous n'ayez à en répondre en rien.

ANGELO. — Non. Écoutez-moi : votre idée ne suit pas le sens de la mienne; ou vous êtes ignorante, ou vous affectez de l'être par ruse, et ce n'est pas bien.

ISABELLE. — Que je sois ignorante et pleine de défauts en tout, pourvu du moins que je sache que je ne vaux pas mieux.

ANGELO. — Ainsi la sagesse cherche à briller davantage, en s'accusant elle-même : comme les masques noirs proclament la beauté qu'ils cachent, dix fois plus haut que ne pourrait le faire la beauté à découvert. — Mais écoutez-moi bien; pour être bien compris, je vais parler plus nettement : votre frère doit mourir.

ISABELLE. — Oui.

ANGELO. — Et son délit est tel qu'il doit subir la peine imposée par la loi.

ISABELLE. — Cela est vrai.

ANGELO. — Supposez qu'il n'y ait point d'autre moyen de sauver sa vie (bien que je ne consente pas à ce moyen, ni à aucun autre; c'est uniquement par forme de con-

ACTE II, SCÈNE IV.

versation), si ce n'est celui-ci, que vous, sa sœur, inspirant des désirs à quelque homme, dont le crédit auprès du juge, ou sa propre dignité, pourrait délivrer votre frère des entraves de la toute-puissante loi, supposez, dis-je, qu'il n'y eût point d'autre moyen humain de le sauver, mais qu'il fallût, ou livrer les trésors de votre corps à cet homme que nous supposons, ou laisser souffrir le coupable, que feriez-vous?

ISABELLE. — Je ferais pour mon pauvre frère tout ce que je ferais pour moi-même : je veux dire, que si j'étais condamnée à la mort, je porterais les marques douloureuses du fouet, comme des rubis, et je me déshabillerais pour aller à la mort, comme vers un lit que j'aurais désiré à en devenir malade, plutôt que de céder mon corps au déshonneur.

ANGELO.—En ce cas, votre frère mourrait?

ISABELLE.—Et ce serait le parti le plus doux; il vaudrait mieux qu'un frère mourût une fois, que si une sœur, pour racheter sa vie, mourait éternellement.

ANGELO.—Et ne seriez-vous pas alors aussi cruelle que la sentence contre laquelle vous vous êtes tant récriée?

ISABELLE. — L'ignominie pour rançon et un libre pardon ne sont pas de la même famille : une miséricorde légitime ne ressemble en rien à un rachat honteux.

ANGELO.—Vous paraissiez tout à l'heure voir dans la loi un tyran, et vous cherchiez à prouver que la faute de votre frère était plutôt une folie qu'un vice.

ISABELLE.—Ah! pardonnez-moi, seigneur; il advient souvent que, pour obtenir ce que nous souhaitons, nous ne disons pas tout ce que nous pensons; j'excuse un peu le vice que j'abhorre en faveur de l'homme que j'aime tendrement.

ANGELO.—Nous sommes tous fragiles.

ISABELLE.—Que mon frère meure s'il n'est point feudataire d'une servitude commune, mais seul héritier et possesseur de la faiblesse.

ANGELO.—Et les femmes sont fragiles aussi.

ISABELLE.—Oui, comme la glace où elles se mirent, et qui se brise aussi facilement qu'elle réfléchit leur visage.

Les femmes! que le ciel leur vienne en aide! Les hommes dérogent de leur origine en profitant de leur faiblesse. Oui, appelez-nous dix fois fragiles : car nous sommes aussi tendres que l'est notre constitution, et susceptibles de fausses impressions.

ANGELO.—Je le pense comme vous; et, d'après ce témoignage rendu à votre propre sexe, permettez que je m'explique avec plus de hardiesse; puisque je suppose que nous ne sommes pas faits pour avoir une force à l'épreuve de toutes les fautes. Je vous prends par vos propres paroles : soyez ce que vous êtes, c'est-à-dire une femme. Si vous êtes plus, vous n'êtes plus une femme; si vous en êtes une (comme l'annoncent visiblement toutes les garanties extérieures), montrez-le en ce moment, en revêtant ce costume qui vous est destiné.

ISABELLE.—Je ne sais qu'un langage : mon bon seigneur, je vous en supplie, parlez-moi comme vous faisiez d'abord.

ANGELO.—Comprenez-moi nettement... je vous aime.

ISABELLE.—Mon frère aimait Juliette, et vous me dites qu'il faut qu'il meure pour cela.

ANGELO.—Il ne mourra point, Isabelle, si vous m'accordez votre amour.

ISABELLE.—Je sais que votre vertu a le privilége de feindre une apparence de vice pour surprendre les autres.

ANGELO.—Croyez-moi, sur mon honneur : mes paroles expriment ma pensée.

ISABELLE.—Ah! c'est bien peu d'honneur pour qu'on y croie beaucoup. Pernicieuse pensée! Hypocrisie, hypocrisie!—Je te dénoncerai tout haut, Angelo; prends-y bien garde : signe-moi tout à l'heure le pardon de mon frère, ou je vais, à gorge déployée, publier devant l'univers quel homme tu es.

ANGELO.—Qui te croira, Isabelle? Mon nom sans tache, l'austérité de ma vie, mon témoignage contre toi, et mon rang dans l'État, auront tant de prépondérance sur ton accusation, que tu seras étouffée sous ton propre rapport, et taxée de calomnie. J'ai commencé, et main-

ACTE II, SCÈNE IV.

.enant je lâche la bride à ma passion : donne ton consentement à mes violents désirs ; écarte tout scrupule, et ces rougeurs fatigantes qui repoussent ce qu'elles convoitent. Rachète ton frère, en livrant ton corps à mon bon plaisir ; autrement, non-seulement il mourra de mort, mais ta cruauté prolongera sa mort par de longs tourments. Donne-moi ta réponse demain, ou, j'en jure par la passion qui me domine à présent, je me montrerai un tyran à son égard. Quant à tes menaces, dis ce que tu voudras ; mes mensonges auront plus de crédit que les vérités.

(Il sort.)

ISABELLE *seule*.—A qui irai-je porter mes plaintes? Si je redisais ceci, qui me croirait? O bouches funestes, qui portent une seule et même langue pour condamner et pour absoudre ; forçant la loi à se plier à leur volonté, attachant le juste et l'injuste à leur passion, pour la suivre là où elle va. Je vais aller trouver mon frère ; quoiqu'il ait succombé par l'ardeur du sang, cependant il possède une âme si pleine d'honneur que, quand il aurait vingt têtes à placer sur vingt billots sanglants, il les donnerait toutes, plutôt que de permettre que sa sœur livrât son corps à une si détestable profanation. Allons, Isabelle, vis chaste ; et toi, mon frère, meurs. Notre chasteté est plus précieuse qu'un frère. Je vais pourtant l'instruire de la proposition d'Angelo, et le préparer à la mort pour le bien de son âme.

(Elle sort.)

FIN DU SECOND ACTE.

ACTE TROISIÈME

SCÈNE I

La prison.

LE DUC, CLAUDIO, LE PRÉVOT.

LE DUC. — Ainsi, vous espérez donc obtenir votre grâce du seigneur Angelo?

CLAUDIO. — Les malheureux n'ont d'autre remède que l'espérance : j'ai l'espérance de vivre, et je suis prêt à mourir.

LE DUC. — Soyez déterminé à la mort, et soit la vie, soit la mort, vous en paraîtront plus douces. Raisonnez ainsi avec la vie : si je te perds, je perds une chose qui n'est estimée que des insensés. Tu n'es qu'un souffle, soumis à toutes les influences de l'atmosphère, affligeant à toute heure le corps que tu habites; tu n'es que le jouet de la mort; tu travailles à l'éviter par la fuite et tu cours te précipiter dans ses bras. Homme ! tu n'as rien de noble; car tous les avantages que tu possèdes sont nourris de tout ce qu'il y a de plus bas[1] : tu n'as en toi nul courage; car tu crains jusqu'au faible dard fourchu[2] d'un pauvre ver : ton meilleur repos c'est le sommeil; aussi tu le recherches souvent, et pourtant tu crains sottement la mort, qui n'est rien de plus[3] ! Tu n'es jamais toi-

---

[1] Toutes les délicatesses de la table remontent au fumier.
[2] Opinion fausse du vulgaire sur la forme et le venin de la langue du serpent.
[3] *Habes somnum imaginem mortis, eamque quotidiè induis, et dubitas an sensus in morte nullus sit cùm in ejus simulacro videas esse nullum sensum.* (CICÉRON.)

même : tu n'existes que par des milliers de graines sorties de la poussière : tu n'es pas heureux ; car ce que tu n'as pas, tu cherches sans cesse à l'obtenir; et ce que tu possèdes tu l'oublies : tu n'es jamais fixé, car ta nature suit les étranges caprices de la lune. Si tu es riche, tu es pauvre : semblable à l'âne dont l'échine courbe sous les lingots, tu ne portes tes pesantes richesses que pendant une journée de marche, et la mort vient te décharger. Tu n'as point d'ami ; le fruit de tes propres entrailles, qui te nomme son père, la substance émanée de tes reins, maudit la goutte, les dartres et le catarrhe qui ne t'achèvent pas assez vite à son gré : tu n'as ni jeunesse ni vieillesse, mais seulement pour ainsi dire un sommeil de l'après-dînée, dont les rêves participent de l'un et de l'autre. Ton heureuse jeunesse s'assimile à la vieillesse, et demande l'aumône aux vieillards paralytiques ; lorsque tu es vieux et riche, tu n'as plus ni chaleur, ni affections, ni membres, ni beauté, pour jouir agréablement de tes trésors. Qu'y a-t-il encore dans ce qu'on appelle la vie ? Il y a encore dans cette vie mille morts cachées : et nous craignons la mort qui met un terme à toutes ces chances !

CLAUDIO. — Je vous remercie humblement. Je vois que demander à vivre c'est chercher à mourir, et qu'en cherchant la mort on trouve la vie : qu'elle vienne donc !

(Entre Isabelle.)

ISABELLE. — Y a-t-il quelqu'un ? La paix soit dans ces lieux, et la grâce céleste, et une bonne compagnie !

LE PRÉVÔT. — Qui est là ? Entrez : ce souhait seul mérite un bon accueil.

LE DUC. — Cher Claudio, avant peu je reviendrai vous voir.

CLAUDIO. — Je vous remercie, saint religieux.

ISABELLE, *au prévôt*. — J'ai un mot ou deux à dire à Claudio : voilà ce que j'ai à faire.

LE PRÉVÔT. — Et vous êtes la bienvenue. — (*A Claudio.*) Tenez, seigneur, voilà votre sœur.

LE DUC. — Prévôt, un mot, s'il vous plaît.

LE PRÉVÔT. — Autant qu'il vous plaira.

LE DUC. — Amenez-les pour causer dans un endroit où je puisse être caché et les entendre.
> (Le duc sort avec le prévôt, et assiste, invisible, à la suite de cette scène.)

CLAUDIO. — Eh bien! ma sœur, quelle consolation m'apportes-tu?

ISABELLE. — Comme sont toutes les consolations, fort bonne en vérité. Le seigneur Angelo, ayant des affaires dans le ciel, te choisit pour les y porter comme son ambassadeur, et pour y être son résident éternel. Ainsi, hâte-toi de faire tous tes préparatifs; tu pars demain.

CLAUDIO. — N'y a-t-il donc point de remède?

ISABELLE. — Point d'autre que celui de fendre un cœur en deux pour sauver une tête.

CLAUDIO. — Mais, y a-t-il quelque remède?

ISABELLE. — Oui, mon frère, tu peux vivre; il est dans le cœur de ton juge une miséricorde infernale : si tu veux l'implorer, elle sauvera ta vie; mais elle t'enchaînera jusqu'à la mort.

CLAUDIO. — Une prison perpétuelle?

ISABELLE. — Oui, précisément, une prison perpétuelle : tu resterais attaché à un point fixe, quand tu aurais tout l'espace de l'univers à ta disposition.

CLAUDIO. — Mais de quelle nature?...

ISABELLE. — D'une nature, si tu y consentais jamais, à dépouiller de son écorce l'arbre de ton honneur, et à te laisser nu.

CLAUDIO. — Fais-moi connaître ce moyen.

ISABELLE. — Oh! je te crains, Claudio, je tremble que tu ne veuilles conserver une vie maladive, et que tu n'attaches plus de prix à six ou sept hivers de plus, qu'à un honneur éternel. Oses-tu mourir? Le sentiment de la mort est surtout dans la crainte, et le malheureux insecte que nous foulons aux pieds éprouve des angoisses corporelles aussi cruelles qu'un géant en ressent pour mourir.

CLAUDIO — Peux-tu me faire cet outrage? Me crois-tu si faible que je sois incapable d'une résolution courageuse? S'il faut que je meure, j'irai au-devant de la mort, comme au-devant d'une fiancée, et je la serrerai dans mes bras.

ISABELLE. — C'est mon frère qui vient de parler ; cette voix est sortie du tombeau de mon père. — Oui, tu dois mourir : tu es trop généreux pour conserver une vie au prix de viles sollicitations. Ce ministre, avec un air de sainteté, dont la grave parole et le visage composé atterrent la jeunesse, et font trembler la folie, comme le faucon la perdrix ; eh bien ! c'est un démon ; si l'on retirait toute la fange qui le remplit, il nous paraîtrait un abîme aussi profond que l'enfer.

CLAUDIO. — Le seigneur Angelo ?

ISABELLE. — Oh ! il porte la trompeuse livrée de l'enfer, qui se plaît à revêtir un corps de réprouvé d'ornements majestueux. — Croiras-tu, Claudio, que si je lui livrais ma virginité, tu pourrais être sauvé ?

CLAUDIO. — O ciel ! cela n'est pas possible.

ISABELLE. — Oui, au prix de ce crime détestable, il te donnerait la liberté de l'offenser encore. Cette nuit même est le moment où je devrais faire ce que j'ai horreur de nommer ; autrement tu meurs demain.

CLAUDIO. — Tu ne le feras pas.

ISABELLE. — Oh ! si ce n'était que ma vie, je la jetterais, pour te sauver, avec autant d'indifférence qu'une épingle.

CLAUDIO. — Merci, chère Isabelle.

ISABELLE. — Tiens-toi prêt, Claudio, à mourir demain.

CLAUDIO. — Oui. — Mais quoi ! a-t-il donc en lui des passions qui puissent lui faire ainsi mordre la loi au nez ?... Quand il voudrait la violer ?... sûrement ce n'est pas un péché, ou, des sept péchés capitaux, celui-là est le moindre.

ISABELLE. — Quel est le moindre ?

CLAUDIO. — Si c'était un péché damnable, lui qui est si sage voudrait-il, pour le plaisir d'un moment, s'exposer à une peine éternelle ? O Isabelle !

ISABELLE. — Que dit mon frère ?

CLAUDIO. — Que la mort est une chose terrible.

ISABELLE. — Et une vie sans honneur, une chose haïssable

CLAUDIO. — Oui : mais mourir, et aller on ne sait où ;

être gisant dans une froide tombe, et y pourrir; perdre cette chaleur vitale et douée de sentiment, pour devenir une argile pétrie; tandis que l'âme accoutumée ici-bas à la jouissance se baignera dans les flots brûlants, ou habitera dans les régions d'une glace épaisse, — emprisonnée dans les vents invisibles, pour être emportée violemment et sans relâche par les ouragans autour de ce globe suspendu dans l'espace, ou pour subir un sort plus affreux que le plus affreux de ceux que la pensée errante et incertaine imagine avec un cri d'épouvante; oh! cela est trop horrible. La vie de ce monde la plus pénible et la plus odieuse que la vieillesse, ou la misère, ou la douleur, ou la prison puissent imposer à la nature, est encore un paradis auprès de tout ce que nous appréhendons de la mort.

ISABELLE. — Hélas! hélas!

CLAUDIO. — Chère sœur, que je vive! Le péché que tu commets pour sauver la vie d'un frère est tellement excusé par la nature qu'il devient vertu.

ISABELLE. — O brute sauvage! ô lâche sans foi! ô malheureux sans honneur! veux-tu donc vivre par mon crime? N'est-ce pas une espèce d'inceste que de recevoir la vie du déshonneur de ta propre sœur? Que dois-je penser? Que le ciel m'en préserve! Je croirais que ma mère s'est jouée de mon père; car un rejeton si sauvage et si dégénéré n'est jamais sorti de son sang. Reçois mon refus : meurs, péris! Il ne faudrait que me baisser pour te racheter de ta destinée, que je te la laisserais subir : je ferais mille prières pour demander ta mort, et je ne dirais pas un mot pour te sauver.

CLAUDIO. — Ah! écoute-moi, Isabelle.

(Le duc rentre.)

ISABELLE. — Oh! fi! fi! fi donc! oh! c'est une honte! Ta faute n'est pas accidentelle, c'est une habitude : la pitié qui serait émue pour toi se prostituerait : il vaut mieux que tu meures au plus tôt!

CLAUDIO. — Ah! daigne m'écouter, Isabelle.

LE DUC. — Accordez-moi un mot, jeune sœur, un seul mot.

ISABELLE. — Que me voulez-vous?

LE DUC. — Si vous pouviez disposer de quelques moments de loisir, je désirerais avoir tout à l'heure avec vous un instant d'entretien, et la complaisance que je vous demande vous sera aussi utile.

ISABELLE. — Je n'ai pas de loisir superflu : le temps que je passerai ici sera volé à mes autres affaires ; mais je veux bien vous écouter un moment.

LE DUC, *à part, à Claudio*. — Mon fils, j'ai entendu tout ce qui s'est passé entre vous et votre sœur. Jamais Angelo n'a eu le projet de la séduire ; il n'a voulu que faire l'épreuve de sa vertu, pour exercer son jugement sur la nature des caractères ; elle, qui a dans son âme le véritable honneur, lui a fait ce noble refus qu'il a été fort aise de recevoir. Je suis le confesseur d'Angelo, et je suis instruit de la vérité de ce que je vous dis : ainsi préparez-vous à la mort : ne vous reposez point avec satisfaction sur de vaines espérances qui vous trompent : il vous faut mourir demain ; à genoux donc et préparez-vous.

CLAUDIO. — Laissez-moi demander pardon à ma sœur. Je suis si dégoûté de la vie, que je veux prier qu'on m'en débarrasse.

LE DUC. — Restez-en là. Adieu.

(Claudio sort.)

(Le prévôt rentre.)

LE DUC. — Prévôt, un mot.

LE PRÉVÔT. — Que demandez-vous, mon père?

LE DUC. — Que maintenant que vous voilà, vous vous en alliez : laissez-moi un instant avec cette jeune fille : mes intentions, d'accord avec mon habit, vous sont garants qu'elle ne court aucun risque dans ma compagnie.

LE PRÉVÔT. — A la bonne heure.

(Le prévôt sort.)

LE DUC. — La main qui vous a fait belle vous a aussi fait vertueuse : la beauté qui fait bon marché de sa vertu, se flétrit bientôt en cessant d'être honnête : mais la pudeur, qui est l'âme de votre personne, conservera à jamais votre beauté. Le hasard a amené à ma connaissance l'attaque qu'Angelo vous a faite; et sans les exemples que nous avons de la fragilité de l'homme, je m'étonnerais beaucoup d'Angelo. Comment vous y prendriez-vous pour satisfaire ce ministre et pour sauver votre frère?

ISABELLE. — Je vais, dans ce moment même, résoudre ces doutes : j'aimerais mieux que mon frère subît la mort à laquelle le condamne la loi, que d'être mère d'un fils illégitime. Mais hélas! combien le bon duc est trompé par Angelo! Si jamais il revient et que je puisse lui parler, ou je perdrai mes paroles ou je démasquerai son ministre.

LE DUC. — Cela ne sera pas mal fait : cependant, au point où en sont encore les choses, il éludera votre accusation. Il n'a fait que vous éprouver : ainsi, prêtez bien l'oreille à mes avis : l'envie que j'ai de faire le bien m'offre un remède. Je me persuade à moi-même que vous pouvez, sans blesser l'honnêteté, rendre un service important à une dame malheureuse qui en est digne, conserver sans tache votre aimable personne, et plaire infiniment au duc absent, si jamais il revient et qu'il soit instruit de cette affaire.

ISABELLE. — Découvrez-moi votre pensée; je me sens le courage de faire tout ce qui ne me paraîtra pas mal dans la sincérité de mon âme.

LE DUC. — La vertu est pleine d'intrépidité, et la pureté ne connaît pas la crainte. N'avez-vous pas ouï parler de Marianne, la sœur de Frédéric, ce guerrier fameux qui a fait naufrage?

ISABELLE. — J'ai entendu nommer cette dame, et l'on parle bien d'elle.

LE DUC. — Eh bien! cet Angelo devait l'épouser; il lui avait été fiancé avec serment. Dans l'intervalle du contrat à la célébration du mariage, son frère Frédéric a fait naufrage sur la mer, et le vaisseau qui a péri portait la dot de sa sœur. Mais remarquez quel malheur cet accident a produit pour cette pauvre dame; elle perd du même coup un brave et illustre frère, qui avait toujours eu pour elle la plus grande tendresse, et avec lui le nerf de sa fortune, sa dot de mariage ; et par suite de ces pertes, le mari qui lui était fiancé, cet hypocrite d'Angelo.

ISABELLE. — Est-il possible ? Quoi ! Angelo l'a ainsi délaissée ?

LE DUC. — Il l'a laissée dans les larmes ; il n'en a pas essuyé une seule par ses consolations ; il a avalé ses serments d'un seul coup, prétendant avoir fait sur elle des découvertes contre son honneur ; en un mot, il l'a abandonnée à ses gémissements, qu'elle pousse encore actuellement pour l'amour de lui ; et lui, de marbre pour ses pleurs, il en est arrosé, mais non pas amolli.

ISABELLE. — Quel mérite aurait donc la mort d'enlever cette pauvre fille du monde ! Quelle corruption dans la vie, de laisser vivre ce perfide ! — Mais, quel avantage peut-elle tirer de tout ceci ?

LE DUC. — C'est une rupture qu'il vous est aisé de renouer ; et en la guérissant vous sauvez non-seulement votre frère, mais vous vous gardez du déshonneur.

ISABELLE. — Montrez-moi comment, mon bon père.

LE DUC. — Cette jeune fille que je viens de vous nommer conserve toujours dans son cœur sa première inclination, et l'injuste et cruel procédé d'Angelo, qui selon toute raison aurait dû éteindre son amour, n'a fait, comme un obstacle dans le courant, que le rendre plus violent et plus impétueux. Retournez vers Angelo ; répondez à sa proposition avec une obéissance qui le satisfasse ; accordez-vous avec lui dans toutes ses demandes à ce sujet, et ne réservez pour vous que ces conditions : d'abord que vous ne resterez pas longtemps avec lui ; ensuite qu'il choisisse l'heure de la nuit et du plus profond silence, et un lieu convenable : ceci convenu, voici le reste : nous conseillons à cette fille outragée de se servir de votre rendez-vous et d'aller le trouver à votre place. Si le secret de leur entrevue vient à se dévoiler dans la suite, cette découverte pourra le déterminer à la récompenser ; et par là, votre frère est sauvé, votre honneur reste intact, la malheureuse Marianne trouve son avantage, et ce ministre corrompu est votre dupe. Je me charge d'instruire la jeune fille, et de la préparer à son entreprise. Si vous avez soin de conduire ceci, le double avantage qui en résultera absoudra cette ruse de tout reproche. Qu'en pensez-vous?

ISABELLE. — L'idée m'en satisfait déjà, et j'ai confiance qu'elle pourra conduire à une heureuse issue.

LE DUC. — Le succès dépend beaucoup de votre adresse : hâtez-vous d'aller trouver Angelo; s'il vous demande de partager son lit cette nuit, promettez-lui de le satisfaire. Je vais à l'instant à Saint-Luc : c'est là que dans une ferme solitaire demeure la triste Marianne; venez m'y trouver, et terminez promptement avec Angelo, afin de ne pas tarder à me rejoindre.

ISABELLE. — Je vous rends grâce de ces consolations. Adieu, bon père.

(Ils sortent de différents côtés.)

SCÈNE II

Une rue devant la prison.

Entrent LE DUC, *toujours en habit de religieux,* LE COUDE, LE BOUFFON, ET DES OFFICIERS DE JUSTICE.

LE COUDE.—Allons, s'il n'y a pas de remède, et qu'il faille absolument que vous vendiez et achetiez les hommes et les femmes comme des bestiaux, il faudra donc que tout le monde s'abreuve de bâtard rouge et blanc[1].

LE DUC.—O ciel! Quelle est cette espèce?

LE BOUFFON.—Il n'y a jamais eu de joie dans le monde, depuis que, de deux usuriers, le plus joyeux a été ruiné; et le pire des deux a reçu, par ordre de la loi, une robe fourrée pour le tenir chaud, et fourrée de peaux de renard et d'agneau, pour signifier que la fraude, étant plus riche que l'innocence, sert pour les parements.

LE COUDE.—Allez votre chemin, monsieur.—Dieu vous garde, bon Père-Frère.

---

[1] Espèce de vin doux. Expression amphibologique pour dire qu'on n'aura plus qu'une famille de bâtards.

LE DUC.—Et vous aussi, bon Frère-Père. Quelle offense cet homme vous a-t-il faite?

LE COUDE.—Vraiment, mon père, il a offensé la loi; et voyez-vous, monsieur, nous le croyons aussi un voleur, monsieur; car nous avons trouvé sur lui, monsieur, un étrange rossignol, que nous avons envoyé au ministre.

LE DUC, *au bouffon*. — Fi, misérable entremetteur; méchant entremetteur! Le mal que tu fais faire est donc ta ressource pour vivre. Réfléchis seulement à ce que c'est que de remplir son estomac, ou de couvrir son dos par le moyen de ces vices honteux. Dis-toi à toi-même : c'est du fruit de leurs abominables et brutales accointances, que je bois, que je mange, que je m'habille, et que je subsiste. Peux-tu donc croire que ta vie est une vie dépendant comme elle fait de ces saletés? Va t'amender, va t'amender.

LE BOUFFON.—Il est vrai que cette vie sent mauvais, à quelques égards, monsieur; mais pourtant, monsieur, je vous prouverai...

LE DUC.—Ah! si le diable t'a donné des preuves pour commettre le péché, tu prouveras que tu es à lui.—Officier, conduisez-le en prison. La correction et l'instruction auront toutes deux à faire, avant que cette brute en profite.

LE COUDE.—Il faut qu'il comparaisse devant le ministre. Monsieur, le ministre lui a déjà donné une leçon : le ministre ne peut supporter un suppôt de débauche. S'il faut qu'il soit un marchand de prostitution, et qu'il paraisse en sa présence, il vaudrait autant qu'il fût à un mille de lui à ses affaires.

LE DUC.—Plût au ciel que nous fussions tous ce que quelques-uns voudraient paraître, aussi exempts de nos vices, que certains vices sont dépouillés d'apparences trompeuses!

(Entre Lucio.)

LE COUDE, *au duc*.—Son cou sera comme votre ceinture, avec une corde, monsieur.

LE BOUFFON.—Je cherche de l'appui : je demande à

grands cris une caution : voici un honnête homme, et un ami à moi.

LUCIO.—Hé bien, noble Pompée? Quoi! aux talons de César? Es-tu mené en triomphe? Quoi! n'y a-t-il donc plus de statues de Pygmalion, nouvellement devenues femmes, qu'on puisse se procurer, pour mettre la main dans la poche, et l'en retirer fermée? Que réponds-tu? Ha! Que dis-tu de ce ton, de cette manière, de cette méthode? Hé! ta réponse n'a-t-elle pas été noyée dans la dernière pluie? Hé bien! que dis-tu, pauvre diable? Le monde va-t-il comme il allait, mon garçon? Quelle est la mode à présent? Est-ce d'être triste et laconique? Ou comment, enfin? Quel est le genre?

LE DUC.—Toujours, toujours le même, et pis encore.

LUCIO.—Comment se porte ma chère mignonne, ta maîtresse? Fait-elle toujours le commerce .. hem?

LE BOUFFON.—D'honneur, monsieur, elle a mangé tout son bœuf, et elle est elle-même dans l'étuve.

LUCIO.—Hé! c'est fort bien : cela est bien juste : cela doit être. Toujours votre fraîche débauchée et votre vieille saupoudrée!... C'est une suite inévitable : cela doit être. Vas-tu en prison, Pompée?

LE BOUFFON.—Oui, ma foi, monsieur.

LUCIO.—Hé bien! cela n'est pas mal à propos, Pompée. Adieu. Va, dis que je t'y ai envoyé. Est-ce pour dettes, Pompée? ou pourquoi?

LE COUDE.—Pour être un être, un entremetteur, monsieur, pour être un entremetteur.

LUCIO.—Allons, emprisonnez-le : si la prison est le partage d'un entremetteur, c'est son droit assurément, eh bien! cela est juste. Oui, il n'y a pas à en douter, c'est un entremetteur, et de vieille date encore; il est né entremetteur. Adieu, bon Pompée : recommande-moi à la prison, Pompée. Tu vas devenir un bon mari, Pompée : tu garderas la maison.

LE BOUFFON.—J'espère, monsieur, que votre bonne seigneurie sera ma caution.

LUCIO.—Non, certes, je n'en ferai rien, Pompée : ce n'est pas la mode. Je prierai, Pompée, qu'on resserre tes entraves : si tu ne le prends pas en patience, hé bien! tant pis pour toi. Adieu, brave Pompée.—Dieu vous garde, religieux !

LE DUC.—Et vous aussi.

LUCIO.—Brigitte se peint-elle toujours, Pompée? Hem !

LE COUDE, *au bouffon.*—Allez votre chemin, monsieur; allons.

LE BOUFFON, *à Lucio.*—Alors vous ne voulez pas être ma caution, monsieur?

LUCIO.—Ni maintenant, ni alors, Pompée.—(*Au duc.*) —Quelles nouvelles dans le monde, bon frère? Quelles nouvelles?

LE COUDE, *au bouffon.* — Allons, marchez; avançons, monsieur.

LUCIO.—Va au chenil, Pompée, va.—(*Le Coude, le bouffon et les officiers sortent.*) Quelles nouvelles du duc, frère?

LE DUC. — Je n'en sais point : pouvez-vous m'en apprendre?

LUCIO.—Il y en a qui disent qu'il est avec l'empereur de Russie; d'autres qu'il est à Rome; mais devinez-vous où il est?

LE DUC.—Je n'en sais absolument rien. Mais où qu'il soit, je lui souhaite du bien.

LUCIO.—C'est une folie, un caprice bien bizarre à lui, de s'évader ainsi de ses États, et d'usurper aux mendiants un métier pour lequel il n'était pas né. Le seigneur Angelo fait bien le duc en son absence; il va même un peu loin.

LE DUC.—Il fait très-bien.

LUCIO. — Un peu plus d'indulgence pour le libertinage ne lui ferait aucun tort à lui : il est un peu trop sévère sur cet article, frère.

LE DUC.—C'est un vice trop répandu; et il n'y a que la sévérité qui puisse le guérir.

LUCIO.—Oui, en vérité ; ce vice est d'une nombreuse famille; il est fort bien allié, mais il est impossible de l'extirper complétement, frère, à moins qu'on ne défende de boire et de manger. On dit que cet Angelo n'a pas été fait par un homme et une femme, suivant les voies ordinaires de la création, cela est-il vrai? Le croyez-vous?

LE DUC.—Hé! comment donc aurait-il été fait?

LUCIO.—Quelques-uns prétendent qu'il naquit du frai d'une syrène. D'autres qu'il a été engendré entre deux morues.—Mais ce qu'il y a de bien sûr, c'est que quand il lâche de l'eau, son urine est de la vraie glace ; pour cela, je sais que cela est, et il n'est qu'un automate impuissant cela est bien certain.

LE DUC.—Vous êtes plaisant, monsieur, et vous avez la parole facile.

LUCIO.—Quelle barbarie est-ce de sa part que d'ôter la vie à un homme pour la révolte de la chair? Est-ce que le duc qui est absent aurait fait cela? Avant qu'il eût fait pendre un homme pour avoir engendré cent bâtards, il aurait payé les mois de nourrice de mille ; il se sentait un peu de ce penchant; il connaissait le service, et cela lui enseignait l'indulgence.

LE DUC.—Jamais je n'ai ouï dire que le duc, qui est absent, ait été très-coupable sur l'article des femmes ; ses inclinations n'allaient pas de ce côté-là.

LUCIO.—Oh! monsieur, vous vous trompez.

LE DUC.—Cela n'est pas possible.

LUCIO.—Qui? Le duc? Demandez à votre vieille de cinquante ans ; l'usage du duc était de mettre un ducat dans sa bruyante écuelle[1]. Le duc avait des caprices ; il aimait à s'enivrer aussi ; je puis vous apprendre cela.

LE DUC.—Vous lui faites injure, très-certainement.

LUCIO.—Monsieur, j'étais son intime ; le duc était un homme réservé, et je crois que je sais la cause de sa retraite.

LE DUC.—Quelle peut en être la raison, je vous prie?

LUCIO.—Non : excusez-moi.—C'est un secret qui doit rester enfermé entre les dents et les lèvres ; mais je peux vous laisser comprendre ceci. Le plus grand nombre des sujets tenait le duc pour sage.

---

[1] Les mendiants, il y a deux ou trois siècles, portaient une écuelle à couvercle mobile qu'ils agitaient pour avertir qu'elle était vide.

LE DUC.—Sage? eh mais! il n'y a pas de doute qu'il ne le fût.

LUCIO.—C'est un homme très-superficiel, ignorant et étourdi.

LE DUC.—C'est de votre part ou envie, ou folie, ou erreur; le cours même de sa vie, et les affaires qu'il a gouvernées, doivent nécessairement lui assurer une meilleure renommée.—Qu'on le juge seulement sur ce que déposent de lui ses actions, et il paraîtra aux plus envieux un homme instruit, un homme d'État et un militaire ; ainsi vous parlez en homme mal informé; ou, si vous êtes bien instruit, c'est donc votre méchanceté qui vous aveugle.

LUCIO.—Monsieur, je le connais bien, et je l'aime.

LE DUC.—L'amitié parle avec plus de connaissance, et la connaissance avec plus d'amitié.

LUCIO.—Allons, monsieur, je sais ce que je sais.

LE DUC.—J'ai bien de la peine à le croire, puisque vous ne savez pas ce que vous dites. Mais si jamais le duc revient (comme nous le demandons au ciel), faites-moi le plaisir de répondre devant lui. Si c'est la vérité qui vous a fait parler, vous aurez le courage de soutenir ce que vous avez dit; je suis obligé de vous citer devant lui; et, je vous prie, votre nom?

LUCIO.—Monsieur, mon nom est Lucio, bien connu du duc.

LE DUC.—Il vous connaîtra mieux, monsieur, si je vis pour lui parler de vous.

LUCIO.—Je ne vous crains pas.

LE DUC.—Oh! vous espérez que le duc ne reparaîtra jamais, ou me croyez un adversaire trop peu dangereux ; mais, moi, je vous dis que je peux vous faire un peu de mal ; vous vous rétracterez sur tout ceci.

LUCIO.—Je serai pendu auparavant; vous vous trompez sur mon compte, frère. Mais ne parlons plus de cela. Pouvez-vous me dire si Claudio doit mourir ou non?

LE DUC.—Pourquoi mourrait-il, monsieur?

LUCIO.—Eh! pour avoir rempli une bouteille avec un entonnoir. Je voudrais que le duc dont nous parlons fût revenu. Ce ministre eunuque dépeuplera les provinces à force de continence. Il ne faut pas que les moineaux bâtissent leur nid sous les toits de sa maison, parce qu'ils sont débauchés. Le duc punirait du moins en secret des crimes secrets ; jamais il ne les produirait au grand jour. Que je voudrais qu'il fût de retour ! En vérité, Claudio est condamné pour avoir détroussé un jupon. Adieu, bon père ; je vous en prie, priez pour moi. Le duc, je vous le répète, mangerait du mouton les vendredis : il a passé l'âge maintenant, et cependant je vous dis qu'il vous caresserait encore une mendiante, quand elle sentirait le pain bis et l'ail. Dites que c'est moi qui vous l'ai dit. Adieu. *(Il sort.)*

LE DUC.—Il n'est puissance ni grandeur parmi les mortels qui puissent échapper à la censure : la calomnie, qui blesse par derrière, frappe la vertu la plus pure. Quel monarque assez puissant pour enchaîner le fiel d'une langue médisante?—Mais qui vient ici?
    (Entrent Escalus, le prévôt, madame Overdone, et des officiers de justice.)

ESCALUS.—Allons, emmenez-la en prison.

MADAME OVERDONE.—Mon cher seigneur, soyez bon pour moi ; vous passez pour être un homme plein de miséricorde, mon bon seigneur !

ESCALUS.—Double et triple avertissement, et toujours coupable du même délit ! Il y a de quoi forcer la miséricorde à jurer, à agir en tyran.

LE PRÉVÔT.—Une entremetteuse qui pratique depuis onze ans, sous le bon plaisir de votre honneur.

MADAME OVERDONE.—Seigneur, c'est la délation d'un certain Lucio contre moi : madame Catherine Keepdown était grosse de lui dans le temps du duc ; il lui a promis le mariage ; son enfant aura un an et trois mois dès que viendra la Saint-Jacques et la Saint-Philippe. Je l'ai nourri moi-même, et voyez comme il a l'indignité de me nuire.

ESCALUS.—Cet homme est un franc libertin.—Qu'on le fasse comparaître devant nous.—Conduisez-la en prison : allez, plus de paroles. (*Les officiers emmènent madame Overdone.*) Prévôt, mon frère Angelo ne veut pas

changer son arrêt ; il faut que Claudio meure demain ;
ayez soin de lui procurer des théologiens, et tout ce que
conseille la charité, pour le préparer à son sort. Si mon
frère agissait d'après ma pitié, Claudio n'en serait pas là.

LE PRÉVÔT.—Sauf votre bon plaisir ce religieux l'a
visité, et lui a donné ses avis pour le préparer à la mort

ESCALUS.—Bonsoir, bon père.

LE DUC.—Que le bonheur et la vertu vous accompagnent toujours.

ESCALUS.—D'où êtes-vous?

LE DUC.—Je ne suis pas de ce pays, quoique le hasard
en ait fait le lieu de ma résidence pour un certain temps.
Je suis un frère d'un excellent ordre, tout récemment
envoyé par le saint-siége, et chargé par sa Sainteté d'une
affaire particulière.

ESCALUS.—Quelles nouvelles dit-on dans le monde?

LE DUC.—Aucune, si ce n'est qu'il y a une si grande
maladie sur la vertu, qu'elle ne finira que par sa dissolution ; la nouveauté est ce que tout le monde recherche,
et il y a autant de danger à vieillir dans une même façon
de vivre qu'il y a de vertu à être constant dans une
entreprise. Il survit à peine assez de bonne foi entre les
hommes pour rendre les sociétés sûres ; mais il y a assez
de sécurité pour faire maudire les associations. C'est sur
cette énigme que roule à peu près toute la sagesse du
monde. Ces nouvelles sont assez vieilles, et cependant
ce sont encore les nouvelles de chaque jour.—Je vous
prie, monsieur, quel était le caractère du duc ?

ESCALUS.—Un homme qui s'appliquait plus qu'à tout
autre soin à se connaître lui-même.

LE DUC.—A quels plaisirs était-il adonné?

ESCALUS.—Il avait plus de plaisir de voir les autres en
joie qu'il n'en trouvait lui-même à tout ce qui cherchait à le réjouir. Un homme de toute tempérance !
Mais laissons-le à ses aventures, en priant le ciel qu'elles
soient heureuses ; et faites-moi le plaisir de m'apprendre
comment vous trouvez Claudio préparé. On m'a fait
entendre que vous l'aviez visité.

LE DUC.—Il déclare qu'il n'a point à se plaindre de son

juge, qu'il ne l'accuse point d'injustice, et qu'il se soumet avec une humble résignation à l'arrêt de la justice. Cependant il s'était forgé, par une inspiration de la faiblesse, plusieurs espérances trompeuses de vivre ; je suis venu à bout avec le temps de lui en faire sentir la vanité, et maintenant il est résigné à mourir.

ESCALUS.—Vous vous êtes acquitté de vos vœux envers le ciel, et envers le prisonnier de la dette de votre ministère. J'ai sollicité pour ce pauvre gentilhomme jusqu'à l'extrême limite de la discrétion ; mais j'ai trouvé mon collègue de justice si sévère, qu'il m'a forcé de lui dire qu'il était en effet la justice elle-même[1].

LE DUC.—Si sa propre conduite répond à la rigueur de ses jugements, il n'y a rien à lui reprocher ; mais s'il lui arrive de succomber, il s'est condamné lui-même.

ESCALUS.—Je vais visiter le prisonnier. Adieu.

LE DUC.—La paix soit avec vous ! (*Escalus sort avec le prévôt de la prison.*) Celui qui veut tenir le glaive du ciel, doit être aussi saint que sévère ; se sentir lui-même un modèle ; posséder la force de résister et la vertu d'avancer, ne punissant plus ou moins les autres que d'après le poids de ses propres fautes. Honte à celui dont le glaive cruel tue pour des fautes où l'entraîne son propre penchant ! Six fois honte à Angelo qui veut déraciner mes vices et laisser croître les siens ! O quelles noirceurs l'homme peut cacher en lui-même, quoiqu'il paraisse un ange à l'extérieur ! Comme l'hypocrite vivant dans le crime, abusant tout le monde, attire à lui, avec de fragiles fils d'araignée, des choses substantielles et de poids ! Il faut que j'oppose la ruse au vice. Ce soir, Angelo recevra dans son lit son ancienne fiancée qu'il méprise ; c'est ainsi qu'un trompeur sera pris par son propre déguisement, ne recevra que tromperies pour prix des siennes, et sera forcé de remplir un ancien contrat[2].

---

[1] *Summum jus, summa injuria.*
[2] Cette tirade est en vers rimés.

FIN DU TROISIÈME ACTE.

ACTE QUATRIÈME

SCÈNE I

Appartement dans la ferme où habite Marianne.

MARIANNE *assise*, UN JEUNE GARÇON *chantant*.

CHANSON.

Écarte, oh! écarte ces lèvres
Ces lèvres si douces et si parjures;
Et ces yeux brillants comme le point du jour,
Flambeaux qui égarent l'aurore.
Mais rends-moi mes baisers,
    Rends-les-moi
Ces sceaux d'amour, scellés en vain,
    Scellés en vain.

MARIANNE.—Interromps tes chants, et hâte-toi de te retirer. Voici venir un homme de consolation dont les avis ont souvent calmé les murmures de ma douleur. (*L'enfant sort; le duc entre.*) Je vous demande pardon, monsieur, et je voudrais bien que vous ne m'eussiez pas trouvée si en train de musique. Excusez-moi, et croyez-m'en, ces chants adoucissaient mes chagrins; mais ils sont loin de m'inspirer de la joie.

LE DUC.—C'est bien, quoique la musique ait souvent la puissance de faire du mal un bien, et d'exciter le bien au mal.—Je vous prie, dites-moi : quelqu'un est-il venu me demander aujourd'hui? A peu près à cette heure-ci, j'ai promis de me trouver ici.

MARIANNE.—Personne n'est venu vous demander; je suis restée ici tout le jour.

(Entre Isabelle.)

LE DUC, *à Marianne.* — Je vous crois sans hésiter. L'heure est venue; c'est justement à présent. Je vous demanderai de vous absenter un peu. Il se pourrait bien que je vous rappelasse bientôt pour quelque chose qui vous sera avantageux.

MARIANNE.—Je vous suis toujours dévouée.
(Elle sort.)

LE DUC.—Nous nous rencontrons fort à propos, et vous êtes la bienvenue. Quelles nouvelles de ce digne ministre?

ISABELLE.—Il a un jardin entouré d'un mur de briques, dont le côté du couchant est flanqué d'un vignoble; à ce vignoble est une porte en planches qu'ouvre cette grosse clef; cette autre ouvre une petite porte, qui, du vignoble, conduit au jardin; c'est là que je lui ai promis d'aller le trouver au milieu de la nuit.

LE DUC.—Mais, en savez-vous assez pour trouver votre chemin?

ISABELLE.—J'ai pris avec soin tous les renseignements nécessaires, et par deux fois il m'a montré le chemin avec un soin coupable, en me parlant à l'oreille et par des gestes significatifs.

LE DUC.—N'y a-t-il point d'autres gages convenus entre vous qu'il faille observer?

ISABELLE.—Non, point d'autres : seulement un rendez-vous dans les ténèbres; et je lui ai bien fait entendre que mon tête-à-tête avec lui ne pouvait être que bien court; car je lui ai déclaré que je serais accompagnée d'un domestique, qui m'attendrait, et qui était persuadé que je venais pour les affaires de mon frère.

LE DUC.—Tout est bien arrangé; je n'ai pas encore dit un mot de tout cela à Marianne.—(*Il l'appelle.*) Êtes-vous là? Venez. (*Rentre Marianne.*) Je vous en prie, faites connaissance avec cette jeune personne; elle vient pour vous faire du bien.

ISABELLE.—Je le désire pour elle.

LE DUC, *à Marianne.*—Êtes-vous persuadée que je m'intéresse à vous?

MARIANNE.—Bon religieux, je le sais, et j'en ai reçu des preuves.

LE DUC.—Prenez-donc votre compagne par la main; elle a une confidence à vous faire. J'attendrai votre loisir ; mais hâtez-vous : l'humide nuit s'approche.

MARIANNE, *à Isabelle*.—Voulez-vous faire un tour de promenade à l'écart?

(Elles sortent toutes deux.)

LE DUC *seul*.—O dignité! O grandeur! Des millions d'yeux perfides sont attachés sur toi! Des volumes de rapports, composés de récits faux et contradictoires, courent le monde sur tes actions! Mille esprits inquiets te prennent pour l'objet de leurs rêves insensés, et te tourmentent dans leur imagination! (*Marianne et Isabelle rentrent.*) Soyez les bienvenues. Hé bien, êtes-vous d'accord?

ISABELLE.—Elle se chargera de l'entreprise, mon père, si vous le lui conseillez.

LE DUC.—Non-seulement je le lui conseille, mais je le lui demande.

ISABELLE, *à Marianne*.—Vous n'avez que très-peu de choses à lui dire ; quand vous le quitterez, dites-lui simplement, à voix basse : *A présent, souvenez-vous de mon frère*.

MARIANNE.—Reposez-vous sur moi.

LE DUC.—Et vous, ma chère fille, n'ayez aucun scrupule ; il est votre mari par un contrat ; il n'y a aucun péché à vous réunir ainsi ; et la justice de vos droits sur lui absout cette tromperie. Allons, partons : notre blé sera bientôt à moissonner, et nous avons encore la terre à ensemencer.

(Ils sortent.)

SCÈNE II

Salle de la prison.

Entrent LE PRÉVOT ET LE BOUFFON.

LE PRÉVÔT.—Viens ici, coquin.—Peux-tu trancher la tête d'un homme?

LE BOUFFON. — Si l'homme est garçon, je le peux, monsieur ; mais si c'est un homme marié, il est le chef¹ de sa femme, et je ne pourrais jamais trancher le chef d'une femme.

LE PRÉVÔT. — Allons, laissez là vos équivoques, et faites-moi une réponse directe. Demain matin, Claudio et Bernardino doivent être exécutés. Nous avons ici, dans notre prison, l'exécuteur ordinaire, qui a besoin d'un aide dans son office. Si vous voulez prendre sur vous de le seconder, cela vous rachètera de vos fers ; sinon, vous ferez tout votre temps de prison et vous n'en sortirez qu'après avoir été impitoyablement fouetté ; car vous avez été un entremetteur affiché.

LE BOUFFON. — Monsieur, j'ai été, de temps immémorial, un entremetteur illégitime : mais, pourtant, je serai satisfait de devenir un bourreau légitime. Je serais bien aise de recevoir quelques instructions de mon collègue.

LE PRÉVÔT. — Holà, Abhorson ! Où est Abhorson ? Êtes-vous là ?

(Entre Abhorson.)

ABHORSON. — Appelez-vous, monsieur ?

LE PRÉVÔT. — Maraud, voici un homme qui vous aidera dans votre exécution de demain : si vous le jugez à propos, arrangez-vous avec lui à l'année, et qu'il loge ici dans la prison ; sinon, servez-vous de lui dans la circonstance présente, et renvoyez-le ; il ne peut pas faire le renchéri avec vous : il a été entremetteur.

ABHORSON. — Un entremetteur, monsieur ! Fi donc ! il discréditera nos mystères.

LE PRÉVÔT. — Allez, vous vous valez bien ; une plume ferait pencher la balance entre vous deux.

(Il sort.)

LE BOUFFON. — Je vous prie, monsieur, par votre bonne grâce (car sûrement vous avez bonne grâce, si ce n'est que vous avez une mine de pendaison), est-ce que vous appelez, monsieur, votre occupation un mystère ?

ABHORSON. — Oui, monsieur, un mystère.

LE BOUFFON. — La peinture, monsieur, à ce que j'ai

---

¹ *Head*, tête, chef.

ouï dire, est un mystère, et vos filles prostituées, monsieur, étant des parties de mon ministère, l'usage de la peinture prouve que mon occupation est un mystère; mais quel mystère peut-il y avoir à pendre? c'est ce que, dussé-je être pendu, je ne peux m'imaginer.

ABHORSON. — Monsieur, c'est un mystère.

LE BOUFFON. — La preuve?

ABHORSON. — La dépouille de tout honnête homme convient au voleur : si elle paraît trop petite au voleur, l'honnête homme la croit assez grande pour lui; et, si elle est trop grande pour un voleur, le voleur pourtant la croit assez petite pour lui : car la dépouille de tout honnête homme va au voleur.

(Le prévôt rentre.)

LE PRÉVÔT. — Êtes-vous arrangés?

LE BOUFFON. — Monsieur, je veux bien le servir; car je trouve que votre bourreau fait un métier plus pénitent que votre entremetteur.

LE PRÉVÔT, *au bourreau*. — Vous, coquin, préparez le billot et votre hache, pour demain quatre heures.

ABHORSON, *au bouffon*. — Allons, entremetteur, je vais t'instruire dans mon métier ; suis-moi.

LE BOUFFON. — J'ai bonne envie d'apprendre, monsieur, et j'espère que si vous avez occasion de m'employer à votre service, vous me trouverez adroit; car, en bonne foi, monsieur, je vous dois, pour prix de vos bontés, de vous bien servir. (Il sort.)

LE PRÉVÔT. — Faites venir ici Bernardino et Claudio; l'un a toute ma pitié; je n'en ai pas un grain pour l'autre qui est un assassin... fût-il mon frère. (*Entre Claudio.*) « Voyez, Claudio : voici l'ordre pour votre mort. Il est à présent minuit sonné; et demain, à huit heures du matin, vous serez fait immortel. Où est Bernardino?

CLAUDIO. — Plongé dans un sommeil aussi profond que l'innocente fatigue quand elle dort dans les membres roidis du voyageur, et il ne veut pas s'éveiller.

LE PRÉVÔT. — Quel moyen de lui faire du bien? — Allons, allez-vous préparer. — Mais écoutons; quel est ce bruit? (*On frappe aux portes.*) Que le ciel vous donne ses consolations. (*Claudio sort.*) — Tout à l'heure. — J'espère que c'est quelque grâce, ou quelque sursis pour l'aimable Claudio. (*Entre le duc.*) Salut, bon père.

LE DUC. — Que les meilleurs anges de la nuit vous environnent, honnête prévôt! Qui est venu ici dernièrement?

LE PRÉVÔT. — Personne, depuis l'heure du couvre-feu.

LE DUC. — Isabelle n'est pas venue?

LE PRÉVÔT. — Non.

LE DUC. — Alors, elles vont venir sous peu.

LE PRÉVÔT. — Quelle consolation y a-t-il pour Claudio?

LE DUC. — On en espère un peu.

LE PRÉVÔT. — Ce ministre est bien dur.

LE DUC. — Non pas, non pas : sa vie marche parallèlement avec la ligne de son exacte justice ; par une sainte abstinence, il dompte en lui-même le penchant vicieux, qu'il emploie tout son pouvoir à corriger dans les autres. S'il était souillé du vice qu'il châtie, il serait alors un tyran ; mais, étant ce qu'il est, il n'est que juste. — (*On frappe.*) Les voilà venues. (*Le prévôt sort.*) — C'est un prévôt bien humain ; il est bien rare de trouver dans un geôlier endurci un ami des hommes. — Eh bien, quel est ce bruit? L'esprit qui offense de ces terribles coups l'insensible poterne est possédé d'une bien grande hâte.

LE PRÉVÔT *rentre parlant à quelqu'un à la porte.* — Il faut qu'il reste là, jusqu'à ce que l'officier se lève pour le faire entrer : on vient de l'appeler.

LE DUC. — N'avez-vous point encore de contre-ordre pour Claudio? faut-il qu'il meure demain?

LE PRÉVÔT. — Aucun, monsieur, aucun.

LE DUC. — Prévôt, le point du jour est bien près; eh bien, vous aurez des nouvelles avant le matin.

LE PRÉVÔT. — Heureusement, vous savez quelque chose, et cependant je crois qu'il ne viendra pas de contre-ordre ; nous n'avons point d'exemple pareil. D'ailleurs, le seigneur Angelo, sur le siège même de son tribunal, a déclaré le contraire au public.

(Entre un messager.)

LE DUC. — C'est le valet de Sa Seigneurie.

LE PRÉVÔT. — Et voilà la grâce de Claudio.

LE MESSAGER. — Mon maître vous envoie ces ordres; et il m'a de plus chargé de vous dire que vous ayez à ne pas vous écarter le moins du monde de ce qu'il vous prescrit, ni pour le temps, ni pour l'objet, ni pour toute autre circonstance. Bonjour; car à ce que je présume il est presque jour.

LE PRÉVÔT. — J'obéirai à ses ordres.

(Le messager sort.)

LE DUC, *à part*. — C'est la grâce de Claudio, achetée par le crime même, pour lequel on devrait punir celui qui en accorde le pardon. Le crime se propage rapidement quand il naît dans le sein de l'autorité : quand le vice fait grâce, le pardon s'étend si loin, que pour l'amour de la faute, le coupable trouve des amis. — Eh bien, prévôt, quelles nouvelles?

LE PRÉVÔT. — Je vous l'ai bien dit : le seigneur Angelo, probablement, me croyant négligent dans mon devoir, me réveille par cette exhortation inaccoutumée, et selon moi fort étrange, car il ne l'avait jamais faite auparavant.

LE DUC. — Lisez, je vous écoute.

LE PRÉVÔT. (*Il lit la lettre.*) — « Quoique que vous puis-
« siez entendre de contraire, que Claudio soit exécuté à
« quatre heures, et Bernardino dans l'après-midi; et pour
« ma plus grande satisfaction, ayez à m'envoyer la tête
« de Claudio à cinq heures. Que ceci soit ponctuellement
« exécuté; et sachez que cela importe plus que je ne dois
« encore vous le dire : ainsi, ne manquez pas à votre
« devoir; vous en répondrez sur votre tête. »

— Que dites-vous à cela, monsieur?

LE DUC. — Qu'est-ce que c'est que ce Bernardino qui doit être exécuté dans l'après-dînée?

LE PRÉVÔT. — Un Bohémien de naissance, mais qui a été nourri et élevé ici; c'est un prisonnier de neuf ans[1].

LE DUC. — Comment se fait-il que le duc absent ne lui

---

[1] Il y a neuf ans qu'il est en prison.

ait pas rendu sa liberté, ou ne l'ait pas fait exécuter? J'ai ouï dire que tel était son usage.

LE PRÉVÔT. — Les amis du prisonnier ont toujours si bien agi qu'ils ont obtenu des sursis pour lui; et dans le fait, jusqu'au temps du ministère actuel du seigneur Angelo, son affaire n'avait pas de preuves certaines.

LE DUC. — Et sont-elles claires à présent?

LE PRÉVÔT. — Très-manifestes, et il ne les nie pas lui-même.

LE DUC. — A-t-il montré dans la prison quelque repentir? Paraît-il touché?

LE PRÉVÔT — C'est un homme qui n'a pas de la mort une idée plus terrible que d'un sommeil d'ivresse; sans souci, indifférent, et ne s'effrayant ni du passé, ni du présent, ni de l'avenir; insensible à l'idée de mourir, et qui mourra en désespéré.

LE DUC. — Il a besoin de conseils.

LE PRÉVÔT — Il n'en veut écouter aucun; il a toujours eu la plus grande liberté dans la prison. Vous lui donneriez les moyens de s'en évader, qu'il n'en voudrait rien faire. Il est ivre plusieurs fois par jour, lorsqu'il n'est pas ivre pendant plusieurs jours entiers. Nous l'avons souvent réveillé comme pour le conduire à l'échafaud; nous lui avons montré un ordre contrefait : cela ne l'a pas ému le moins du monde.

LE DUC. — Nous reparlerons de lui tout à l'heure. — Prévôt, l'honnêteté et la fermeté d'âme sont écrites sur votre front : si je n'y lis pas votre vrai caractère, mon ancienne habileté me trompe bien; mais dans la confiance de ma sagacité, je veux m'exposer au risque. Claudio, que vous avez là l'ordre de faire exécuter, n'a pas plus prévariqué contre la loi, qu'Angelo même qui l'a condamné. Pour vous faire entendre clairement ce que je vous avance là, je ne demande que quatre jours de délai; et pour cela, il faut que vous m'accordiez aujourd'hui une complaisance dangereuse.

LE PRÉVÔT. — Eh! laquelle, bon religieux, je vous prie?

LE DUC. — Celle de différer l'exécution.

LE PRÉVÔT. — Hélas! comment puis-je le faire, ayant

l'heure fixée, et un ordre exprès, sous peine d'en répondre moi-même, de présenter sa tête à la vue d'Angelo? Je pourrais bien me mettre dans le cas où est Claudio, si je manquais en quoi que ce soit à ces ordres.

LE DUC. — Par le vœu de mon ordre je suis votre caution, si vous voulez suivre mes instructions. Qu'on exécute ce Bernardino ce matin, et qu'on porte sa tête à Angelo.

LE PRÉVÔT. — Angelo les a vus tous deux, et il reconnaîtra les traits.

LE DUC. — Oh! la mort s'entend à déguiser, et vous pouvez l'aider. Rasez la tête et liez la barbe, et dites que le désir du pénitent a été d'être ainsi rasé avant sa mort : vous savez que cela arrive souvent. S'il vous revient autre chose de ceci que des remerciements et votre fortune, je jure, par le saint que je révère pour patron, que je vous défendrai moi-même au péril de ma vie.

LE PRÉVÔT. — Pardonnez, bon père; mais cela est contre mon serment.

LE DUC. — Est-ce au duc ou au ministre que vous avez fait votre serment?

LE PRÉVÔT. — Au duc et à ses représentants.

LE DUC. — Penserez-vous que vous n'avez commis aucune offense, si le duc certifie la justice de votre conduite?

LE PRÉVÔT. — Mais quelle vraisemblance y a-t-il de cela?

LE DUC. — Non pas seulement de la vraisemblance, mais la certitude. Cependant, puisque je vous vois si timide que ni ma robe, ni mon intégrité, ni mes raisons ne peuvent réussir à vous ébranler, j'irai plus loin que je n'avais l'intention de le faire, pour vous enlever toute crainte. Voyez, monsieur, voici la main et le sceau du duc : vous connaissez son écriture, je n'en doute pas, et le cachet ne vous est pas étranger.

LE PRÉVÔT. — Je les reconnais tous deux.

LE DUC. — Le contenu de cet écrit, c'est l'annonce du retour du duc : vous le lirez tout à l'heure à votre loisir, et vous y verrez qu'avant deux jours il sera ici. C'est une chose qu'Angelo ne sait pas; car il reçoit aujourd'hui même des lettres qui contiennent d'étranges choses : peut-être lui annoncent-elles la mort du duc ; peut-être son entrée dans quelque monastère; mais il peut n'être rien de ce qui est écrit ici. Regardez : l'étoile du matin appelle le berger ; ne vous confondez point en étonnement sur la manière dont ces choses peuvent se faire; toutes les difficultés sont faciles à résoudre quand on les connaît. Appelez votre exécuteur, et qu'il fasse sauter la tête de ce Bernardino; je vais le confesser à l'instant, et le préparer pour un séjour meilleur. Vous restez toujours dans l'étonnement; mais cet écrit achèvera de vous déterminer. Sortons ; il est presque tout à fait jour.

(Ils sortent.)

SCÈNE III

LE BOUFFON *seul.*

LE BOUFFON *seul.* — Je suis ici aussi riche en connaissances que je l'étais dans notre maison de profession. On se croirait dans la maison de madame Overdone, tant on retrouve ici de ses anciens chalands. D'abord, il y a le jeune monsieur Rash ; il est en prison pour une affaire de papier gris et de vieux gingembre, montant à quatre-vingt-dix-sept livres, dont il a fait cinq marcs argent comptant. Vraiment alors le gingembre n'était pas fort recherché, car toutes les vieilles femmes étaient mortes. — Il y a encore un monsieur Caper, à la requête de monsieur Troispoids, mercier, pour quatre certains habits de satin couleur de pêche, qui vous l'ont réduit maintenant à l'habit d'un mendiant. Nous avons aussi le jeune Dizi, et le jeune monsieur Deep-Vow, et monsieur Copper-Spur, et monsieur Starve-Lackey, homme d'estoc et de taille, et le jeune Drop-Heir, qui a tué le robuste Pudding, et monsieur Fort-Right, le joûteur, et le brave monsieur Shoe-Tie, le grand voyageur, et le féroce Half-Can, qui a poignardé Pots, et, je crois, quarante autres, tous grandes pratiques de notre métier, et

qui sont maintenant ici pour l'amour du Seigneur[1].
(Entre Abhorson.)

ABHORSON. — Maraud, amène Bernardino ici.

LE BOUFFON, *appelant*. — Monsieur Bernardino ! il faut vous lever pour être pendu, monsieur Bernardino !

ABHORSON. — Allons, debout, Bernardino !

BERNARDINO, *du dedans*. — La peste vous étouffe ! qui donc fait ce vacarme ici ? Qui êtes-vous ?

LE BOUFFON. — Vos amis, monsieur, le bourreau. Il faut que vous ayez la complaisance, monsieur, de vous lever et de vous laisser exécuter,

BERNARDINO, *en dedans*. — Au diable, coquin ! au diable ! j'ai sommeil.

ABHORSON. — Dis-lui qu'il faut qu'il s'éveille, et cela promptement.

LE BOUFFON. — Je vous en prie, monsieur Bernardino, restez éveillé jusqu'à ce que vous soyez exécuté, et dormez après.

ABHORSON. — Entre dans son cachot, et fais-l'en sortir.

LE BOUFFON. — Il vient, monsieur, il vient; j'entends craquer sa paille.
(Entre Bernardino.)

ABHORSON, *au bouffon*. — La hache est-elle sur le billot, drôle ?

LE BOUFFON. — Toute prête, monsieur.

BERNARDINO. — Hé bien ! qu'est-ce qu'il y a, Abhorson ? Quelles nouvelles avez-vous à me dire ?

ABHORSON. — Franchement, monsieur, je voudrais que vous vous missiez promptement à vos prières ; car, voyez, l'ordre est venu.

BERNARDINO. — Allons, coquin ; j'ai passé toute la nuit à boire : je ne suis pas en état...

LE BOUFFON. — Oh ! tant mieux, monsieur; car celui qui boit toute la nuit, et qui est pendu de bon matin, n'en dort que mieux tout le jour.
(Entre le duc.)

ABHORSON. — Tenez, voyez-vous, voilà votre père spiri-

---

[1] Trait contre les puritains.

tuel qui vient. Plaisantons-nous maintenant? Qu'en pensez-vous?

LE DUC, *à Bernardino.*—Mon ami, excité par ma charité, et apprenant combien vous êtes près de quitter ce monde, je suis venu pour vous exhorter, vous consoler et prier avec vous:

BERNARDINO. — Non pas, moine, j'ai bu dru toute la nuit, et l'on me donnera plus de temps pour me préparer, ou il faudra qu'on me casse la tête à coup de bûche; je ne veux pas consentir à mourir aujourd'hui, cela est sûr.

LE DUC.—Oh! mon ami, il le faut; ainsi, je vous en conjure, jetez vos regards sur le voyage que vous allez faire.

BERNARDINO.—Je jure que nul homme au monde ne viendra à bout de me persuader de mourir aujourd'hui.

LE DUC.—Mais, écoutez-moi...

BERNARDINO.—Pas un mot : si vous avez quelque chose à me dire, venez à mon cachot, car je n'en sors pas de la journée.

(Il s'en va.)

(Entre le prévôt.)

LE DUC.—Également impropre à vivre et à mourir! O cœur de pierre!

LE PRÉVÔT.—Hé bien! mon père, comment trouvez-vous le prisonnier?—(*A Abhorson et au bouffon.*)—Suivez-le, mes amis : conduisez-le au billot.

LE DUC.—C'est une créature qui n'est pas préparée. Il n'est pas disposé pour mourir, et le faire passer de vie à trépas dans l'état où est son âme, ce serait le damner.

LE PRÉVÔT.—Il est mort ce matin, ici, dans la prison, mon père, un Ragusain, un infâme pirate, d'une fièvre violente : cet homme est de l'âge de Claudio; il a la barbe et les cheveux précisément de la couleur des siens. Si nous laissions-là cet autre réprouvé jusqu'à ce qu'il fût bien disposé, et si on satisfaisait le ministre au moyen de la tête de ce Ragusain, qui est l'homme qui ressemble le plus à Claudio? Qu'en dites-vous?

LE DUC.—Oh! c'est un accident que le ciel a préparé.

Dépêchez-la sans délai : l'heure fixée par Angelo est proche, voyez à ce que cela soit fait, et envoyez-lui cette tête suivant ses ordres; tandis que moi, je vais exhorter ce brutal malheureux à se résigner à la mort.

LE PRÉVÔT.—Cela sera fait, mon bon père, dans l'instant même. Mais il faut que Bernardino meure cette après-midi; et comment prolongerons-nous l'existence de Claudio, de façon à me garantir du malheur qui pourrait m'arriver, si l'on s'apercevait qu'il est vivant?

LE DUC.—Faites ceci : Mettez Bernardino et Claudio dans des recoins secrets; avant que le soleil ait été saluer deux fois la génération qui habite sous nos pieds, vous trouverez votre sûreté bien manifeste.

LE PRÉVÔT.—Je me repose en tout sur vous.

LE DUC.—Vite, dépêchez, et envoyez la tête à Angelo. (*Le prévôt sort.*)—Maintenant je vais écrire une lettre à Angelo; ce sera le prévôt qui la portera.—Le contenu lui attestera que j'approche de mes États, et que, par de graves motifs, je suis tenu de rentrer publiquement; je lui demanderai de venir à ma rencontre à la fontaine sacrée, à une lieue au-dessous de la ville. Et à partir de là nous procéderons avec Angelo, avec une froide gradation et des formes bien combinées, et toutes les pratiques régulières.

(Le prévôt revient.)

LE PRÉVÔT.—Voici la tête : je veux la porter moi-même.

LE DUC.—Cela est à propos : revenez promptement; car je voudrais causer avec vous de certaines choses qui ne doivent être confiées qu'à vous.

LE PRÉVÔT.—Je vais faire toute diligence.

(Il sort.)

ISABELLE, *en dedans.*—La paix soit ici! holà, quelqu'un!

LE DUC.—C'est la voix d'Isabelle.—Elle vient savoir si la grâce de son frère a déjà été envoyée ici; mais je veux lui laisser ignorer son bonheur, pour lui offrir les consolations du ciel dans son désespoir, au moment où elle les attendra le moins.

(Entre Isabelle.)

ISABELLE.—Ah! avec votre permission...

LE DUC.—Bonjour, belle et aimable fille.

ISABELLE.—D'autant meilleur pour m'être souhaité par un si saint homme. Le ministre a-t-il envoyé le pardon de mon frère?

LE DUC.—Il l'a élargi de ce monde, Isabelle ; sa tête est tranchée, et envoyée à Angelo.

ISABELLE.—Non, cela n'est pas.

LE DUC.—Cela est comme je vous le dis : montrez votre sagesse, ma fille, dans votre paisible patience.

ISABELLE.—Oh! je vais le trouver, et lui arracher les yeux.

LE DUC. — Vous ne serez pas admise en sa présence.

ISABELLE. — Infortuné Claudio! Malheureuse Isabelle! Odieux monde! Infernal Angelo!

LE DUC. — Ces imprécations ne lui font aucun mal, et ne vous font pas le moindre bien ; abstenez-vous en donc; remettez votre cause au ciel. Faites attention à ce que je vous dis, et vous trouverez que chaque syllabe est l'exacte vérité.—Le duc revient demain matin.—Allons, séchez vos yeux; c'est un père de notre couvent, son confesseur, qui m'apprend cette nouvelle, et il en a déjà porté l'avis à Escalus et à Angelo qui se préparent à venir au-devant de lui aux portes de la ville, pour lui remettre leur autorité. Si vous le pouvez, conduisez votre sagesse dans le bon sentier où je voudrais la voir marcher; et vous obtiendrez le désir de votre cœur sur ce misérable, la faveur du duc, et l'estime générale.

ISABELLE. — Je me laisse gouverner par vos conseils.

LE DUC.—Allez donc porter cette lettre au frère Pierre, c'est la lettre où il m'avertit du retour du duc ; dites-lui, sur ce gage, que je désire sa compagnie ce soir dans la maison de Marianne; je l'instruirai à fond de son affaire et de la vôtre, il vous présentera au duc, il accusera Angelo en face, et le confondra. Quant à moi, pauvre religieux, je suis lié par un vœu sacré, et je serai absent. Allez avec cette lettre, consolez votre cœur, commandez à ces torrents de larmes qui coulent de vos yeux. Ne vous fiez jamais à mon saint ordre, si je vous égare du droit chemin.—Qui vient là?

(Entre Lucio.)

LUCIO. — Bonsoir. Frère, où est le prévôt?

LE DUC. — Il n'est pas dans la prison, monsieur.

LUCIO.— O gentille Isabelle! Mon cœur pâlit de voir tes yeux si rouges; il faut que tu prennes patience; j'ai bien l'air de dîner et de souper dorénavant avec du son et de l'eau; je n'oserai plus, pour sauver ma tête, remplir mon estomac. Un repas un peu succulent me mènerait au même point; mais on dit que le duc sera ici demain matin. Sur ma foi, Isabelle, j'aimais ton frère. Si notre vieux duc de joyeuse humeur et ami des coins obscurs avait été chez lui, Claudio vivrait encore.

(Isabelle sort.)

LE DUC.—Monsieur, le duc a vraiment bien peu d'obligation à vos rapports; mais ce qu'il y a de bon, c'est que sa réputation n'en dépend pas.

LUCIO. — Frère, tu ne connais pas le duc aussi bien que moi; c'est un meilleur chasseur que tu ne l'imagines.

LE DUC.—Allons, vous répondrez un jour de tout ceci. Portez-vous bien.

LUCIO. — Non, reste : je veux t'accompagner; je puis t'accompagner; je puis te raconter de jolies histoires du duc.

LE DUC. — Vous ne m'en avez déjà que trop dit, monsieur, si elles sont vraies; si elles ne le sont pas, jamais vous n'en direz assez.

LUCIO. — J'ai comparu devant lui une fois pour avoir donné un enfant à une fille.

LE DUC. — Avez-vous fait pareille chose?

LUCIO. — Oui, d'honneur, je l'ai fait; mais il a bien fallu jurer que non; autrement ils m'auraient marié au bois pourri.

LE DUC. — Monsieur, votre compagnie est plus agréable qu'honnête : restez en paix.

LUCIO. — Sur ma foi, je vous accompagnerai jusqu'au bout de la rue; si un propos libertin vous offense, nous n'en aurons pas long à dire ensemble. Allons, frère, je suis une espèce de glouteron, je m'attacherai à toi.

(Ils sortent.)

SCÈNE IV

Salle dans la maison d'Angelo.

Entrent ESCALUS ET ANGELO.

ESCALUS. — Chaque lettre qu'il a écrite a désavoué l'autre.

ANGELO. — De la manière la plus contradictoire et la plus bizarre. Ses actions témoignent quelque chose qui tient beaucoup de la folie ; prions le ciel que sa sagesse n'en soit pas altérée. Et pourquoi aller au-devant de lui aux portes de la ville, et lui remettre là notre autorité?

ESCALUS. — Je n'en devine pas le motif.

ANGELO. — Et pourquoi veut-il que nous fassions publier, une heure avant son entrée, que si quelqu'un demande réparation de quelque injustice, il ait à présenter sa pétition dans la rue?

ESCALUS. — En cela il se montre judicieux ; c'est pour expédier toutes les plaintes, et nous affranchir pour toujours des intrigues, qui, ce jour passé, ne pourront plus être tramées contre nous.

ANGELO. — Fort bien. Je vous en prie, faites-le proclamer ; demain, de grand matin, j'irai vous trouver à votre maison. Faites avertir les personnes de distinction qui doivent aller à sa rencontre.

ESCALUS. — Je le ferai, monsieur. Adieu.

(Escalus sort.)

ANGELO. — Bonne nuit! Cette action me bouleverse tout à fait, me rend incapable de penser, et stupide pour toute affaire. Une vierge déflorée! et cela par un personnage important qui appliquait la loi portée contre ce délit! Si ce n'était que sa timide pudeur n'osera proclamer sa virginité perdue, comme elle pourrait parler de moi! mais la raison ne l'excite-t-elle pas à m'accuser? — Non, car mon autorité porte un poids de crédit qu'aucune accusation particulière ne peut toucher sans qu'il écrase celui qui oserait la prononcer.... Il aurait vécu, si ce n'est que sa jeunesse libertine, conservant un ressentiment dangereux, aurait pu quelque jour chercher à se venger d'avoir ainsi reçu une vie déshonorée pour une rançon aussi honteuse ; et cependant, plût au ciel qu'il vécût encore! Hélas! quand une fois nous avons perdu la grâce, rien ne va bien : nous voulons, et nous ne voulons pas.

(Il sort.)

SCÈNE V [1]

La plaine, hors de la ville.

LE DUC, *revêtu de ses propres habits, et le frère* PIERRE.

LE DUC. — Remettez-moi ces lettres au moment convenable. (*Il lui donne des lettres.*) Le prévôt est instruit de nos vues et de notre projet : l'affaire une fois commencée, suivez vos instructions, et tendez constamment à notre but particulier, quoique vous ayiez l'air de vous en écarter pour ceci ou pour cela, selon que les circonstances le conseilleront. Partez, allez chez Flavius, et dites-lui où je suis : instruisez-en également Valentin, Rowland et Crassus; et dites-leur d'envoyer des trompettes à la porte de la ville. Mais envoyez-moi Flavius le premier.

LE RELIGIEUX. — Vos ordres seront fidèlement remplis.

(Il sort.)

(Entre Varrius.)

LE DUC. — Je vous rends grâces, Varrius; vous avez fait bonne diligence. Venez, nous allons nous promener; il y en a encore d'autres de nos amis qui vont venir ici nous saluer dans un moment, mon cher Varrius.

(Ils sortent.)

[1] Certaines personnes font de cette scène la première de l'acte V.

SCÈNE VI

Une rue près de la porte de la ville.

Entrent ISABELLE ET MARIANNE.

ISABELLE. — Parler avec tous ces détours me répugne : je voudrais dire la vérité ; mais c'est votre rôle à vous de l'accuser ouvertement. Cependant il me conseille de le faire, et dit que c'est pour cacher un but avantageux.

MARIANNE. — Laissez-vous guider par lui.

ISABELLE. — Il me dit encore que si par hasard il parle contre moi en faveur de l'autre, je ne le trouve pas étrange : c'est un remède, dit-il, qui est amer pour en venir à la douceur.

MARIANNE. — Je voudrais que le frère Pierre...

ISABELLE. — Oh! silence, le religieux est arrivé.
    (Entre un religieux.)

LE RELIGIEUX. — Venez, je vous ai trouvé une très-bonne place, où vous serez sûres que le duc ne pourra pas passer sans que vous le voyiez ; les trompettes ont déjà retenti deux fois ; les plus nobles et les plus notables citoyens ont pris possession des portes, et le duc ne va pas tarder à entrer ; ainsi, partons, allons nous-en.

FIN DU QUATRIÈME ACTE.

ACTE CINQUIÈME

SCÈNE I

Place publique près de la porte de la ville.

MARIANNE *voilée*, ISABELLE ET PIERRE *dans l'éloignement. Par la porte opposée entrent* LE DUC, VARRIUS, DIVERS SEIGNEURS, ANGELO, ESCALUS, LUCIO, LE PRÉVOT, DES OFFICIERS ET DES CITOYENS.

LE DUC. — Mon digne cousin, vous êtes le bienvenu. — Mon ancien et fidèle ami, je suis bien aise de vous voir.

ANGELO. — Un heureux retour à Votre Altesse royale!

LE DUC, *à Angelo et Escalus*. — Mille actions de grâces sincères à tous les deux : nous avons pris des informations sur votre compte, et nous entendons dire tant de bien de votre justice, que notre cœur ne peut s'empêcher de vous en faire notre remerciement public, comme précurseur d'autres récompenses.

ANGELO. — Vous ne faites qu'augmenter de plus en plus mes obligations.

LE DUC. — Votre mérite parle haut; ce serait lui faire injure que d'en renfermer le témoignage dans le secret de notre connaissance personnelle, lorsqu'il mérite de trouver dans des caractères d'airain une sécurité éternelle contre la dent du temps et les ravages de l'oubli. Donnez-moi votre main, et que mes sujets le voient, afin qu'ils apprennent que mes faveurs visibles voudraient vous annoncer les grâces que mon cœur vous réserve. — Venez, Escalus; vous devez être près de nous de l'autre côté. Vous êtes pour moi deux bons appuis.

(*Frère Pierre et Isabelle s'avancent.*)

FRÈRE PIERRE, *à Isabelle.* — Voici le moment; parlez haut et mettez-vous à genoux devant lui.

ISABELLE. — Justice, ô royal duc! abaissez vos regards sur une malheureuse, je voudrais pouvoir dire vierge! Oh! digne prince, ne déshonorez pas vos yeux, en les détournant vers un autre objet, que vous n'ayez entendu ma juste plainte, et que vous ne m'ayez fait justice, justice! justice! justice!

LE DUC. — Racontez vos griefs. En quoi avez-vous été outragée? par qui? abrégez : voici le seigneur Angelo qui vous rendra justice ; expliquez-vous à lui.

ISABELLE. — O noble duc! vous m'ordonnez d'aller demander mon salut au démon : entendez-moi vous-même; car ce qu'il faut que je dise doit ou me faire punir si vous ne me croyez pas, ou vous forcer à me donner satisfaction ; daignez, ah! daignez m'entendre ici.

ANGELO. — Seigneur, sa raison, je le crains, n'est pas bien saine; elle m'a sollicité pour son frère qui a été exécuté par ordre de la justice.

ISABELLE. — La justice !

ANGELO. — Et elle va se répandre en plaintes amères et étranges.

ISABELLE.—Oui, je vais révéler des choses bien étranges, mais bien vraies. Cet Angelo est un parjure; cela n'est-il pas étrange? Cet Angelo est un assassin; cela n'est-il pas étrange? Cet Angelo est un adultère clandestin, un hypocrite, un ravisseur de vierges; cela n'est-il pas étrange et très-étrange?

LE DUC. — Oh! dix fois étrange.

ISABELLE.—Il n'est pas plus vrai qu'il est Angelo, qu'il n'est certain que tout cela est aussi vrai qu'étrange; car au bout du compte, la vérité est la vérité.

LE DUC, *à un de ses officiers.* — Qu'on la fasse retirer. — Pauvre malheureuse! C'est la faiblesse de sa raison qui la fait parler ainsi.

ISABELLE. — O mon prince ! Je vous en conjure, par la foi que vous avez qu'il est un autre lieu de consolation que ce monde, ne me dédaignez pas en vous persuadant que je suis atteinte de folie ; ne jugez pas impossible ce qui n'est qu'invraisemblable : il n'est pas impossible qu'un homme, qui est le plus vil scélérat de la terre, paraisse aussi réservé, aussi grave, aussi parfait que le paraît Angelo ; il est même possible qu'Angelo, malgré toutes ses belles apparences, sa réputation, ses titres et ses formes imposantes, soit un archi-scélérat. Croyez-le, illustre prince : s'il est moins que cela, il n'est rien ; mais il est plus encore, si je savais trouver des mots pour exprimer toute sa scélératesse.

LE DUC. — Sur mon honneur, si elle est insensée (et je ne puis croire autre chose), sa folie a la plus étrange apparence de bon sens ; elle montre autant de liaison dans ses idées, que j'en aie jamais entendu dans la folie.

ISABELLE. — Gracieux duc, ne vous attachez pas à cette idée, ne me croyez pas privée de ma raison parce que je parle sans ordre, et faites servir votre jugement à tirer la vérité des ténèbres où elle semble cachée, où se cache aussi l'imposture qui semble la vérité.

LE DUC. — Sûrement, bien des gens qui ne sont pas fous montrent moins de raison qu'elle. — Que voulez-vous dire ?

ISABELLE. — Je suis la sœur d'un certain Claudio, condamné à perdre la tête pour un acte de fornication, et condamné par Angelo. Moi, qui étais en noviciat dans une communauté, j'ai été mandée par mon frère : un nommé Lucio a été son messager.

LUCIO. — C'est moi, sous le bon plaisir de Votre Altesse ; j'ai été la trouver de la part de Claudio, et je l'ai priée de tenter sa bonne fortune auprès du seigneur Angelo, pour obtenir le pardon de son pauvre frère.

ISABELLE. — Oui, c'est lui-même en effet.

LE DUC, *à Lucio*. — On ne vous a pas dit de parler.

LUCIO. — Non, mon bon seigneur ; mais on n'a pas demandé non plus de me taire.

LE DUC. — Allons, je vous le demande maintenant ; je vous prie, faites attention à ce que je vous dis, et quand vous aurez une affaire personnelle, priez le ciel d'être alors sans reproche.

LUCIO. — Oh ! j'en réponds à Votre Altesse.

LE DUC. — Répondez-vous-en à vous-même, prenez-y bien garde.

ISABELLE. — Cet honnête homme a dit quelque chose de mon histoire.

LUCIO. — Rien que de juste.

LE DUC. — Cela peut être juste ; mais vous avez tort de parler avant votre tour. (*A Isabelle.*) Continuez.

ISABELLE. — J'allai trouver ce dangereux et nuisible ministre.

LE DUC. — Voilà qui sent un peu la démence.

ISABELLE. — Pardonnez-moi : la phrase convient au sujet.

LE DUC. — En la rectifiant. — Au fait, continuez.

ISABELLE. — En un mot, et pour laisser de côté un inutile récit, comment j'ai cherché à le persuader ; comment j'ai prié ; comment je me suis jetée à ses genoux ; comment il a réfuté mes raisons ; comment je lui ai répliqué (car tout cela a été long), je déclare d'abord avec honte et douleur l'infâme conclusion. Il n'a voulu relâcher mon frère qu'au prix du sacrifice de mon chaste corps à l'intempérance de ses impudiques désirs. Après beaucoup de débats, ma pitié de sœur a fait taire mon honneur, et j'ai cédé ; mais le lendemain, dès le matin, après avoir accompli ses desseins, il a envoyé l'ordre de couper la tête à mon pauvre frère.

LE DUC. — Cela est fort vraisemblable !

ISABELLE. — Ah ! plût au ciel que cela fût aussi vraisemblable que cela est vrai !

LE DUC. — Par le ciel, malheureuse insensée, tu ne sais ce que tu dis ; ou bien il faut que tu aies été subornée contre son honneur par quelque odieux complot. — D'abord, son intégrité est sans tache. — Ensuite, il est hors de toute raison qu'il poursuivît avec tant de sévérité des fautes qui lui seraient personnelles : s'il avait ainsi péché, il aurait pesé ton frère dans sa propre balance, et il ne l'aurait pas fait mourir. — Quelqu'un vous a excitée contre lui. Avouez la vérité, et déclarez par le conseil de qui vous êtes venue ici vous plaindre.

ISABELLE. — Et est-ce là tout ? O vous donc, bienheureux

ministres du ciel, conservez-moi la patience! Et quand le temps sera mûr, dévoilez le crime qui reste ici caché sous de fausses apparences!—Que le ciel préserve Votre Altesse de tout malheur, lorsque moi, ainsi outragée, je vous quitte sans que vous me croyiez!

LE DUC.—Je sais que vous ne demanderiez pas mieux que de vous en aller.—Un officier!—Conduisez-la en prison.—Quoi! permettrons-nous qu'une accusation aussi flétrissante, aussi scandaleuse, tombe impunément sur un homme qui nous est attaché de si près? Il y a nécessairement ici quelque intrigue.—Qui a su votre dessein et votre démarche?

ISABELLE.—Un homme que je voudrais bien voir ici, le frère Ludovic.

LE DUC.—Votre père spirituel, sans doute;—qui connaît ce Ludovic?

LUCIO.—Seigneur, moi, je le connais; c'est un moine intrigant; je n'aime point cet homme-là : s'il avait été laïque, seigneur, je l'aurais vertement châtié pour certains propos qu'il a tenus contre Votre Altesse, pendant votre absence.

LE DUC.—Des propos contre moi? C'est sans doute un digne religieux! Et d'exciter cette malheureuse femme à venir accuser ici notre substitut!—Qu'on me trouve ce moine.

LUCIO.—Pas plus tard qu'hier au soir, seigneur, le religieux et elle, je les ai vus tous deux dans la prison : un moine impertinent, un vrai misérable!

LE MOINE PIERRE.—Que le ciel bénisse Votre Altesse royale! Je me tenais ici, seigneur, et j'ai entendu qu'on vous en imposait. D'abord, c'est bien à tort que cette femme a accusé votre ministre, qui est aussi innocent de toute impureté ou commerce avec elle, qu'elle l'est elle-même de tout commerce avec un homme encore à naître.

LE DUC.—C'est ce que nous croyons.—Connaissez-vous ce frère Ludovic dont elle parle?

LE MOINE PIERRE.—Je le connais pour un saint homme de Dieu, et qui n'est point un méchant, ni un intrigant du siècle, comme le rapporte ce gentilhomme. Et, sur ma parole, c'est un homme qui n'a jamais, comme il le prétend, mal parlé de Votre Altesse.

LUCIO.—Seigneur, de la manière la plus infâme : croyez-moi.

LE MOINE PIERRE.—Allons, il pourra, avec le temps, se justifier lui-même : mais pour le moment, il est malade, seigneur, d'une fièvre violente; c'est uniquement à sa prière, ayant su qu'on projetait d'accuser ici devant vous le seigneur Angelo, que je suis venu ici, pour déclarer, comme par sa propre bouche, ce qu'il sait être vrai et faux, et ce que lui-même, par son serment et par toutes sortes de preuves, il démontrera, en quelque temps qu'il soit appelé en témoignage. D'abord, quant à cette femme (à la justification de ce digne seigneur, si directement et si publiquement accusé), vous la verrez démentie en face, jusqu'à ce qu'elle l'avoue elle-même.

LE DUC.—Bon père, nous vous écoutons, parlez. Cela ne vous fait-il pas sourire, seigneur Angelo? O ciel! Ce que c'est que la témérité de ces misérables insensés!— Donnez-nous des sièges. — Venez, cousin Angelo : je veux être partial dans cette affaire : soyez vous-même juge dans votre propre cause. (*Isabelle est emmenée par les gardes, et Marianne s'avance.*) Est-ce là le témoin, frère? —Qu'elle commence par montrer son visage, et qu'après, elle parle.

MARIANNE.—Pardonnez, seigneur : je ne montrerai point mon visage, que mon époux ne me l'ordonne.

LE DUC.—Comment! êtes-vous mariée?

MARIANNE.—Non, seigneur.

LE DUC.—Êtes-vous fille?

MARIANNE.—Non, seigneur.

LE DUC.—Vous êtes donc veuve?

MARIANNE.—Non plus, seigneur.

LE DUC.—Vous n'êtes donc rien?—Ni fille, ni femme, ni veuve.

LUCIO.—Seigneur, elle pourrait bien être une catin ; car il y en a beaucoup parmi elles qui ne sont ni filles, ni femmes, ni veuves.

LE DUC.—Imposez silence à cet homme : je voudrais qu'il eût quelque raison de babiller pour lui-même.

LUCIO.—Allons, seigneur.

MARIANNE.—Seigneur, j'avoue que jamais je n'ai été mariée ; et j'avoue encore que je ne suis point fille : j'ai connu mon mari, et cependant mon mari ne sait pas qu'il m'ait jamais connue.

LUCIO.—Il fallait donc qu'il fût ivre, seigneur; cela ne peut être autrement.

LE DUC.—Pour obtenir l'avantage de ton silence, je voudrais que tu le fusses aussi.

LUCIO.—Très-bien, seigneur.

LE DUC.—Ce n'est pas là un témoin pour le seigneur Angelo.

MARIANNE.—Je vais y venir, seigneur. Cette femme qui l'accuse de fornication, intente la même accusation contre mon mari, et elle l'accuse de l'avoir commise, seigneur, dans un moment où je déposerai, moi, que je le tenais dans mes bras avec toutes les preuves de l'amour.

ANGELO.—L'accuse-t-elle de quelque chose de plus que moi ?

MARIANNE.—Pas que je sache.

LE DUC.—Non? Vous dites votre époux ?

MARIANNE.—Oui, précisément, seigneur; et c'est Angelo qui croit être certain de n'avoir jamais connu ma personne, mais qui sait bien qu'il croit avoir connu celle d'Isabelle.

ANGELO.—Voilà une étrange énigme.—Voyons votre visage.

MARIANNE.—Mon mari me l'ordonne; et je vais me démasquer. (*Elle ôte son voile.*)—Le voilà ce visage, cruel Angelo, que tu jurais naguère être digne de tes regards : voilà la main qui a été pressée par la tienne avec un contrat appuyé de tes serments : voilà la personne qui a usurpé ton rendez-vous avec Isabelle, et qui a satisfait tes désirs dans la maison de ton jardin, sous le nom supposé d'Isabelle.

LE DUC, *à Angelo.*—Connaissez-vous cette femme?

LUCIO. —Charnellement, à ce qu'elle dit.

LE DUC, *à Lucio.* —Taisez-vous, drôle.

LUCIO. —Cela suffit, seigneur.

ANGELO. —Seigneur, je dois convenir que je connais cette femme; et il y a cinq ans qu'il y fut question de mariage entre elle et moi, ce qui fut rompu en partie parce que la dot promise s'est trouvée au-dessous de la convention; mais la principale raison, c'est que sa réputation a été ternie par sa légèreté; et depuis ce temps, depuis cinq ans, jamais je ne lui ai parlé, jamais je ne l'ai vue, ni entendu parler d'elle, sur mon honneur et ma foi.

MARIANNE. —Noble prince, comme il est vrai que la lumière vient du ciel, et que les paroles viennent de la voix, que la raison est dans la vérité, et la vérité dans la vertu, je suis fiancée à cet homme, et sa femme par les liens les plus forts que les paroles puissent former; oui, mon bon seigneur, pas plus tard que la nuit de mardi dernier, dans la maison de son jardin, il m'a connue comme sa femme : au nom de la vérité de ce que je vous déclare, souffrez que je me relève de vos genoux en sûreté, ou autrement laissez-moi m'y attacher à jamais comme une statue de marbre.

ANGELO. —Je n'ai fait jusqu'à ce moment que sourire à ces extravagances; maintenant, mon noble seigneur, donnez-moi la liberté de me faire justice : ma patience est mise ici à l'épreuve; je m'aperçois que ces malheureuses folles ne sont que les instruments de quelque ennemi plus puissant qui les excite contre moi : laissez-moi la liberté, seigneur, de découvrir cette sourde menée.

LE DUC. —De tout mon cœur, et punissez-les absolument à votre gré. — Toi, moine téméraire, — et toi, méchante femme, conjurée avec celle qu'on vient d'emmener, penses-tu que tes serments, quand ils feraient descendre à force de protestations tous les saints du ciel, fussent des témoignages admissibles contre son mérite et sa réputation, qui sont munis du sceau de mon approbation?—Vous, seigneur Escalus, siégez avec mon cousin : prêtez-lui vos obligeants secours, pour découvrir la source de cette diffamation.—Il y a un autre moine qui les a excitées : qu'on l'envoie chercher.

LE MOINE PIERRE.—Plût à Dieu qu'il fût ici, seigneur ! car c'est lui en effet qui a poussé ces femmes à intenter cette accusation : votre prévôt connaît le lieu de sa demeure, et il peut vous l'amener.

LE DUC, *au prévôt*.—Allez, et amenez-le dans l'instant. —Et vous, mon noble cousin, qui me donnez tant de garanties, et à qui il importe d'entendre à fond cette affaire, procédez sur vos injures comme vous le trouverez bon, et infligez le châtiment qu'il vous plaira. Je vais vous quitter pour quelques moments : ne bougez pas de votre siége que vous n'ayez bien résolu la question de ces calomniateurs.

ESCALUS.—Seigneur, nous allons l'examiner à fond.

(Le duc sort.)

ESCALUS, *à Lucio*.—Seigneur Lucio, n'avez-vous pas dit que vous connaissiez le moine Ludovic pour être un malhonnête personnage ?

LUCIO.—*Cucullus non facit monachum*[1]. Il n'est honnête en rien que par sa robe, et c'est un homme qui a tenu les plus infâmes propos sur le compte du duc.

ESCALUS.—Nous vous demanderons de rester ici jusqu'à ce qu'il vienne, pour en témoigner contre lui... Nous allons trouver dans ce moine un insigne vaurien.

LUCIO.—Autant que qui que ce soit dans Vienne, sur ma parole.

ESCALUS.—Qu'on fasse reparaître ici cette Isabelle, je voudrais causer avec elle. (*A Angelo.*)—Je vous en prie, seigneur, laissez-moi le soin de l'interroger ; vous verrez comme je saurai la manier.

LUCIO.—Pas mieux que lui, d'après son propre rapport à elle-même.

ESCALUS.—Que dites-vous ?

LUCIO.—Moi, monsieur, je pense que si vous la maniez

---

[1] « L'habit ne fait pas le moine, » proverbe latin qui revient plusieurs fois dans Shakspeare

en particulier, elle avouerait plutôt : peut-être qu'en public elle aura honte.

(Le duc revient en habit de religieux, le prévôt : on amène Isabelle.)

ESCALUS.—Je vais questionner un peu obscurément.

LUCIO.—Voilà le vrai moyen ; car les femmes sont légères vers minuit[1].

ESCALUS.—Venez çà, madame : voici une dame qui nie tout ce que vous avez dit.

LUCIO.—Seigneur, voici ce misérable dont je vous ai parlé : il vient avec le prévôt.

ESCALUS.—Fort à propos.—Ne lui parlez pas, que nous ne vous y engagions.

LUCIO.—Motus !

ESCALUS.—Avancez, monsieur. Est-ce vous qui avez excité ces femmes à calomnier le seigneur Angelo ? Elles ont avoué que vous l'aviez fait.

LE DUC.—Cela est faux.

ESCALUS.—Comment ! Savez-vous où vous êtes ?

LE DUC.—Respect à la dignité de votre place ! Et le démon lui-même est quelquefois honoré à cause de son trône brûlant.—Où est le duc ? C'est lui qui doit m'entendre.

ESCALUS.—Le duc réside en nous, et nous vous entendrons : songez à dire la vérité.

LE DUC.—Je parlerai du moins avec hardiesse.—Mais, hélas ! pauvres âmes, venez-vous ici demander l'agneau au renard ? Adieu la justice que vous demandiez.—Le duc est-il parti ? En ce cas, votre cause est perdue.—C'est une injustice au duc de repousser ainsi votre appel public, et de remettre l'examen de votre affaire dans les mains du scélérat même que vous venez accuser.

LUCIO.—C'est ce coquin ; c'est bien lui dont je vous ai parlé.

ESCALUS.—Quoi ! moine irrévérent et profane, ne te suffit-il pas d'avoir suborné ces femmes pour accuser ce

---

[1] Équivoque entre *light* (lumière) et light *légère*. Ce jeu de mots se retrouve constamment dans Shakspeare.

digne homme, sans que ta bouche infâme vienne à ses propres oreilles l'appeler scélérat? Et de là tu passes au duc même, pour le taxer d'injustice? Qu'on l'emmène d'ici : qu'on le conduise à la torture.—Nous te serrerons les articulations l'une après l'autre, jusqu'à ce que nous sachions ton but. Quoi, le duc injuste?

LE DUC.—Ne vous échauffez pas tant. Le duc n'oserait pas plus torturer un de mes doigts, qu'il n'oserait faire souffrir un des siens; je ne suis point son sujet, ni provincial de ce pays-ci. Mes affaires, dans cet État, m'ont mis à portée d'observer les mœurs dans Vienne, et j'y ai vu la corruption bouillir et bouillonner, et déborder de la marmite; j'ai vu des lois pour toutes les fautes; mais les fautes si bien protégées, que les statuts les plus énergiques sont comme le tableau des amendes pendu dans la boutique d'un barbier[1],—objet d'autant de risée que d'attention.

ESCALUS.—Calomnier l'État! Qu'on l'emmène en prison.

ANGELO.—Seigneur Lucio, que pouvez-vous certifier contre cet homme? Est-ce celui dont vous nous avez parlé?

LUCIO.—C'est lui-même, seigneur. — Venez çà, mon bon vieux à tête chauve. Me connaissez-vous?

LE DUC.—Je vous reconnais, monsieur, au son de votre voix : je vous ai rencontré dans la prison, pendant l'absence du duc.

LUCIO.—Oh! oui-dà? Et vous rappelez-vous ce que vous m'avez dit du duc?

LE DUC.—Très-nettement, monsieur.

LUCIO.—Oui-dà, monsieur? Et le duc était-il un marchand de chair humaine, un imbécile, un lâche, comme vous me l'avez dit alors?

LE DUC —Il faut, monsieur, que vous changiez de personne avec moi, avant que vous mettiez ce propos sur

---

[1] Anciennement, dans la boutique des barbiers, il y avait un tableau des règlements et des peines pour empêcher les pratiques de manier les instruments de chirurgie; mais les règlements étaient si ridicules et les barbiers avaient si peu d'autorité, qu'ils étaient un objet de risée.

mon compte : car c'est vous-même qui avez dit cela de lui ; et bien pis, bien pis.

LUCIO.—O damné coquin! Ne t'ai-je pas tiré par le bout du nez, pour tes propos?

LE DUC.—Je proteste que j'aime le duc comme je m'aime moi-même.

ANGELO.—Entendez-vous comme ce misérable voudrait terminer la chose, après ses injures de haute trahison?

ESCALUS.—Ce n'est pas là un homme à qui l'on doive parler. Qu'on l'entraîne en prison.—Où est le prévôt? Emmenez-le en prison : mettez-le sous les verroux, et qu'il ne parle plus.—Qu'on emmène aussi ces malheureuses avec leur autre complice.

(Le prévôt met la main sur le duc.)

LE DUC.—Arrêtez, monsieur ; arrêtez un moment.

ANGELO.—Quoi, il résiste? Prêtez main-forte, Lucio

LUCIO.—Venez, monsieur, venez, monsieur, venez, monsieur : allons donc! monsieur : comment, tête chauve, vil menteur! Il faut donc vous encapuchonner ainsi, oui-dà? Montrez votre visage de coquin, et que la peste vous saisisse! Montrez-nous votre face de galefretier, et soyez pendu dans une heure. Vous ne voulez pas?

(Lucio arrache le capuchon et le duc paraît.)

LE DUC.—Tu es le premier coquin qui ait jamais fait un duc.—D'abord, prévôt, je me porte pour caution de ces trois honnêtes gens. (*A Lucio.*) Ne t'échappe pas, toi ; le moine et toi vont s'expliquer tout à l'heure.—Qu'on s'empare de lui.

LUCIO.—Cela pourrait finir par pis que le gibet.

LE DUC, *à Escalus.*—Ce que vous avez dit, je vous le pardonne : asseyez-vous. (*Montrant Angelo.*) Lui, nous prêtera sa place. (*A Angelo.*) Monsieur, avec votre permission. (*Il s'assied à la place d'Angelo.*)—(*A Angelo.*) Te reste-t-il encore des paroles, de l'adresse ou de l'impudence, qui puissent te servir? Si tu en as, comptes-y, jusqu'à ce qu'on ait entendu mon récit, et ne te défends pas plus longtemps.

ANGELO.—Mon redoutable souverain, je me rendrais plus coupable que ne m'a fait mon crime, si je m'imaginais que je suis impénétrable, lorsque je vois que Votre Altesse, comme une intelligence divine, a pénétré toutes mes intrigues. Ainsi, bon prince, ne siégez pas longtemps à ma honte; et que mon procès se borne à mon propre aveu. Votre sentence à l'instant, et la mort après; c'est toute la grâce que j'implore.

LE DUC.—Venez ici, Marianne. (*A Angelo.*)—Réponds, as-tu engagé ta foi par un contrat à cette femme?

ANGELO.—Oui, seigneur.

LE DUC.—Va, emmène-la, et épouse-la sur-le-champ. —Religieux, accomplissez la cérémonie; et quand elle sera achevée, renvoyez-le-moi ici.—Prévôt, accompagnez-le.

(Angelo, Marianne, le prévôt et le religieux sortent.)

ESCALUS.—Seigneur, je suis plus confondu de son déshonneur, que de la singularité de la cause.

LE DUC.—Venez ici, Isabelle : votre moine est maintenant votre prince; et comme j'étais alors zélé et fidèle pour vos intérêts, ne changeant point de cœur en changeant de vêtement, je reste toujours attaché à votre service.

ISABELLE.—Ah! daignez me pardonner, à moi, votre sujette, d'avoir employé et importuné Votre Altesse qui m'était inconnue.

LE DUC.—Je vous le pardonne, Isabelle; et vous, chère fille, soyez aussi généreuse pour nous. La mort de votre frère, je le sais, vous reste sur le cœur, et vous pourriez vous demander avec étonnement pourquoi je me suis caché pour travailler à sauver sa vie, et pourquoi je n'ai pas dévoilé témérairement ma puissance plutôt que de le laisser périr ainsi. Tendre sœur, c'est la rapidité de son exécution, que je croyais voir venir d'un pas plus lent, qui a renversé mes desseins. Mais, la paix soit avec lui! La vie dont il jouit n'a plus la mort à craindre, et vaut mieux que celle qui n'existe que pour craindre. Faites votre consolation de cette idée, que votre frère est heureux.

ISABELLE.—C'est ce que je fais, seigneur.

(Entrent Angelo, Marianne, le religieux, le prévôt.)

LE DUC.—Quant à ce nouveau marié qui revient vers nous, et dont l'imagination impure a outragé votre honneur, que vous avez si bien défendu, vous devez lui pardonner pour l'amour de Marianne. Mais comme il a condamné votre frère, étant criminel, par une double violation de la chasteté sacrée, et de sa promesse positive de vous accorder la vie de votre frère à cette condition, la clémence même de la loi demande à grands cris, et par sa bouche même : *Angelo pour Claudio, mort pour mort*. La célérité répond à la célérité, la lenteur suit la lenteur, représailles pour représailles, *et mesure pour mesure*. Ainsi, Angelo, voilà donc ton crime manifesté ; et quand tu voudrais le nier, cela ne te serait d'aucun avantage. Nous te condamnons à périr sur le même billot où Claudio a posé sa tête pour mourir, et avec la même précipitation.—Qu'on l'emmène.

MARIANNE.—O mon très-gracieux seigneur, j'espère que vous ne m'avez point donné un mari pour vous moquer de moi.

LE DUC.—C'est votre mari qui s'est moqué de vous en vous donnant un mari. Pour la sauvegarde de votre honneur, j'ai cru votre mariage nécessaire : autrement, le reproche de votre faiblesse pour lui pouvait flétrir votre vie, et nuire à votre avantage dans l'avenir. Quoique ses biens nous appartiennent par la confiscation, nous vous en faisons don, comme d'un douaire de veuve ; ils vous serviront à acquérir un meilleur mari.

MARIANNE.—O mon cher seigneur ! je n'en désire point d'autre ni de meilleur que lui.

LE DUC.—Ne le demandez point, ma résolution est définitive.

MARIANNE, *se jetant à ses pieds.*—Mon bon souverain !...

LE DUC.—Vous perdez vos peines.—Qu'on l'emmène à la mort. (*A Lucio.*) Maintenant à vous, monsieur.

MARIANNE.—O mon bon seigneur !—Chère Isabelle, charge-toi de mon rôle ; prête-moi tes genoux, et je te prêterai toute ma vie à venir pour te rendre service.

LE DUC.—Vous allez contre toute raison, en l'importunant. Si elle s'agenouillait pour me demander la grâce de ce crime, l'ombre de son frère briserait son lit de pierre, et l'entraînerait avec horreur.

MARIANNE.—Isabelle, chère Isabelle ! agenouillez-vous seulement à côté de moi : levez vos mains ; ne dites rien, je parlerai, moi. On dit que les hommes les plus parfaits sont pétris de défauts, et qu'ils deviennent souvent d'autant meilleurs qu'ils ont été un peu mauvais : mon mari peut être du nombre. Isabelle, ne voulez-vous pas fléchir le genou pour moi?

LE DUC.—Il meurt pour la mort de Claudio.

ISABELLE, *à genoux*.—Prince très-miséricordieux, daignez voir cet homme condamné comme si mon frère vivait. Je suis disposée à croire qu'une vraie sincérité a gouverné ses actions, jusqu'à ce qu'il m'ait vue ; et puisqu'il en est ainsi, qu'il ne meure pas. Mon frère a été justement puni, puisqu'il avait commis l'action pour laquelle il est mort.—Le crime d'Angelo n'a pas atteint sa mauvaise intention, qui doit être enterrée comme une intention qui est morte en route : les pensées ne sont point sujettes à la loi, les intentions ne sont que des pensées.

MARIANNE.—Elles ne sont que cela, seigneur.

LE DUC.—Vos prières sont inutiles : levez-vous, vous dis-je. Je viens de me rappeler encore un autre délit.— Prévôt, comment s'est-il fait que Claudio ait été décapité à une heure qui n'est pas d'usage ?

LE PRÉVÔT.—On me l'a commandé ainsi.

LE DUC.—Aviez-vous pour cela un ordre écrit et spécial?

LE PRÉVÔT.—Non, seigneur ; je l'ai reçu par un message secret.

LE DUC.—Et pour cela, je vous dépouille de votre office : rendez-moi vos clefs.

LE PRÉVÔT.—Daignez me pardonner, noble seigneur : je croyais bien que c'était une faute : mais je ne le savais pas, cependant après avoir réfléchi davantage je m'en suis repenti ; et, pour preuve, c'est qu'il y a un homme dans la prison qui, d'après un ordre secret, devait être exécuté, et que j'ai laissé vivre encore.

LE DUC.—Qui est-ce?

LE PRÉVÔT.—Son nom est Bernardino.

LE DUC.—Je voudrais que vous en eussiez agi de même avec Claudio.—Allez : amenez-le ici, que je le voie.
(Le prévôt sort.)

ESCALUS, *à Angelo.*—Je suis bien affligé qu'un homme aussi éclairé, aussi sensé que vous, seigneur Angelo, soit tombé dans un écart si grossier, d'abord par l'ardeur des sens et ensuite par le défaut de bon jugement.

ANGELO.—Et moi, je suis affligé d'être la cause de tant de chagrins; et un remords si profond pénètre mon cœur repentant, que je désire bien plus la mort que le pardon : je l'ai méritée, et je la demande.
(Le prévôt, amenant Bernardino, Claudio et Juliette.)

LE DUC.—Lequel est ce Bernardino?

LE PRÉVÔT.—Celui-ci, seigneur.

LE DUC.—Il y a un religieux qui m'a parlé de cet homme.—Drôle, on dit que tu as une âme entêtée, qui ne voit rien au delà de ce monde, et que tu règles ta vie en conséquence. Tu es condamné; mais, quant à tes fautes et leur punition en ce monde, je te les remets toutes. Je t'en prie, use de ce pardon pour te préparer à une meilleure vie à venir.—Religieux, conseillez-le; je le laisse entre vos mains. Quel est cet homme si bien enveloppé?

LE PRÉVÔT.—C'est un autre prisonnier que j'ai sauvé, et qui devait périr quand Claudio a perdu la tête, et qui ressemble tant à Claudio, qu'on le prendrait pour lui-même.

LE DUC, *à Isabelle.*—S'il ressemble à votre frère, je lui pardonne pour l'amour de lui; et vous, Isabelle, pour l'amour de votre charmante personne, donnez-moi votre main, et dites que vous serez à moi; il est mon frère aussi : mais remettons ce soin à un moment plus convenable. A présent, le seigneur Angelo commence à s'apercevoir qu'il est en sûreté; il me semble voir ses yeux briller. Allons, Angelo, votre crime vous traite bien.—Songez à aimer votre femme; son mérite égale le vôtre. —Je trouve dans mon cœur un penchant à la clémence; et cependant il y a là devant nous quelqu'un à qui je ne peux pardonner.—(*A Lucio.*) Vous, maraud, qui m'avez connu pour un imbécile, un lâche, un homme livré tout entier à la débauche, un âne, un fou, comment ai-je mérité de vous que vous fassiez de moi un semblable panégyrique?

LUCIO.—En vérité, seigneur, je n'ai tenu ces discours que d'après la mode. Si vous voulez me faire pendre pour cela, vous le pouvez : mais j'aimerais mieux qu'il vous plût de me faire fouetter.

LE DUC.—Fouetté d'abord, monsieur, et pendu après. —Prévôt, faites proclamer dans toute la ville que, s'il est quelque femme outragée par ce libertin, comme je lui ai entendu jurer à lui-même qu'il y en a une qui est enceinte de ses œuvres, qu'elle se présente, et il faudra qu'il l'épouse; les noces finies, qu'on le fouette et qu'on le pende.

LUCIO.—J'en conjure votre altesse, ne me mariez point à une prostituée. Votre Altesse a dit, il n'y a qu'un moment, que j'ai fait de vous un duc : mon bon seigneur, ne m'en récompensez pas, en faisant de moi un homme déshonoré.

LE DUC.—Sur mon honneur, tu l'épouseras. Je te pardonne tes calomnies, et à cette condition je te remets toutes tes autres offenses.—Emmenez-le en prison, et ayez soin que notre bon plaisir en ceci soit exécuté.

LUCIO.—Me marier à une fille publique, seigneur, c'est me condamner à la mort, au fouet et au gibet.

LE DUC.—Calomnier un prince mérite bien cette punition.—Vous, Claudio, songez à réparer l'honneur de celle que vous avez outragée.—Vous, Marianne, soyez heureuse.—Aimez-la, Angelo; je l'ai confessée, et je connais sa vertu.—Je vous remercie, mon bon ami Escalus, de votre grande bonté : j'ai en réserve pour vous d'autres preuves de reconnaissance.—Je vous remercie aussi, prévôt, de vos soins et de votre discrétion : nous vous emploierons dans un poste plus digne de vous.— Pardonnez-lui, Angelo, de vous avoir porté la tête d'un Ragusain, au lieu de celle de Claudio. La faute porte avec elle son pardon. Chère Isabelle, j'ai à vous faire une demande qui intéresse votre bonheur, et si vous voulez y prêter une oreille favorable, ce qui est à moi est à vous, et ce qui est à vous est à moi.—Allons, conduisez-nous à notre palais : là, nous vous révélerons ce qui vous reste à savoir, et dont il convient que vous soyez tous instruits.

(Tous sortent.)

FIN DU CINQUIÈME ET DERNIER ACTE.

OTHELLO

OU

LE MORE DE VENISE

TRAGÉDIE

NOTICE SUR OTHELLO

« Il y avait jadis à Venise un More très-vaillant que sa bravoure et les preuves de prudence et d'habileté qu'il avait données à la guerre avaient rendu cher aux seigneurs de la république…. Il advint qu'une vertueuse dame d'une merveilleuse beauté, nommée Disdémona, séduite, non par de secrets désirs, mais par la vertu du More, s'éprit de lui, et que lui à son tour, vaincu par la beauté et les nobles sentiments de la dame, s'enflamma également pour elle. L'amour leur fut si favorable qu'ils s'unirent par le mariage, bien que les parents de la dame fissent tout ce qui était en leur pouvoir pour qu'elle prît un autre époux. Tant qu'ils demeurèrent à Venise, ils vécurent ensemble dans un si parfait accord et un repos si doux que jamais il n'y eut entre eux, je ne dirai pas la moindre chose, mais la moindre parole qui ne fût d'amour. Il arriva que les seigneurs vénitiens changèrent la garnison qu'ils tenaient dans Chypre, et choisirent le More pour capitaine des troupes qu'ils y envoyaient. Celui-ci, bien que fort content de l'honneur qui lui était offert, sentait diminuer sa joie en pensant à la longueur et à la difficulté du voyage… Disdémona, voyant le More troublé, s'en affligeait, et, n'en devinant pas la cause, elle lui dit un jour pendant leur repas : — Cher More, pourquoi, après l'honneur que vous avez reçu de la Seigneurie, paraissez-vous si triste? — Ce qui trouble ma joie, répondit le More, c'est l'amour que je te porte; car je vois qu'il faut que je t'emmène avec moi affronter les périls de la mer, ou que je te laisse à Venise. Le premier parti m'est douloureux, car toutes les fatigues que tu auras à éprouver, tous les périls qui surviendront me rempliront de tourment; le second m'est insupportable, car me séparer de toi, c'est me séparer de ma vie.—Cher mari, que signifient toutes ces pensées qui vous agitent le cœur? Je veux venir avec vous partout où vous irez. S'il fallait traverser le feu en chemise, je le ferais. Qu'est-ce donc que d'aller avec vous par mer, sur un vaisseau solide et bien équipé?—Le More charmé jeta ses bras autour du cou de sa femme, et avec un tendre baiser lui dit : Que Dieu nous conserve longtemps, ma chère, avec un tel amour! — et ils partirent et arrivèrent à Chypre après la navigation la plus heureuse.

« Le More avait avec lui un enseigne d'une très-belle figure, mais de la nature la plus scélérate qu'il y ait jamais eu au monde..... Ce méchant homme avait aussi amené à Chypre sa femme, qui était belle et honnête; et, comme elle était italienne, elle était chère à la femme du More, et elles passaient ensemble la plus grande partie du jour. De la même expédition était un officier fort aimé du More; il allait très-souvent dans la maison du More, et prenait ses repas avec lui et sa femme. La dame, qui le savait très-agréable à son mari, lui donnait beaucoup de marques de bienveillance, ce dont le More était très-satisfait. Le méchant enseigne ne tenant compte ni de la fidélité qu'il avait jurée à sa femme, ni de l'amitié, ni de la reconnaissance qu'il devait au More, devint violemment amoureux de Disdémona, et tenta toutes sortes de moyens pour lui faire connaître et partager son amour..... Mais elle, qui n'avait dans sa pensée que le More, ne faisait pas plus d'attention aux démarches de l'enseigne que s'il ne les eût pas faites..... Celui-ci s'imagina qu'elle était éprise de l'officier..... L'amour qu'il portait à la dame se changea en une terrible haine, et il se mit à chercher comment il pourrait, après s'être débarrassé de l'officier, posséder la dame, ou empêcher du moins que le More ne la possédât; et, machinant dans sa pensée mille choses toutes infâmes et scélérates, il résolut d'accuser Disdémona d'adultère auprès de son mari, et de faire croire à ce dernier que l'officier était son complice..... Cela était difficile, et il fallait une occasion..... Peu de temps après, l'officier ayant frappé de son épée un soldat en sentinelle, le More lui ôta son emploi. Disdémona en fut affligée et chercha plusieurs fois à le réconcilier avec son mari. Le More dit un jour à l'enseigne que sa femme le tourmentait tellement pour l'officier qu'il finirait par le reprendre.—Peut-être, dit le perfide, que Disdémona a ses raisons pour le voir avec plaisir. — Et pourquoi, reprit le More? — Je ne veux pas mettre la main entre le mari et la femme; mais si vous tenez vos yeux ouverts, vous verrez vous-même. — Et quelques efforts que fit le More, il ne voulut pas en dire davantage [1]. »

Le romancier continue et raconte toutes les pratiques du perfide enseigne pour convaincre Othello de l'infidélité de Desdémona. Il n'est pas, dans la tragédie de Shakspeare, un détail qui ne se retrouve dans la nouvelle de Cinthio : le mouchoir de Desdémona, ce mouchoir précieux que le More tenait de sa mère, et qu'il avait donné à sa femme pendant leurs premières amours; la manière dont l'enseigne s'en empare, et le fait trouver chez l'officier qu'il veut perdre; l'insistance du More auprès de Desdémona pour ravoir ce mouchoir, et le trouble où la jette sa perte; la conversation artificieuse de l'enseigne avec l'officier, à laquelle assiste de loin le More, et où il croit entendre tout ce qu'il craint; le complot du More trompé et du scélérat qui l'abuse pour assassiner l'officier; le coup que l'enseigne porte par derrière à celui-ci, et qui lui casse la jambe; enfin tous les faits, considérables ou non, sur lesquels reposent successivement toutes les scènes de la pièce, ont été fournis au poëte par le romancier, qui en avait sans doute ajouté un grand nombre à la tradition historique qu'il avait recueillie. Le dénoûment seul diffère ; dans la nouvelle, le More et l'enseigne assomment ensemble Desdémona pendant la nuit, font écrouler ensuite sur le lit où elle dormait le plafond de la chambre, et disent qu'elle a été écrasée par cet accident. On en ignore quelque temps la vraie cause. Bientôt le More prend l'enseigne en aversion, et le renvoie de son armée. Une autre aventure porte l'enseigne, de retour à Venise, à accuser le More du meurtre de sa femme. Ramené à Venise, le More est mis à la question et nie tout; il est banni, et les parents de Desdémona le font assassiner dans son exil. Un nouveau crime fait arrêter l'enseigne, et il meurt brisé par les tortures. « La femme de l'enseigne, dit Giraldi Cinthio, qui avait tout su, a tout rapporté, depuis la mort de son mari, comme je viens de le raconter. »

Il est clair que ce dénoûment ne pouvait convenir à la scène; Shakspeare l'a changé parce qu'il le fallait absolument. Du reste il a tout conservé, tout reproduit; et non-seulement il n'a rien omis, mais il n'a rien ajouté; il semble n'avoir attaché aux faits mêmes presque aucune importance; il les a pris comme ils se sont offerts, sans se donner la peine d'inventer le moindre ressort, d'altérer le plus petit incident.

---

[1] *Hecatommythi ovvero cento novelle di G.-B. Giraldi Cinthio* part. I, décad. III, nov. 7, pages 313-321; édition de Venise, 1608.

Il a tout créé cependant; car, dans ces faits si exactement empruntés à autrui, il a mis la vie qui n'y était point. Le récit de Giraldi Cinthio est complet; rien de ce qui semble essentiel à l'intérêt d'une narration n'y manque; situations, incidents, développement progressif de l'événement principal, cette construction, pour ainsi dire extérieure et matérielle, d'une aventure pathétique et singulière, s'y rencontre toute dressée; quelques-unes des conversations ne sont même pas dépourvues d'une simplicité naïve et touchante. Mais le génie qui, à cette scène, fournit des acteurs, qui crée des individus, impose à chacun d'eux une figure, un caractère, qui fait voir leurs actions, entendre leurs paroles, pressentir leurs pensées, pénétrer leur sentiments; cette puissance vivifiante qui ordonne aux faits de se lever, de marcher, de se déployer, de s'accomplir; ce souffle créateur qui, se répandant sur le passé, le ressuscite et le remplit en quelque sorte d'une vie présente et impérissable; c'est là ce que Shakspeare possédait seul; et c'est avec quoi, d'une nouvelle oubliée, il a fait *Othello*.

Tout subsiste en effet et tout est changé. Ce n'est plus un More, un officier, un enseigne, une femme, victime de la jalousie et de la trahison. C'est Othello, Cassio, Jago, Desdémona, êtres réels et vivants, qui ne ressemblent à aucun autre, qui se présentent en chair et en os devant le spectateur, enlacés tous dans les liens d'une situation commune, emportés tous par le même événement, mais ayant chacun sa nature personnelle, sa physionomie distincte, concourant chacun à l'effet général par des idées, des sentiments, des actes qui lui sont propres et qui découlent de son individualité. Ce n'est point le fait, ce n'est point la situation qui a dominé le poëte et où il a cherché tous ses moyens de saisir et d'émouvoir. La situation lui a paru posséder les conditions d'une grande scène dramatique; le fait l'a frappé comme un cadre heureux où pouvait venir se placer la vie. Soudain il a enfanté des êtres complets en eux-mêmes, animés et tragiques indépendamment de toute situation particulière et de tout fait déterminé; il les a enfantés capables de sentir et de déployer, sous nos yeux, tout ce que pouvait faire éprouver et produire à la nature humaine l'événement spécial au sein duquel ils allaient se mouvoir; et il les a lancés dans cet événement, bien sûr qu'à chaque circonstance qui lui serait fournie par le récit, il trouverait en eux, tels qu'il les avait faits, une source féconde d'effets pathétiques et de vérité.

Ainsi crée le poëte, et tel est le génie poétique. Les événements, les situations même ne sont pas ce qui lui importe, ce qu'il se complaît à inventer : sa puissance veut s'exercer autrement que dans la recherche d'incidents plus ou moins singuliers, d'aventures plus ou moins touchantes; c'est par la création de l'homme lui-même qu'elle se manifeste; et quand elle crée l'homme, elle le crée complet, armé de toutes pièces, tel qu'il doit être pour suffire à toutes les vicissitudes de la vie, et offrir en tous sens l'aspect de la réalité. Othello est bien autre chose qu'un mari jaloux et aveuglé, et que la jalousie pousse au meurtre; ce n'est là que sa situation pendant la pièce, et son caractère va fort au delà de sa situation. Le More brûlé du soleil, au sang ardent, à l'imagination vive et brutale, crédule par la violence de son tempérament aussi bien que par celle de sa passion; le soldat parvenu, fier de sa fortune et de sa gloire, respectueux et soumis devant le pouvoir de qui il tient son rang, n'oubliant jamais, dans les transports de l'amour, les devoirs de la guerre, et regrettant avec amertume les joies de la guerre quand il perd tout le bonheur de l'amour; l'homme dont la vie a été dure, agitée, pour qui des plaisirs doux et tendres sont quelque chose de nouveau qui l'étonne en le charmant, et qui ne lui donne pas le sentiment de la sécurité, bien que son caractère soit plein de générosité et de confiance; Othello enfin, peint non-seulement dans les portions de lui-même qui sont en rapport présent et direct avec la situation accidentelle où il est placé, mais dans toute l'étendue de sa nature et tel que l'a fait l'ensemble de sa destinée; c'est là ce que Shakspeare nous fait voir. De même Jago n'est pas simplement un ennemi irrité et qui veut se venger, ou un scélérat ordinaire qui veut détruire un bonheur dont l'aspect l'importune; c'est un scélérat cynique et raisonneur, qui de l'égoïsme s'est fait une philosophie, et du crime une science; qui ne voit dans les hommes que des instruments ou des obstacles à ses intérêts personnels; qui méprise la vertu comme une absurdité et cependant la hait comme une injure; qui conserve, dans la conduite la plus servile, toute l'indépendance de sa pensée, et qui, au moment où ses crimes vont lui coûter la vie, jouit encore, avec un orgueil féroce, du mal qu'il a fait, comme d'une preuve de sa supériorité.

Qu'on appelle l'un après l'autre tous les personnages de la tragédie, depuis ses héros jusqu'aux moins considérables, Desdémona, Cassio, Émilia, Bianca : on les verra paraître, non sous des apparences vagues, et avec les seuls traits qui correspondent à leur situation dramatique, mais avec des formes précises, complètes, et tout ce qui constitue la personnalité. Cassio n'est point là simplement pour devenir l'objet de la jalousie d'Othello, et comme une nécessité du drame, il a son caractère, ses penchants, ses qualités, ses défauts; et de là découle naturellement l'influence qu'il exerce sur ce qui arrive. Émilia n'est point une suivante employée par le poëte comme instrument soit du nœud, soit de la découverte des perfidies qui amènent la catastrophe; elle est la femme de Jago qu'elle n'aime point, et à qui cependant elle obéit parce qu'elle le craint, et quoiqu'elle s'en méfie; elle a même contracté, dans la société de cet homme, quelque chose de l'immoralité de son esprit; rien n'est pur dans ses pensées ni dans ses paroles; cependant elle est bonne, attachée à sa maîtresse; elle déteste le mal et la noirceur. Bianca elle-même a sa physionomie tout à fait indépendante du petit rôle qu'elle joue dans l'action. Oubliez les événements, sortez du drame; tous ces personnages demeureront réels, animés, distincts; ils sont vivants par eux-mêmes; leur existence ne s'évanouira point avec leur situation. C'est en eux que s'est déployé le pouvoir créateur du poëte, et les faits ne sont, pour lui, que le théâtre sur lequel il leur ordonne de monter.

Comme la nouvelle de Giraldi Cinthio, entre les mains de Shakspeare, était devenue *Othello*, de même, entre les mains de Voltaire, *Othello* est devenu *Zaïre*. Je ne veux point comparer. De tels rapprochements sont presque toujours de vains jeux d'esprit qui ne prouvent rien, si ce n'est l'opinion personnelle de celui qui juge. Voltaire aussi était un homme de génie; la meilleure preuve du génie, c'est l'empire qu'il exerce sur les hommes : là où s'est manifestée la puissance de saisir, d'émouvoir, de charmer tout un peuple, ce fait seul répond à tout; le génie est là, quelques reproches qu'on puisse adresser au système dramatique ou au poëte. Mais il est curieux d'observer l'infinie variété des moyens par lesquels le génie se déploie, et combien de formes diverses peut recevoir de lui le même fond de situations et de sentiments.

Ce que Shakspeare a emprunté du romancier italien, ce sont les faits; sauf le dénoûment, il n'en a répudié, il n'en a inventé aucun. Or les faits sont précisément ce que Voltaire n'a pas emprunté à Shakspeare. La contexture entière du drame, les lieux, les incidents, les ressorts, tout est neuf, tout est de sa création. Ce qui a frappé Voltaire, ce qu'il a fallu reproduire, c'est la passion, la jalousie, son aveuglement, sa violence, le combat de l'amour et du devoir, et ses tragiques résultats. Toute son imagination s'est portée sur le développement de cette situation. La fable, inventée librement, n'est dressée que vers ce but; Lusignan, Nérestan, le rachat des prisonniers, tout a pour dessein de placer Zaïre entre son amant et la foi de son père, de motiver l'erreur d'Orosmane, et d'amener ainsi l'explosion progressive des sentiments que le poëte voulait peindre. Il n'a point imprimé à ses personnages un caractère individuel, complet, indépendant des circonstances où ils paraissent. Il ne vivent que par la passion et pour elle. Hors de leur amour et de leur malheur, Orosmane et Zaïre n'ont rien qui les distingue, qui leur donne une physionomie propre et les fît partout reconnaître. Ce ne sont point des individus réels, en qui se révèlent, à propos d'un des incidents de leur vie, les traits particuliers de leur nature et l'empreinte de toute leur existence. Ce sont des êtres en quelque sorte généraux, et par conséquent un peu vagues, en qui se personnifient momentanément l'amour, la jalousie, le malheur, et qui intéressent, moins pour leur propre compte et à cause d'eux-mêmes, que parce qu'ils deviennent ainsi, et pour un jour, les représentants de cette portion des sentiments et des destinées possibles de la nature humaine.

De cette manière de concevoir le sujet, Voltaire a tiré des beautés admirables. Il en est résulté aussi des lacunes et des défauts graves. Le plus grave de tous, c'est cette teinte romanesque qui réduit, pour ainsi dire, à l'amour l'homme tout entier, et rétrécit le champ de la poésie en même temps qu'elle déroge à la vérité. Je ne citerai qu'un exemple des effets de ce système; il suffira pour les faire tous pressentir.

Le sénat de Venise vient d'assurer à Othello la tranquille possession de Desdémona; il est heureux, mais il faut qu'il parte, qu'il s'embarque pour Chypre, qu'il s'occupe de l'expédition qui lui est confiée : « Viens, dit-il à Desdémona, je n'ai à passer avec toi « qu'une heure d'amour, de plaisir et de tendres soins. Il faut obéir « à la nécessité. »

Ces deux vers ont frappé Voltaire, il les imite; mais en les imitant, que fait-il dire à Orosmane, aussi heureux et confiant? Précisément le contraire de ce que dit Othello :

> Je vais donner une heure aux soins de mon empire
> Et le reste du jour sera tout à Zaïre.

Ainsi voilà Orosmane, ce fier sultan qui, tout à l'heure, parlait de conquêtes et de guerre, s'inquiétait du sort des Musulmans et tançait la *mollesse* de ses voisins, le voilà qui n'est plus ni sultan ni guerrier; il oublie tout, il n'est plus qu'amoureux. A coup sûr Othello n'est pas moins passionné qu'Orosmane, et sa passion ne sera ni moins crédule ni moins violente; mais il n'abdique pas, en un instant, tous les intérêts, toutes les pensées de sa vie passée et future. L'amour possède son cœur sans envahir toute son existence. La passion d'Orosmane est celle d'un jeune homme qui n'a jamais rien fait, jamais rien eu à faire, qui n'a encore connu ni les nécessités ni les travaux du monde réel. Celle d'Othello se place dans un caractère plus complet, plus expérimenté et plus sérieux. Je crois cela moins factice et plus conforme aux vraisemblances morales aussi bien qu'à la vérité positive. Mais, quoi qu'il en soit, la différence des deux systèmes se révèle pleinement dans ce seul trait. Dans l'un, la passion et la situation sont tout ; c'est là que le poëte puise tous ses moyens : dans l'autre, ce sont les caractères individuels et l'ensemble de la nature humaine qu'il exploite ; une passion, une situation ne sont, pour lui, qu'une occasion de les mettre en scène avec plus d'énergie et d'intérêt.

L'action qui fait le sujet d'*Othello* doit être rapportée à l'année 1570, époque de la principale attaque des Turcs contre l'île de Chypre, alors au pouvoir des Vénitiens. Quant à la date de la composition même de la tragédie, M. Malone la fixe à l'année 1611. Quelques critiques doutent que Shakspeare ait connu la nouvelle même de Giraldi Cinthio, et supposent qu'il n'a eu entre les mains qu'une imitation française, publiée à Paris en 1584 par Gabriel Chappuys. Mais l'exactitude avec laquelle Shakspeare s'est conformé au récit italien, jusque dans les moindres détails, me porte à croire qu'il a fait usage de quelque traduction anglaise plus littérale.

OTHELLO

OU

LE MORE DE VENISE

TRAGÉDIE

PERSONNAGES

LE DUC DE VENISE.
BRABANTIO, sénateur.
GRATIANO, frère de Brabantio.
LODOVICO, parent de Brabantio.
OTHELLO, le More.
CASSIO, lieutenant d'Othello.
JAGO, enseigne d'Othello.
RODERIGO, gentilhomme vénitien.
MONTANO, prédécesseur d'Othello dans le gouvernement de l'île de Chypre.

UN BOUFFON au service d'Othello.
UN HÉRAUT.
DESDÉMONA, fille de Brabantio, et femme d'Othello.
ÉMILIA, femme de Jago.
BIANCA, courtisane, maîtresse de Cassio.
SÉNATEURS, OFFICIERS, MESSAGERS, MUSICIENS, MATELOTS ET SUITE.

La scène, au premier acte, est à Venise; pendant le reste de la pièce elle est dans un port de mer, dans l'île de Chypre.

ACTE PREMIER

SCÈNE I

Venise.—Une rue.

Entrent RODERIGO ET JAGO.

RODERIGO.—Allons, ne m'en parle jamais! Je trouve très-mauvais que toi, Jago, qui as disposé de ma bourse comme si les cordons en étaient dans tes mains, tu aies eu connaissance de cela.

JAGO. — Au diable! mais vous ne voulez pas m'entendre. Si jamais j'ai eu le moindre soupçon de cette affaire, haïssez-moi.

RODERIGO.—Tu m'avais dit que tu le détestais.

JAGO.—Méprisez-moi, si cela n'est pas. Trois grands personnages de la ville, le sollicitant en personne pour qu'il me fît lieutenant, lui ont souvent ôté leur chapeau; et foi d'homme, je sais ce que je vaux, je ne vaux pas moins qu'un tel emploi : mais lui, qui n'aime que son orgueil et ses idées, il les a payés de phrases pompeuses, horriblement hérissées de termes de guerre, et finalement il a éconduit mes protecteurs : « *Je vous le proteste,* leur a-t-il dit, *j'ai déjà choisi mon officier.* » Et qui était-ce? Vraiment un grand calculateur, un Michel Cassio, un Florentin, un garçon prêt à se damner pour une belle femme, qui n'a jamais manœuvré un escadron sur le champ de bataille, qui ne connaît pas plus qu'une vieille fille la conduite d'une bataille; mais savant, le livre en main, dans la théorie que nos sénateurs en toge discuteraient aussi bien que lui. Pur bavardage sans pratique, c'est là tout son talent militaire. Voilà l'homme sur qui est tombé le choix du More; et moi, que ses yeux ont vu à l'épreuve à Rhodes, en Chypre, et sur d'autres terres chrétiennes et infidèles, je me vois rebuté et payé par ces paroles : « *Je sais ce que je vous dois; prenez* « *patience, je m'acquitterai un jour !* » C'est cet autre qui, dans les bons jours, sera son lieutenant; et moi (Dieu me bénisse!), je reste l'enseigne de sa moresque seigneurie.

RODERIGO.—Par le ciel! j'aurais mieux aimé être son bourreau.

JAGO —Mais à cela nul remède. Tel est le malheur du service. La promotion suit la recommandation et la faveur; elle ne se règle plus par l'ancienne gradation, lorsque le second était toujours héritier du premier. Maintenant, seigneur, jugez vous-même si j'ai la moindre raison d'aimer le More.

RODERIGO.—En ce cas, je ne resterais pas à son service.

JAGO.—Seigneur, rassurez-vous. Je le sers pour me servir moi-même contre lui. Nous ne pouvons tous être maîtres, et tous les maîtres ne peuvent être fidèlement servis. Vous trouverez beaucoup de serviteurs soumis, rampants, qui, passionnés pour leur propre servitude, usent leur vie comme l'âne de leur maître, seulement pour la nourriture de la journée. Quand ils sont vieux on les casse aux gages. Châtiez-moi ces honnêtes esclaves. Il en est d'autres qui, revêtus des formes et des apparences du dévouement, tiennent au fond toujours leur cœur à leur service. Ils ne donnent à leurs seigneurs que des démonstrations de zèle, prospèrent à leurs dépens; et dès qu'ils ont mis une bonne doublure à leurs habits, ce n'est plus qu'à eux-mêmes qu'ils rendent hommage. Ceux-là ont un peu d'âme, et je professe d'en être; car, seigneur, aussi vrai que vous êtes Roderigo, si j'étais le More, je ne voudrais pas être Jago. En le servant, je ne sers que moi, et le ciel m'est témoin que je ne le fais ni par amour, ni par dévouement, mais, sous ce masque, pour mon propre intérêt. Quand mon action visible et mes compliments extérieurs témoigneront au vrai la disposition naturelle et le dedans de mon âme, attendez-vous à me voir bientôt porter mon cœur sur la main, pour le donner à becqueter aux corneilles. Non, je ne suis pas ce que je suis.

RODERIGO.—Quelle bonne fortune pour ce More aux lèvres épaisses, s'il réussit de la sorte dans son dessein!

JAGO.—Appelez son père; éveillez-le; faites poursuivre le More, empoisonnez sa joie; dénoncez-le dans les rues; excitez les parents de la jeune fille; au sein du paradis où le More repose, tourmentez-le par des mouches; et quoiqu'il jouisse du bonheur, mêlez-y de telles inquiétudes que sa joie en soit troublée et décolorée.

RODERIGO.—Voici la maison de son père; je vais l'appeler à haute voix.

JAGO.—Appelez avec des accents de crainte et des hurlements de terreur, comme il arrive quand on découvre l'incendie que la négligence et la nuit ont laissé se glisser au sein des cités populeuses.

RODERIGO.—Holà, holà, Brabantio! seigneur Brabantio! holà!

JAGO.—Éveillez-vous : holà, Brabantio! des voleurs! des voleurs! voyez à votre maison, à votre fille, à vos coffres! au voleur! au voleur!

BRABANTIO, *à la fenêtre.*—Et quelle est donc la cause de ces effrayantes clameurs? Qu'y a-t-il?

RODERIGO.—Seigneur, tout votre monde est-il chez vous?

JAGO.—Vos portes sont-elles bien fermées?

BRABANTIO.—Comment, pourquoi me demandez-vous cela?

JAGO.—Par Dieu, seigneur, vous êtes volé : pour votre honneur passez votre robe : votre cœur est frappé; vous avez perdu la moitié de votre âme : en ce moment, à l'heure même, un vieux bélier noir ravit votre brebis blanche. Levez-vous, hâtez-vous, réveillez au son de la cloche les citoyens qui ronflent; ou le diable va cette nuit faire de vous un grand-père. Debout, vous dis-je.

BRABANTIO.—Quoi donc, avez-vous perdu l'esprit?

RODERIGO.—Vénérable seigneur, reconnaissez-vous ma voix?

BRABANTIO.—Moi, non. Qui êtes-vous?

RODERIGO.—Je m'appelle Roderigo.

BRABANTIO.—Tu n'en es que plus mal venu. Déjà je t'ai défendu de rôder autour de ma porte. Je t'ai franchement déclaré que ma fille n'est pas pour toi : et aujourd'hui dans ta folie, encore plein de ton souper, et échauffé de boissons enivrantes, tu viens me braver méchamment et troubler mon sommeil!

RODERIGO.—Seigneur, seigneur, seigneur...

BRABANTIO.—Mais tu peux être bien sûr que j'ai assez de pouvoir pour te faire repentir de ceci.

RODERIGO.—Modérez-vous, seigneur.

BRABANTIO.—Que me parles-tu de vol? C'est ici Venise : ma maison n'est pas une grange isolée.

RODERIGO.—Puissant Brabantio, c'est avec une âme droite et pure que je viens à vous...

JAGO.—Parbleu, seigneur, vous êtes un de ces hommes qui ne veulent pas servir Dieu quand c'est Satan qui le leur commande. Parce que nous venons vous rendre service, vous nous prenez pour des bandits. Vous voulez donc voir votre fille associée à un cheval de Barbarie[1]?

---

[1] *Covered with a Barbary horse.*

Vous voulez donc que vos petits-enfants hennissent après vous ? vous voulez avoir des coursiers pour cousins et des haquenées pour parents ?

BRABANTIO.—Quel impudent misérable es-tu ?

JAGO.—Je suis un homme, seigneur, qui viens vous dire qu'à l'heure où je vous parle, dans les bras l'un de l'autre, votre fille et le More ne font qu'un[1].

BRABANTIO.—Tu es un coquin.

JAGO.—Vous êtes un sénateur !

BRABANTIO.—Tu me répondras de ton insolence. Je te connais, Roderigo.

RODERIGO.—Seigneur, je consens à répondre de tout. Mais de grâce écoutez-nous ; si (comme je crois le voir en partie) c'est selon votre bon plaisir et de votre aveu que votre belle fille, à cette heure sombre et bizarre de la nuit, sort sans meilleure ni pire escorte qu'un coquin aux gages du public, un gondolier, et va se livrer aux grossiers embrassements d'un More débauché ; si cela vous est connu, et que vous l'avez permis, alors nous vous avons fait un grand et insolent outrage ; mais si vous ignorez tout cela, mon caractère me garantit que vous nous repoussez à tort. Ne croyez pas que, dépourvu de tout sentiment des convenances, je voulusse plaisanter et me jouer ainsi de Votre Excellence. Votre fille, je le répète, si vous ne lui en avez pas donné la permission, a commis une étrange faute en attachant ses affections, sa beauté, son esprit, sa fortune, au sort d'un vagabond, étranger ici et partout. Éclaircissez-vous sans délai. Si elle est dans sa chambre ou dans votre maison, déchaînez contre moi la justice de l'État, pour vous avoir ainsi abusé.

BRABANTIO.—Battez le briquet ! Vite ! donnez-moi un flambeau ! Appelez tous mes gens ! Cette aventure ressemble assez à mon songe : la crainte de sa vérité oppresse déjà mon cœur. De la lumière ! de la lumière !

(Brabantio se retire de la fenêtre.)

---

[1] Shakspeare se sert ici d'un proverbe grossier : *Your daughter and the Moor are now making the beast with two backs.*

JAGO, *à Roderigo.*—Adieu, il faut que je vous quitte. Il n'est ni convenable, ni sain pour ma place, qu'on me produise comme témoin contre le More, ce qui arrivera si je reste. Je sais ce qui en est; quoique ceci lui puisse causer quelque échec, le sénat ne peut avec sûreté le renvoyer. Il s'est engagé avec tant de succès dans la guerre de Chypre maintenant en train, que, pour leur salut, les sénateurs n'ont pas un autre homme de sa force pour conduire leurs affaires. Aussi, quoique je le haïsse comme je hais les peines de l'enfer, la nécessité du moment me contraint à arborer l'étendard du zèle, et à en donner des signes; des signes, sur mon âme, rien de plus. Pour être sûr de le trouver, dirigez vers le Sagittaire [1] la recherche du vieillard; j'y serai avec le More. Adieu.

(Jago sort.)

(Entrent dans la rue Brabantio et des domestiques avec des torches.)

BRABANTIO.—Mon malheur n'est que trop vrai! Elle est partie; et ce qui me reste d'une vie déshonorée ne sera plus qu'amertume. Roderigo, où l'as-tu vue?—O malheureuse fille!... Avec le More, dis-tu?—Qui voudrait être père?—Comment as-tu su que c'était elle?—Oh! tu m'as trompé au delà de toute idée.—Et que vous a-t-elle dit?—Allumez encore des flambeaux. Éveillez tous mes parents.—Sont-ils mariés, croyez-vous?

RODERIGO.—En vérité, je crois qu'ils le sont.

BRABANTIO.—O ciel!—Comment est-elle sortie?—O trahison de mon sang!—Pères, ne vous fiez plus au cœur de vos filles d'après la conduite que vous leur voyez tenir.—Mais n'est-il pas des charmes par lesquels on peut corrompre la virginité et les penchants de la jeunesse? Roderigo, n'avez-vous rien lu sur de pareilles choses?

RODERIGO.—Oui, en vérité, seigneur, je l'ai lu.

BRABANTIO.—Appelez mon frère.—Oh! que je voudrais vous l'avoir donnée!—Que les uns prennent un chemin,

---

[1] C'est probablement le nom de quelque auberge de Venise.

et les autres un autre.—Savez-vous où nous pourrons la surprendre avec le More ?

RODERIGO.—J'espère pouvoir le découvrir, si vous voulez emmener une bonne escorte et venir avec moi.

BRABANTIO. — Ah! je vous prie, conduisez-nous. A chaque maison je veux appeler : je puis demander du monde presque partout : Prenez vos armes, courons : rassemblez quelques officiers chargés du service de nuit. Allons! marchons.—Honnête Roderigo, je vous récompenserai de votre peine.

(Ils sortent.)

SCÈNE II

Une autre rue.

LES MÊMES. *Entrent* OTHELLO, JAGO ET DES SERVITEURS.

JAGO.—Quoique dans le métier de la guerre j'aie tué des hommes, cependant je tiens qu'il est de l'essence de la conscience de ne pas commettre un meurtre prémédité : je manque quelquefois de méchanceté quand j'en aurais besoin. Neuf ou dix fois j'ai été tenté de le piquer sous les côtes.

OTHELLO.—La chose vaut mieux comme elle est.

JAGO.—Soit. Cependant il a tant bavardé, il a vomi tant de propos révoltants, injurieux à votre honneur, qu'avec le peu de vertu que je possède, j'ai eu bien de la peine à me contenir. Mais, dites-moi, je vous prie, seigneur, êtes-vous solidement marié ? Songez-y bien, le *magnifique* [1] est très-aimé ; et sa voix, quand il le veut, a deux fois autant de puissance que celle du duc : il va vous forcer au divorce, ou il fera peser sur vous autant d'embarras et de chagrins que pourra lui en fournir la loi, soutenue de tout son crédit.

OTHELLO.— Qu'il fasse du pis qu'il pourra ; les services

---

[1] *Magnifiques* était le terme d'honneur en usage pour les seigneurs vénitiens.

que j'ai rendus à la Seigneurie parleront plus haut que ses plaintes. On ne sait pas encore, et je le publierai si je vois qu'il y ait de l'honneur à s'en vanter, que je tire la vie et l'être d'ancêtres assis sur un trône, et mes mérites peuvent répondre, la tête haute, à la haute fortune que j'ai conquise. Car sache, Jago, que si je n'aimais la charmante Desdémona, je ne voudrais pas pour tous les trésors de la mer, enfermer ni gêner ma destinée jusqu'ici libre et sans liens.. — Mais vois, que sont ces lumières qui viennent là-bas?

(Entrent Cassio à distance et quelques officiers avec des flambeaux.)

JAGO. — C'est le père irrité avec ses amis. Vous feriez mieux de rentrer.

OTHELLO. — Mais, non : il faut qu'on me trouve. Mon caractère, mon titre, et ma conscience sans reproche me montreront tel que je suis. — Est-ce bien eux?

JAGO. — Par Janus, je pense que non.

OTHELLO. — Les serviteurs du duc et mon lieutenant! —Que la nuit répande ses faveurs sur vous, amis! quelles nouvelles?

CASSIO. — Général, le duc vous salue, et il réclame votre présence dans son palais en hâte, en toute hâte, à l'instant même.

OTHELLO. — Savez-vous pourquoi?

CASSIO. — Quelques nouvelles de Chypre, autant que je puis conjecturer; une affaire de quelque importance. Cette nuit même les galères ont dépêché jusqu'à douze messagers de suite sur les talons l'un de l'autre. Déjà nombre de conseillers sont levés, et rassemblés chez le duc. On vous a demandé plusieurs fois avec empressement; et, voyant qu'on ne vous trouvait point à votre demeure, le sénat a envoyé trois bandes différentes pour vous chercher de tous côtés.

OTHELLO. — Il est bon que ce soit vous qui m'ayez rencontré. Je n'ai qu'un mot à dire, ici dans la maison, et je vais avec vous.

(Othello sort.)

CASSIO. — Enseigne, que fait-il ici?

JAGO. — Sur ma foi, il a abordé cette nuit une prise de grande valeur; si elle est déclarée légitime, il a jeté l'ancre pour toujours.

CASSIO. — Je ne comprends pas.

JAGO. — Il est marié.

CASSIO. — A qui?

JAGO. — Marié à... Allons, général, partons-nous?
(Othello rentre.)

OTHELLO. — Venez, amis.

CASSIO.—Voici une autre troupe qui vous cherche aussi.
(Entrent Brabantio et Rodrigo, et des officiers du guet avec des flambeaux et des armes.)

JAGO. — C'est Brabantio! général, faites attention : il vient avec de mauvais desseins.

OTHELLO. — Holà! n'avancez pas plus loin.

RODERIGO. — Seigneur, c'est le More!

BRABANTIO, *avec furie*.—Tombez sur lui, le brigand!
(Les deux partis mettent l'épée à la main.)

JAGO. — A vous, Roderigo : allons, vous et moi.

OTHELLO. — Rentrez vos brillantes épées, la rosée de la nuit pourrait les ternir. Mon seigneur, vous commanderez mieux ici avec vos années qu'avec vos armes.

BRABANTIO. — O toi, infâme ravisseur, où as-tu recélé ma fille? Damné que tu es, tu l'as subornée par tes maléfices; car je m'en rapporte à tous les êtres raisonnables : si elle n'était liée par des chaînes magiques, une fille si jeune, si belle, si heureuse, si ennemie du mariage qu'elle dédaignait les amants riches et élégants de notre nation, eût-elle osé, au risque de la risée publique, quitter la maison paternelle pour fuir dans le sein basané d'un être tel que toi, fait pour effrayer, non pour plaire? Que le monde me juge. Ne tombe-t-il pas sous le sens que tu as ensorcelé sa tendre jeunesse par des drogues ou des minéraux qui affaiblissent l'intelligence?—Je veux que cela soit examiné. La chose est probable; elle est manifeste. Je te saisis donc, et je t'arrête comme trompant le monde, comme exerçant un art proscrit et non autorisé.—Mettez la main sur lui; s'il résiste, emparez-vous de lui au péril de sa vie.

T. IV. 8

OTHELLO. — Retenez vos mains, vous qui me suivez, et les autres aussi. Si mon devoir était de combattre, je l'aurais su connaître sans que personne m'en fît la leçon. (A Brabantio.) Où voulez-vous que je me rende pour répondre à votre accusation?

BRABANTIO. — En prison, jusqu'à ce que le temps prescrit par la loi, et les formes du tribunal t'appellent pour te défendre.

OTHELLO. — Et, si j'obéis, comment satisferai-je aux ordres du duc dont les messagers sont ici, à côté de moi, réclamant ma présence auprès de lui pour une grande affaire d'État?

UN OFFICIER. — Rien n'est plus vrai, digne seigneur; le duc est au conseil, et, je suis sûr qu'on a envoyé chercher Votre Excellence.

BRABANTIO. — Comment! le duc au conseil? à cette heure de la nuit? Qu'il y soit conduit à l'instant. Ma cause n'est point d'un intérêt frivole. Le duc même, et tous mes frères du sénat ne peuvent s'empêcher de ressentir cet affront comme s'il leur était personnel. Si de tels attentats avaient un libre cours, des esclaves et des païens seraient bientôt nos maîtres.

(Ils sortent.)

SCÈNE III

Salle du conseil.

Le DUC *et les* SÉNATEURS *assis autour d'une table, des* OFFICIERS *à distance.*

LE DUC. — Il n'y a, entre ces avis, point d'accord qui les confirme.

PREMIER SÉNATEUR. — En effet, ils s'accordent peu : mes lettres disent cent sept galères.

LE DUC. — Et les miennes cent quarante.

SECOND SÉNATEUR.—Et les miennes deux cents : cependant quoiqu'elles varient sur le nombre, comme il arrive lorsque le rapport est fondé sur des conjectures, toutes cependant confirment la nouvelle d'une flotte turque se portant sur Chypre!

LE DUC. — Oui, il y en a assez pour asseoir une opinion ; les erreurs ne me rassurent pas tellement que le fond du récit ne me paraisse fait pour causer une juste crainte.

UN MATELOT, *au dedans.* — Holà, holà ! des nouvelles des nouvelles.

(Entre un officier avec un matelot.)

L'OFFICIER. — Un messager de la flotte.

LE DUC. — Encore ! — Qu'y a-t-il ?

LE MATELOT. — L'escadre turque s'avance sur Rhodes : j'ai ordre du seigneur Angélo de venir l'annoncer au sénat.

LE DUC. — Que pensez-vous de ce changement ?

PREMIER SÉNATEUR. — Cela ne peut soutenir le moindre examen de la raison. C'est un piége dressé pour nous donner le change. Quand on considère l'importance de Chypre pour le Turc, et si nous réfléchissons seulement que cette île, qui intéresse beaucoup plus le Turc que Rhodes, peut d'ailleurs être plus aisément emportée, car elle n'est pas dans un aussi bon état de défense, mais manque de toutes les ressources dont Rhodes est munie ; si nous songeons à tout cela, nous ne pouvons croire le Turc assez malhabile pour laisser derrière lui la place qui lui importe d'abord, et négliger une tentative facile et profitable, pour courir après un danger sans profit.

LE DUC. — Non, il est certain que le Turc n'en veut point à Rhodes.

UN OFFICIER. — Voici d'autres nouvelles.

(Entre un autre messager.)

LE MESSAGER. — Les Ottomans, magnifiques seigneurs, gouvernant sur l'île de Rhodes, ont reçu là un renfort qui vient de se joindre à leur flotte.

PREMIER SÉNATEUR. — Oui, c'est ce que je pensais. — De quelle force, suivant votre estimation ?

LE MESSAGER. — De trente voiles ; et soudain virant de bord, ils retournent sur leurs pas et portent franchement leur entreprise sur Chypre. Le seigneur Montano, votre fidèle et brave commandant, avec l'assurance de sa foi, vous envoie cet avis, et vous prie de l'en croire.

LE DUC. — Nous voilà donc certains que c'est Chypre qu'ils menacent. Marc Lucchese n'est-il pas à Venise ?

PREMIER SÉNATEUR. — Il est actuellement à Florence.

LE DUC.—Écrivez-lui en notre nom, dites-lui de se hâter au plus vite. Dépêchez-vous.

PREMIER SÉNATEUR,—Voici Brabantio et le vaillant More.

(Entrent Brabantio, Othello, Roderigo, Jago et des officiers.)

LE DUC. — Brave Othello, nous avons besoin de vous à l'instant, contre le Turc, cet ennemi commun. (*A Brabantio.*) Je ne vous voyais pas, seigneur, soyez le bienvenu : vos conseils et votre secours nous manquaient cette nuit.

BRABANTIO. — Moi, j'avais bien besoin des vôtres. Que Votre Grandeur me pardonne ; ce n'est point ma place ni aucun avis de l'affaire qui vous rassemble, qui m'ont fait sortir de mon lit : l'intérêt public n'a plus de prise sur mon âme. Ma douleur personnelle est d'une nature si démesurée et si violente, qu'elle engloutit et absorbe tout autre chagrin, sans cesser d'être toujours la même.

LE DUC. — Quoi donc ? et de quoi s'agit-il ?

BRABANTIO. — Ma fille ! ô ma fille !

SECOND SÉNATEUR. — Quoi ! morte ?

BRABANTIO. — Oui, pour moi ; elle m'est ravie ; elle est séduite, corrompue par des sortiléges et des philtres achetés à des charlatans. Car une nature qui n'est ni aveugle, ni incomplète, ni dénuée de sens, ne pourrait s'égarer de la sorte si les piéges de la magie...

LE DUC. — Quel que soit l'homme qui, par ces manœuvres criminelles, ait privé votre fille de sa raison, et vous de votre fille, vous lirez vous-même le livre sanglant des lois ; vous interpréterez à votre gré son texte sévère ; oui, le coupable fût-il notre propre fils.

BRABANTIO. — Je remercie humblement Votre Grandeur : voilà l'homme, ce More, que vos ordres exprès ont, à ce qu'il paraît, mandé devant vous pour les affaires de l'État.

LE DUC ET LES SÉNATEURS. — Nous en sommes désolés.

LE DUC, *à Othello*.—Qu'avez-vous à répondre pour votre défense ?

BRABANTIO. — Rien ; sinon que le fait est vrai.

OTHELLO. — Très-puissants, très-graves et respectables seigneurs, mes nobles et généreux maîtres ; — que j'aie enlevé la fille de ce vieillard, cela est vrai ; il est vrai que je l'ai épousée : voilà mon offense sans voile et dans sa nudité ; elle va jusque-là et pas au delà. Je suis rude dans mon langage et peu doué du talent des douces paroles de paix ; car depuis que ces bras ont atteint l'âge de sept ans, à l'exception des neuf lunes dernières, ils ont trouvé dans les champs couverts de tentes leur plus chers exercices ; et je ne puis pas dire, sur ce grand univers, grand'chose qui n'ait rapport à des faits de bataille et de guerre ; en parlant pour moi-même j'embellirai donc peu ma cause. Cependant, avec la permission de votre bienveillante patience, je vous ferai un récit simple et sans ornement du cours entier de mon amour ; je vous dirai par quels philtres, quels charmes et quelle magie puissante (car c'est là ce dont je suis accusé), j'ai gagné le cœur de sa fille.

BRABANTIO. — Une fille si timide, d'un caractère si calme et si doux qu'au moindre mouvement, elle rougissait d'elle-même ! Elle ! en dépit de sa nature, de son âge, de son pays, de son rang, de tout enfin, se prendre d'amour pour ce qu'elle craignait de regarder ! — Il faut un jugement faussé ou estropié pour croire que la perfection ait pu errer ainsi contre toutes les lois de la nature ; il faut absolument recourir, pour l'expliquer, aux pratiques d'un art infernal. J'affirme donc encore que c'est par la force de mélanges qui agissent sur le sang, ou de quelque boisson préparée à cet effet, que ce More a triomphé d'elle.

LE DUC. — L'affirmer n'est pas le prouver : il faut des témoins plus certains et plus clairs que ces légers soupçons et ces faibles vraisemblances fondées sur des apparences frivoles, que vous fournissez contre lui.

PREMIER SÉNATEUR. — Mais, vous, Othello, parlez, avez-vous par des moyens iniques et violents soumis et empoisonné les affections de cette jeune fille ? ou l'avez-vous gagnée par la prière, et par ces questions permises que le cœur adresse au cœur ?

OTHELLO. — Envoyez-la chercher au Sagittaire, seigneurs, je vous en conjure, et laissez-la parler elle-même de moi devant son père. Si vous me trouvez coupable dans son récit, non-seulement ôtez-moi la confiance et le grade que je tiens de vous; mais que votre sentence tombe sur ma vie même.

LE DUC. — Qu'on fasse venir Desdémona.

(Quelques officiers sortent.)

OTHELLO. — Enseigne, conduisez-les : vous connaissez bien le lieu. (*Jago s'incline et part.*) Et en attendant qu'elle arrive, aussi sincèrement que je confesse au ciel toutes les fautes de ma vie, je vais exposer à vos respectables oreilles comment j'ai fait des progrès dans l'amour de cette belle dame, et elle dans le mien.

LE DUC. — Parlez, Othello.

OTHELLO. — Son père m'aimait; il m'invitait souvent : toujours il me questionnait sur l'histoire de ma vie, année par année, sur les batailles, les siéges où je me suis trouvé, les hasards que j'ai courus. Je repassais ma vie entière, depuis les jours de mon enfance jusqu'au moment où il me demandait de parler. Je parlais de beaucoup d'aventures désastreuses, d'accidents émouvants de terre et de mer; de périls imminents où, sur la brèche meurtrière, je n'échappais à la mort que de l'épaisseur d'un cheveu. Je dis comment j'avais été pris par l'insolent ennemi et vendu en esclavage; comment je fus racheté de mes fers, et ce qui se passa dans le cours de mes voyages, la profondeur des cavernes, et l'aridité des déserts, et les rudes carrières, et les rochers et les montagnes dont la tête touche aux cieux : on m'avait invité à parler; telle fut la marche de mon récit. Je parlais encore des cannibales qui se mangent les uns les autres, et des anthropophages et des hommes dont la tête est placée au-dessous de leurs épaules. Desdémona avait un goût très-vif pour toutes ces histoires; mais sans cesse les affaires de la maison l'appelaient ailleurs; et toujours, dès qu'elle avait pu les expédier à la hâte, elle revenait, et d'une oreille avide elle dévorait mes discours. M'en étant aperçu, je saisis un jour une heure favorable, et trouvai le moyen de l'amener à me faire du fond de son cœur la prière de lui raconter tout mon pèlerinage, dont elle avait bien entendu quelques fragments, mais jamais de suite et avec attention. J'y consentis, et souvent je lui surpris des larmes, quand je rappelais quelqu'un des coups désastreux qu'avait essuyés ma jeunesse. Mon récit achevé, elle me donna, pour ma peine, un torrent de soupirs ; elle s'écria : « Qu'en vérité « tout cela était étrange ! mais bien étrange ! que c'était « digne de pitié ; profondément digne de pitié ! — Elle eût « voulu ne l'avoir pas entendu ; et cependant elle sou- « haitait que le ciel eût fait d'elle un pareil homme. » — Elle me remercia, et me dit que, si j'avais un ami qui l'aimât, je n'avais qu'à lui apprendre à raconter mon histoire, et que cela gagnerait son amour. Sur cette ouverture, je parlai : elle m'aima pour les dangers que j'avais courus ; je l'aimai parce qu'elle en avait pitié. Voilà toute la magie dont j'ai usé. — La voilà qui vient. Qu'elle en rende elle-même témoignage.

(Entrent Desdémona, Jago et des serviteurs.)

LE DUC. — Je crois que ce récit gagnerait aussi le cœur de ma fille. Cher Brabantio, prenez aussi bien qu'il se peut cette mauvaise affaire. Avec leurs armes brisées, les hommes se défendent encore mieux qu'avec leurs seules mains.

BRABANTIO. — Je vous en prie, écoutez-la parler : si elle avoue qu'elle a été de moitié dans cet amour, que la ruine tombe sur ma tête si mes reproches tombent sur l'homme. — Approchez, belle madame. Distinguez-vous, dans cette illustre assemblée, celui à qui vous devez le plus d'obéissance ?

DESDÉMONA. — Mon noble père, j'aperçois ici un devoir partagé : je tiens à vous par la vie et l'éducation que j'ai reçues de vous. Toutes deux m'enseignent à vous révérer. Vous êtes le seigneur de mon devoir : jusqu'ici je n'ai été que votre fille : mais voilà mon mari ; et autant ma mère vous a montré de dévouement, en vous préférant à son père, autant je déclare que j'en puis et dois témoigner au More, mon seigneur.

BRABANTIO. — Dieu soit avec vous! J'ai fini. (*Au duc.*) Passons s'il vous plaît, seigneur, aux affaires d'État. J'eusse mieux fait d'adopter un enfant que de lui donner la vie ; More ; approche : je te donne ici de tout mon cœur, ce que (si tu ne l'avais déjà) je voudrais de tout mon cœur te refuser. Grâce à vous, mon trésor, je suis ravi de n'avoir pas d'autres enfants. Ta fuite m'eût appris à les tenir en tyran dans des chaînes de fer. J'ai fini, seigneur.

LE DUC. — Laissez-moi parler comme vous, et exprimer un avis qui pourra servir de marche, ou de degré à ces amants pour retrouver votre faveur. Quand on a épuisé les remèdes, et qu'on a éprouvé ce coup fatal que suspendait encore l'espérance, tous les chagrins sont finis. Déplorer un malheur fini et passé, c'est le sûr moyen d'attirer un malheur nouveau. Quand on ne peut sauver un bien que le sort nous ravit, on déjoue les rigueurs du sort, en les supportant avec patience. L'homme qu'on a volé et qui sourit vole lui-même quelque chose au voleur ; mais celui qui s'épuise en regrets inutiles se vole lui-même.

BRABANTIO. — Ainsi laissons le Turc nous enlever Chypre ; nous ne l'aurons pas perdue tant que nous pourrons sourire. Celui-là supporte bien les avis, qui n'a rien à leur demander que les consolations qu'il en recueille ; mais celui qui, pour payer le chagrin, est obligé d'emprunter à la pauvre patience, supporte à la fois et le chagrin et l'avis. Ces maximes qui s'appliquent des deux côtés, pleines de sucre ou de fiel, sont équivoques ; les mots ne sont que des mots ; je n'ai jamais ouï dire que ce fût par l'oreille qu'on eût atteint le cœur brisé. Je vous en conjure humblement, passons aux affaires de l'État.

LE DUC. — Le Turc s'avance sur Chypre avec une flotte formidable. Othello, vous connaissez mieux que personne les ressources de la place. Nous y avons, il est vrai, un officier d'une capacité reconnue ; mais l'opinion, maîtresse souveraine des événements, croit, en vous donnant son suffrage, assurer le succès. Il vous faut donc laisser obscurcir l'éclat de votre nouveau bonheur par cette expédition pénible et hasardeuse.

OTHELLO.—Graves sénateurs, ce tyran de l'homme, l'habitude, a changé pour moi la couche de fer et de cailloux des camps en un lit de duvet. Je ressens cette ardeur vive et naturelle qu'éveillent en moi les pénibles travaux : j'entreprends cette guerre contre les Ottomans, et, m'inclinant avec respect devant vous, je demande un état convenable pour ma femme, le traitement et le rang dus à ma place, en un mot, un sort et une situation qui répondent à sa naissance.

LE DUC.—Si cela vous convient, elle habitera chez son père.

BRABANTIO.—Je ne veux pas qu'il en soit ainsi.

OTHELLO.—Ni moi.

DESDÉMONA.—Ni moi : je ne voudrais pas demeurer dans la maison de mon père, pour exciter en lui mille pensées pénibles en étant toujours sous ses yeux. Généreux duc, prêtez à mes raisons une oreille propice, et que votre suffrage m'accorde un privilége pour venir en aide à mon ignorance.

LE DUC.—Que désirez-vous, Desdémona ?

DESDÉMONA.—Que j'aie assez aimé le More pour vivre avec lui, c'est ce que peuvent proclamer dans le monde la violence que j'ai faite aux règles ordinaires, et la façon dont j'ai pris d'assaut la fortune. Mon cœur a été dompté par les rares qualités de mon seigneur. C'est dans l'âme d'Othello que j'ai vu son visage ; et c'est à sa gloire, à ses belliqueuses vertus que j'ai dévoué mon âme et ma destinée. Ainsi, chers seigneurs, si, tandis qu'il part pour la guerre, je reste ici comme un papillon de paix, les honneurs pour lesquels je l'ai aimé me sont ravis, et j'aurai un pesant ennui à supporter durant son absence. Laissez-moi partir avec lui.

OTHELLO.—Vos voix, seigneurs : je vous en conjure, que sa volonté s'accomplisse librement. Je ne le demande point pour complaire à l'ardeur de mes désirs, ni pour assouvir les premiers transports d'une passion nouvelle par une satisfaction personnelle; mais pour me montrer bon et propice à ses vœux. Et que le ciel éloigne de vos âmes généreuses la pensée que, parce que je l'aurai près de moi, je négligerai vos grandes et sérieuses affaires! Non, si les jeux légers de l'amour ailé plongent dans une molle inertie mes facultés de pensée et d'action, si mes plaisirs gâtent mes travaux et leur font tort, que vos ménagères fassent de mon casque un vil poêlon, et que tous les affronts les plus honteux s'élèvent ensemble contre ma renommée!

LE DUC.—Qu'il en soit comme vous le déciderez entre vous; qu'elle reste ou qu'elle vous suive. Le danger presse, que votre célérité y réponde. Il faut partir cette nuit.

DESDÉMONA.—Cette nuit, seigneur?

LE DUC.—Cette nuit.

OTHELLO.—De tout mon cœur.

LE DUC.—A neuf heures du matin nous nous retrouverons ici. Othello, laissez un officier auprès de nous; il vous portera votre commission, ainsi que tout ce qui pourra intéresser votre poste ou vos affaires.

OTHELLO.—Je laisserai mon enseigne, s'il plaît à Votre Seigneurie; c'est un homme d'honneur et de confiance; je remets ma femme à sa conduite, ainsi que tout ce que Vos Excellences jugeront à propos de m'adresser.

LE DUC.—Qu'il en soit ainsi.—Je vous salue tous. (*A Brabantio.*) Et vous, noble seigneur, s'il est vrai que la vertu ne manque jamais de beauté, votre gendre est bien plus beau qu'il n'est noir.

PREMIER SÉNATEUR.—Adieu, brave More. Traitez bien Desdémona.

BRABANTIO.—Veille sur elle, More; aie l'œil ouvert sur elle; elle a trompé son père, et pourra te tromper.

OTHELLO.—Ma vie sur sa foi! (*Le duc sort avec les sénateurs.*) Honnête Jago, il faut que je te laisse ma Desdémona. Donne-lui, je te prie, ta femme pour compagne; et choisis pour les amener le temps le plus favorable.— Viens, Desdémona, je n'ai à passer avec toi qu'une heure pour l'amour, les affaires et les ordres à donner. Il faut obéir à la nécessité. (Ils sortent.)

RODERIGO.—Jago?

JAGO.—Que dites-vous, noble cœur?

RODERIGO.—Devines-tu ce que je médite?

JAGO.—Mais, de gagner votre lit et de dormir.

RODERIGO.—Je veux à l'instant me noyer.

JAGO.—Oh! si vous vous noyez, je ne vous aimerai plus après; et pourquoi, homme insensé?

RODERIGO.—C'est folie de vivre quand la vie est un tourment : et quand la mort est notre seul médecin, alors nous avons une ordonnance pour mourir.

JAGO.—O lâche! depuis quatre fois sept ans j'ai promené ma vue sur ce monde; et, depuis que j'ai su discerner un bienfait d'une injure, je n'ai pas encore trouvé d'homme qui sût bien s'aimer lui-même. Plutôt que de dire que je veux me noyer pour l'amour d'une fille[1], je changerais ma qualité d'homme contre celle de singe.

RODERIGO. — Que puis-je faire? Je l'avoue, c'est une honte que d'être épris de la sorte; mais il n'est pas au pouvoir de la vertu de m'en corriger.

JAGO.—La vertu! baliverne : c'est de nous-mêmes qu'il dépend d'être tels ou tels. Notre corps est le jardin, notre volonté le jardinier qui le cultive. Que nous y semions l'ortie ou la laitue, l'hysope ou le thym, des plantes variées ou d'une seule espèce; que nous le rendions stérile par notre oisiveté, ou que notre industrie le féconde, c'est en nous que réside la puissance de donner au sol ses fruits, et de changer à notre gré. Si la balance de la vie n'avait pas le poids de la raison à opposer au poids des passions, la fougue du sang et la bassesse de nos penchants nous porteraient aux plus absurdes inconséquences; mais nous avons la raison pour calmer la fureur des sens, émousser l'aiguillon de nos désirs, et dompter nos passions effrénées; d'où je conclus que ce que vous appelez amour est une bouture ou un rejeton.

---

[1] *A guinea-hen*; littéralement, *une poule de Guinée*. C'était une expression usitée du temps de Shakspeare, pour désigner une fille publique.

RODERIGO.—Cela ne peut être.

JAGO.—C'est uniquement un bouillonnement du sang que permet la volonté. Allons, soyez homme. Vous noyer! Noyez les chats et les petits chiens aveugles. J'ai fait profession d'être votre ami; et je proteste que je suis attaché à votre mérite par des câbles solides. Jamais je n'aurais pu vous être plus utile qu'à présent. Mettez de l'argent dans votre bourse; suivez ces guerres; déguisez votre bonne grâce sous une barbe empruntée. Je le répète, mettez de l'argent dans votre bourse. Il est impossible que la passion de Desdémona pour le More dure longtemps;…. mettez de l'argent dans votre bourse;….. ni la sienne pour elle. Le début en fut violent : vous verrez cela finir par une rupture aussi brusque.—Mettez seulement de l'argent dans votre bourse….. Ces Mores sont changeants dans leurs volontés….. Remplissez votre bourse d'argent…. La nourriture qu'il trouve aujourd'hui aussi délicieuse que les sauterelles, bientôt lui semblera aussi amère que la coloquinte….. Elle doit changer, car elle est jeune; dès qu'elle sera rassasiée des caresses du More, elle verra l'erreur de son choix….. Elle doit changer; elle le doit; ainsi mettez de l'argent dans votre bourse. Si vous voulez absolument vous damner, faites-le d'une manière plus agréable qu'en vous noyant….. Recueillez autant d'argent que vous pouvez. Si le sacrement et un vœu fragile, contracté entre un barbare vagabond et une rusée Vénitienne, ne sont pas plus forts que mon esprit et toute la bande de l'enfer, vous la posséderez : ainsi ramassez de l'argent. La peste soit de la noyade, il est bien question de cela! Faites-vous pendre s'il le faut, en satisfaisant vos désirs, plutôt que de vous noyer en vous passant d'elle.

RODERIGO.—Promets-tu de servir fidèlement mes espérances, si je consens à en attendre le succès?

JAGO.—Comptez sur moi.—Allez, amassez de l'argent. —Je vous l'ai dit souvent, et vous le redis encore, je hais le More. Ma cause me tient au cœur; la vôtre n'est pas moins fondée. Unissons-nous dans notre vengeance contre lui. Si vous pouvez le déshonorer, vous vous procurez un plaisir, et à moi un divertissement. Il y a dans le sein du temps plus d'un événement dont il accouchera. En avant, allez, procurez-vous de l'argent : nous en parlerons plus au long demain. Adieu.

RODERIGO.—Où nous retrouverons-nous demain matin?

JAGO.—A mon logement.

RODERIGO.—Je serai avec vous de bonne heure.

JAGO.—Partez, adieu. Entendez-vous, Roderigo?

RODERIGO.—Quoi?

JAGO.—Ne songez plus à vous noyer. Entendez-vous?

RODERIGO.—J'ai changé de pensée. Je vais vendre toutes mes terres.

JAGO.—Allez, adieu; remplissez bien votre bourse. (*Roderigo sort.*)—C'est ainsi que je fais ma bourse de la dupe qui m'écoute : et ne serait-ce pas profaner l'habileté que j'ai acquise, que d'aller perdre le temps avec un pareil idiot sans plaisir ni profit pour moi? Je hais le More : et c'est l'opinion commune qu'entre mes draps il a rempli mon office; j'ignore si c'est vrai : mais pour un simple soupçon de ce genre, j'agirai comme si j'en étais sûr. Il m'estime; mes desseins n'en auront que plus d'effet sur lui.—Cassio est l'homme qu'il me faut.—Voyons maintenant... Gagner sa place, et donner un plein essor à mon désir.—Double adresse.—Mais comment? comment?—Voyons. Au bout de quelque temps tromper l'oreille d'Othello en insinuant que Cassio est trop familier avec sa femme. Cassio a une personne, une fraîcheur, qui prêtent aux soupçons. Il est fait pour rendre les femmes infidèles. Le More est d'un naturel franc et ouvert, prêt à croire les hommes honnêtes dès qu'ils le paraissent : il se laissera conduire par le nez aussi aisément que les ânes.—Je le tiens.—Le voilà conçu... L'enfer et la nuit feront éclore à la lumière ce fruit monstrueux.

(Il sort.)

FIN DU PREMIER ACTE.

ACTE DEUXIÈME

SCÈNE I

Un port de mer dans l'île de Chypre. — Une plate-forme.

Entrent MONTANO et DEUX OFFICIERS.

MONTANO. — De la pointe du cap que découvrez-vous en mer?

PREMIER OFFICIER. — Rien du tout, tant les vagues sont fortes! Entre la mer et le ciel je ne puis reconnaître une voile.

MONTANO. — Il me semble que le vent a soufflé bien fort sur terre; jamais plus fougueux ouragan n'ébranla nos remparts. S'il s'est ainsi déchaîné sur les eaux, quels flancs de chêne pourraient garder leur emboîture, quand des montagnes viennent fondre sur eux? Qu'apprendrons-nous de ceci?

SECOND OFFICIER. — La dispersion de la flotte ottomane. Avancez seulement sur le rivage écumant: les flots grondants semblent frapper les nuages; les lames chassées par le vent, soulevées en masses énormes, semblent jeter leurs eaux sur l'ourse brûlante, et éteindre les étoiles qui gardent le pôle immobile. Je n'ai point encore vu de semblable tourmente sur la mer en furie.

MONTANO. — Si la flotte turque n'a pas gagné l'abri de quelque rade, ils sont noyés: il est impossible de supporter ceci au large.

(Entre un troisième officier.)

TROISIÈME OFFICIER. — Des nouvelles, seigneurs! Nos campagnes sont finies: la tempête effrénée a tellement accablé les Turcs, que leurs projets en sont arrêtés. Un noble vaisseau de Venise a vu la détresse et le terrible naufrage atteindre la plus grande partie de leur flotte.

MONTANO. — Quoi! dites-vous vrai?

TROISIÈME OFFICIER. — Le navire est déjà sous le môle, un bâtiment de Vérone; Michel Cassio, lieutenant d'Othello, le vaillant More, est déjà à terre; le More lui-même est en mer, muni d'une commission expresse pour commander en Chypre.

MONTANO. — J'en suis ravi; c'est un digne gouverneur.

TROISIÈME OFFICIER. — Mais ce même Cassio, en exprimant sa joie du désastre des Turcs, paraît cependant triste, et prie pour le salut du More; car ils ont été séparés par cette horrible et violente tempête.

MONTANO. — Plaise au ciel qu'il soit en sûreté! J'ai servi sous lui, et l'homme commande en vrai soldat. Allons sur la plage pour voir le navire qui vient d'aborder, et pour chercher des yeux ce brave Othello, jusqu'à ce que les flots et le bleu des airs se confondent sous nos regards en une seule et même étendue.

PREMIER OFFICIER. — Allons, car à chaque minute on attend de nouvelles arrivées.

(Entre Cassio.)

CASSIO. — Grâces au vaillant officier de cette île belliqueuse qui rend ainsi justice au More! Oh! que le ciel prenne sa défense contre les éléments, car je l'ai perdu sur une dangereuse mer!

MONTANO. — Monte-t-il un bon vaisseau?

CASSIO. — Sa barque est solidement pontée; son pilote est habile, et d'une expérience consommée. Aussi l'espérance n'est pas morte dans mon cœur; elle s'enhardit à l'idée des ressources.

DES VOIX, *dans le lointain.* — Une voile! une voile! une voile!

(Entre un quatrième officier.

CASSIO. — Quel est ce bruit?

UN OFFICIER. — La ville est déserte : des rangées de peuple debout sur le bord de la mer crient : *une voile!*

CASSIO. — Mes espérances lui font prendre la forme du gouverneur. (Le canon tire.)

L'OFFICIER. — On tire la salve d'honneur. Ce sont nos amis du moins.

CASSIO. — Allez, je vous prie, et revenez nous apprendre qui est arrivé.

L'OFFICIER. — J'y cours.

(Il sort.)

MONTANO. — Dites-moi, cher lieutenant, votre général est-il marié?

CASSIO. — Très-heureusement... Il a conquis une jeune fille au-dessus de toute description et des récits de la renommée, chef-d'œuvre que ne sauraient peindre les plus habiles pinceaux, et qui dépasse tout ce que la création a de plus parfait. (*L'officier rentre.*) Eh bien! qui a pris terre?

L'OFFICIER. — Un officier nommé Jago, l'enseigne du général.

CASSIO. — Il a fait une heureuse et rapide traversée! Ainsi les tempêtes elles-mêmes, les mers en courroux, et les vents mugissants, et les tranchants écueils, et les sables amoncelés, traîtres cachés sous les eaux pour arrêter la nef innocente, toutes ces puissances, comme si elles étaient sensibles à la beauté, oublient leur nature malfaisante, et laissent passer en sûreté la divine Desdémona.

MONTANO. — Qui est-elle?

CASSIO. — Celle dont je vous parlais; le général de notre grand général qui l'a remise à la conduite du hardi Jago. Son arrivée ici devance nos pensées; en sept jours de passage! Grand Jupiter! garde Othello. Enfle sa voile de ton souffle puissant; permets que son grand vaisseau apporte la joie dans cette rade; qu'il vienne sentir les vifs transports de l'amour dans les bras de Desdémona, allumer notre courage éteint, et répandre la confiance dans Chypre. (*Entrent Desdémona, Émilia, Jago, Roderigo et des serviteurs.*) — Oh! voyez! le trésor du vaisseau est descendu à terre! Habitants de Chypre, fléchissez le genou devant elle. Salut à toi, noble dame; que la faveur des cieux te précède, te suive, t'environne de toutes parts!

DESDÉMONA. — Je vous remercie, brave Cassio ; quelles nouvelles pouvez-vous m'apprendre de mon seigneur?

CASSIO. — Il n'est pas encore arrivé; tout ce que je sais, c'est qu'il est bien et sera bientôt ici.

DESDÉMONA. — Oh !... Je crains pourtant... Comment avez-vous été séparés?

CASSIO. — C'est ce grand combat des cieux et des mers qui nous a séparés. — Mais écoutons ; une voile!

DES VOIX *au loin*. — Une voile! une voile!

(On entend des coups de canon.)

UN OFFICIER. — Ils saluent la citadelle. C'est sans doute encore un ami.

CASSIO. — Allez aux nouvelles. — Cher enseigne, vous êtes le bienvenu. (*A Émilia.*) Et vous aussi, madame. — Bon Jago, ne vous offensez point de ma hardiesse; c'est mon éducation qui me donne cette courtoisie téméraire.

JAGO. — Si elle était pour vous aussi prodigue de ses lèvres qu'elle l'est souvent pour moi de sa langue, vous en auriez bientôt assez.

DESDÉMONA. — Hélas! elle ne parle jamais.

JAGO. — Beaucoup trop, sur mon âme. Je l'éprouve toujours, quand j'ai envie de dormir. Devant vous, madame, je l'avoue, elle retient sa langue au fond de son cœur, et ne querelle que dans ses pensées.

ÉMILIA. — Vous avez peu de raisons de parler ainsi.

JAGO. — Allez, allez, vous êtes muettes comme des peintures hors de chez vous, et bruyantes comme des cloches dans vos chambres; de vrais chats sauvages dans la maison, des saintes quand vous injuriez; des démons quand on vous offense; vous perdez à vous divertir le temps que vous devriez à vos affaires, et vous n'êtes des femmes de ménage que dans vos lits.

DESDÉMONA. — Fi! calomniateur!

JAGO. — Oui, que je sois un Turc s'il n'est pas vrai que vous vous levez pour jouer, et que vous vous couchez pour travailler.

ÉMILIA. — Je ne vous chargerai pas d'écrire mon éloge.

JAGO. — Non, ne m'en chargez pas.

DESDÉMONA. — Que dirais-tu de moi si tu avais à me louer?

JAGO. — Belle dame, dispensez-m'en; je ne suis rien si je ne puis critiquer.

DESDÉMONA. — Allons, essaye. A-t-on couru vers le port?

JAGO. — Oui, madame.

DESDÉMONA. — Je ne suis pas gaie; mais je trompe ce que je suis en m'efforçant de paraître autrement. — Voyons, comment ferais-tu mon éloge?

JAGO. — J'y songe, mais ma pensée tient à ma tête comme la glu à la laine; il faut, pour l'en faire sortir, arracher le cerveau et tout. — Cependant ma muse est en travail, et voici de quoi elle accouche :

Sa femme est belle et spirituelle,
La beauté est faite pour qu'on en jouisse, et l'esprit
 sert à faire jouir de la beauté.

DESDÉMONA. — Bel éloge! — Et si elle est noire et spirituelle?

JAGO.

Si elle est noire et spirituelle,
Elle trouvera un blanc qui s'accommodera de sa noirceur.

DESDÉMONA. — C'est pis encore.

ÉMILIA. — Mais si elle est belle et sotte?

JAGO.

Celle qui est belle n'est jamais sotte;
Car sa sottise même l'aide à avoir un enfant.

DESDÉMONA. — Ce sont de vieux propos bons pour faire rire les fous dans un cabaret. Et quel misérable éloge as-tu à donner à celle qui est laide et sotte?

JAGO.

Il n'y en a point de si laide et de si sotte
 Qui ne fasse tous les malins tours que font celles qui
 sont spirituelles et jolies.

DESDÉMONA. — Oh! quelle lourde ignorance! tu loues le mieux celle qui le mérite le moins. Mais quel éloge réserves-tu à la femme vraiment méritante qui, par l'autorité de sa vertu, obtient de force les hommages de la malice même?

JAGO.

Celle qui a toujours été belle et jamais vaine,
Qui a su parler et n'a jamais crié;
Qui n'a jamais manqué d'or, et cependant n'a jamais fait de sottises;
Qui s'est refusé ses fantaisies, en disant: — Maintenant je pourrais; —
Celle qui, étant courroucée et maîtresse de se venger,
A ordonné à l'offense de demeurer et à la colère de s'enfuir;
Celle qui n'a jamais été assez fragile dans sa sagesse
Pour échanger la tête d'un brochet contre la queue d'un saumon [1];
Celle qui a pu penser et ne pas découvrir sa pensée;
Qui a pu voir des amants la suivre, et ne pas regarder par derrière,
Celle-là est un phénix, si jamais il y a eu un phénix.

DESDÉMONA. — Et à quoi est-elle bonne?

JAGO.

A allaiter des idiots et à inscrire le compte de la petite bière.

DESDÉMONA. — Oh! la sotte et ridicule conclusion! Émilia, n'apprends rien de lui, quoiqu'il soit ton mari. Qu'en dites-vous, Cassio? N'est-ce pas un censeur bien hardi et bien libre?

CASSIO. — Il parle grossièrement, madame: vous l'aimerez mieux comme soldat que comme bel esprit.

(Desdémona fait quelques pas vers le port, Cassio lui donne la main et s'éloigne avec elle.)

JAGO. — Il lui prend la main. — Ah! bon, parle-lui à l'oreille. — Oui, avec ce réseau si frêle, je prendrai ce grand papillon de Cassio. — Souris-lui; bon, va. — C'est avec ta galanterie même que je t'attraperai. — Tu parles bien: c'est cela. — Si pour ces fadaises tu te vois dépouillé

---

[1] Proverbe du temps qui signifie échanger ce qui est excellent pour ce qui ne le vaut pas.

de ta lieutenance, mieux eût valu baiser moins souvent tes trois doigts; — voilà que tu recommences à te donner les airs d'un aimable galant.—A merveille[1]! beau baiser, superbe révérence!—Rien de mieux.—Comment, encore! tes doigts pressés sur tes lèvres?—Je voudrais, tant je t'aime, qu'ils fussent des tuyaux de seringue!— (*Une trompette se fait entendre.*)—Ah! le More; je reconnais sa trompette.

CASSIO.—C'est lui-même.

DESDÉMONA.—Courons au-devant de lui; allons le recevoir.

CASSIO.—Regardez, le voici qui s'avance.

(Entre Othello avec sa suite.)

OTHELLO.—O ma belle guerrière!

DESDÉMONA.—Mon cher Othello!

OTHELLO.—Je suis aussi surpris que charmé de vous trouver ici arrivée avant moi! O joie de mon âme! Si chaque tempête doit être suivie de pareils calmes, que les vents se déchaînent jusqu'à réveiller la mort; que la barque labourant les mers s'élève sur des montagnes de vagues aussi hautes que l'Olympe, et redescende ensuite aussi bas que l'enfer! Ah! c'est maintenant qu'il faudrait mourir pour comble de bonheur; car mon âme est pleine d'une joie si parfaite qu'aucun ravissement semblable ne pourra m'être accordé dans le cours inconnu de ma destinée.

DESDÉMONA.—Que le ciel ne le permette pas! mais plutôt puissent notre amour et nos joies aller toujours croissant avec le nombre de nos jours!

OTHELLO.—Exaucez son vœu, puissances célestes! Je ne saurais assez parler de mon bonheur : il m'étouffe. C'est trop de joie! Ah! que ce baiser, et cet autre encore... (*Il l'embrasse*) soient toute la dispute que jamais nos cœurs élèvent entre nous!

JAGO, *à part*.—Oh! vous voilà à l'unisson : mais sur

---

[1] En regardant de loin Desdémona et Cassio qui causent, Jago voit Cassio envoyer des baisers avec la main, pendant que Desdémona lui fait la révérence.

mon honneur je relâcherai les cordes qui font cette musique.

OTHELLO.—Venez, allons à la citadelle : j'ai des nouvelles, amis, nos guerres sont terminées : les Turcs sont engloutis. Comment se portent nos vieilles connaissances de l'île? — Mon amour, vous êtes bien accueillie en Chypre : j'ai trouvé beaucoup d'affection parmi eux. O ma chère, je parle à tort et à travers, je suis fou de joie. Bon Jago, je te prie; va au port, et fais débarquer mon bagage : amène avec toi le pilote à la citadelle; c'est un brave marin, et son mérite a droit à nos égards. Viens, Desdémona, encore une fois sois la bienvenue à Chypre!
(Othello et Desdémona sortent avec leur suite.)

JAGO.—Viens me retrouver au port; viens.—On dit que les hommes pusillanimes, quand ils sont amoureux, ont plus de courage qu'ils n'en ont reçu de la nature. Si donc tu as du cœur, écoute-moi. Le lieutenant veille cette nuit au corps de garde : avant tout, je dois te prévenir que Desdémona est décidément éprise de lui.

RODERIGO.—De lui? cela n'est pas possible.

JAGO.—Mets ainsi le doigt sur tes lèvres, et laisse ton âme s'instruire. Remarque avec quelle violence elle a d'abord aimé le More; et pourquoi? pour ses forfanteries, et les mensonges bizarres qu'il lui débitait. L'aimera-t-elle toujours pour ce bavardage? garde-toi de le penser. Il faut à ses yeux quelque chose qui nourrisse son amour; et quel plaisir trouvera-t-elle à regarder le diable?—Quand la jouissance a refroidi le sang, pour l'enflammer de nouveau et redonner à la satiété de nouveaux désirs, il faut de l'agrément dans la figure, de la sympathie d'âge, de goûts, de beauté, toutes choses qui manquent au More. Faute de ces convenances nécessaires, sa délicatesse va sentir qu'elle a été abusée; bientôt son cœur commencera à se soulever, elle se dégoûtera du More, et le détestera : la nature elle-même saura bien l'instruire, et la pousser à quelque nouveau choix. Maintenant, Roderigo, cela convenu (et c'est une conséquence naturelle, et qui n'est pas forcée), quel homme est placé aussi près de cette bonne fortune que

Cassio? C'est un drôle très-bavard; sa conscience ne va pas plus loin qu'à lui faire prendre des formes décentes et convenables, pour satisfaire plus sûrement ses désirs cachés et ses penchants déréglés. Non, nul n'est mieux placé que lui : le drôle est adroit et souple, habile à saisir l'occasion : il sait feindre et revêtir les apparences de toutes les qualités qu'il n'a pas. C'est un fourbe diabolique : d'ailleurs le drôle est beau, jeune ; il a tout ce que cherchent la folie et les esprits sans expérience: C'est un fourbe accompli, dangereux comme la peste, et déjà la femme a appris à le connaître.

RODERIGO.—Je ne puis croire ce que vous dites ; elle est du naturel le plus vertueux.

JAGO.—Fausse monnaie ! le vin qu'elle boit est fait de raisin. Si elle avait été si vertueuse, elle n'eût jamais aimé le More. Pure grimace! Ne l'avez-vous pas vue jouer avec la main de Cassio? ne l'avez-vous pas remarqué?

RODERIGO.—Oui, je l'ai vu ; mais c'était une pure politesse.

JAGO.—Pure corruption ; j'en jure par cette main : c'est le prélude mystérieux de toute l'histoire des voluptés et des pensées impures. Leurs lèvres s'approchaient de si près que leurs haleines s'embrassaient : pensées honteuses, Roderigo ! quand ces avances mutuelles ouvrent ainsi la voie, les actions décisives suivent de près, comme un dénoûment infaillible. Allons donc...—Mais seigneur, laissez-moi vous diriger. Je vous ai amené de Venise ; veillez cette nuit; voici la consigne que je vous impose : Cassio ne vous connaît point; je ne serai pas loin de vous ; trouvez quelque occasion d'irriter Cassio, soit en prenant un ton haut, soit en vous moquant de sa discipline, ou sur tout autre prétexte qu'il vous plaira : le moment vous le fournira mieux que moi.

RODERIGO.—Soit.

JAGO.—Il est violent et prompt à la colère; peut-être vous frappera-t-il de sa canne. Provoquez-le pour qu'il vous frappe; car, sous ce prétexte, j'exciterai dans l'île une émeute si forte que, pour l'apaiser, il faudra que Cassio tombe. Par là, aidé des moyens que j'aurai alors.

pour vous servir, vous vous verrez plus tôt au terme de vos désirs ; et les obstacles seront tous écartés : sans quoi nul espoir de succès pour nous.

RODERIGO.—Je le ferai, si j'en trouve une occasion favorable.

JAGO.—Je vous le garantis. Venez dans un moment me rejoindre à la citadelle. Je suis chargé de transporter ses équipages à terre. Adieu.

RODERIGO.—Adieu.

(Roderigo sort.)

JAGO, *seul*.—Que Cassio l'aime, je le crois sans peine : qu'elle aime Cassio, cela est naturel et très-vraisemblable. Le More, quoique je ne le puisse souffrir, est d'une nature constante, aimante et noble ; j'ose répondre qu'il sera pour Desdémona un mari tendre.—Et moi je l'aime, non pas précisément par amour du plaisir, quoique peut-être j'aie à répondre d'un péché aussi grave ; mais j'y suis conduit en partie par le besoin de nourrir ma vengeance, car je soupçonne que ce More lascif s'est glissé dans ma couche. Cette pensée, comme une substance empoisonnée, me ronge le cœur : et rien ne peut, rien ne pourra satisfaire mon âme, que je ne lui aie rendu la pareille, femme pour femme, ou si j'échoue de ce côté, que je n'aie plongé le More dans une jalousie si terrible, qu'elle soit incurable à la raison. Or, pour y réussir, si ce pauvre traqueur amené de Venise, et que j'emploie à cause de l'ardeur qu'il met à chasser, demeure ferme où je l'ai mis, je tiendrai notre Michel Cassio à la gorge, je le noircirai auprès du More sans ménagement ;—oui ; car je crains que Cassio n'ait eu envie aussi de mon bonnet de nuit.—Je veux amener le More à me chérir, à me remercier, à me récompenser d'avoir si bien fait de lui un âne, et d'avoir troublé la paix de son âme jusqu'à la frénésie :—Tout est ici ; (*Ridant son front*) mais confus encore. La fourberie ne se laisse jamais voir en face qu'au moment d'agir.

(Il sort.)

SCÈNE II

(Une rue.)

Entre UN HÉRAUT *tenant une proclamation; le peuple le suit.*

LE HÉRAUT.—C'est le bon plaisir d'Othello, notre vaillant et noble général, que, sur les nouvelles certaines du naufrage complet de l'escadre ottomane, ce triomphe soit célébré par tous les habitants : que les uns forment des danses, que d'autres allument des feux de joie; enfin que chacun se livre au genre de divertissement qui lui plaira ; car outre ces bonnes nouvelles, aujourd'hui se célèbrent aussi les noces d'Othello. Voilà ce qu'il est de son bon plaisir de faire proclamer. Tous les lieux publics sont ouverts, et pleine liberté de se livrer aux fêtes depuis cette cinquième heure du soir, jusqu'à ce que la cloche sonne onze heures. Que le ciel bénisse l'île de Chypre et notre illustre général Othello!
(Il sort.)

SCÈNE III

Une salle du château.

Entrent OTHELLO, DESDÉMONA, CASSIO *et leur suite.*

OTHELLO, *à Cassio*.—Bon Michel, veillez à la garde cette nuit : dans ce poste honorable, montrons nous-mêmes l'exemple de la discipline, et non l'oubli de nos devoirs dans les plaisirs.

CASSIO.—Jago a déjà reçu ses instructions ; mais cependant je verrai à tout de mes yeux.

OTHELLO. — Jago est très-fidèle. Ami, bonne nuit : demain, à l'heure de votre réveil, j'aurai à vous parler. —Venez, ma bien-aimée; le marché conclu, il faut en goûter les fruits : ce bonheur est encore à venir entre vous et moi. (*A Cassio et à d'autres officiers.*) Bonne nuit.
(Othello et Desdémona sortent avec leur suite.)
(Entre Jago.)

CASSIO.—Vous arrivez à propos, Jago ; voici l'heure de nous rendre au poste de garde.

JAGO. — Pas encore ; il n'est pas dix heures, lieutenant. Notre général nous congédie de bonne heure pour l'amour de sa Desdémona. Gardons-nous bien de le blâmer ; il n'a pas encore passé avec elle la joyeuse nuit des noces, et c'est un gibier digne de Jupiter.

CASSIO. — C'est une dame accomplie.

JAGO.— Et, j'en réponds, une femme friande de plaisir.

CASSIO. — C'est à vrai dire une créature bien délicate et bien fraîche.

JAGO. — Quel œil elle a ! Il semble qu'il appelle les désirs.

CASSIO. — Ses regards sont tendres et cependant bien modestes.

JAGO. — Et dès qu'elle parle, n'est-ce pas comme la trompette de l'amour?

CASSIO. — En vérité, elle est la perfection !

JAGO.—Eh bien ! que le bonheur soit entre leurs draps ! — Allons, lieutenant, j'ai un flacon de vin ; et ici tout près il y a une paire de braves garçons de Chypre, prêts à boire à la santé du noir Othello.

CASSIO. — Non pas ce soir, bon Jago. J'ai une pauvre et malheureuse tête pour le vin... Je voudrais que la courtoisie pût inventer quelque autre manière de s'égayer ensemble.

JAGO. — Oh! ce sont nos amis : seulement un verre· après, je boirai pour vous.

CASSIO. — J'ai bu ce soir un seul verre et encore adroitement mitigé, et voyez à mes yeux l'impression qu'il m'a déjà faite. Je suis malheureux de cette infirmité, et n'ose pas imposer quelque chose de plus à ma faiblesse.

JAGO. — Allons, monsieur, c'est une nuit de réjouissance; nos amis vous invitent.

CASSIO. — Où sont-ils?

JAGO. — A cette porte. De grâce, faites-les entrer.

CASSIO. — J'y consens, mais cela me déplaît.

(Cassio sort.)

JAGO. — Si je puis le déterminer à verser encore un

verre de vin sur celui qu'il a déjà bu, il deviendra plus colère et plus querelleur que le chien de ma jeune maîtresse.—D'une autre part, mon imbécile Roderigo, dont l'amour a presque mis la tête à l'envers, a bu ce soir à la santé de Desdémona de profondes rasades, et il doit veiller. Enfin, grâce aux coupes débordantes, j'ai bien excité trois braves Cypriotes, caractères bouillants et fiers, qui, sans cesse en arrêt sur le point d'honneur, vrais enfants de cette île guerrière, sont toujours prêts à se quereller comme le feu et l'eau; et ceux-là sont de garde aussi. Maintenant, au milieu de ce troupeau d'ivrognes, il faut, moi, que je porte notre Cassio à quelque imprudence qui fasse éclat dans l'île. Mais ils viennent. Pourvu que l'effet réponde à ce que je rêve, ma barque cingle rapidement avec vent et marée.

(Rentre Cassio avec Montano et d'autres officiers.)

CASSIO.—Par le ciel, ils m'ont déjà versé à pleins bords.

MONTANO. —Ah! bien peu. Foi de soldat, pas plus d'une pinte.

JAGO. — Du vin, holà!

(Il chante.)

Et que la cloche sonne, sonne,
Et que la cloche sonne, sonne;
Un soldat est un homme;
Sa vie n'est qu'un moment :
Eh bien! alors, que le soldat boive.

Allons du vin, garçon.

CASSIO. — Par le ciel! voilà une chanson impayable.

JAGO.—Je l'ai apprise en Angleterre où, certes, ils sont puissants quand il faut boire. Votre Danois, votre Allemand, votre Hollandais au gros ventre... holà du vin !— ne sont rien auprès d'un Anglais.

CASSIO. — Quoi! votre Anglais est donc bien habile à boire?

JAGO.—Comment! votre Danois est déjà ivre-mort que mon Anglais boit encore sans se gêner; il n'a pas besoin de se mettre en nage pour jeter bas votre Allemand; et votre Hollandais est déjà prêt à rendre gorge qu'il fait encore remplir la bouteille.

CASSIO. — A la santé de notre général !

MONTANO. — J'en suis, lieutenant et je vous fais raison.

JAGO, *chantant.*

Le roi Étienne était un digne seigneur ;
Ses culottes ne lui coûtaient qu'une couronne :
Il les trouvait de douze sous trop chères,
Et il appelait le tailleur un drôle.

C'était un homme de grand renom,
Et tu n'es que de bas étage ;
C'est l'orgueil qui renverse les pays,
Prends donc sur toi ton vieux manteau [1].

Ho ! du vin !

CASSIO. — Comment, cette chanson-ci est encore meilleure que la première !

JAGO. — Voulez-vous que je la répète ?

CASSIO. — Non, je tiens pour indigne de son poste quiconque fait de pareilles choses, eh bien ! le ciel est au-dessus de tout, et il y a des âmes qui ne seront pas sauvées.

JAGO. — C'est une vérité, lieutenant.

CASSIO. — Quant à moi, sans offenser mon général, ni aucun de mes chefs, j'espère bien être sauvé.

JAGO. — Et moi aussi, lieutenant.

CASSIO. — Soit, mais avec votre permission, pas avant moi. Le lieutenant doit être sauvé avant l'enseigne ; n'en parlons plus : allons à nos affaires. Que Dieu pardonne nos fautes, messieurs, songeons à nos affaires. — Messieurs, n'allez pas croire que je sois ivre ; c'est là mon enseigne, voici ma main droite, et voilà ma main gauche. Je ne suis pas ivre, je puis bien marcher et bien parler.

TOUS. — Parfaitement bien.

CASSIO. — C'est bon, c'est bon, alors, ne croyez pas que je sois ivre. (Il sort.)

MONTANO. — Allons, camarades, allons à l'esplanade. Allons placer la garde.

(Les Cypriotes sortent.)

[1] Les couplets sont tirés d'une vieille ballade populaire du temps de Shakspeare, et qui se trouve dans un recueil intitulé : *Relicks of ancient poetry*, 3 vol. in-12.

JAGO.—Vous voyez cet officier qui est sorti le premier; c'est un soldat capable de marcher à côté de César, et de commander une armée ; mais aussi voyez son vice ; c'est l'équinoxe de sa vertu, l'un est aussi long que l'autre; cela fait pitié pour lui. Je crains que la confiance qu'Othello place en lui, quelque jour, dans un accès de cette maladie, ne mette cette ile en désordre.

MONTANO. — Mais est-il souvent ainsi ?

JAGO. — C'est toujours le prélude de son sommeil. Il verra tout éveillé l'aiguille faire deux fois le tour du cadran, si son lit n'est bercé par l'ivresse.

MONTANO. — Il serait bon d'en avertir le général. Peut-être ne s'en aperçoit-il pas, ou son bon naturel ne voit-il dans Cassio que les vertus qui le frappent, et ferme-t-il les yeux sur ses défauts. N'est-il pas vrai ?

(Entre Roderigo.)

JAGO, *à voix basse*. — Quoi, Roderigo, ici! je vous en prie, suivez le lieutenant ; allez.

(Roderigo sort.)

MONTANO. — Et c'est une vraie pitié que le noble More hasarde une place aussi importante que celle de son second aux mains d'un homme sujet à cette faiblesse invétérée. Ce serait une bonne action d'en informer le More.

JAGO. — Moi! je ne le ferais pas pour cette belle île. J'aime infiniment Cassio, et je ferais beaucoup pour le guérir de ce vice. — Mais, écoutons ; quel bruit!

(On entend des cris : Au secours, au secours!)
(Cassio rentre l'épée à la main, poursuivant Roderigo.)

CASSIO. — Impudent ! lâche!

MONTANO. — Qu'y a-t-il, lieutenant?

CASSIO. — Un drôle me remontrer mon devoir ! je veux le rosser, jusqu'à ce qu'il puisse tenir dans une bouteille d'osier.

RODERIGO. — Me rosser?

CASSIO. — Tu bavardes, misérable !

(Il frappe Roderigo.)

MONTANO. — Y pensez-vous, cher lieutenant? de grâce, retenez-vous.

CASSIO.—Laissez-moi, monsieur! ou je vais vous casser le museau.

MONTANO. — Allons, allons; vous êtes ivre.

CASSIO. — Ivre?
                Cassio l'attaque.—Ils se battent.)

JAGO, *bas à Roderigo*.—Sortez donc, je vous dis, sortez, et criez à l'émeute. (*Roderigo sort.*) (*A Cassio.*) Quoi, cher lieutenant! — Hélas, messieurs! — Au secours, holà! — Lieutenant! — Montano! — Camarades, au secours! — Voilà une belle garde en vérité! — (*La cloche du beffroi se fait entendre.*) Et qui donc sonne le tocsin? Diable! La ville va prendre l'alarme. A la volonté de Dieu, lieutenant, arrêtez! vous allez vous couvrir de honte à jamais.

       (Entre Othello avec sa suite.)

OTHELLO. — Qu'est-ce? De quoi s'agit-il?

MONTANO. — Mon sang coule : je suis blessé à mort. Qu'il meure.

OTHELLO. — Sur votre vie, arrêtez.

JAGO. — Arrêtez! arrêtez! lieutenant, — seigneur Montano, — lieutenant, — officiers : — avez-vous perdu tout sentiment de votre devoir, et du lieu où vous êtes? Arrêtez, le général vous parle. Arrêtez, arrêtez, au nom de l'honneur!

OTHELLO. — Eh! quoi donc? Comment! d'où vient tout ceci? Sommes-nous devenus Turcs pour exercer sur nous-mêmes les fureurs que le ciel a interdites aux Ottomans? Par pudeur chrétienne, finissez cette barbare querelle : le premier qui fera un pas pour assouvir sa rage ne fait pas grand cas de sa vie, car il mourra au premier mouvement. Qu'on fasse taire cette terrible cloche, elle épouvante l'île et trouble son repos. Quel est le sujet de ceci, messieurs? — Honnête Jago, qui semblez mort de douleur, parlez. Qui a commencé ceci? Au nom de votre amitié, je l'exige.

JAGO. — Je n'en sais rien. Ils étaient tous amis, au quartier, il n'y a qu'un instant, et en aussi bons rapports que le marié et la mariée lorsqu'on les déshabille pour les mettre au lit; et puis, tout à l'heure, comme si quelque étoile les eût soudain privés de leur raison, voilà les épées nues, et dans un sanglant combat pointées contre le cœur l'un de l'autre. Je ne puis dire l'origine de cette folle rixe, et je voudrais avoir perdu dans une action glorieuse ces jambes qui m'ont conduit ici pour en être le témoin.

OTHELLO. — Comment avez-vous pu, Michel, vous oublier à ce point?

CASSIO. — Excusez-moi, de grâce; je ne puis parler.

OTHELLO. — Digne Montano, vous avez toujours été doux. Le monde a remarqué la gravité, le calme de votre jeunesse; et votre nom sort avec éloge de la bouche des plus sévères. Quel motif vous porte à souiller ainsi votre réputation, à perdre la haute estime où vous êtes pour mériter le nom de querelleur de nuit? Répondez-moi.

MONTANO. — Noble Othello, je suis dangereusement blessé. Pendant que je m'abstiendrai de parler, ce qui me fait un peu souffrir pour le moment, votre officier Jago peut vous instruire de tout ce que je sais de l'affaire. Je ne sache pas avoir cette nuit rien dit ou fait de déplacé; à moins que ce ne soit parfois un vice de s'aimer soi-même, et un péché de se défendre, quand la violence fond sur nous.

OTHELLO. — Par le ciel! mon sang commence enfin à l'emporter sur le frein de ma raison, et l'indignation qui obscurcit mon bon jugement menace de me gouverner seule. Si je fais un pas, ou que seulement je lève ce bras, le meilleur d'entre vous disparaîtra sous ma colère. Faites-moi savoir comment a commencé ce honteux désordre; qui l'a mis en train; et celui qui en sera prouvé l'auteur, fût-il mon frère jumeau né en même temps que moi, sera perdu sans retour. — Quoi, dans une ville de guerre, encore émue, tandis que le cœur du peuple palpite encore de terreur, engager ainsi une querelle domestique, au milieu de la nuit, au corps de garde et de sûreté! Cela est monstrueux. — Jago, qui a commencé?

MONTANO. — Si par quelque partialité ou quelque communauté d'emplois, tu dis plus ou moins que la vérité, tu n'es pas un soldat.

JAGO. — Ne me pressez pas de si près. J'aimerais mieux

voir ma langue coupée dans ma bouche, que de m'en
servir pour nuire à Michel Cassio : mais je me persuade
que la vérité ne peut lui faire tort. Voici le fait, général :
Montano et moi nous conversions paisiblement ensemble; tout à coup est entré un homme criant au secours;
Cassio le suivait l'épée nue, prêt à le frapper. Ce gentilhomme, seigneur, va au-devant de Cassio, et le prie de
s'arrêter : et moi je poursuis le fuyard qui poussait des
cris; craignant, comme il est arrivé, que ses clameurs
ne jetassent l'effroi dans la ville. Lui, plus leste à la course,
échappe à mon dessein : je revenais en grande hâte,
entendant de loin le choc et le cliquetis des épées, et
Cassio jurant de toutes ses forces, ce que je ne lui avais
jamais entendu faire jusqu'à ce soir. Dès que je suis
rentré, car tout ce mouvement a été court, je les ai trouvés
pied contre pied, à l'attaque et à la défense, comme ils
étaient encore quand vous les avez vous-même séparés.
Voilà tout ce que je peux vous rapporter : mais les
hommes sont hommes; les plus sages s'oublient quelquefois. Quoique Cassio ait fait à celui-ci quelque légère
injure, comme il peut arriver à tout homme en fureur
de frapper son meilleur ami, il faut sûrement que Cassio,
je le crois, eût reçu de celui qui fuyait quelque étrange
indignité que sa patience n'a pu supporter.

OTHELLO.—Je vois bien, Jago, que ton honnêteté et ton
amitié veulent adoucir l'affaire pour rendre la part de
Cassio plus légère. Cassio, je t'aime; mais tu ne seras
plus mon officier. (*Entre Desdémona avec sa suite.*)—Voyez
si ma bien-aimée n'a pas été réveillée.—Je ferai de toi
un exemple.

DESDÉMONA.—Que s'est-il donc passé, mon ami?

OTHELLO.—Tout est fini maintenant, ma chère. Venez
vous coucher. Montano, quant à vos blessures, je serai
moi-même votre chirurgien.—Emmenez-le d'ici.—Jago,
faites une ronde exacte dans la ville, et calmez ceux que
ce sot tumulte a effrayés. Rentrons, Desdémona; c'est la
vie des soldats de voir leur doux sommeil troublé par la
discorde.

(*Ils sortent.*)

JAGO, *à Cassio.*—Quoi, lieutenant, êtes-vous blessé?

CASSIO.—Oui, et hors du pouvoir de la chirurgie.

JAGO.—Que le ciel nous en préserve!

CASSIO.—Ma réputation, ma réputation, ma réputation! Ah! j'ai perdu ma réputation! j'ai perdu la portion immortelle de moi-même; celle qui me reste est grossière et brutale. Ma réputation, Jago, ma réputation!

JAGO.—Foi d'honnête homme, j'ai cru que vous aviez reçu quelque blessure dans le corps; c'est là qu'une plaie est sensible, bien plus que dans la réputation : la réputation est une vaine et fausse imposture, acquise souvent sans mérite, et perdue sans qu'on l'ait mérité : mais vous n'avez rien perdu de votre réputation, à moins que votre esprit ne rêve cette perte.—Allons, homme, quoi donc? il y a des moyens de ramener le général : vous êtes simplement réformé par Son Honneur; c'est une peine de discipline, non d'inimitié; comme on battrait un chien qui ne peut faire aucun mal, pour effrayer un lion terrible. Implorez-le, et il revient à vous.

CASSIO.—J'implorerais le mépris, plutôt que de tromper un si digne commandant, en lui offrant encore un officier si imprudent, si léger, si ivrogne.—Ivre, et parlant comme un perroquet, et querellant, et faisant le rodomont, et jurant et bavardant avec l'ombre qui passe. —O toi, invisible esprit du vin, si tu n'as pas encore de nom qui te fasse reconnaître, je veux t'appeler démon.

JAGO.—Quel est celui que vous poursuiviez l'épée à la main? que vous avait-il fait?

CASSIO.—Je n'en sais rien.

JAGO.—Est-il possible?

CASSIO.—Je me rappelle une foule de choses, mais rien distinctement : une querelle, oui; mais le sujet, non. Oh! comment les hommes peuvent-ils introduire un ennemi dans leur bouche pour leur dérober leur raison! Se peut-il que ce soit avec joie, volupté, délices, transport, que nous nous transformions nous-mêmes en brutes?

JAGO.—Eh bien! voilà que vous êtes assez bien à présent; comment êtes-vous revenu à vous?

CASSIO.—Il a plu au démon de l'ivresse de céder la place au démon de la colère. Ainsi une faiblesse m'en découvre une autre pour me forcer à me mépriser franchement moi-même.

JAGO.—Allons, vous êtes un moraliste trop sévère. Dans ce moment, dans ce lieu, et dans les circonstances actuelles où se trouve l'île, je voudrais de toute mon âme que cela ne fût pas arrivé; mais puisque ce qui est fait est fait, ne songez qu'à le réparer pour votre propre avantage.

CASSIO.—J'irai lui redemander ma place; il me dira que je suis un ivrogne. Eussé-je autant de bouches que l'hydre, une telle réponse les fermerait toutes. Être maintenant un homme sensé, l'instant d'après un frénétique et tout de suite après une brute!—Oui, chaque verre donné à l'intempérance est maudit, et il y a dedans un démon.

JAGO.—Allons, allons : le bon vin est une bonne et douce créature si on en use bien. N'en dites pas tant de mal : et, cher lieutenant, j'espère que vous croyez que je vous aime.

CASSIO.—Je l'ai bien éprouvé, monsieur.—Moi ivre!

JAGO.—Vous ou tout autre homme vivant, vous pouvez l'être quelquefois. Je vous dirai ce que vous devez faire : la femme de notre général est notre général aujourd'hui; je peux bien l'appeler ainsi, puisqu'il s'est dévoué tout entier à la contemplation, à l'adoration de ses talents et de ses grâces. Confessez-vous librement à elle; importunez-la; elle vous aidera à rentrer dans votre emploi. Elle est d'un naturel si affable, si doux, si obligeant, qu'elle croirait manquer de bonté, si elle ne faisait beaucoup plus qu'on ne lui demande. Conjurez-la de renouer ce nœud d'amitié, rompu entre vous et son époux, et je parie ma fortune contre le moindre gage qui en vaille la peine, que votre amitié en deviendra plus forte que jamais.

CASSIO.—Le conseil que vous me donnez là est bon.

JAGO.—Il est donné, je vous proteste, dans la sincérité de mon amitié et de mon honnête zèle.

cassio. — Je le crois sans peine. Ainsi dès demain matin, de bonne heure, j'irai prier la vertueuse Desdémona de solliciter pour moi. Je désespère de ma fortune, si ce coup en arrête le cours.

jago. — Vous avez raison. Adieu, lieutenant; il faut que j'aille faire la ronde.

cassio. — Bonne nuit, honnête Jago.

(Cassio sort.)

jago, *seul*. — Eh bien! qui dira maintenant que je joue le rôle d'un fourbe, après un conseil gratuit honnête, et dans ma pensée, le seul moyen de fléchir le More? Car rien de plus aisé que d'engager Desdémona à écouter une honorable requête, elle y est toujours disposée; elle est d'une nature aussi libérale que les libres éléments. Et qu'est-ce pour elle que de gagner le More? Fallût-il renoncer à son baptême, abjurer tous les signes, tous les symboles de sa rédemption, son âme est tellement enchaînée dans cet amour qu'elle peut faire, défaire, gouverner comme il lui plaît, tant son caprice règne en dieu sur la faible volonté du More. Suis-je donc un fourbe, quand je mets Cassio sur la route facile qui le mène droit au succès? Divinité d'enfer! quand les démons veulent insinuer aux hommes leurs œuvres les plus noires, ils les suggèrent d'abord sous une forme céleste, comme je fais maintenant. Car tandis que cet honnête idiot pressera Desdémona de réparer sa disgrâce, et qu'elle plaidera pour lui avec chaleur auprès du More, moi je glisserai dans l'oreille de celui-ci le soupçon empoisonné qu'elle rappelle cet homme par volupté; et plus elle fera d'efforts pour le rétablir, plus elle perdra de son crédit sur Othello. Ainsi, je ternirai sa vertu; et sa bonté même ourdira le filet qui les enveloppera tous. — Qu'y a-t-il, Roderigo?

(Entre Roderigo.)

roderigo. — Me voilà courant, non comme le chien qui suit sa proie, mais comme celui qui remplit vainement l'air de ses cris. Mon argent est presque tout dépensé; j'ai été cette nuit cruellement rossé, et je crois que l'issue de tout ceci sera d'avoir acquis de l'expérience pour ma peine.—Je retournerai à Venise sans argent et avec un peu plus d'esprit.

JAGO.—Les pauvres gens que ceux qui n'ont point de patience! Quelle blessure fut jamais guérie autrement que par degrés? Nous opérons, vous le savez, avec notre seul esprit, et sans aucune magie; et l'esprit compte sur le temps qui traîne tout en longueur. Tout ne va-t-il pas bien? Cassio t'a frappé; et toi, au prix de ce léger coup, tu as perdu Cassio : quoique le soleil fasse croître mille choses à la fois, les plantes qui fleurissent les premières doivent porter les premiers fruits; prends un peu patience.—Par la messe, il est jour. Le plaisir et l'action abrégent les heures. Retire-toi; va à ton logis; sors, te dis-je. Tu en sauras plus tard davantage—Encore une fois, sors. (*Roderigo sort.*) Il reste deux choses à faire : d'abord que ma femme agisse auprès de sa maîtresse en faveur de Cassio; je cours l'y pousser;—et moi, pendant ce temps, je tire le More à l'écart; puis au moment où il pourra trouver Cassio sollicitant sa femme, je le ramène pour fondre brusquement sur eux. Oui, c'est là ce qu'il faut faire. N'engourdissons pas ce dessein par la négligence et les retards.

ACTE TROISIÈME

SCÈNE I

Devant le château.

Entrent CASSIO et DES MUSICIENS.

cassio.—Messieurs, jouez ici ; je récompenserai vos peines :—quelque chose de court.—Saluez le général à son réveil.

(Musique.)

(Entre le bouffon.)

le bouffon.—Comment, messieurs, est-ce que vos instruments ont été à Naples, pour parler ainsi du nez ?

premier musicien.—Quoi donc, monsieur ?

le bouffon.—Je vous en prie, n'est-ce pas là ce qu'on appelle des instruments à vent ?

premier musicien.—Oui, certes.

le bouffon.—Dans ce cas, certainement il y a une queue à cette histoire.

premier musicien.—Quelle histoire, monsieur ?

le bouffon.—Je vous dis que plus d'un instrument à vent, à moi bien connu, a une queue. Mais, mes maîtres, voici de l'argent pour vous. Le général aime tant la musique qu'il vous prie par amour pour lui de n'en plus faire.

premier musicien.—Nous allons cesser.

le bouffon.—Si vous avez de la musique qu'on n'entende pas, à la bonne heure ; car, comme on dit, le général ne tient pas beaucoup à entendre la musique.

PREMIER MUSICIEN.—Nous n'en avons point de cette espèce, monsieur.

LE BOUFFON.—En ce cas, mettez vos flûtes dans votre sac, car je vous chasse. Allons, partez; allons.

(Les musiciens s'en vont.)

CASSIO, *au bouffon.*—Entends-tu, mon bon ami?

LE BOUFFON.—Non, je n'entends pas votre bon ami; c'est vous que j'entends.

CASSIO.—De grâce, garde tes calembours. Prends cette petite pièce d'or. Si la dame qui accompagne l'épouse du général est levée, dis-lui qu'un nommé Cassio lui demande la faveur de lui parler. Veux-tu me rendre ce service?

LE BOUFFON.—Elle est levée, monsieur; si elle veut se rendre ici, je vais lui dire votre prière.

CASSIO.—Fais-le, mon cher ami. (*Le bouffon sort.*) (*Entre Jago.*) Ah, Jago, fort à propos.

JAGO.—Quoi, vous ne vous êtes donc pas couché?

CASSIO.—Non. Avant que nous nous soyons séparés, le jour commençait à poindre. J'ai pris la liberté, Jago, de faire demander votre femme : mon objet est de la prier de me procurer quelque accès auprès de la vertueuse Desdémona.

JAGO.—Je vous l'enverrai à l'instant. Et j'inventerai un moyen d'écarter le More, afin que vous puissiez causer et traiter librement votre affaire.

(Jago sort.)

CASSIO.—Je vous en remercie humblement. Jamais je n'ai connu de Florentin plus obligeant et si honnête.

(Entre Émilia.)

ÉMILIA.—Bonjour, brave lieutenant; je suis fâchée de votre chagrin; mais tout sera bientôt réparé. Le général et sa femme s'en entretiennent, et elle parle avec chaleur pour vous. Le More répond que celui que vous avez blessé jouit d'une haute considération dans Chypre, tient à une noble famille; qu'ainsi la saine prudence le force à vous refuser : mais il proteste qu'il vous aime et n'a besoin d'aucune sollicitation autre que son affection pour vous, pour saisir aux cheveux la première occasion de vous remettre en place.

CASSIO.—Néanmoins, je vous en supplie, si vous le jugez à propos, et si cela se peut, ménagez-moi un moment d'entretien avec Desdémona seule.

ÉMILIA.—Venez donc, entrez : je veux vous mettre à portée de lui ouvrir librement votre âme.

CASSIO.—Que je vous ai d'obligations!

(Ils sortent.)

SCÈNE II

Une chambre dans le château.

Entrent OTHELLO, JAGO ET DES OFFICIERS.

OTHELLO.—Jago, remettez ces lettres au pilote, et chargez-le d'offrir mes hommages au sénat; après quoi, revenez me joindre aux forts que je vais visiter.

JAGO.—Bon, mon seigneur, je vais le faire.

OTHELLO, *aux officiers*.—Ces fortifications, messieurs, allons-nous les voir?

LES OFFICIERS.—Nous voilà prêts à suivre Votre Seigneurie.

(Ils sortent.)

SCÈNE III

Devant le château.

Entrent DESDÉMONA, CASSIO ET ÉMILIA.

DESDÉMONA.—Soyez sûr, bon Cassio, que j'emploierai en votre faveur toute mon éloquence.

ÉMILIA.—Faites-le, chère madame. Je sais que ceci afflige mon mari comme si c'était sa propre affaire.

DESDÉMONA.—Oh! c'est un brave homme. N'en doutez point, Cassio; je vous reverrai, mon seigneur et vous, aussi bons amis qu'auparavant.

CASSIO.—Généreuse dame, quoi qu'il arrive de Michel

Cassio, il ne sera jamais autre chose que votre fidèle serviteur.

DESDÉMONA.—Oh! je vous en remercie. Vous aimez mon seigneur, vous le connaissez depuis longtemps. Soyez bien sûr qu'il ne vous laissera éloigné de lui qu'aussi longtemps qu'il y sera forcé par une politique nécessaire.

CASSIO.—Oui; mais, madame, cette politique peut durer si longtemps, se nourrir d'une suite de prétextes si faibles et si subtils, renaître de tant de circonstances, que ma place étant remplie et moi absent, mon général oubliera mon zèle et mes services.

DESDÉMONA.—Ne le craignez pas. Ici, devant Émilia, je vous réponds de votre place. Soyez certain que lorsqu'une fois je promets de rendre un service, je m'en acquitte jusqu'au moindre détail. Mon seigneur n'aura point de repos; je le tiendrai éveillé jusqu'à ce qu'il s'adoucisse[1]; je lui parlerai jusqu'à lui faire perdre patience; son lit deviendra pour lui une école, sa table un confessional; je mêlerai à tout ce qu'il fera la requête de Cassio. Allons, un peu de gaieté, Cassio : votre défenseur mourra plutôt que d'abandonner votre cause.

(Entrent Othello et Jago, à distance.)

ÉMILIA.—Madame, voilà mon seigneur qui vient.
CASSIO.—Madame, je vais prendre congé de vous.
DESDÉMONA.—Pourquoi? demeurez, entendez-moi lui parler.
CASSIO.—Pas en ce moment, madame. Je suis fort mal à l'aise et très-peu propre à me servir moi-même.
DESDÉMONA.—Bien, faites comme il vous plaira.

(Cassio sort.)

JAGO.—Ah! ah! ceci me déplaît.
OTHELLO.—Que dis-tu?
JAGO.—Rien, seigneur, ou si... Je ne sais trop...

---

[1] *I'll watch him tame;* comparaison avec les animaux qu'on apprivoise, et à qui on apprend des tours en les privant du sommeil. Ce moyen a été employé avec succès pour les chevaux; il l'était autrefois pour les faucons et autres oiseaux de chasse

OTHELLO. —N'est-ce pas Cassio qui vient de quitter ma femme?

JAGO. —Cassio, seigneur? Non sûrement, je ne puis croire qu'il eût voulu s'enfuir ainsi comme un coupable, en vous voyant arriver.

OTHELLO. —Je crois que c'était lui.

DESDÉMONA. —Vous voilà de retour, mon seigneur? Je m'entretenais ici avec un suppliant, un homme qui languit sous le poids de votre déplaisir.

OTHELLO. —De qui voulez-vous parler?

DESDÉMONA. —Eh! de Cassio, votre lieutenant. Mon cher seigneur, si j'ai quelque attrait à vos yeux, quelque pouvoir de vous toucher, réconciliez-vous tout de suite avec lui; car si ce n'est pas un homme qui vous aime de bonne foi, qui ne s'est égaré que par ignorance et sans dessein, je ne me connais pas à l'honnêteté d'un visage. Je t'en prie, rappelle-le.

OTHELLO. —Est-ce lui qui vient de sortir?

DESDÉMONA. —Lui-même, mais si humilié, qu'il m'a laissé une partie de ses chagrins : je souffre avec lui.— Mon cher amour, rappelle-le.

OTHELLO. —Pas encore, douce Desdémona; dans quelque autre moment.

DESDÉMONA. —Mais sera-ce bientôt?

OTHELLO. —Aussitôt qu'il se pourra, chère amie, à cause de vous.

DESDÉMONA. —Sera-ce ce soir au souper?

OTHELLO. —Non, pas ce soir.

DESDÉMONA. —Demain donc au dîner?

OTHELLO. —Je ne dîne pas demain au logis; je suis invité par les officiers à la citadelle.

DESDÉMONA. —Eh bien! demain soir, ou mardi matin, ou mardi à midi ou le soir, ou mercredi matin : je t'en prie, fixe le moment, mais qu'il ne passe pas trois jours. —En vérité, il est repentant, et cependant sa faute, selon l'opinion commune, et si ce n'est que la guerre exige, dit-on, qu'on fasse quelquefois des exemples sur les meilleurs sujets, est une faute qui mérite à peine une réprimande secrète. Quand reviendra-t-il? Dis-le-moi,

Othello. Je me demande avec étonnement dans mon âme ce que vous pourriez demander que je voulusse vous refuser, ou qui pût me faire hésiter si longtemps sur la réponse. Comment, Michel Cassio, lui qui venait avec vous quand vous me faisiez la cour, qui plus d'une fois, lorsque je parlais de vous d'un ton de blâme, a pris votre parti, avoir tant à plaider pour obtenir son rappel! Croyez-moi, je vous accorderais beaucoup plus...

OTHELLO.—Assez, assez, je t'en prie ; qu'il revienne quand il voudra ; je ne veux te rien refuser.

DESDÉMONA.—Quoi! mais ce n'est point une grâce ; c'est comme si je vous conjurais de porter vos gants, de vous nourrir de mets sains, de vous vêtir chaudement, comme si je vous suppliais de faire quelque chose qui dût tourner à votre propre avantage. Oh! quand j'aurai à demander une grâce où je voudrai véritablement intéresser votre amour, ce sera une chose de poids, difficile et dangereuse à accorder.

OTHELLO.—Je ne veux rien te refuser : mais à mon tour, je t'en prie, laisse-moi un moment à moi-même.

DESDÉMONA.—Vous refuserai-je ? Non. Adieu, seigneur.

OTHELLO. — Adieu, ma Desdémona ; je te joindrai bientôt.

DESDÉMONA. — Émilia, venez. — (*A Othello.*) Qu'il en soit selon votre fantaisie : quelle qu'elle soit, je suis soumise.

(Desdémona sort avec Émilia.

OTHELLO. — Adorable créature ! — Que l'enfer me saisisse, s'il n'est pas vrai que je t'aime; et si je ne t'aimais plus, le chaos reviendrait.

JAGO. — Mon noble seigneur?

OTHELLO. — Que veux-tu, Jago?

JAGO.—Quand vous faisiez la cour à Desdémona, Michel Cassio eut-il connaissance de vos amours?

OTHELLO. — Oui, du commencement à la fin. Pourquoi me le demandes-tu?

JAGO. — Seulement pour le savoir, rien de plus.

OTHELLO. — Et à quoi donc pensais-tu, Jago?

JAGO. — Je ne croyais pas qu'il la connût.

OTHELLO. — Oh! parfaitement; et il nous a souvent servi d'intermédiaire.

JAGO. — En vérité?

OTHELLO. — En vérité. Oui, en vérité. Vois-tu là quelque chose? Cassio n'est-il pas honnête?

JAGO. — Honnête, seigneur?

OTHELLO. — Oui, honnête?

JAGO. — Seigneur, autant que je puis savoir...

OTHELLO. — Comment? Que penses-tu?

JAGO. — Ce que je pense? Par le ciel!

OTHELLO. — *Ce que je pense, Seigneur? Par le ciel...* il répète mes paroles, comme si sa pensée recélait quelque monstre trop hideux pour être montré. Tu veux dire quelque chose? Tout à l'heure, à l'instant où Cassio quittait ma femme, je t'ai entendu dire : *Ceci me déplaît.* Qu'est-ce donc qui te déplaisait? Et encore, quand je t'ai dit qu'il avait ma confiance pendant tout le temps de mes amours, tu t'es écrié : *En vérité?* Et je t'ai vu froncer et rapprocher tes sourcils, comme si tu eusses enfermé dans ton cerveau quelque horrible soupçon. Si tu m'aimes, montre-moi ta pensée.

JAGO. — Seigneur, vous savez que je vous aime.

OTHELLO. — Je le crois, et c'est parce que je te sais plein d'honneur, d'attachement pour moi, parce que tu pèses tes paroles, avant de les prononcer, que ces pauses de ta part m'alarment davantage. Dans un misérable déloyal et faux, de telles choses sont des ruses d'habitude; mais dans l'homme sincère ce sont de secrètes délations qui s'échappent d'un cœur à qui la vérité fait violence.

JAGO. — Pour Michel Cassio, j'ose jurer que je le crois honnête.

OTHELLO. — Je le crois comme toi.

JAGO. — Les hommes devraient bien être ce qu'ils paraissent; ou plût au ciel du moins que ceux qui ne sont pas ce qu'ils paraissent fussent enfin forcés de paraître ce qu'ils sont!

OTHELLO. — Oui, certes, les hommes devraient être ce qu'ils paraissent.

JAGO. — Eh bien! alors je pense que Cassio est un homme d'honneur.

OTHELLO. — Il y a quelque chose de plus dans tout cela; je te prie, parle-moi comme à toi-même, comme tu te parles dans ton âme; exprime ta pensée la plus sinistre par le plus sinistre des mots.

JAGO. — Mon bon seigneur, pardonnez-moi. Quoique je sois tenu envers vous à tous les actes d'obéissance, je ne le suis point à ce dont les esclaves mêmes sont affranchis; proférer mes pensées! — Quoi! supposez qu'elles soient basses et fausses; et quel est le palais où n'entrent pas quelquefois des choses souillées? Quel homme a le cœur assez pur pour n'y avoir jamais admis quelques soupçons téméraires qui viennent y tenir leur cour, y plaider leur cause et siéger à côté de ses opinions légitimes?

OTHELLO. — Jago, tu conspires contre ton ami, si, dès que tu le crois offensé, tu refuses à son oreille la confidence de tes pensées.

JAGO. — Je vous conjure... d'autant plus... que peut-être je suis injuste dans mes conjectures;... et c'est, je l'avoue, c'est le malheur de mon caractère de soupçonner toujours le mal; souvent ma défiance voit des fautes qui n'existent pas. Je vous supplie donc de ne pas prendre garde à un homme qui conjecture ainsi de travers, de ne pas vous forger des inquiétudes sur ses observations vagues et peu sûres. Il n'est bon ni pour votre repos, ni pour votre bien, il ne l'est pas pour mon honneur, mon honnêteté, ma prudence, que je vous laisse connaître mes pensées.

OTHELLO. — Que veux-tu dire?

JAGO. — Mon cher seigneur, pour les hommes et pour les femmes, le premier trésor de l'âme, c'est une bonne renommée. Qui dérobe ma bourse, dérobe une bagatelle : c'est quelque chose, ce n'est rien; elle fut à moi, elle est à lui, et elle a eu mille autres maîtres; mais celui qui me vole ma bonne renommée me vole un bien dont la perte m'appauvrit réellement, sans l'enrichir lui-même.

OTHELLO. — Par le ciel! je connaîtrai tes pensées!

JAGO. — Vous ne les pourriez connaître, quand mon cœur serait dans votre main ; vous ne les connaîtrez pas tandis qu'il est sous ma garde.

OTHELLO. — Ah !

JAGO. — Oh ! gardez-vous, seigneur, de la jalousie. C'est un monstre aux yeux verdâtres qui prépare lui-même l'aliment dont il se nourrit. Ce mari trompé vit heureux, qui, certain de son sort, n'aime point son infidèle : mais, ô quelles heures d'enfer compte celui qui idolâtre, et qui doute ; qui soupçonne, mais aime avec passion !

OTHELLO. — O malheur !

JAGO. — L'homme pauvre, mais content, est riche et assez riche; mais la richesse fût-elle infinie, elle est stérile comme l'hiver pour celui qui craint toujours de devenir pauvre. Bonté céleste, préserve de la jalousie les cœurs de tous mes amis !

OTHELLO. — Quoi ! qu'est ceci ? Penses-tu que je voulusse me faire une vie de jalousie ? suivre sans cesse tous les changements de la lune, avec de nouveaux soupçons? Non, être une fois dans le doute, c'est être décidé sans retour. Regarde-moi comme une chèvre si jamais, semblable à celui que tu viens de peindre, j'échange les occupations de mon âme contre ces suppositions exagérées et légères. On ne me rendra point jaloux pour me dire que ma femme est belle, mange bien, aime le monde, parle librement, chante, joue et danse bien. Où règne la vertu, tous ces plaisirs sont vertueux. Je ne veux pas même puiser dans le sentiment de mon peu de mérite la moindre alarme, le plus léger soupçon de son infidélité : elle avait des yeux et elle m'a choisi. Non, Jago, je verrai avant de douter ; quand je douterai, je chercherai la preuve ; et après la preuve il ne reste plus qu'un parti : au diable à l'instant l'amour ou la jalousie.

JAGO. — J'en suis ravi. Je pourrai désormais vous montrer plus librement l'amour et le dévouement que je vous porte. Recevez donc de moi cet avis. Je ne parle point de preuves encore; mais veillez sur votre femme, observez-la bien avec Cassio : regardez-les d'un œil qui ne soit ni jaloux, ni rassuré. Je ne voudrais pas voir votre noble et généreuse nature trompée ainsi par sa propre bonté : veillez à cela. Je connais bien les mœurs de notre contrée. Nos Vénitiennes laissent voir au ciel des tours qu'elles n'osent montrer à leurs maris. Leur conscience la plus scrupuleuse consiste, non à ne pas faire, mais à tenir caché.

OTHELLO. — C'est là ce que tu dis?

JAGO. — Elle a trompé son père en vous épousant, et quand elle semblait repousser ou craindre vos regards, c'était alors qu'elle les aimait le plus.

OTHELLO. — Il est vrai : elle faisait ainsi.

JAGO. — Eh bien! alors! allez : celle qui sut si jeune soutenir un rôle pareil, fermer les yeux de son père aussi serrés que le cœur d'un chêne... Il crut qu'il y avait de la magie. — Mais je suis bien blâmable. Je vous demande humblement pardon de mon trop d'amitié pour vous.

OTHELLO. — Je te suis obligé pour jamais.

JAGO. — Tout ceci, je le vois, a un peu troublé vos esprits.

OTHELLO. — Non, pas du tout, pas du tout.

JAGO. — Avouez-le-moi, je crains que cela ne soit. Vous voudrez bien, je l'espère, considérer que tout ce qui s'est dit part de mon amitié. Mais, je le vois, vous êtes ému. — Je vous en prie, ne donnez pas trop d'étendue à mes remarques, ni plus de portée que celle d'un simple soupçon.

OTHELLO. — Je n'y veux rien voir de plus.

JAGO. — Si vous le faisiez, seigneur, mes paroles pourraient conduire à d'odieuses conséquences où ne tendent nullement mes pensées. Cassio est mon digne ami. — Seigneur, je le vois, vous êtes ému.

OTHELLO. — Non, très-peu ému. — Je pense seulement que Desdémona est vertueuse.

JAGO. — Puisse-t-elle vivre longtemps ainsi, et puissiez-vous vivre longtemps pour le croire!

OTHELLO. — Et cependant comment la nature s'écartant de sa propre tendance?...

JAGO. — Oui, voilà le point; — et pour vous parler franchement — dédaigner, comme elle l'a fait, plusieurs mariages qui lui ont été proposés, assortis à son rang, à son âge, de la même patrie, rapports vers lesquels nous voyons tendre toujours la nature... Hum! on pourrait démêler dans tout cela un caprice bien déréglé, des goûts désordonnés, des penchants bien étranges. — Mais excusez-moi, ce n'est pas d'elle précisément que je prétends parler ; quoique je puisse craindre que son esprit, reprenant toute la netteté de son jugement, ne vienne à vous comparer avec les hommes de son pays, et peut-être à se repentir.

OTHELLO. — Adieu, adieu ; si tu en découvres davantage, instruis-moi de tout, charge ta femme d'observer. Laisse-moi, Jago.

JAGO, *faisant quelques pas pour sortir.* — Seigneur, je me retire.

OTHELLO. — Pourquoi me suis-je marié ? — Certainement cet honnête homme en voit et en sait plus, beaucoup plus qu'il ne m'en révèle.

JAGO. — Seigneur, je voudrais, je supplie Votre Honneur de ne pas sonder plus avant cette affaire. Laissez-la au temps... Il est sans doute à propos de rendre à Cassio sa place, car certes il la remplit avec une grande habileté ; cependant, s'il vous plaît, seigneur, de le tenir éloigné quelque temps, vous en connaîtrez mieux l'homme et ses ressources. Remarquez si Desdémona presse son rétablissement avec beaucoup d'importunité, d'instances : on verra par là bien des choses. En attendant tenez-moi pour un homme de craintes trop précipitées, comme en effet j'ai de fortes raisons de le craindre moi-même ; et tenez Desdémona pour innocente ; je vous en conjure.

OTHELLO. — Ne te défie point de ma conduite.

JAGO. — Je prends encore une fois congé de vous.

(Jago sort.)

OTHELLO, *seul.* — Cet homme est d'une honnêteté rare ! son esprit plein d'expérience voit toutes les faces des actions des hommes. — Si je la trouve rebelle à ma voix, quand les liens qui l'attachent à moi seraient les fibres mêmes de mon cœur, je la repousserai en sifflant et je l'abandonnerai au vent pour chercher sa proie au hasard. — Cela est possible, car je suis noir, et n'ai point ce doux talent de parole que possèdent ces citadins. — D'ailleurs je commence à pencher vers le déclin des ans. — Cependant pas tout à fait encore. — Oui, elle est perdue, je suis trompé, et ma seule ressource doit être de la haïr. O malédiction du mariage! que nous puissions nous dire maîtres de ces frêles créatures, et jamais de leurs désirs! J'aimerais mieux être un crapaud, et vivre des vapeurs d'un donjon, que de garder une place dans ce que j'aime pour l'usage d'autrui. Et cependant c'est le malheur des grandes âmes; elles sont moins bien traitées que les hommes vulgaires. C'est un sort inévitable, comme la mort. Oui, cette plaie honteuse nous est destinée dès que nous venons à la vie. — Desdémona vient! (*Entrent Desdémona et Émilia.*) — Si elle est perfide, ah! le ciel se trahit lui-même. Je ne veux pas le croire,

DESDÉMONA. — Eh bien! venez-vous, mon cher Othello? Le repas est prêt, et les nobles insulaires invités par vous n'attendent que votre présence.

OTHELLO. — Je suis dans mon tort.

DESDÉMONA. — Pourquoi parlez-vous d'une voix si faible? ne seriez-vous pas bien?

OTHELLO. — J'ai une douleur, là, dans le front.

DESDÉMONA. — Sans doute c'est d'avoir veillé. — Cela passera. Laissez-moi seulement vous serrer bien le front; dans quelques moments le mal sera dissipé.

OTHELLO. — Votre mouchoir est trop petit. (*Il ôte de son front le mouchoir qui tombe à terre.*) Laissez cela tranquille. Venez, je vais rentrer avec vous.

DESDÉMONA. — Je suis bien fâchée que vous ne soyez pas bien.

(Othello et Desdémona sortent ensemble.)

ÉMILIA. — Je suis bien aise d'avoir trouvé ce mouchoir; c'est le premier souvenir qu'elle ait reçu du More. Cent fois mon fantasque époux m'a pressé de le dérober; mais Othello l'a priée de le garder toujours, et elle aime tant ce gage d'amour, qu'elle le porte sans cesse sur elle, pour le baiser ou lui parler. Je ferai copier le dessin et je le donnerai à Jago. Qu'en veut-il faire? le ciel le sait, non pas moi; je ne veux que complaire à sa fantaisie.

(Entre Jago.)

JAGO. — Quoi, vous voilà! Que faites-vous ici seule?

ÉMILIA. — Ne grondez pas; j'ai quelque chose pour vous.

JAGO. — Pour moi? C'est quelque chose qui n'est pas rare.

ÉMILIA. — Ha! ha!

JAGO. — Oui, une femme sans cervelle.

ÉMILIA. — Oh! est-ce là tout? Que me donnerez-vous maintenant pour ce mouchoir?

JAGO. — Quel mouchoir?

ÉMILIA. — Quel mouchoir? Celui que le More a donné à Desdémona dans les premiers temps, et que tant de fois vous m'avez dit de dérober.

JAGO. — Tu le lui as dérobé?

ÉMILIA. — Non, ma foi; par inadvertance elle l'a laissé tomber, et moi, me trouvant heureusement là, je l'ai ramassé; regardez, le voilà.

JAGO. — Brave femme! Donne-le-moi.

ÉMILIA. — Qu'en voulez-vous donc faire, pour m'avoir tant sollicitée de m'en emparer?

JAGO. — Quoi! que vous importe?

(Il lui arrache le mouchoir.)

ÉMILIA. — Si ce n'est pas pour quelque dessein important, rendez-le-moi. Ma pauvre maîtresse! elle va devenir folle, quand elle ne le trouvera plus.

JAGO. — Prenez garde qu'on ne vous soupçonne. J'en ai besoin. Allez, laissez-moi. — (*Émilia sort.*) Je veux laisser tomber ce mouchoir dans l'appartement de Cassio, afin qu'il l'y trouve lui-même. Des bagatelles légères comme l'air sont aux yeux du jaloux des autorités aussi fortes que les preuves de la sainte Écriture. Ceci peut produire quelque effet : déjà le More ressent l'atteinte de mes poisons; — de dangereux soupçons sont au fait des poisons véritables qui d'abord causent à peine quelque dégoût, mais qui, une fois en action sur le sang, l'enflamment comme une mine de soufre. — Je le disais bien¹... (*Entre Othello.*) Le voilà; il s'avance. Va, ni l'opium, ni la mandragore, ni toutes les potions assoupissantes du monde ne te rendront jamais ce doux sommeil que tu goûtais hier.

OTHELLO.—Ah! ah! perfide! Envers moi! envers moi!

JAGO.—Quoi! encore, général? ne pensez plus à cela.

OTHELLO.—Va-t'en; fuis; tu m'as mis sur la roue! Je jure qu'il vaut mieux être trompé tout à fait que d'en avoir seulement quelque soupçon.

JAGO.—Comment, seigneur?

OTHELLO.—Quel sentiment avais-je des heures de plaisir qu'elle dérobait? Aucun. Je n'en souffrais point; je dormais bien la nuit suivante; j'avais l'esprit libre et l'humeur gaie; je n'ai point trouvé les baisers de Cassio sur ses lèvres. Quand celui qu'on a volé ne s'aperçoit point de ce qui lui manque, s'il n'en sait rien, c'est comme s'il n'avait rien perdu.

JAGO.—Je suis fâché de vous entendre parler ainsi.

OTHELLO.—Quand toute l'armée, soldats et pionniers, aurait goûté la douceur de ses charmes, si je n'en avais rien su, j'aurais été heureux.—Et maintenant, adieu pour jamais le repos de mon âme; adieu, contentement! Adieu, bataillons aux panaches flottants; adieu, grandes guerres, qui faites de l'ambition une vertu : oh! adieu pour toujours! Adieu, le coursier hennissant, et la trompette éclatante, et le fifre qui frappe l'oreille, et le tambour qui anime le courage, et la royale bannière, et tout l'appareil, l'orgueil, la pompe, l'éclat de la glorieuse guerre! Et vous, instruments de mort, dont les bouches terribles imitent la formidable voix de l'immortel Jupiter; adieu! adieu! La tâche d'Othello est finie.

JAGO.—Est-il possible, seigneur?

OTHELLO. — Misérable, compte qu'il faut que tu me prouves que ma bien-aimée est une prostituée : comptes-

---

¹ En voyant entrer Othello préoccupé et sombre, Jago se dit à lui-même que tout ce qu'il vient de dire sur les effets de la jalousie est vrai : *Je le disais bien.* C'est l'explication de Steevens et la seule qu'on puisse donner, avec vraisemblance de ces mots : *I did say so.*

y bien : donne-m'en la preuve oculaire. (*Il le saisit à la gorge.*) Ou par la valeur de mon âme immortelle, il eût mieux valu pour toi naître un chien, que d'avoir à répondre à ma colère, maintenant que tu l'as éveillée.

JAGO.—En êtes-vous là?

OTHELLO.—Fais-le-moi voir;—ou du moins prouve-le de manière que ta preuve ne laisse ni place ni prise au moindre doute[1]; ou malheur à ta vie!

JAGO.—Mon noble seigneur...

OTHELLO.—Si tu la calomnies, et que tu me mettes à la torture, renonce à prier le ciel, étouffe tout remords, entasse horreurs sur horreurs, fais des actions qui épouvantent la terre et fassent pleurer le ciel; tu ne peux rien ajouter à ce que tu as déjà fait; tu ne peux rien faire qui consomme plus sûrement ta damnation.

JAGO.—O grâce! que le ciel me défende. Êtes-vous un homme? avez-vous une âme et votre raison? Dieu soit avec vous! Reprenez mon emploi. — O malheureux insensé, qui as vécu pour faire de ta droiture un vice! ô monde pervers! Prends-y garde, ô monde; prends-y garde; il est dangereux d'être honnête et sincère. Je vous remercie de cette leçon; j'en profiterai, et désormais je n'aurai plus aucun ami, puisque l'amitié suscite un pareil outrage.

-(Jago veut sortir.)

OTHELLO.—Non, demeure.—Tu devrais être honnête!

JAGO.—Je devrais être sage : car la probité est une insensée qui travaille pour des ingrats.

OTHELLO.—Par l'univers, je crois que ma femme est vertueuse, et je crois qu'elle ne l'est pas : je crois que tu es honnête, et je crois que tu ne l'es pas. Je veux avoir quelque preuve.—Son image, qui était pour moi aussi pure que les traits de Diane, est maintenant noire et hideuse comme mon propre visage. S'il est des lacets, des poignards, des poisons, des flammes, des vapeurs

---

[1] *That the probation bear no hinge nor loop*
To hang a doubt on.

Littéralement : *Que la preuve n'ait ni crochet ni nœud où se puisse suspendre un doute.*

suffocantes, je ne le souffrirai pas... Que je voudrais être satisfait!..

JAGO.—Je vois, seigneur, que la passion vous dévore : je me repens de l'avoir allumée en vous. Vous voudriez vous satisfaire?

OTHELLO.—Je le voudrais?—Oui, je le veux.

JAGO.—Et vous le pouvez : mais de quelle manière? comment voulez-vous être satisfait, seigneur? Voudriez-vous être le témoin... et la voir, la bouche béante, dans les bras d'un autre[1]?

OTHELLO.—Mort et damnation! oh!

JAGO.—Ce serait, je crois, une grave difficulté, que de les amener à vous offrir cet aspect. Que le diable les emporte, si jamais d'autres yeux que les leurs les voient dans les bras l'un de l'autre[2]. Quoi donc? Comment? que dirai-je? le moyen de vous satisfaire? Il vous est impossible de voir cela, quand ils seraient aussi éhontés que les chèvres, aussi ardents que les singes, aussi pétris d'orgueil que les loups, et aussi imprudents qu'on peut l'être dans l'ivresse. Mais cependant, si des indices et de fortes probabilités, qui vous mèneront tout droit à la porte de la vérité, suffisent à vous satisfaire, vous pouvez être satisfait.

OTHELLO.—Donne-moi une preuve vivante qu'elle est déloyale.

JAGO.—Je n'aime pas ce rôle ; mais puisque, entraîné par mon zèle et ma sotte franchise, je me suis avancé si loin dans cette affaire, je poursuivrai. La nuit dernière j'étais couché près de Cassio, et tourmenté d'une violente douleur de dents, je ne pouvais dormir.—Il est des hommes dont l'âme est si abandonnée que dans leur sommeil ils révèlent leurs affaires. Cassio est de cette espèce. Dans son sommeil je l'entendis qui murmurait : *Chère Desdémona, soyons circonspects, cachons nos amours!* Et alors, seigneur, il saisit ma main, et en la serrant il s'écriait, *ô douce créature!* et puis il m'embrassait avec

---

[1] *Behold her topp'd.*
[2] *Bolster.*

ardeur comme s'il eût voulu arracher des baisers qui croissaient sur mes lèvres, et il soupirait, et s'écriait : *ô maudite destinée, qui t'a donnée au More*[1] *!*

OTHELLO.—O monstrueux, monstrueux!

JAGO.—Ce n'était qu'un songe.

OTHELLO.—Mais ce songe révèle l'action qui l'a précédé. C'est une violente présomption, quoique ce ne soit qu'un songe.

JAGO.—Et ceci peut aider à ajouter aux autres preuves qui témoignent faiblement.

OTHELLO.—Je la mettrai en pièces.

JAGO.—Non. Soyez prudent; nous n'avons encore rien vu; il se peut encore qu'elle soit innocente.—Dites-moi seulement, n'avez-vous jamais vu un mouchoir parsemé de fraises dans les mains de votre femme?

OTHELLO.—Je lui en ai donné un pareil; ce fut mon premier présent.

JAGO.—Je ne sais pas cela; mais c'est avec un pareil mouchoir, qui j'en suis sûr était celui de votre femme, que j'ai vu aujourd'hui Cassio essuyer sa barbe.

OTHELLO.—Si c'est celui-là!...

JAGO.—Si c'est celui-là, ou tout autre qui soit à elle, cela, joint aux autres preuves, dépose contre elle.

OTHELLO. —Oh! que le misérable n'a-t-il quarante mille vies? Une seule est trop faible, trop chétive pour ma vengeance! Je vois maintenant que c'est vrai.—Regarde-moi, Jago; j'exhale ainsi tout mon fol amour; il est parti.—Lève-toi, noire vengeance, sors de ton antre obscur! Amour, cède à la tyrannique haine ta couronne et le trône de mon cœur! soulève-toi, ô mon sein, car tu es gonflé du venin de l'aspic.

JAGO.—Je vous en prie, contenez-vous.

---

[1] Voici le texte qu'il était impossible de traduire exactement:

> *And then, sir, would he gripe and wring my hand,*
> *Cry: — o sveet creature! — And then kiss me hard,*
> *As if he pluck'd up kisses by the roots*
> *That grew upon my lips; then lay'd his leg*
> *Over my thigh and sigh'd and kiss'd and then*
> *Cri'd : « cursed fate gave thee to the Moor!*

OTHELLO.—Oh! du sang! Jago, du sang!

JAGO.—Patience, vous dis-je; vous changerez peut-être d'idée.

OTHELLO.—Jamais, Jago. Comme le Pont-Euxin dont les courants glacés et le cours uniforme ne subissent jamais l'action du reflux, et se précipitent sans relâche vers la Propontide et l'Hellespont, ainsi mes sanglantes pensées, dans la violence de leur cours, ne reviendront jamais en arrière, ne reflueront pas vers l'humble amour; il faut qu'elles aillent s'abîmer dans une vaste et profonde vengeance. Oui, par cette voûte immuable du ciel (*il se met à genoux*), j'engage ici ma parole avec le respect dû à un vœu sacré.

JAGO.—Ne vous levez pas encore. (*Il se met aussi à genoux.*) Soyez témoins, vous flambeaux toujours brûlants sur nos têtes, vous éléments qui nous enfermez de toutes parts, soyez témoins qu'ici Jago dévoue son esprit, son bras et son cœur au service d'Othello outragé. Qu'il commande, et, quelque sanglants que soient ses ordres, l'obéissance m'affranchira de tout repentir.

OTHELLO.—J'accepte ton dévouement, non avec de vains remerciements, mais avec une sincère reconnaissance; je vais à l'instant te mettre à l'épreuve : que dans ces trois jours je t'entende dire que Cassio ne vit plus.

JAGO.—Mon ami est mort! vous le voulez; c'en est fait.—Mais laissez-la vivre.

OTHELLO.—Qu'elle soit damnée, l'infâme traîtresse! oh! qu'elle soit damnée! Viens, suis-moi; je veux sortir et me pourvoir de quelque prompt instrument de mort pour ce charmant démon. De ce moment, tu es mon lieutenant.

JAGO.—Je suis à vous pour jamais.

(Ils sortent.)

SCÈNE IV

Toujours dans le château.

Entrent DESDÉMONA ET ÉMILIA *suivies du* BOUFFON.

DESDÉMONA.—Savez-vous, drôle, où est caché le lieutenant Cassio?

LE BOUFFON.—Je ne puis dire qu'il soit caché quelque part[1].

DESDÉMONA.—Quoi donc?

LE BOUFFON.—C'est un soldat, et, pour moi, dire qu'un soldat se cache, c'est le frapper.

DESDÉMONA.—Allons-donc, où loge-t-il?

LE BOUFFON.—Vous dire où il loge, ce serait vous dire par où je mens.

DESDÉMONA.—Que veut dire tout cela?

LE BOUFFON.—Je ne sais où il loge; et pour moi, supposer un logement et vous dire : « Il loge ici ou là, » ce serait mentir par ma gorge.

DESDÉMONA.—Pouvez-vous aller le chercher et vous informer du lieu où il est?

LE BOUFFON.—Je questionnerai tout le monde sur lui, et par mes questions, je dicterai les réponses.

DESDÉMONA.—Cherchez-le, dites-lui de venir, annoncez-lui que j'ai touché mon seigneur en sa faveur, et que j'espère que tout ira bien.

LE BOUFFON.—Ceci est à la portée de l'esprit d'un homme, et je vais l'entreprendre.

DESDÉMONA.—Où puis-je avoir perdu ce mouchoir, Émilia?

ÉMILIA.—Je ne sais, madame.

DESDÉMONA.—Crois-moi, j'aimerais mieux avoir perdu ma bourse pleine de crusades : et si mon noble More n'avait pas une belle âme où n'entrent point les bassesses de tant de jalouses créatures, il y en aurait assez pour lui donner de mauvaises pensées.

ÉMILIA.—Il n'est donc pas jaloux?

DESDÉMONA.—Qui, lui? Je crois que le soleil sous lequel il est né a purgé son sang de toutes ces humeurs.

ÉMILIA.—Regardez, le voilà qui vient.

---

[1] Dans l'impossibilité de rendre avec exactitude tous les calembours du bouffon, on a tâché de suppléer par des équivalents; il joue sans cesse sur les mots *to lie*, être couché, être dans quelque endroit, et *to lie*, mentir. Ce jeu de mots est très-fréquent dans Shakspeare.

DESDÉMONA. — Je ne le quitte plus qu'il n'ait rappelé Cassio. (*Entre Othello.*) Eh bien! seigneur, comment allez-vous?

OTHELLO. — Bien, ma bonne dame. (*A part.*) Oh! qu'il est difficile de dissimuler! — Comment vous portez-vous, Desdémona?

DESDÉMONA. — Bien, mon bon seigneur.

OTHELLO — Donnez-moi votre main. Cette main est moite, madame.

DESDÉMONA. — Elle n'a encore éprouvé ni les atteintes de l'âge, ni celles du chagrin.

OTHELLO. — Ceci dénote une grande fécondité et un cœur facile. — Chaude, chaude et moite! — Cette main dit qu'il vous faut de la retraite, moins de liberté, des jeûnes, des prières, des mortifications, de pieux exercices; car il y a ici un jeune et ardent démon, qui souvent se révolte : voilà une bonne main, une main bien franche!

DESDÉMONA. — Oh! vous pouvez bien le dire avec vérité, car ce fut cette main qui donna mon cœur.

OTHELLO. — Une main libérale! Jadis le cœur donnait la main; maintenant, dans notre blason moderne, c'est la main qu'on donne et non plus le cœur.

DESDÉMONA. — Je ne sais ce que vous voulez dire; revenons à votre promesse.

OTHELLO. — Quelle promesse, ma belle?

DESDÉMONA. — J'ai envoyé dire à Cassio de venir vous parler.

OTHELLO. — J'ai un rhume opiniâtre qui m'importune : prêtez-moi votre mouchoir.

DESDÉMONA. — Le voilà, seigneur.

OTHELLO. — Celui que je vous ai donné.

DESDÉMONA. — Je ne l'ai pas sur moi.

OTHELLO. — Non?

DESDÉMONA. — Non, en vérité, seigneur.

OTHELLO. — Vous avez tort. C'est une Égyptienne qui avait donné ce mouchoir à ma mère! et c'était une magicienne qui savait presque lire dans les pensées. Elle lui promit que, tant qu'elle le conserverait, il la rendrait toujours aimable et soumettrait complétement mon père à son amour; mais que si elle le perdait ou le donnait, les yeux de mon père ne la verraient plus qu'avec dégoût, et chercheraient ailleurs de nouveaux caprices. En mourant elle me le donna, et me recommanda, quand ma destinée me ferait épouser une femme, de le lui donner aussi. Je l'ai fait, et prenez-en bien soin. Conservez-le précieusement comme la prunelle de votre œil. Le perdre ou le donner serait un malheur que n'égalerait aucun autre.

DESDÉMONA.—Est-il possible?

OTHELLO.—Cela est vrai.—Il y a une vertu magique dans le tissu de ce mouchoir.—Une prêtresse, qui deux cents fois avait vu le soleil parcourir le cercle de l'année, en ourdit la trame dans ses fureurs prophétiques; les vers qui ont fourni la soie étaient consacrés; et il fut teint avec la couleur de momie que d'habiles gens tiraient des cœurs de jeunes filles.

DESDÉMONA.—En vérité, cela est-il vrai?

OTHELLO.—Rien n'est plus vrai. Ainsi prenez-y bien garde.

DESDÉMONA.—Ah! plût au ciel que je ne l'eusse jamais vu!

OTHELLO.—Ah! pourquoi?

DESDÉMONA.—Pourquoi me parlez-vous d'un ton si brusque et emporté?

OTHELLO.—Est-il perdu? Est-il sorti de vos mains? parlez, ne l'avez-vous plus?

DESDÉMONA.—Le ciel nous bénisse!

OTHELLO.—Que dites-vous?

DESDÉMONA.—Il n'est pas perdu : mais quoi? quand il le serait?

OTHELLO.—Ah!

DESDÉMONA.—Je vous dis qu'il n'est pas perdu.

OTHELLO.—Allez le chercher, je veux le voir.

DESDÉMONA.—Oui, monsieur, je le pourrais; mais en ce moment, je ne veux pas. C'est une ruse de votre part, pour me faire perdre de vue ma demande. Je vous en prie, que Cassio rentre en grâce.

OTHELLO.—Trouvez-moi le mouchoir; j'augure mal...

DESDÉMONA.—Allons, cédez, vous ne retrouverez jamais un officier plus capable.

OTHELLO.—Le mouchoir!

DESDÉMONA.—De grâce, parlez-moi de Cassio.

OTHELLO.—Le mouchoir!

DESDÉMONA.—Un homme qui toute sa vie a fondé l'espoir de sa fortune sur votre amitié, qui partagea tous vos dangers.

OTHELLO.—Le mouchoir!

DESDÉMONA.—En vérité, vous méritez mes reproches.

OTHELLO.—Allez-vous-en ! (Il sort.)

ÉMILIA.—Cet homme n'est-il pas jaloux?

DESDÉMONA.—Je n'avais encore rien vu de semblable! Sûrement il y a quelque charme dans ce mouchoir. Je suis bien malheureuse de l'avoir perdu!

ÉMILIA.—Ce n'est pas une année ou deux qui nous montrent le cœur d'un homme : d'abord ils sont comme affamés, et nous sommes leur proie; ils nous dévorent avec avidité; puis, quand ils sont rassasiés, ils nous repoussent.—Voyez! C'est Cassio et mon mari.

(Entrent Jago et Cassio.)

JAGO, *à Cassio*.—Il n'y a pas d'autre moyen : c'est elle qui peut l'obtenir. (*Apercevant Desdémona.*) Et voyez, le bonheur! Allez, pressez-la.

DESDÉMONA.—Qu'y a-t-il, bon Cassio? Quel nouveau sujet vous amène?

CASSIO.—Madame, toujours mon ancienne prière. Je vous en conjure, que par vos généreux secours je revienne à la vie et reprenne ma place dans l'amitié de celui que j'honore de tout l'hommage de mon cœur. Je ne voudrais pas essuyer tant de délais. Si mon offense est mortelle; si mes chagrins actuels, ni mes services passés, ni ceux que je me propose pour l'avenir ne peuvent racheter son amitié, en être instruit est du moins une grâce qui m'est due. Alors, je me revêtirai d'une satisfaction forcée, j'irai me jeter dans quelque autre route à la merci de la fortune.

DESDÉMONA.—Hélas! trop honnête Cassio, mes sollicitations ne sont pas maintenant à l'unisson de son âme.

Mon seigneur n'est plus mon seigneur! Et je ne le reconnaîtrais pas si ses traits étaient aussi changés que son humeur. Que tous les saints esprits du ciel me soient propices, comme il est vrai que j'ai parlé pour vous de mon mieux, et que je suis restée en butte à son déplaisir pour m'être expliquée librement! Il vous faut patienter quelque temps : ce que je puis, je le ferai; et je tenterai pour vous plus que je n'oserais pour moi-même. Que cela vous suffise.

JAGO.—Mon seigneur est-il en colère?

ÉMILIA.—Il vient de sortir, et certes dans une étrange agitation.

JAGO.—Peut-il être en colère? J'ai vu le canon faire voler en l'air les files de ses soldats, et, comme le diable lui-même, venir emporter son frère jusque dans ses bras... Et il serait en colère! Il faut quelque chose de bien grave... Je vais aller le trouver. La chose doit être bien grave, s'il est en colère.

DESDÉMONA.—Je t'en prie, vas-y.—(*Jago sort.*) Sûrement quelque nouvelle importante arrivée de Venise, ou quelque complot tramé sourdement dans Chypre, et dont il aura découvert le secret, aura troublé la paix de son âme; et dans de tels cas l'humeur des hommes s'en prend à de petites choses, bien que ce soient les grandes qui les occupent : voilà comme nous sommes; que nous ayons mal à un doigt, le sentiment de la douleur se répand dans tous nos autres membres qui se portent bien; car enfin nous devons penser que les hommes ne sont pas des dieux. Nous ne devons pas toujours nous attendre, de leur part, à ces soins qui conviennent au jour des noces. Gronde-moi, Émilia; juge injuste que j'étais, je l'accusais dans mon âme de dureté, mais je reconnais maintenant que le témoin était suborné, et qu'il était faussement accusé.

ÉMILIA.—Je prie le ciel que ce soit, comme vous le croyez, quelque affaire d'État, et non aucune idée, aucun soupçon de jalousie, qui l'aigrisse contre vous.

DESDÉMONA.—Hélas! le malheureux jour!—Jamais je ne lui en donnai sujet.

ÉMILIA.—Mais les cœurs jaloux ne se satisfont pas de cette réponse : ils ne sont pas toujours jaloux pour quelque raison ; mais ils sont toujours jaloux, parce qu'ils sont jaloux. La jalousie est un monstre qui s'engendre lui-même, et qui naît de lui-même.

DESDÉMONA.—Que le ciel écarte ce monstre du cœur d'Othello !

ÉMILIA.—Amen, madame !

DESDÉMONA.—Je veux l'aller chercher. Cassio, promenez-vous par ici. Si je le trouve disposé, je lui rappellerai votre demande, et je ferai tout ce que je pourrai pour en obtenir le succès.

CASSIO.—Je remercie humblement Votre Seigneurie.

(Desdémona et Émila sortent.)

(Entre Bianca.)

BIANCA.—Ah ! Dieu vous garde, cher Cassio !

CASSIO.—Qui est-ce qui vous fait sortir de chez vous ? Comment vous portez-vous, ma belle Bianca ? D'honneur, ma douce amie, j'allais de ce pas chez vous.

BIANCA.—Et moi j'allais chez vous, Cassio. Comment ! me fuir une semaine entière, sept jours et sept nuits, huit fois vingt heures ! Et les heures de l'absence des amants sont cent fois plus lentes que les heures du cadran. Oh ! triste calcul !

CASSIO.—Excusez-moi, Bianca ; tout ce temps j'ai été oppressé de pensées accablantes ; mais avec moins d'interruptions j'effacerai le souvenir de cette longue suite d'absences. Chère Bianca (*il tire de sa poche le mouchoir de Desdémona et le lui présente*), copiez-moi ce dessin.

BIANCA.—Oh ! Cassio, d'où vient ceci ? C'est le don de quelque nouvelle amie ? Ah ! je devine la cause d'une absence que j'ai trop sentie. En êtes-vous là ? Bien, bien !

CASSIO.—Allez, femme, rejetez vos vils soupçons dans la gueule du diable où vous les avez pris. Vous êtes jalouse, maintenant ? Vous croyez que ceci vient de quelque maîtresse, que c'est un souvenir ? Non, en bonne foi, Bianca.

BIANCA.—Eh bien ! à qui appartient-il ?

CASSIO.—Je n'en sais rien encore, ma chère. Je l'ai

trouvé dans ma chambre; le travail m'en plait fort : avant qu'on le redemande, comme cela arrivera probablement, je voudrais en avoir le dessin : prenez-le, copiez-le, et laissez-moi pour le moment.

BIANCA.—Vous laisser, et pourquoi?

CASSIO.—J'attends ici le général, et je n'ai pas envie, car ce ne serait pas une recommandation pour moi, qu'il me trouve accosté d'une femme.

BIANCA.—Et pourquoi, s'il vous plait?

CASSIO.—Ce n'est pas que je ne vous aime.

BIANCA.—Non, non, vous ne m'aimez point : je vous prie, du moins reconduisez-moi quelques pas ; et dites si je vous verrai de bonne heure ce soir?

CASSIO.—Je ne puis vous accompagner bien loin, car c'est ici même que j'attends; mais je vous verrai de bonne heure.

BIANCA.—C'est bon, bon. Il faut bien que je me plie aux circonstances.

(Ils sortent.)

FIN DU TROISIÈME ACTE.

ACTE QUATRIÈME

SCÈNE I

Devant le château.

Entrent OTHELLO ET JAGO

JAGO.—Voulez-vous vous arrêter à cette pensée?
OTHELLO.—A cette pensée, Jago.
JAGO.—Quoi, donner en secret un baiser!
OTHELLO.—Un baiser que rien ne légitime!
JAGO.—Ou s'enfermer seule avec un amant, dans la nuit[1], une heure ou deux, sans aucun mauvais dessein!
OTHELLO.—S'enfermer seule, Jago, et sans mauvais dessein! C'est vouloir user d'hypocrisie avec le diable. Ceux qui, avec des intentions pures, s'exposent ainsi, tentent le ciel, et le diable tente leur vertu.
JAGO.—S'ils s'en tiennent là, c'est une faute légère : mais si je donne à ma femme un mouchoir...
OTHELLO.—Eh bien?
JAGO.—Eh bien! alors il est à elle, seigneur; et dès qu'il est à elle, elle est libre, je pense, de le donner à qui il lui plaît.
OTHELLO.—Son honneur lui appartient de même : peut-elle aussi le donner?
JAGO. — L'honneur est un être invisible. Bien des femmes qui ne l'ont plus l'ont encore à nos yeux : mais pour le mouchoir...
OTHELLO.—Par le ciel, je l'aurais oublié volontiers.—

---

[1] *Or to be naked with her friend abed*
An hour or more, not meaning any harm!
OTH.— *Naked abed, Jago, and not mean harm!*

Tu dis?—Oh! cette idée revient dans ma mémoire, comme sur la maison infestée revient le corbeau, présage de malheur.—Il a eu mon mouchoir!

JAGO.—Oui, qu'importe?

OTHELLO.—Cela se gâte, maintenant...

JAGO.—Que serait-ce si je disais l'avoir vu vous faire outrage, lui avoir entendu dire...? Car il est de par le monde des misérables qui, après avoir, à force de poursuites importunes, subjugué une maîtresse, ou reçu d'elle de volontaires faveurs, ne peuvent s'empêcher de bavarder.

OTHELLO.—A-t-il dit quelque chose?

JAGO.—Oui, seigneur; mais, soyez-en bien sûr, il n'a rien dit qu'il ne soit prêt à nier.

OTHELLO.—Qu'a-t-il dit?

JAGO.—Ma foi... qu'il a... Je ne sais pas ce qu'il a fait.

OTHELLO.—Quoi, quoi?

JAGO.—Été reçu...

OTHELLO.—Où?

JAGO.—Dans son lit.

OTHELLO.—Avec elle?

JAGO.—Avec elle, auprès d'elle.—Tout ce que vous voudrez.

OTHELLO.—Reçu dans son lit!—Avec elle!—Auprès d'elle!—Dans son lit!—O cela est horrible!—Le mouchoir!—Des aveux!—Le mouchoir!—Qu'il avoue et qu'il soit pendu pour son forfait.—Non, d'abord pendu, et il avouera après...—J'en frissonne.—Non, la nature ne serait point ainsi saisie et possédée par une passion souveraine, sans un motif réel[1].—Non, ce ne sont point des paroles qui me bouleversent de la sorte!—Ses yeux!— Ses joues!—Ses lèvres!—Est-il possible?—Avoue.—Le mouchoir!—O démon!

(Il tombe sans connaissance.)

[1] *Nature would not vest herself in such shadowing passion without some instruction.* Les commentateurs ont tourmenté de mille façons le passage dont le sens tel que nous l'avons donné est parfaitement clair et d'accord avec les mots qui précèdent comme avec toute la situation.

jago.—Opérez, mes poisons, opérez. Voilà comment se laissent prendre les fous crédules, et comment, malgré leur innocence, de chastes et vertueuses dames subissent les reproches.—Holà, seigneur! mon seigneur! Othello! (*Entre Cassio.*) Ah! Cassio, quelle nouvelle!

cassio.—Qu'est-il donc arrivé?

jago.—Mon seigneur vient de tomber dans une attaque d'épilepsie; c'est la seconde; il en eut une hier.

cassio.—Frottons-lui les tempes.

jago.—Non, laissez; il faut que cet engourdissement léthargique ait son libre cours, autrement vous le verrez écumer et passer bientôt à une sauvage frénésie.—Regardez, il s'agite : retirez-vous pour quelque temps; il va reprendre ses sens : dès qu'il m'aura quitté, j'ai à vous parler d'une affaire importante. (*Cassio sort.*) Eh bien! général, comment vous trouvez-vous? ne vous êtes-vous pas blessé à la tête!

othello.—Te moques-tu de moi?

jago.—Me moquer de vous? non par le ciel; je voudrais que vous supportassiez votre sort en homme.

othello.—Un homme qui porte des cornes n'est plus qu'une brute, un monstre.

jago.—Il y a donc bien des brutes et des monstres dans une grande ville?

othello.—L'a-t-il avoué?

jago.—Mon bon seigneur, soyez un homme. Croyez qu'un même sort attelle avec vous tout homme qui a subi le joug du mariage. Il y a, à l'heure qu'il est, des millions de maris qui la nuit dorment dans des lits où d'autres ont pris place, et qu'ils jureraient n'appartenir qu'à eux seuls. Votre situation vaut mieux : oh! c'est être le jouet de l'enfer, et subir les suprêmes moqueries du démon, que d'embrasser une prostituée et de reposer avec sécurité près d'elle, en la croyant chaste.—Non, que je sache tout; et sachant ce que je suis, je saurai aussi ce qu'elle doit devenir à son tour.

othello.—Oh! tu as raison! cela est certain.

jago.—Restez un moment à l'écart, et prêtez l'oreille avec patience. Tandis que vous étiez ici, il y a un moment, fou de votre malheur (passion indigne d'un homme tel que vous), Cassio est arrivé; je l'ai congédié en donnant à votre évanouissement une cause naturelle; mais je lui ai dit de revenir bientôt me parler, et il l'a promis. Cachez-vous dans cet enfoncement, et de là observez les airs moqueurs, les dédains, les sourires insultants qui viendront se peindre sur chaque trait de son visage. Je lui ferai raconter de nouveau toute l'aventure, où, comment, combien de fois, depuis quelle époque et quand il a été et doit être encore reçu par votre femme; remarquez seulement ses gestes; mais de la patience, seigneur, ou je dirai que vous n'êtes après tout que colère et que vous n'avez rien d'un homme.

OTHELLO. — Entends-tu, Jago? je serai bien prudent dans ma patience; mais aussi, entends-tu? bien sanguinaire.

JAGO. — Et ce ne sera pas sans raison; mais laissez venir le temps pour tout. Voulez-vous vous retirer? (*Othello s'éloigne et se cache.*) Maintenant je veux questionner Cassio sur Bianca. C'est une aventurière qui, en vendant ses caresses, s'achète du pain et des vêtements. Cette créature est passionnée pour Cassio; car c'est le fléau des filles de tromper cent hommes, pour être trompées par un seul. Quand on parle d'elle à Cassio, il ne peut s'empêcher d'éclater de rire. — Il vient. — Dès qu'il va sourire, Othello deviendra furieux, et son aveugle jalousie verra tout de travers les sourires, les gestes, les airs libres du pauvre Cassio. (*Entre Cassio.*) Eh bien! lieutenant, comment êtes-vous maintenant?

CASSIO. — D'autant plus mal, que vous me donnez un titre dont la privation me tue.

JAGO, *élevant la voix.* — Cultivez bien Desdémona et vous êtes sûr du succès. (*Baissant le ton.*) Oh! si cette grâce dépendait de Bianca, comme vos désirs seraient bientôt satisfaits!

CASSIO. — Ah! bonne petite âme!

OTHELLO, *à part.* — Voyez comme il sourit déjà.

JAGO, *à voix haute.* — Je n'ai jamais vu femme si passionnée pour un homme.

CASSIO.—Oh! la pauvre créature, je crois en effet qu'elle m'aime.

OTHELLO, *à part.*—Oui, il le nie faiblement, et sourit.

JAGO.—M'entendez-vous, Cassio?

OTHELLO, *à part.*—Maintenant il le presse de tout raconter. Va; poursuis : bien dit, bien dit.

JAGO.—Elle fait courir le bruit que vous comptez l'épouser : en avez-vous l'intention?

CASSIO.—Ha! ha! ha!

OTHELLO, *à part.*—Triomphes-tu, Romain? triomphes-tu?

CASSIO.—Moi l'épouser? Qui? une fille! Aie, je t'en prie, un peu meilleure opinion de mon esprit; ne lui crois pas si mauvais goût. Ha! ha! ha!

OTHELLO, *à part.*—Oui, oui, ils rient ceux qui remportent la victoire.

JAGO.—En vérité, le bruit court que vous l'épouserez.

CASSIO.—De grâce, parle vrai.

JAGO.—Je suis un drôle si je mens.

OTHELLO, *à part.*—As-tu fait mon compte? Bien, bien.

CASSIO.—C'est un propos de cette créature : elle s'est, dans son amour et sa vanterie, persuadée que je l'épouserais; mais je ne lui ai rien promis.

OTHELLO, *à part.*—Jago me fait signe : sans doute Cassio commence l'histoire.

CASSIO.—Elle était ici, il n'y a qu'un moment; elle me poursuit partout. L'autre jour j'étais sur le bord de la mer, causant avec quelques Vénitiens; tout à coup arrive la folle, et elle se jete ainsi à mon cou...

(Cassio peint, par son geste, le mouvement de Bianca.)

OTHELLO, *à part.*—S'écriant, *ô mon cher Cassio!* c'est ce que son geste exprime, je le vois.

CASSIO.—Et elle se pend à mon cou, et s'y balance, et pleure, et me tire, et me pousse. Ha! ha! ha!

OTHELLO, *à part.*—Il raconte maintenant comment elle l'a entraîné dans ma chambre. Oh! je vois maintenant ton nez, mais non le chien auquel je le jetterai.

CASSIO.—Il faut que j'évite sa rencontre.

JAGO.—Devant moi! Tenez, la voilà qui vient.

(Entre Bianca.)

CASSIO.—Ardente comme une chatte sauvage!—Mais celle-ci est parfumée.—(*A Bianca.*) Que me voulez-vous en me poursuivant de la sorte?

BIANCA.—Que le diable et sa femme vous poursuivent! Que me vouliez-vous vous-même, avec ce mouchoir que vous m'avez remis tantôt? J'étais une grande dupe de le prendre : et ne faut-il pas que j'en copie le dessin? Oui, sans doute, il est bien vraisemblable que vous l'ayez trouvé dans votre chambre, sans savoir qui peut l'y avoir laissé. C'est un don de quelque péronnelle, et il faut que j'en copie le dessin! (*Elle lui jette le mouchoir.*) Tenez, rendez-le à votre belle. Où que vous l'ayez pris, je n'en copierai pas un point.

CASSIO.—Comment, ma douce Bianca? Quoi donc? quoi donc?

OTHELLO, *à part.*—Par le ciel, voilà sûrement mon mouchoir !

IANCA.—Si vous voulez venir souper ce soir, vous en êtes le maître; sinon, venez quand il vous plaira.

(Elle sort.)

JAGO.—Suivez-la, suivez-la.

CASSIO.—Il le faut bien, sans quoi elle va bavarder dans la rue.

JAGO.—Soupez-vous chez elle?

CASSIO.—Oui, c'est mon projet.

JAGO.—Peut-être pourrai-je vous y voir; car j'ai vraiment besoin de causer avec vous.

CASSIO.—Venez-y, je vous prie : voulez-vous?

JAGO.—N'en dites pas plus, partez.

(Cassio sort.)

(Othello s'avance.)

OTHELLO.—Comment le tuerai-je, Jago?

JAGO.—Avez-vous remarqué comme il s'applaudissait de son infâme action?

OTHELLO.—O Jago!

JAGO.—Et le mouchoir, l'avez-vous vu?

OTHELLO.—Était-ce le mien?

JAGO.—Le vôtre : je vous jure. Et de voir le cas qu'il fait de cette femme insensée, votre femme! Elle lui

ACTE IV, SCÈNE I.

a donné ce mouchoir, et il l'a donné à sa maîtresse !

OTHELLO.—Je voudrais que son supplice pût durer neuf ans.—Une femme accomplie ! une femme si belle ! une femme si douce !

JAGO.—Allons, il faut oublier tout cela.

OTHELLO.—Oui ; qu'elle meure, qu'elle périsse, qu'elle soit damnée cette nuit ; elle ne vivra point.—Non, mon cœur est changé en pierre, je le frappe et cela me fait mal à la main.—Oh ! l'univers n'avait pas une plus douce créature.—Elle était digne de partager la couche d'un empereur, et de lui imposer ses lois.

JAGO.—Eh ! ce n'est pas là votre objet.

OTHELLO.—Qu'elle soit maudite ! Je ne dis que ce qu'elle est en effet.—Si habile avec son aiguille !—Une musicienne admirable !—Oh ! elle adoucirait en chantant la férocité d'un ours.—D'un esprit si élevé, d'une imagination si féconde !

JAGO.—Elle n'en est que plus coupable.

OTHELLO.—Oh ! mille, mille fois plus !—Et puis, de si bonne naissance !

JAGO.—Oui, trop bonne !

OTHELLO.—Oui, cela est certain : mais vois, Jago, quelle pitié !—Oh ! Jago ! quelle pitié, Jago !

JAGO.—Si vous êtes si épris même de sa perfidie, donnez-lui pleine licence de vous outrager ; car si l'injure ne vous touche point, elle n'offense personne.

OTHELLO.—Je veux la mettre en pièces.—Me déshonorer !

JAGO.—Oh ! cela est infâme de sa part.

OTHELLO.—Avec mon officier !

JAGO.—Cela est plus infâme encore.

OTHELLO.—Procure-moi du poison, Jago, pour cette nuit ; je ne veux point entrer en explication avec elle, de peur que ses grâces et sa beauté ne désarment encore mon âme.—Cette nuit, Jago.

JAGO.—Ne vous servez pas de poison : étranglez-la plutôt dans son lit ; dans ce lit même qu'elle a souillé.

OTHELLO.—Bon, bon ! cette justice me plaît.—Excellente idée.

JAGO.—Et pour Cassio, laissez-moi faire, je me charge de lui : vers minuit vous en saurez davantage.
    (Une trompette se fait entendre au dehors.)

OTHELLO.—Excellente idée. Qu'annonce cette trompette?

JAGO.—Sûrement quelque nouvelle de Venise. Ah! c'est Lodovico envoyé par le duc : et voyez, votre femme l'accompagne.
   (Entrent Lodovico, Desdémona et leur suite.)

LODOVICO.—Salut, brave général.

OTHELLO.—De tout mon cœur, seigneur.

LODOVICO.—Le duc et le sénat de Venise vous saluent.
    (Il remet une dépêche à Othello.)

OTHELLO.—Je baise cet écrit, interprète de leur bon plaisir.
    (Othello ouvre et lit la dépêche.)

DESDÉMONA.—Et quelles nouvelles, cher cousin Lodovico?

JAGO.—Je suis ravi de vous voir, seigneur : soyez le bienvenu en Chypre.

LODOVICO.—Je vous remercie; comment se porte le lieutenant Cassio?

JAGO.—Il vit, seigneur.

DESDÉMONA.—Mon cousin, il est survenu entre lui et mon seigneur une mésintelligence fâcheuse : mais vous saurez tout arranger.

OTHELLO, *à demi-voix.*—En êtes-vous bien sûre?

DESDÉMONA.—Mon seigneur?

OTHELLO, *continuant de lire.*—« Ne manquez pas de
« vous y conformer? Si vous voulez...

LODOVICO, *à Desdémona.*—Il ne s'adressait à personne; c'est de la lettre qu'il est occupé.—Est-ce qu'il y a de la division entre le général et Cassio?

DESDÉMONA.—Une division tout à fait malheureuse; je ferais beaucoup pour les réconcilier, à cause de l'amitié que je porte à Cassio.

OTHELLO, *d'une voix étouffée.*—Feux et soufre!

DESDÉMONA.—Seigneur?

OTHELLO.—Avez-vous votre bon sens?

DESDÉMONA.—Quoi, est-il en colère?

LODOVICO.—Il se peut que la lettre lui cause cette émotion; car le sénat, je crois, le rappelle à Venise, et donne à Cassio son gouvernement.

DESDÉMONA.—En vérité, j'en suis bien aise.

OTHELLO.—En vérité?

DESDÉMONA.—Mon seigneur?

OTHELLO.—Je suis bien aise, moi, de vous voir folle.

DESDÉMONA.—Pourquoi, cher Othello?

OTHELLO.—Démon!

(Il la frappe.)

DESDÉMONA.—Je n'ai pas mérité ceci.

LODOVICO.—Seigneur, on ne croirait pas cela à Venise, quand je jurerais que je l'ai vu de mes yeux. C'est beaucoup trop. Consolez-la, elle pleure.

OTHELLO.—Oh! démon, démon! Si les pleurs d'une femme pouvaient féconder la terre, chaque larme qu'elle laisse tomber deviendrait un crocodile.—(A Desdémona.) Hors de ma vue!

DESDÉMONA.—Je ne veux pas rester, puisque je vous offense.

(Elle fait quelques pas pour sortir.)

LODOVICO.—En vérité, voilà une femme bien soumise. Je vous en conjure, seigneur, rappelez-la.

OTHELLO.—Madame?

DESDÉMONA.—Mon seigneur?

OTHELLO, à Lodovico.—Que lui voulez-vous

LODOVICO.—Qui! moi, seigneur?

OTHELLO.—Oui, vous; vous avez désiré que je la fisse revenir : seigneur, elle peut revenir et s'en aller, et revenir encore : et elle peut pleurer, seigneur, pleurer; et elle est soumise, comme vous dites, soumise, oh! très-soumise.—(A Desdémona.) Continuez, pleurez, pleurez. (A Lodovico.) Quant à cette lettre, seigneur…—(A Desdémona.) Oh! passion bien jouée!—(A lui-même.) On me rappelle à Venise.—(A Desdémona.) Sortez; je vous enverrai chercher tout à l'heure.—(A Lodovico.) Seigneur, j'obéis aux ordres ; et je vais me rendre à Venise. —(A Desdémona.) Hors d'ici, sortez! (Desdémona sort.) Cassio prendra ma place : et (à Lodovico) seigneur, je vous invite à souper chez moi ce soir. Vous êtes le bien-

venu à Chypre.—(*En s'en allant.*) Chèvres et guenons[1] !!
(Il sort.)

LODOVICO.—Est-ce là ce noble More que tout notre sénat regarde comme suffisant à tout et pour tout?—Est-ce là ce grand caractère que la passion ne peut ébranler, et ce ferme courage qu'aucun accident, ni aucun coup du sort ne peut troubler ni abattre?

JAGO.—Il est bien changé.

LODOVICO.—Sa tête est-elle saine? son cerveau n'est-il pas dérangé?

JAGO.—Il est ce qu'il est : je ne puis me permettre de dire ce que je pense de lui, ce qu'il pourrait être...—S'il n'est pas tout ce qu'il pourrait être, je prie le ciel qu'il le soit.

LODOVICO.—Comment! frapper sa femme!

JAGO.—En effet cela n'était pas trop bien; et cependant je voudrais être sûr que ce coup-là sera le plus violent.

LODOVICO. — Est-ce son habitude? ou les lettres du sénat lui auraient-elle allumé le sang, et l'ont-elles jeté pour la première fois dans cet emportement?

JAGO.—Hélas! hélas! il ne serait pas honnête à moi de dire ce que j'ai vu et su. Vous l'observerez, et ses propres démarches le feront assez connaître pour me dispenser de parler. Suivez-le seulement, et voyez comment il agit.

LODOVICO. — Je suis fâché de m'être trompé sur son compte.

(Ils sortent.)

SCÈNE II

Une chambre dans le château.

Entrent OTHELLO, ÉMILIA.

OTHELLO.—Vous n'avez donc rien vu?

ÉMILIA.—Ni rien entendu, ni jamais rien soupçonné.

---

[1] Othello se rappelle ici les perfides comparaison de Jago, lorsqu'il cherche pour la première fois à exciter la jalousie du More.

OTHELLO. — Mais vous les avez vus elle et Cassio ensemble.

ÉMILIA.—Mais alors je n'ai rien vu de mal; et cependant j'entendais chaque syllabe qui était prononcée entre eux.

OTHELLO.—Quoi! ils ne se sont jamais parlé bas?

ÉMILIA.—Jamais, mon seigneur.

OTHELLO.—Ils ne vous ont jamais renvoyée?

ÉMILIA.—Jamais.

OTHELLO.—Pour aller lui chercher son éventail, ses gants, son masque, ou quoi que ce soit?

ÉMILIA.—Jamais, mon seigneur.

OTHELLO.—Cela est étrange.

ÉMILIA.—J'ose vous répondre, seigneur, qu'elle est fidèle : j'y engage mon âme. Si vous pensez autre chose, bannissez cette pensée, elle abuse votre cœur. Si quelque misérable vous a mis des soupçons en tête, que le ciel lui envoie pour salaire la malédiction du serpent; car si elle n'est pas vertueuse, chaste et sincère, il n'y a point de mari heureux; la plus pure des femmes est impure comme la calomnie.

OTHELLO.—Dites-lui de venir, allez. (*Émilia sort.*) Elle en dit assez; mais ce n'est qu'une entremetteuse qui n'en peut dire davantage. — L'autre est une adroite coquine qui tient enfermés sous le verrou et la clef d'infâmes secrets, et cependant elle se met à genoux, et elle prie!... Je le lui ai vu faire.

(Entre Desdémona avec Émilia.)

DESDÉMONA.—Mon seigneur, que voulez-vous de moi?

OTHELLO.—Je vous prie, ma poule, venez ici.

DESDÉMONA.—Où vous plaît-il?

OTHELLO.—Que je voie dans vos yeux. Regardez-moi en face.

DESDÉMONA.—Quelle horrible fantaisie vous saisit?

OTHELLO, *à Émilia.* — Les femmes de votre métier, madame, laissent les amants tête-à-tête et ferment la porte; puis elles toussent ou crient *hem! hem!* si quelqu'un survient. A votre office, à votre office.—Allons, dépêchez-vous. (Émilia sort.

DESDÉMONA *tombe à genoux.*—Je vous le demande à genoux, mon seigneur, que signifie votre discours? J'entends votre fureur dans vos paroles, mais je ne comprends pas vos paroles.

OTHELLO.—Qu'es-tu?

DESDÉMONA.—Votre femme, mon seigneur, votre fidèle et loyale femme.

OTHELLO.—Viens, jure-le, damne-toi, de peur, comme tu ressembles aux êtres célestes, que les démons eux-mêmes n'osent s'emparer de toi. Damne-toi donc par un double crime; jure que tu m'es fidèle.

DESDÉMONA.—Le ciel sait que cela est vrai!

OTHELLO.—Le ciel sait que tu es perfide comme l'enfer.

DESDÉMONA.—Envers qui, mon seigneur? avec qui? Comment suis-je perfide?

OTHELLO.—Ah! Desdémona! va-t'en, va-t'en, va-t'en!

DESDÉMONA. — Hélas! jour fatal! pourquoi pleurez-vous? Suis-je la cause de ces larmes, mon seigneur? Si vous soupçonnez mon père d'être l'auteur de votre rappel, n'en rejetez pas le reproche sur moi : si vous l'avez perdu, moi aussi je l'ai perdu.

OTHELLO.—S'il avait plu au ciel de m'éprouver par le malheur, s'il avait fait pleuvoir sur ma tête nue tous les maux et toutes les humiliations, s'il m'avait plongé jusqu'au cou dans la pauvreté, s'il avait livré aux fers moi et mes plus belles espérances, j'aurais trouvé dans quelque coin de mon âme un reste de patience : mais, hélas! faire de moi un objet en butte au mépris qui dirigera vers moi son doigt immobile... Oh! oh!... Eh bien! cela même, j'aurais pu le supporter.—Oui, oui, je l'aurais pu.—Mais l'asile où j'avais enfermé tous les trésors de mon cœur, là où je dois vivre ou perdre la vie, la source où je puise mon existence, qui autrement se tarit, en être chassé, ou ne la garder que comme une citerne où d'impurs crapauds viennent s'unir! — Toi-même, ô patience, jeune chérubin aux lèvres de rose, voilà de quoi décolorer ton teint et rendre ta face aussi sombre que l'enfer!

DESDÉMONA.—J'espère que mon noble seigneur me tient pour vertueuse.

OTHELLO.—Oui, comme les mouches d'été, dans les boucheries, qui s'animent en battant des ailes[1].—O toi, fleur des bois qui es si belle et exhales un parfum si doux que tu enivres les sens!...—Je voudrais que tu ne fusses jamais née!

DESDÉMONA.—Hélas! quel crime ai-je commis, sans le savoir?

OTHELLO.—Ce beau visage, ce livre admirable était-il donc fait pour écrire dessus *prostituée*?—Ce que tu as, ce que tu as commis?—O fille publique, si je disais ce que tu as fait, un feu ardent embraserait mes joues et toute pudeur serait réduite en cendres[1]! Ce que tu as commis? le ciel s'en bouche le nez et la lune ferme les yeux; le souffle lascif du vent qui baise tout ce qu'il rencontre se tait dans le sein de la terre, pour ne pas l'entendre. Ce que tu as commis? Indigne effrontée!

DESDÉMONA.—Au nom du ciel, vous me faites injure.

OTHELLO.—N'êtes-vous pas une prostituée?

DESDÉMONA.—Non, comme il est vrai que je suis chrétienne. Si me conserver à mon époux pure de tout attouchement illégitime, c'est n'être pas une impudique; non, je ne suis pas une...

OTHELLO.—Quoi! tu n'es pas une prostituée?

DESDÉMONA.—Non, sur mon salut.

OTHELLO.—Est-il possible?

DESDÉMONA.—Oh! Dieu, aie pitié de nous!

OTHELLO.—En ce cas je vous demande grâce. Je vous prenais pour cette rusée courtisane de Venise qui a épousé Othello. (*Rentre Émilia.*)—Vous, madame qui,

---

[1] *O ay; as summer flies are in the shambles,*
  That quicken even with blowing.

Littéralement: *Oui, comme sont, dans les boucheries, les mouches, d'été qui s'accouplent en étendant leurs ailes.*

[2] *I should make very forges of my cheeks*
  That would to cinders burn up modesty.

Littéralement: *Je ferais, de mes joues, des forges qui réduiraient en cendres la pudeur elle-même.*

remplissez l'office opposé à celui de saint Pierre, et qui ouvrez les portes de l'enfer : vous ! vous ! oui vous ! nous avons fini.—Voilà de l'argent pour votre peine : je vous prie, tournez la clef et gardez-nous le secret.

(Il sort.)

ÉMILIA.—Hélas! que rêve donc cet homme? comment êtes-vous, madame? ma chère maîtresse, comment êtes-vous?

DESDÉMONA.—A moitié endormie, je crois.

ÉMILIA. — Chère maîtresse, qu'est-il arrivé à mon seigneur?

DESDÉMONA.—A qui?

ÉMILIA.—Hé! à mon seigneur, madame.

DESDÉMONA.—Qui est ton seigneur?

ÉMILIA.—Celui qui est aussi le vôtre, chère maîtresse.

DESDÉMONA.—Je n'en ai point : ne me parle pas, Émilia. Je ne puis pas pleurer, et je ne pourrais te répondre que par mes larmes.—Je t'en prie, place ce soir sur mon lit les draps du jour de mes noces ;—ne l'oublie pas; et va chercher ton mari.

ÉMILIA.—Dieu! quel changement!

(Elle sort.)

DESDÉMONA.—Il était juste que je fusse ainsi traitée. Oui, bien juste.—Comment me suis-je conduite pour qu'il ait pu concevoir sur moi le moindre soupçon du plus grand des crimes?

(Rentrent Jago et Émilia.)

JAGO.—Quel est votre bon plaisir, madame? comment vous trouvez-vous?

DESDÉMONA.—Je ne saurais le dire. Ceux qui instruisent de jeunes enfants s'y prennent avec douceur et en leur imposant des tâches légères. Il aurait dû me gronder ainsi; car en vérité je suis une enfant quand on me gronde.

JAGO.—Qu'y a-t-il donc, madame?

ÉMILIA.—Hélas! Jago, mon seigneur l'a traitée d'infâme; il l'a accablée de tant de mépris et d'outrages qu'un cœur fidèle ne peut le supporter.

DESDÉMONA.—Suis-je ce qu'il m'a nommée, Jago?

JAGO.—Quel nom, belle dame?

DESDÉMONA.—Celui qu'elle a dit que mon mari m'avait donné.

ÉMILIA.—Il l'a appelée prostituée. Un mendiant dans son ivresse n'eût pas vomi de semblables injures sur la compagne de sa misère.

JAGO.—Pourquoi s'est-il emporté de la sorte?

DESDÉMONA.—Je n'en sais rien : je suis certaine que je ne suis pas ce qu'il dit.

JAGO.—Ne pleurez pas, ne pleurez pas : hélas! funeste jour!

ÉMILIA.—A-t-elle renoncé à tant de nobles alliances, à son père et à son pays, et à ses amis, pour s'entendre appeler prostituée? Cela ne ferait-il pas pleurer?

DESDÉMONA.—C'est ma misérable destinée.

JAGO.—Que le ciel le punisse de son emportement! D'où lui vient cette fantaisie?

DESDÉMONA.—Ah! Dieu le sait.

ÉMILIA.—Je veux être pendue si ce n'est pas quelque infatigable coquin, quelque drôle actif et adroit, quelque esclave perfide et flagorneur, qui, pour surprendre quelque emploi, aura forgé cette calomnie : je veux être pendue, si cela n'est pas!

JAGO.—Fi! cela est impossible; il n'y a point d'homme semblable.

DESDÉMONA.—S'il y en a un, que le ciel lui pardonne!

ÉMILIA.—Que le gibet lui pardonne, et que l'enfer dévore ses os!—Pourquoi l'appellerait-il prostituée? Qui lui fait la cour? en quel lieu? dans quel temps? de quelle manière? avec quelle apparence? Le More est trompé par quelque indigne misérable, quelque grossier coquin, quelque méchant fourbe. O ciel! que ne démasques-tu de pareils scélérats? Que ne mets-tu à la main de chaque honnête homme un fouet pour flageller le drôle tout nu, d'un bout du monde à l'autre, depuis l'orient jusqu'au couchant!

JAGO.—Parlez plus bas.

ÉMILIA.—O fi! fi! de cet homme. C'était aussi quelque compagnon de cette trempe qui vous mit l'esprit sens dessus dessous, quand vous me soupçonnâtes d'une intrigue avec le More.

JAGO.—Allez, vous êtes une écervelée.

DESDÉMONA.—O bon Jago, que ferai-je pour ramener le cœur de mon mari? Bon ami, va le trouver; par cette lumière du ciel, j'ignore comment j'ai pu le perdre. Je tombe ici à genoux; si jamais ma volonté eut quelque tort envers son amour, en pensée, en parole ou en action; si jamais mes yeux, mes oreilles, aucun de mes sens, ont pu se complaire en quelque autre objet que lui; et s'il n'est pas vrai que je l'aime encore, que je l'ai toujours aimé, et que je l'aimerai toujours tendrement quand il me rejetterait loin de lui dans la misère par un divorce... que toute consolation m'abandonne! La dureté peut beaucoup, et sa dureté peut détruire ma vie, mais jamais altérer mon amour. Je ne peux pas dire prostituée :—ce mot me fait horreur maintenant que je le prononce; mais tous les vains trésors du monde ne me feraient pas commettre l'action qui pourrait mériter ce titre.

JAGO. — Calmez-vous, je vous prie; ce n'est qu'un moment d'humeur. Les affaires d'État l'irritent, et c'est vous qu'il gronde.

DESDÉMONA.—S'il n'y avait pas d'autre cause...

JAGO.—Ce n'est que cela, je le garantis. (*Des trompettes.*) Écoutez : ces trompettes annoncent le souper. Les grands messagers de Venise vous attendent. Entrez et ne pleurez plus; tout ira bien. (*Sortent Desdémona et Émilia.*) (*Entre Roderigo.*) Eh bien! Roderigo?

RODERIGO.—Je ne trouve pas que tu agisses franchement avec moi.

JAGO.—Quelle preuve du contraire?

RODERIGO.—Chaque jour tu me trompes par quelque nouvelle ruse, et à ce qu'il me semble, tu m'éloignes de toutes les occasions, bien plutôt que tu ne me procures quelque espérance. Je ne veux pas le supporter plus longtemps; et même je ne suis pas encore décidé à digérer en silence ce que j'ai déjà follement souffert.

JAGO.—Voulez-vous m'écouter, Roderigo?

RODERIGO.—Bah ! je n'ai que trop écouté. Vos paroles et vos actions ne sont pas cousines.

JAGO.—Vous m'accusez très-injustement.

RODERIGO. — De rien qui ne soit vrai. Je me suis dépouillé de toutes mes ressources. Les bijoux que vous avez reçus de moi pour les offrir à Desdémona auraient à demi corrompu une religieuse. Vous m'avez dit qu'elle les avait acceptés; et en retour vous m'avez apporté l'espoir et la consolation d'égards prochains et d'un payement assuré; mais je ne vois rien.

JAGO.—Bon, poursuivez, fort bien.

RODERIGO.—*Fort bien, poursuivez* : je ne puis poursuivre, voyez-vous, et cela n'est pas fort bien; au contraire, je dis qu'il y a ici de la fraude, et je commence à croire que je suis dupe.

JAGO.—Fort bien.

RODERIGO.—Je vous répète que ce n'est pas fort bien. —Je veux me faire connaître à Desdémona. Si elle me rend mes bijoux, j'abandonnerai ma poursuite, et je me repentirai de mes recherches illégitimes. Sinon, soyez sûr que j'aurai raison de vous.

JAGO.—Vous avez tout dit?

RODERIGO.—Oui; et je n'ai rien dit que je ne sois bien résolu d'exécuter.

JAGO.—Eh bien ! je vois maintenant que tu as du sang dans les veines, et je commence à prendre de toi meilleure opinion que par le passé. Donne-moi ta main, Roderigo; tu as conçu contre moi de très-justes soupçons; cependant je te jure que j'ai agi très-sincèrement dans ton intérêt.

RODERIGO.—Il n'y a pas paru.

JAGO.—Il n'y a pas paru, je l'avoue; et vos doutes ne sont point dénués de raison et de jugement. Mais, Roderigo, si tu as vraiment en toi ce que je suis maintenant plus disposé que jamais à y croire, je veux dire de la résolution, du courage et de la valeur, montre-le cette nuit; et si la nuit suivante tu ne possèdes pas Desdémona, fais-moi sortir traîtreusement de ce monde, et dresse des embûches contre ma vie.

RODERIGO.—Quoi! qu'est ceci? Y a-t-il en cela quelque lueur, quelque apparence de raison?

JAGO.—Seigneur, il est arrivé des ordres exprès de Venise pour mettre Cassio à la place d'Othello

RODERIGO.—Est-il vrai? Othello et Desdémona vont donc retourner à Venise?

JAGO.—Non, non; il va en Mauritanie, et emmène avec lui la belle Desdémona, à moins que son séjour ici ne soit prolongé par quelque accident; et pour cela, il n'est point de plus sûr moyen que d'écarter ce Cassio.

RODERIGO.—Que voulez-vous dire?—L'écarter?

JAGO.—Quoi! en le mettant hors d'état de succéder à Othello, en lui faisant sauter la cervelle.

RODERIGO.—Et c'est là ce que vous voulez que je fasse?

JAGO.—Oui, si vous osez vous rendre service et justice vous-même. Ce soir il soupe chez une fille de mauvaise vie, et je dois aller l'y trouver. Il ne sait rien encore de sa brillante fortune. Si vous voulez l'épier au sortir de là (et je m'arrangerai pour que ce soit entre minuit et une heure), vous pourrez faire de lui tout ce qu'il vous plaira. Je serai à deux pas prêt à vous seconder; il tombera entre nous deux. Venez, ne restez pas ébahi du projet; mais suivez-moi. Je vous prouverai si bien la nécessité de sa mort, que vous vous sentirez obligé de la lui donner. Allons, il est grandement l'heure de souper, et la nuit s'avance vers son milieu. A l'œuvre.

RODERIGO.—Je veux bien savoir auparavant la raison de tout ceci.

JAGO.—Vous serez satisfait.

(Ils sortent.)

SCÈNE III

Un appartement dans le château.

Entrent OTHELLO, LODOVICO, DESDÉMONA, ÉMILIA *et leur suite.*

LODOVICO.—Seigneur, je vous en conjure, ne venez pas plus loin.

OTHELLO.—Excusez-moi, la promenade me fera du bien.

LODOVICO.—Madame, bonne nuit; je remercie humblement Votre Seigneurie.

DESDÉMONA.—Votre Honneur est le bienvenu.

OTHELLO.—Vous plaît-il de venir, seigneur? (*A voix basse.*) Oh! Desdémona!

DESDÉMONA.—Mon seigneur?

OTHELLO.—Allez à l'instant vous mettre au lit, je reviens tout à l'heure. Renvoyez votre suivante. N'y manquez pas.

DESDÉMONA.—Je le ferai, mon seigneur.

(Sortent Othello, Lodovico et la suite.)

ÉMILIA.—Comment cela va-t-il à présent? Il a l'air plus doux que tantôt.

DESDÉMONA.—Il dit qu'il va revenir tout à l'heure. Il m'a ordonné de me mettre au lit, et de te renvoyer.

ÉMILIA.—De me renvoyer?

DESDÉMONA.—C'est son ordre. Ainsi, bonne Émilia, donne-moi mes vêtements de nuit, et adieu. Il ne faut pas lui déplaire maintenant.

ÉMILIA.—Je voudrais que vous ne l'eussiez jamais vu!

DESDÉMONA.—Oh! moi, non. Mon amour le chérit tellement que même son humeur bourrue, ses dédains, ses brusqueries (je t'en prie, délace-moi) ont de la grâce et du charme pour moi.

ÉMILIA.—J'ai mis au lit les draps que vous m'avez demandés.

DESDÉMONA.—O mon père, que nos cœurs sont insensés!—(*A Émilia.*) Si je meurs avant toi, ensevelis-moi, je t'en prie, dans un de ces draps.

ÉMILIA.—Allons, allons, comme vous bavardez.

DESDÉMONA.—Ma mère avait auprès d'elle une jeune fille, elle s'appelait Barbara. Elle était amoureuse, et celui qu'elle aimait devint fou et l'abandonna. Elle avait une chanson du saule : c'était une vieille chanson, mais qui exprimait sa destinée; et elle mourut en la chantant. Ce soir, cette chanson ne veut pas me sortir de l'esprit : j'ai bien de la peine à m'empêcher de laisser tomber de côté ma tête, et de chanter la chanson comme la pauvre Barbara.—Je t'en prie, dépêche-toi.

ÉMILIA.—Irai-je chercher votre robe de nuit?

DESDÉMONA.—Non, détache cela.—Ce Lodovico est un homme agréable.

ÉMILIA.—Un très-bel homme.

DESDÉMONA.—Et il parle bien.

ÉMILIA.—J'ai connu à Venise une dame qui aurait fait pieds nus le pèlerinage de la Palestine, seulement pour toucher à ses lèvres.

DESDÉMONA.

La pauvre enfant était assise, en soupirant, auprès d'un sycomore.
 Chantez tous le saule vert.
 Sa main sur son cœur, sa tête sur ses genoux;
 Chantez le saule, le saule, le saule.
Le frais ruisseau coulait près d'elle, et répétait en murmurant ses gémissements;
 Chantez le saule, le saule, le saule.
Ses larmes amères coulaient de ses yeux et amollissaient les pierres;

(A Émilia.)

Laisse ceci là :

 Chantez le saule, le saule, le saule,

(A Émilia.)

Je t'en prie, dépêche-toi; il va rentrer.

Chantez tous le saule vert; ses rameaux feront ma guirlande. Que personne le blâme; j'approuve ses dédains :

Non; ce n'est pas là ce qui suit. — Écoute; qui frappe?

ÉMILIA.—C'est le vent.

DESDÉMONA.

J'appelais mon amour, amour trompeur; mais que me disait-il, alors?
 Chantez le saule, le saule, le saule.

ACTE IV, SCÈNE III.

— Si je fais la cour à plus de femmes, plus d'hommes vous
    feront la cour [1].
      (A Émilia.)

Va-t'en. Bonne nuit. Les yeux me font mal. Cela présage-t-il des pleurs?

ÉMILIA.—Ce n'est ni ici ni là.

DESDÉMONA—Je l'avais ouï dire ainsi. Oh! ces hommes, ces hommes!—Dis-moi, Émilia :—crois-tu en conscience qu'il y ait des femmes qui trompent si indignement leurs maris?

ÉMILIA.—Il y en a; cela n'est pas douteux.

DESDÉMONA. — Voudrais-tu faire une pareille chose pour le monde entier?

ÉMILIA.—Et vous, madame, ne le voudriez-vous pas?

DESDÉMONA.—Non, par cette lumière du ciel.

ÉMILIA.—Ni moi non plus, par cette lumière du ciel. Je le ferais tout aussi bien dans l'obscurité..

DESDÉMONA.—Mais, voudrais-tu faire une pareille chose pour le monde entier?

ÉMILIA.—Le monde est bien grand; c'est un grand prix pour une petite faute!

DESDÉMONA.—Non, en vérité, je pense que tu ne le voudrais pas.

ÉMILIA.—En vérité, je crois le contraire, et que je voudrais le défaire après l'avoir fait. Certes, je ne ferais pas une pareille chose pour un anneau d'alliance, une pièce de linon, des robes, des jupons, des chapeaux, ni pour une médiocre récompense; mais pour le monde entier... Et qui refuserait d'être infidèle à son mari pour le faire roi? A ce prix je risquerais le purgatoire.

DESDÉMONA.—Que je sois maudite si je voudrais commettre un pareil crime pour le monde entier!

ÉMILIA.—Bah! Le crime n'est qu'un crime dans le monde, et si vous aviez le monde pour votre peine, votre crime serait dans votre monde, et vous en feriez sur-le-champ une vertu.

---

[1] Cette chanson est une ancienne ballade qui se trouve dans les *Relicks of ancient Poetry*. Le saule était alors, en Angleterre, l'arbre de l'amour malheureux.

DESDÉMONA.—Et moi je ne crois pas qu'il y ait de pareilles femmes.

ÉMILIA.—Il y en a par douzaines, et encore autant par-dessus le marché qu'il en tiendrait dans ce monde entier qui serait le prix de leur faute : mais je pense que la faute en est aux maris si les femmes succombent; voyez-vous, ils négligent leurs devoirs, et versent nos trésors dans le sein des étrangères, ou ils éclatent en accès d'une insupportable jalousie, et nous accablent de contraintes, ou ils nous battent et diminuent pour nous faire enrager ce que nous avions à dépenser; eh bien! alors nous avons de la rancune, et en dépit de notre douceur, nous sommes capables de vengeance. Que les maris sachent que leurs femmes sont sensibles comme eux; elles voient, elles sentent, elles ont un palais qui sait distinguer ce qui est doux et ce qui est amer comme les maris. Que font-ils quand ils nous abandonnent pour d'autres? est-ce par plaisir? je le crois; est-ce par passion? je le crois encore; est-ce la légèreté qui les entraîne? c'est aussi cela. Et nous, donc, n'avons-nous pas des passions, et le goût du plaisir et de la légèreté comme les hommes? Qu'ils nous traitent donc bien; sinon qu'ils sachent que, nos torts envers eux, ce sont leurs torts envers nous qui les amènent.

DESDÉMONA. — Bonne nuit, bonne nuit. Que le ciel m'inspire l'habitude de ne pas apprendre le mal par le mal, et de me corriger au contraire par la vue du mal!

(Elles sortent.)

FIN DU QUATRIÈME ACTE.

ACTE CINQUIÈME

SCÈNE I

Une rue.

Entrent JAGO ET RODERIGO.

JAGO.—Là, mets-toi derrière cette borne.—Dans l'instant il va venir. Tiens ta bonne épée nue, et plonge-la dans son sein : ferme, ferme, ne crains rien ; je serai à côté de toi. Ceci nous sauve ou nous perd : songes-y et affermis-toi dans ta résolution.

RODERIGO.—Tiens-toi près de moi : je peux manquer mon coup.

JAGO.—Ici, sous ta main.—Sois ferme et tire ton épée.
(Il se retire à peu de distance.)

RODERIGO.—Je ne me sens pas très-porté à cette action. Cependant il m'a donné des motifs déterminants.—Après tout, ce n'est qu'un homme mort.—Allons, mon épée, sors du fourreau.—Il mourra.
(Il va à son poste.)

JAGO.—J'ai frotté ce jeune bouton presque jusqu'à le rendre sensible, et le voilà qui s'irrite. Maintenant qu'il tue Cassio, que Cassio le tue, ou qu'ils se tuent tous deux, quoi qu'il arrive, j'y trouve mon profit.—Si Roderigo vit, il me somme de lui restituer l'or et tous les bijoux que je lui ai escamotés sous le nom de présents pour Desdémona. Il ne faut pas que cela soit. Si Cassio survit, il y a dans sa vie un éclat de tous les jours qui me rend hideux.—D'ailleurs le More peut me dévoiler à lui : je vois là un grand péril pour moi.—Non, il faut qu'il meure.—Mais chut! je l'entends qui vient.

(Entre Cassio.)

RODERIGO.—Je reconnais sa démarche. C'est lui. (*Il s'élance et fond sur Cassio.*) Misérable, tu meurs.

CASSIO.—Ce coup en effet m'eût été fatal, si mon armure n'était meilleure que tu ne croyais. Je veux éprouver la tienne.

(Il tire son épée et blesse Roderigo.)

RODERIGO.—Oh! je suis mort.

(Jago s'élance de sa place, frappe Cassio par derrière à la jambe, et s'en va.)

CASSIO. — Je suis estropié pour toujours. Oh! du secours! au meurtre! au meurtre!

(Il tombe.)

OTHELLO, *dans l'éloignement*.—La voix de Cassio!—Jago tient sa parole.

RODERIGO.—O misérable que je suis!

OTHELLO.—Oui, c'est cela même.

CASSIO.—Oh! du secours! un chirurgien! de la lumière!

OTHELLO.—C'est lui.—O brave Jago, homme juste et honnête qui ressens si généreusement l'injure de ton ami, tu m'enseignes mon devoir.—Femme, votre amant est couché mort et votre destin arrive à grands pas.—Prostituée, j'arrive. Hors de mon cœur et ces charmes et tes yeux, tout est effacé. Ton lit, ce lit souillé par l'impudicité, va être taché du sang de l'impudique.

(Il s'éloigne.)

(Entrent Lodovico et Gratiano, à distance.)

CASSIO.—Oh! comment! point de garde, pas un seul passant? au meurtre! au meurtre!

GRATIANO.—C'est quelque accident sinistre; ces cris sont terribles.

CASSIO.—Oh! du secours!

LODOVICO.—Écoutez!

RODERIGO.—O perfide scélérat!

LODOVICO.—Deux ou trois gémissements! la nuit est noire; ces cris pourraient être feints.—Croyez qu'il n'est pas sûr d'avancer vers ces cris sans plus de monde.

RODERIGO.—Personne ne vient. Alors je vais mourir en perdant tout mon sang.

(Entre Jago un flambeau à la main.)

LODOVICO.—Écoutons.

GRATIANO.—Voici quelqu'un qui vient en chemise, avec un flambeau et des armes.

JAGO.—Qui est là? Quel est ce bruit? On crie au meurtre?

LODOVICO.—Nous ne savons pas.

JAGO.—N'avez-vous pas entendu un cri?

CASSIO.—Ici, ici : au nom du ciel, secourez-moi!

JAGO.—Qu'est-il arrivé?

GRATIANO.—C'est l'enseigne d'Othello, à ce qu'il me semble.

LODOVICO.—Lui-même en effet, un brave soldat.

JAGO.—Qui êtes-vous, vous qui criez si piteusement?

CASSIO.—Jago!—Oh! je suis perdu, assassiné par des traîtres. Donne-moi quelque secours.

JAGO, *accourant*.—Hélas! vous, lieutenant? Quels sont les misérables qui ont fait ceci?

CASSIO.—Il y en a un, je crois, à quelques pas, et qui est hors d'état de s'enfuir.

JAGO.—O lâches assassins! (*à Lodovico et Gratiano*.) Qui êtes-vous là? approchez, et venez à notre aide.

RODERIGO.—Oh! secourez-moi.

CASSIO.—C'est l'un d'entre eux.

JAGO.—Exécrable meurtrier! O scélérat!

(Il perce Roderigo.)

RODERIGO.—O infernal Jago! Chien inhumain! oh! oh! oh!

JAGO, *élevant la voix*.—Égorger les gens dans l'obscurité! où sont ces bandits sanguinaires? Quel silence dans cette ville! Au meurtre! au meurtre!—(*Se tournant vers Lodovico*.) Qui pouvez-vous être? Êtes-vous des bons ou des méchants?

LODOVICO.—Comme nous agirons, jugez-nous.

JAGO.—Seigneur Lodovico?

LODOVICO.—Lui-même.

JAGO.—Je vous demande pardon, seigneur.—Voici Cassio blessé par des bandits.

GRATIANO.—Cassio?

JAGO, *à Cassio*.—Comment cela va-t-il, frère?

CASSIO.—Ma jambe est en deux.

JAGO.—Le ciel nous en préserve !—Messieurs, de la lumière, je vais bander sa plaie avec ma chemise.

(Entre Bianca.)

BIANCA.—Quoi? qu'est-il donc arrivé? Qui est-ce qui criait?

JAGO.—Qui est-ce qui criait?

BIANCA.—O mon doux Cassio ! mon cher Cassio ! O Cassio, Cassio, Cassio !

JAGO.—O impudente coquine !—Cassio, pourriez-vous soupçonner quels sont ceux qui vous ont ainsi mutilé?

CASSIO.—Non.

GRATIANO.—Je suis désolé de vous trouver en cet état. J'ai été vous chercher chez vous.

JAGO.—Prêtez-moi une jarretière. Bon.—Oh! si nous avions une chaise pour l'emporter doucement d'ici !

BIANCA. — Hélas ! il s'évanouit. O Cassio, Cassio, Cassio !

JAGO.—Nobles seigneurs, vous tous, je soupçonne cette malheureuse d'être de compagnie dans cet attentat. Un peu de patience, cher Cassio.—Venez, venez; prêtez-moi une lumière. (*Il va à Roderigo.*) Voyons, connaissons-nous ce visage, ou non?—Comment, mon ami, mon cher compatriote, Roderigo!—Non.....—Oui, c'est lui-même, ô ciel ! c'est Roderigo.

GRATIANO.—Quoi ! Roderigo de Venise?

JAGO.—Lui-même : le connaissiez-vous?

GRATIANO.—Si je le connaissais? oui.

JAGO.—Le seigneur Gratiano ! J'implore votre pardon. Ces sanglants accidents doivent excuser la négligence de mes manières envers vous.

GRATIANO.—Je suis bien aise de vous voir.

JAGO.—Eh bien ! Cassio, comment vous trouvez-vous? oh ! une chaise, une chaise !

GRATIANO, *avec étonnement.*—Roderigo !

JAGO.—C'est lui, c'est lui.—Ah ! bonne nouvelle ! voilà la chaise.—Que quelque bonne âme l'emporte soigneusement. Je cours chercher le chirurgien du général. (*A Bianca.*) Pour vous, madame, ne prenez pas tant de peines. Celui qui est étendu là, Cassio, était mon intime ami. (*A Cassio.*) Quelle querelle y avait-il donc entre vous deux?

CASSIO.—Nulle au monde, et je ne connais pas cet homme.

JAGO, *à Bianca.*—Pourquoi êtes-vous si pâle? (*Aux porteurs du brancard.*) Marchez, qu'il ne reste pas plus longtemps à l'air. (*On emporte Cassio et Roderigo.*) Vous, dignes seigneurs, demeurez. Pourquoi êtes-vous si pâle, madame?—Remarquez-vous l'égarement de ses yeux?—Ah! si vous avez le regard fixe, nous en saurons davantage tout à l'heure.—Regardez-la bien, je vous prie; observez-la : voyez-vous, messieurs? quand les langues seraient muettes, le crime parlerait encore.

(Entre Émilia.)

ÉMILIA.—Hélas! qu'y a-t-il donc? qu'y a-t-il, mon mari?

JAGO.—Cassio vient d'être attaqué dans l'obscurité par Roderigo et des drôles qui se sont sauvés. Il est presque assassiné et Roderigo est mort.

ÉMILIA.—Hélas! brave homme! Hélas! bon Cassio!

JAGO.—Voilà ce qu'on gagne à aller chez des créatures.—Émilia, je t'en prie, va savoir de Cassio où il a soupé ce soir.—(*Regardant Bianca.*) Quoi, vous frémissez à cette question?

BIANCA.—C'est chez moi qu'il a soupé, mais je ne frémis point de le dire.

JAGO.—Ah! chez vous! je vous accuse, suivez-moi.

ÉMILIA.—Fi donc! fi donc, coquine!

BIANCA.—Je ne suis pas une coquine. Je mène une vie aussi honnête que vous qui m'insultez.

ÉMILIA.—Que moi? pouah! fi donc!

JAGO.—Généreux et nobles seigneurs, allons voir panser le pauvre Cassio.—Venez, madame, vous avez d'autres histoires à nous conter.—Émilia, cours à la citadelle, va dire à mon seigneur et à sa femme ce qui vient d'arriver. (*Aux autres.*) Voulez-vous venir, je vous prie? (*A part.*) Voici la nuit qui fait ma fortune ou qui me perd.

(Ils sortent.)

SCÈNE II

Une chambre à coucher.— Un flambeau allumé.

DESDÉMONA *endormie dans son lit. Entre* OTHELLO.

OTHELLO.—C'est la cause, c'est la cause, ô mon âme ! ne permettez pas que je la dise devant vous, chastes étoiles ! c'est la cause ! cependant je ne veux pas verser son sang, je ne veux pas percer son sein, ce sein plus blanc que la neige, plus uni que l'albâtre des tombeaux. (*Il pose à terre son épée.*) Pourtant il faut qu'elle meure, autrement elle trahira encore d'autres hommes. Éteignons ce flambeau et ensuite éteignons le flambeau de sa vie[1].— Si je t'éteins, toi, serviteur enflammé, je puis ressusciter ta flamme, si je venais à me repentir.—Mais que j'éteigne une fois ta flamme, toi le plus merveilleux ouvrage de la souveraine nature, je ne sais où se retrouverait le feu de Prométhée qui pourrait rallumer ta lumière.—Quand j'ai cueilli la rose, je ne puis plus la faire refleurir ; il faut qu'elle se fane.—Je veux sentir encore la rose sur sa tige. (*Il l'embrasse.*) O haleine embaumée qui persuaderait presque à la justice de briser

---

[1] *Put out the light and then put out the light:*

Ce passage a beaucoup occupé les commentateurs : son sens le plus naturel est celui que nous avons adopté ; Othello applique successivement l'expression *put out the light*, *éteindre la lumière*, au flambeau allumé qu'il éteint, et au flambeau de la vie de Desdémona, rien n'est plus commun dans Shakspeare que ce double emploi du même mot appliqué, dans le même vers, à deux objets différents. Warburton avait changé le sens, en changeant la ponctuation.

Put out the light, and then.—Put out the light !

« Éteignons ce flambeau et alors….—Éteindre ce flambeau ? Si je t'éteins, toi, serviteur enflammé, je puis ressusciter la flamme, etc. etc. »

Ce changement ne me paraît nullement nécessaire ; un jeu de mots, ou ce qui y ressemble, est souvent le texte original le plus vraisemblable.

son glaive!—Encore un baiser; encore un! sois telle que tu es là quand tu seras morte, et je veux te tuer et je t'aimerai après. — Encore un, voici le dernier. — Jamais baiser si doux ne fut si fatal.—Il faut que je pleure; mais ce sont de cruelles larmes!—C'est le courroux du ciel, il frappe ce qu'il aime.—Elle s'éveille.

DESDÉMONA.—Qui est là? Othello?

OTHELLO.—Oui, Desdémona.

DESDÉMONA.—Voulez-vous vous mettre au lit, seigneur?

OTHELLO.—Avez-vous fait votre prière ce soir, Desdémona?

DESDÉMONA.—Oui, mon seigneur.

OTHELLO.—Si vous vous souvenez dans votre âme de quelque crime pour lequel vous ne soyez pas encore assurée de la grâce du ciel, implorez-la sur-le-champ.

DESDÉMONA.—Hélas! mon seigneur, que voulez-vous dire?

OTHELLO. — Allons, faites ce que je dis, et soyez prompte; je vais me promener en attendant;—je ne voudrais pas tuer votre âme avant qu'elle se fût préparée;—non, le ciel m'en préserve! je ne voudrais pas tuer ton âme.

DESDÉMONA.—Vous parlez de tuer?

OTHELLO.—Oui, j'en parle.

DESDÉMONA.—Que le ciel ait donc pitié de moi!

OTHELLO.—Amen, de tout mon cœur.

DESDÉMONA.—Si vous parlez ainsi, j'espère que vous ne me tuerez pas.

OTHELLO.—Hum!

DESDÉMONA.—Et cependant je vous crains; car vous êtes fatal quand vos yeux roulent ainsi. Pourquoi je craindrais, je n'en sais rien, car je ne me connais pas de crime; et pourtant je sens que je crains.

OTHELLO.—Pense à tes péchés.

DESDÉMONA.—C'est l'amour que je vous porte.

OTHELLO.—Oui, c'est pour cela que tu meurs.

DESDÉMONA.—C'est une mort bien contre nature, que d'être tuée pour aimer. Hélas! pourquoi mordez-vous ainsi votre lèvre inférieure? Quelque violente passion ébranle tout votre corps : ce sont des présages sinistres ; cependant j'espère que ce n'est pas moi qu'ils menacent.

OTHELLO.—Paix, tiens-toi tranquille.

DESDÉMONA.—Je le fais. Qu'est-ce?

OTHELLO.—Ce mouchoir que j'aimais tant et que je t'avais donné, tu l'as donné à Cassio.

DESDÉMONA.—Non, sur ma vie et mon âme : envoyez-le chercher, et demandez-lui.

OTHELLO.—Ma chère âme, prends garde, prends garde au parjure ; tu es sur ton lit de mort.

DESDÉMONA.—Mais non pas pour y mourir encore.

OTHELLO.—Si, tout à l'heure : ainsi, confesse sincèrement ton crime : en vain nierais-tu chaque article avec serment, tu n'écarterais point, tu n'étoufferais point la terrible pensée qui me fait gémir. Tu vas mourir.

DESDÉMONA.—Dieu du ciel, ayez pitié de moi !

OTHELLO.—Je dis amen.

DESDÉMONA.—Et vous aussi, ayez pitié de moi !—Je ne vous ai jamais offensé de ma vie : jamais je n'aimai Cassio que de cette bienveillance générale dont le ciel me permettait de l'aimer. Je ne lui donnai jamais aucun gage.

OTHELLO.—Par le ciel, j'ai vu mon mouchoir dans ses mains : ô femme parjure ! tu changes mon cœur en pierre, et tu m'obligeras à appeler ce que je vais faire un meurtre, quand je croyais n'accomplir qu'un sacrifice. J'ai vu le mouchoir.

DESDÉMONA.—Il l'a donc trouvé ; je ne le lui ai jamais donné : faites-le venir ici, qu'il déclare la vérité.

OTHELLO.—Il l'a déclarée.

DESDÉMONA.—Quoi, mon seigneur ?

OTHELLO.—Qu'il t'avait... possédée.

DESDÉMONA.—Quoi ! illégitimement ?

OTHELLO.—Oui.

DESDÉMONA.—Il ne le dira pas.

OTHELLO.—Non, sa bouche est fermée ; l'honnête Jago y a mis ordre.

DESDÉMONA.—Ma crainte m'explique tout.—Quoi ! il est mort ?

OTHELLO.—Quand tous les cheveux de sa tête auraient été autant de vies, ma terrible vengeance avait de quoi les détruire toutes.

DESDÉMONA.—Hélas! il est trahi, et moi perdue!

OTHELLO.—Quoi! prostituée, tu le pleures sous mes yeux!

DESDÉMONA.—Oh! bannissez-moi, seigneur; mais ne me tuez pas.

OTHELLO.—A bas, infâme!

DESDÉMONA.—Tuez-moi demain, laissez-moi vivre cette nuit.

OTHELLO.—Ah! si vous résistez...

DESDÉMONA.—Seulement une demi-heure.

OTHELLO.—Le parti pris, point de délai.

DESDÉMONA.—Mais seulement pendant que je dis une prière!

OTHELLO.—Il est trop tard.

(Il l'étouffe.)

ÉMILIA, *du dehors*.—Mon seigneur, mon seigneur! de grâce, mon seigneur, mon seigneur!

OTHELLO.—Quel est ce bruit?.... Elle n'est pas morte, pas encore tout à fait morte..... Moi qui suis cruel, je suis cependant miséricordieux..... Je ne veux pas te laisser languir dans ta souffrance..... Non, non.

ÉMILIA, *en dehors*.—Mon seigneur, mon seigneur!

OTHELLO.—Qui est là?

ÉMILIA.—Oh! mon bon seigneur! je voudrais vous dire un seul mot.

OTHELLO.—Oui, c'est Émilia..... Tout à l'heure..... Elle est morte..... Elle vient sans doute me parler de la mort de Cassio; le bruit a été grand..... Ah! elle ne remue plus. Immobile comme la tombe..... Entrera-t-elle? Ferai-je bien?.... Je crois qu'elle remue encore..... Non.... Qui est-ce qui vaut le mieux?... Si elle entre, elle voudra sûrement parler à ma femme... ma femme! ma femme! Quelle femme?.... Je n'ai plus de femme!.... O pensée insupportable! O heure accablante!.... Il me semble qu'il devrait y avoir à présent une éclipse totale de lune et de soleil, et que le globe épouvanté devrait s'entr'ouvrir dans un tel bouleversement.

ÉMILIA, *toujours en dehors.*—Je vous conjure, que je puisse vous parler, mon bon seigneur.

OTHELLO.—Je t'avais oubliée; ah! entre, Émilia.....
Doucement..... Tout à l'heure..... Tirons ces rideaux. Où es-tu? (*Il ouvre la porte.*) Que me veux-tu maintenant?

(Entre Émilia.)

ÉMILIA.—Oh! mon digne seigneur! un meurtre affreux vient d'être commis là-bas.

OTHELLO.—Quoi! tout à l'heure?

ÉMILIA.—A l'heure même, mon seigneur.

OTHELLO.—C'est l'influence de la lune elle-même; elle s'approche de la terre plus que de coutume et rend les hommes fous.

ÉMILIA.—Cassio, mon seigneur, a tué un jeune Vénitien nommé Roderigo.

OTHELLO.—Roderigo tué!—Et Cassio tué?

ÉMILIA.—Non, Cassio n'est pas tué.

OTHELLO.—Cassio n'est pas tué? Le meurtre n'est plus d'accord, et la douce vengeance devient dure.

DESDÉMONA.—Oh! injustement, injustement massacrée!

ÉMILIA.—Hélas! quel est ce cri?

OTHELLO.—Quoi! quel cri?

ÉMILIA.—Hélas! bon Dieu! c'était la voix de ma maîtresse. Du secours! du secours! oh! parlez-moi, madame, douce Desdémona! O ma chère maîtresse, parlez.

DESDÉMONA.—Je meurs innocente.

ÉMILIA.—Oh! qui a fait cela?

DESDÉMONA.—Personne, moi-même.—Adieu. Recommande-moi à mon cher seigneur. Oh! adieu!

(Elle expire.)

OTHELLO.—Quoi! comment a-t-elle pu être assassinée?

ÉMILIA.—Hélas! qui le sait?

OTHELLO.—Vous l'avez entendue le dire elle-même; ce n'est pas moi.

ÉMILIA.—Elle l'a dit; je ne puis rapporter que la vérité.

OTHELLO.—Eh bien! elle est partie, comme une menteuse, pour les flammes de l'enfer. C'est moi qui l'ai tuée.

ÉMILIA.—Oh! elle n'en est que plus un ange et vous un plus noir démon.

OTHELLO.—Elle tournait au vice; c'était une prostituée.

ÉMILIA.—Tu la calomnies; tu es un démon.

OTHELLO.—Elle était perfide comme l'onde.

ÉMILIA.—Tu es effréné comme le feu d'oser dire qu'elle était perfide! Oh! elle était d'une candeur céleste.

OTHELLO.—Cassio l'avait déshonorée : demande à ton mari. Oh! je serais damné dans le gouffre le plus profond de l'enfer, si je m'étais porté, sans de justes motifs, à cette dernière extrémité. Ton mari savait tout.

ÉMILIA.—Mon mari?

OTHELLO.—Ton mari.

ÉMILIA.—Qu'elle était infidèle au mariage?

OTHELLO.—Oui, avec Cassio. Ah! si elle avait été fidèle, le ciel eût-il créé pour moi un autre univers d'une seule et parfaite chrysolithe, je ne l'aurais pas changée pour cet univers.

ÉMILIA.—Mon mari?

OTHELLO.—Oui, c'est lui qui me l'a dit le premier. C'est un homme d'honneur; il abhorre l'opprobre qui s'attache aux actions infâmes.

ÉMILIA.—Mon mari!

OTHELLO.—A quoi bon ces répétitions, femme? Ton mari, te dis-je.

ÉMILIA.—O ma maîtresse! la scélératesse s'est cruellement moquée de l'amour. Mon mari dire qu'elle était infidèle!

OTHELLO.—Lui, femme; je dis ton mari, comprends-tu ce mot? Mon ami, ton mari, l'honnête, l'honnête Jago.

ÉMILIA.—S'il dit cela, puisse son cœur pervers pourrir d'un demi-grain par jour! Il ment à sa conscience. Elle était trop éprise de son indigne choix.

OTHELLO.—Ah!

ÉMILIA.—Faites du pis que vous pourrez. Cette action que vous avez faite n'est pas plus digne du ciel que vous n'étiez digne d'elle.

OTHELLO.—Tais-toi, tu feras bien.

ÉMILIA.—Va, tu n'as pas pour me faire du mal la moi-

tié de la force que j'ai pour l'endurer. O dupe! ô insensé! stupide comme la fange! Tu as commis là une action!...
—Je ne m'inquiète pas de ton épée. Je te ferai connaître, dussé-je perdre vingt vies!.... Du secours! du secours! holà! du secours!.... Le More a tué ma maîtresse! Au meurtre! au meurtre!

(Entrent Montano, Gratiano et Jago.)

MONTANO.—Quoi donc? que s'est-il passé, général?

ÉMILIA.—Oh! vous voilà donc, Jago! Il faut que votre conduite ait été belle, pour que les meurtriers vous chargent de leurs assassinats.

GRATIANO.—De quoi s'agit-il?

ÉMILIA, à Jago.—Démens ce misérable, si tu es un homme. Il dit que tu as dit que sa femme était infidèle : je sais que tu ne l'as pas dit, car tu n'es pas assez scélérat. Parle, car mon cœur est plein.

JAGO.—Je lui ai dit ce que je pensais, et ne lui ai rien dit qu'il n'ait lui-même trouvé juste et vrai.

ÉMILIA.—Mais lui avez-vous jamais dit qu'elle était infidèle?

JAGO.—Je l'ai dit.

ÉMILIA.—Vous avez dit un mensonge, un odieux, un infernal mensonge, sur mon âme, un mensonge, un mensonge atroce. Elle infidèle avec Cassio! Avez-vous dit avec Cassio?

JAGO.—Avec Cassio, femme;—allez, réprimez votre langue.

ÉMILIA.—Je ne veux pas réprimer ma langue! Je suis tenue de parler; ma maîtresse est là assassinée dans son lit.

TOUS.—Oh! le ciel nous en préserve!

ÉMILIA.—Et ce sont vos rapports qui ont amené le meurtre.

OTHELLO.—Allons, n'ayez pas l'air égaré, messieurs; c'est la vérité.

GRATIANO.—C'est une étrange vérité!

MONTANO.—O action monstrueuse!

ÉMILIA.—Scélératesse! scélératesse! scélératesse!—J'y songe, j'y songe.—Je démêle tout.—O scélératesse! J'en ai eu la pensée alors... Je me tuerai de douleur.—O scélératesse ! scélératesse !

JAGO.—Quoi ! êtes-vous folle ? Je vous ordonne de vous rendre au logis.

ÉMILIA.—Dignes seigneurs, que j'aie la liberté de parler. Il convient que je lui obéisse, mais non pas en ce moment.—Peut-être, Jago, ne rentrerai-je jamais au logis.

OTHELLO, *se précipitant sur le lit.*—Oh ! oh ! oh !

ÉMILIA.—Oui, couche-toi et rugis ; car tu as tué la plus douce, la plus innocente femme qui jamais ait levé les yeux vers le ciel.

OTHELLO.—Oh ! elle était coupable. (*A Gratiano.*) Je vous reconnaissais à peine, mon oncle.—Voilà votre nièce ; elle est morte : oui ces mains viennent en effet d'arrêter le souffle de sa vie. Je sais que cette action paraît horrible et hideuse.

GRATIANO.—Pauvre Desdémona ! je suis bien aise que ton père soit mort. Ton mariage lui a été mortel et le chagrin seul a tranché le fil usé de ses jours. S'il vivait encore, cette vue le plongerait dans l'égarement du désespoir : oui, il maudirait son ange tutélaire, et tomberait dans la réprobation du ciel.

OTHELLO.—Cela est lamentable ; mais Jago sait qu'elle s'est abandonnée mille fois à Cassio : Cassio l'a avoué et elle a récompensé ses transports d'amour avec le premier signe, le premier gage d'amour que je lui eusse donné ; je l'ai vu dans les mains de Cassio ; c'était un mouchoir, un ancien présent que ma mère avait reçu de mon père.

ÉMILIA.—O ciel ! O puissances célestes !

JAGO.—Allons, taisez-vous.

ÉMILIA.—La vérité veut sortir, elle veut sortir.—Que je me taise ! monsieur, non, non, je parlerai, libre comme l'air. Quand le ciel, les hommes, les démons, quand tous devraient crier ensemble honte sur moi, je parlerai.

JAGO.—Prenez garde... Allez-vous-en chez vous.

ÉMILIA.—Je ne veux pas.

(*Jago essaye de frapper sa femme de son épée.*)

GRATIANO.—Fi! tirer votre épée contre une femme!

ÉMILIA.—O toi, More stupide! ce mouchoir dont tu parles, je le trouvai par hasard et le donnai à mon mari; car souvent, par des instances plus sérieuses que ne méritait en effet cette bagatelle, il m'avait sollicitée de m'en emparer.

JAGO.—Infâme coquine!

ÉMILIA.—Elle l'a donné à Cassio! non, hélas! c'est moi qui l'ai trouvé, et je l'ai donné à mon mari.

JAGO.—Malheureuse, tu mens.

ÉMILIA.—Par le ciel! je ne mens point, je ne mens point, seigneurs.—O meurtrier imbécile! qu'avait à faire un pareil fou d'une si bonne femme?

(Jago blesse Émilia et s'enfuit.)

OTHELLO.—N'y a-t-il de foudres dans le ciel que celles qui servent au tonnerre? (*Il tombe à la renverse.*) O scélérat inouï!

GRATIANO.—Sa femme tombe; sûrement il a tué sa femme.

ÉMILIA.—Oui, oui, oh! couchez-moi à côté de ma maîtresse.

GRATIANO.—Il s'est enfui, mais sa femme est frappée à mort!

MONTANO.—C'est un scélérat, bien évidemment. Prenez cette épée que je viens d'arracher au More. Gardez la porte au dehors: ne le laissez pas sortir, tuez-le plutôt; je cours après ce monstre, car c'est un misérable damné.

(Sortent Montano et Gratiano.)

OTHELLO.—Je ne suis même plus brave! le premier petit gringalet m'enlève mon épée. Mais pourquoi l'honneur survivrait-il à la vertu? Que tout périsse à la fois.

ÉMILIA.—Que présageait ta chanson, ô ma maîtresse! écoute, peux-tu m'entendre encore! je veux faire comme le cygne et mourir en chantant: *Le saule, le saule, le saule!*—More, elle était chaste, elle t'aimait, cruel More! Que mon âme entre en paradis, comme il est vrai que je dis la vérité; en disant ce que je pense, je meurs, je meurs.

(Elle expire.)

OTHELLO.—J'ai dans cette chambre une autre épée; c'est une épée d'Espagne, de la trempe de l'Èbre[1].—Ah! la voici.—Mon oncle, il faut que je sorte.

GRATIANO, *en dehors*.—Si tu le tentes, il t'en coûtera cher : tu n'as point d'armes, il faut que tu te soumettes de force.

OTHELLO.—Regarde-moi donc, et me parle; ou, désarmé comme je suis, je vais fondre sur toi.

(Rentre Gratiano.)

GRATIANO.—Que veux-tu?

OTHELLO.—Vois! j'ai une épée. Jamais arme plus sûre ne reposa sur la cuisse d'un soldat. J'ai vu le temps où avec ce faible bras et cette bonne épée je me suis fait jour à travers des obstacles vingt fois plus puissants que celui que tu m'opposes. Mais, ô vaine bravade! qui peut surmonter sa destinée? Il n'en est plus de même. Ne crains point quoique tu me voies armé : je suis au terme du voyage : me voilà au but, voilà l'écueil où finit ma dernière course. Tu recules troublé? Va, c'est une crainte perdue. Avance seulement un roseau contre le sein d'Othello et il va fuir. Où irait Othello maintenant?... (*Il se tourne vers Desdémona.*) Voyons, quelle mine as-tu maintenant?—Malheureuse enfant, née sous une étoile fatale! pâle comme ta chemise! Quand nous nous rencontrerons au jour du jugement, ton regard précipitera mon âme des cieux, et soudain les démons s'en saisiront. —Froide, froide, ma fille! comme ta vertu.—O maudit! maudit scélérat!—Prenez vos fouets, démons! frappez! éloignez-moi de la contemplation de cet objet céleste! lancez-moi dans les tourbillons de l'orage, rôtissez-moi dans le soufre, baignez-moi dans les abîmes où roulent des torrents de feu.—O Desdémona! Desdémona! Morte! morte! oh! oh!

(Entrent Lodovico, Cassio qu'on apporte blessé, Montano. Jago prisonnier, et des officiers.)

LODOVICO.—Où est ce forcené et malheureux homme?

OTHELLO.—Voici celui qui fut Othello. Me voici.

---

[1] Les armes trempées dans les eaux de l'Èbre avaient une réputation particulière.

LODOVICO. — Où est cette vipère? Faites avancer ce scélérat.

OTHELLO. — Je regarde ses pieds. — Mais c'est une fable. Si tu es un démon, je ne puis te tuer.
(Il blesse Jago.)

LODOVICO. — Arrachez-lui son épée.

JAGO. — Mon sang coule, seigneur, mais je ne suis pas mort.

OTHELLO. — Je n'en suis pas fâché non plus : je désire que tu vives ; car, à mon sens, c'est un bonheur de mourir.

LODOVICO. — O toi, Othello, jadis si bon et maintenant tombé dans les piéges d'un esclave maudit, que te dira-t-on ?

OTHELLO. — Tout, tout. Dites, si vous voulez, que je suis un honorable assassin, car je n'ai rien fait par haine, mais tout par honneur.

LODOVICO. — Ce misérable vient d'avouer une partie de ses perfidies. Est-il vrai que vous ayez conspiré avec lui la mort de Cassio ?

OTHELLO. — Oui.

CASSIO. — Cher général, je ne vous en ai jamais donné sujet.

OTHELLO. — Je le crois, et je vous demande pardon. — Voulez-vous, je vous prie, demander à ce demi-démon pourquoi il m'a ainsi enveloppé corps et âme dans ses piéges ?

JAGO. — Ne me demandez rien : vous savez ce que vous savez ; à partir de ce moment je ne dirai plus un mot.

LODOVICO. — Quoi ! pas même pour prier ?

GRATIANO. — Les tortures te desserreront les lèvres.

OTHELLO. — Bien, vous ferez bien.

LODOVICO. — Je présume, Othello, que vous comprendrez ce qui est arrivé ; je crois que vous ne le savez pas encore. Voici une lettre trouvée dans la poche de Roderigo, et en voici une autre. L'une annonce que Roderigo se chargeait de l'assassinat de Cassio.

OTHELLO. — Traître !

CASSIO. — Complot barbare ! Action de païen !

LODOVICO.—La seconde est une lettre de reproches, trouvée aussi dans la poche de Roderigo. Il paraît qu'il avait dessein de l'envoyer à cet infernal scélérat, mais que Jago survint dans l'intervalle et le satisfit.

OTHELLO.—O le pernicieux scélérat!—Cassio, comment étiez-vous venu en possession de ce mouchoir qui appartenait à ma femme?

CASSIO.—Je le trouvai dans ma chambre; et il vient d'avouer lui-même tout à l'heure qu'il l'y avait laissé exprès pour un projet qui a réussi au gré de ses désirs.

OTHELLO.—O insensé! insensé! insensé!

CASSIO.—Il y a encore, dans la lettre de Roderigo, des reproches à Jago de l'avoir excité à m'insulter pendant que j'étais de garde, ce qui a causé ma disgrâce; et lui-même, qui avait longtemps paru mort, il a parlé tout à l'heure : « Jago l'avait aposté, et Jago l'a poignardé. »

LODOVICO, *à Othello*.—Il vous faut quitter ce lieu et nous suivre; votre pouvoir et votre emploi vous sont ôtés, et Cassio commande en Chypre. Quant à cet esclave, si par quelque torture raffinée on peut le tourmenter et le laisser vivre longtemps, elle sera son partage. Vous (*à Othello*), vous resterez prisonnier jusqu'à ce que le genre de votre crime soit connu du sénat de Venise. Allons, qu'on l'emmène.

OTHELLO.—Doucement : encore un mot ou deux avant que vous partiez. J'ai rendu à l'État quelques services; on le sait, n'en parlons plus. Je vous en prie, dans vos lettres, quand vous rendrez compte de ces faits déplorables, parlez de moi comme je suis, sans rien atténuer, sans rien aggraver par malignité. Alors vous parlerez d'un homme qui a trop aimé, mais qui ne sut pas aimer sagement; d'un homme qui ne devint pas aisément jaloux, mais qui, une fois excité, fut poussé jusqu'aux derniers excès ; d'un homme dont la main, comme celle du Juif pervers [1], a détruit une perle plus précieuse que toute sa race, d'un homme dont les yeux vaincus, quoique peu accoutumés à fondre en eau, répandent des

---

[1] Allusion à Hérode et à Marianne.

larmes aussi abondamment que les arbres d'Arabie répandent leurs parfums.—Parlez de moi ainsi—et dites encore qu'un jour, dans Alep, un Turc insolent, portant le turban, frappait un Vénitien et insultait l'État, je saisis à la gorge ce chien circoncis, et le frappai ainsi.
(Il se perce de son épée.)

LODOVICO.—O sanglante catastrophe !

GRATIANO.—Tout ce que nous avons dit ne peut plus s'accomplir.

OTHELLO, *s'approchant du lit en chancelant.*—Je t'ai donné un baiser avant de te tuer.—En me tuant, je ne puis m'empêcher d'aller mourir sur tes lèvres.
(Il meurt en embrassant Desdémona.)

CASSIO.—Voilà ce que je craignais.—Mais je croyais qu'il n'avait point d'arme, car il avait le cœur grand.

LODOVICO, *à Jago.*—Chien de Sparte, plus impitoyable que la douleur, la faim ou la mer, contemple le tragique fardeau dont ce lit est chargé. Voilà ton ouvrage. Ce spectacle empoisonne la vue.—Qu'on le cache.—Gratiano, gardez la maison et prenez possession des biens du More; ils vous reviennent en héritage. (*A Cassio.*) C'est à vous, seigneur gouverneur, qu'appartient le châtiment de cet infernal traître : choisissez le temps, le lieu, les tortures : oh! redoublez les tortures. Moi je m'embarque à l'instant, et je vais d'un cœur désolé raconter au sénat cette désolante aventure.

FIN DU CINQUIÈME ET DERNIER ACTE.

COMME IL VOUS PLAIRA

COMÉDIE

NOTICE

SUR

COMME IL VOUS PLAIRA

Après avoir vu dans *Timon d'Athènes* un misanthrope farouche, qui fuit dans un désert où il ne cesse de maudire les hommes et d'entretenir la haine qu'il leur a jurée, nous allons faire connaissance avec un ami de la solitude, d'une mélancolie plus douce, qui se permet quelques traits de satire, mais qui plus souvent se contente de la plainte, et critique le monde, inspiré par le seul regret de ne l'avoir pas trouvé meilleur. Retiré dans les bois pour y rêver au doux murmure des ruisseaux et au bruissement du feuillage, Jacques pourrait dire de lui-même comme un poëte de nos jours qui oublie de temps en temps ses sombres dédains :

I love not man the less, but nature more.
(CHILDE HAROLD, chant IV.)

Je n'aime pas moins l'homme, mais j'aime davantage la nature.

Jacques a jadis joui des plaisirs de la société; mais il est désabusé de toutes ses vanités : c'est un personnage tout à fait contemplatif; il pense et ne fait rien, dit Hazlit. C'est le prince des philosophes nonchalants; sa seule passion, c'est la pensée.

Avec ce rêveur aussi sensible qu'original, Shakspeare a réuni dans la forêt des Ardennes, autour du duc exilé, une espèce de cour arcadienne, dans laquelle le bon chevalier de la Manche aurait été sans doute heureux de se trouver, lorsque, dans l'accès d'un goût pastoral, il voulait se métamorphoser en berger Quichotis et faire de son écuyer le berger Pansino. Les arcadiens de Shakspeare ont conservé quelque chose de leurs mœurs chevaleresques, et ses bergères nous charment les unes par la vérité de leurs mœurs champêtres, et les autres par le mélange de ces mœurs qu'elles ont adoptées, et de cet esprit cultivé qu'elles doivent à leurs premières habitudes. Peut-être trouvera-t-on que Rosalinde, dans la liberté de son langage, profite un peu trop du privilége du costume qui cache son sexe; mais elle aime de si bonne foi, et en même temps avec une gaieté si piquante; le dévouement de son amitié l'ennoblit tellement à nos yeux, sa coquetterie est si franche et si spirituelle, son caquetage est presque toujours si aimable qu'on se sent disposé à lui tout pardonner. Célie, plus silencieuse et plus tendre, forme avec elle un heureux contraste.

L'amour, comme le font les villageois, est peint au naturel dans Sylvius et la dédaigneuse Phébé.

Touchstone, qui est dans son genre un philosophe grotesque, n'est pas l'amoureux le plus fou de la pièce; si pour aimer il choisit la paysanne la plus gauche, et s'il aime en vrai bouffon, ses saillies sur le mariage, l'amour et la solitude sont des traits excellents : il est le seul qu'aucune illusion n'abuse.

Il y a dans cette pièce plus de conversations que d'événements : on y respire en quelque sorte l'air d'un monde idéal, la pièce semble inspirée par la pureté des deux héroïnes, et lorsque les mariages et la conversion subite du duc usurpateur qui forment une espèce de dénoûment vont rappeler les habitants de la forêt des Ardennes dans les habitudes de la vie réelle, si Jacques les abandonne, ce n'est pas dans un caprice morose, mais parce qu'il y a dans ce caractère insouciant et rêveur un besoin de pensées, et peut-être même de regrets vagues, qu'il espère retrouver encore auprès du duc Frédéric, devenu à son tour un solitaire.

On abandonnerait d'autant plus volontiers avec Jacques la fête générale, que Shakspeare, par oubli sans doute, ne nous y montre pas le vieux Adam, ce fidèle serviteur, ce véritable ami d'Orlando, si touchant par son dévouement, ses larmes généreuses et sa noble sincérité.

La fable romanesque de cette pièce fut puisée dans une nouvelle pastorale de Lodge qui était sans doute bien connue du temps de Shakspeare. On y voit Adam dignement récompensé par le prince. Les emprunts que le poëte a faits au romancier sont assez nombreux; mais le caractère de Jacques, ceux de Touchstone et d'Audrey sont de l'invention de Shakspeare.

Le docteur Malone suppose que c'est en 1600 que fut écrite la comédie de *Comme il vous plaira;* c'est une de celles qui ont le plus enrichi les recueils *d'extraits élégants;* on y remarquera le fameux tableau de la vie humaine : *Le monde est un théâtre,* etc., etc.

COMME IL VOUS PLAIRA

COMÉDIE

PERSONNAGES

LE DUC, vivant dans l'exil.
FRÉDÉRIC, frère du duc, et usurpateur de son duché.
AMIENS, } seigneurs qui ont suivi
JACQUES, } le duc dans son exil.
LE BEAU, courtisan à la suite de Frédéric.
CHARLES, son lutteur.
OLIVIER,
JACQUES, } fils de sir Rowland des Bois.
ORLANDO,
ADAM,
DENNIS, } serviteurs d'Olivier.

TOUCHSTONE, paysan bouffon.
SIR OLIVIER MAR-TEXT, vicaire.
CORIN, } bergers.
SYLVIUS, }
WILLIAM, paysan, amoureux d'Audrey.
PERSONNAGE REPRÉSENTANT L'HYMEN.
ROSALINDE, fille du duc exilé.
CÉLIE, fille de Frédéric.
PHÉBÉ, bergère.
AUDREY, jeune villageoise.
SEIGNEURS A LA SUITE DES DEUX DUCS, PAGES, GARDES-CHASSE, ETC., ETC.

La scène est d'abord dans le voisinage de la maison d'Olivier, ensuite en partie à la cour de l'usurpateur, et en partie dans la forêt des Ardennes.

ACTE PREMIER

SCÈNE I

Verger, près de la maison d'Olivier.

Entrent ORLANDO ET ADAM.

ORLANDO.—Je me rappelle bien, Adam; tel a été mon legs, une misérable somme de mille écus dans son testament; et, comme tu dis, il a chargé mon frère, sous peine de sa malédiction, de me bien élever, et voilà la cause de mes chagrins. Il entretient mon frère Jacques à l'école, et la renommée parle magnifiquement de ses progrès. Pour moi, il m'entretient au logis en paysan, ou pour mieux dire, il me garde ici sans aucun entretien; car peut-on appeler entretien pour un gentilhomme de ma naissance, un traitement qui ne diffère en aucune façon de celui des bœufs à l'étable? Ses chevaux sont mieux traités; car, outre qu'ils sont très-bien nourris, on les dresse au manége; et à cette fin on paye bien cher des écuyers : moi, qui suis son frère, je ne gagne sous sa tutelle que de la croissance : et pour cela les animaux qui vivent sur les fumiers de la basse-cour lui sont aussi obligés que moi; et pour ce néant qu'il me prodigue si libéralement, sa conduite à mon égard me fait perdre le peu de dons réels que j'ai reçus de la nature. Il me fait manger avec ses valets; il m'interdit la place d'un frère, et il dégrade autant qu'il est en lui ma distinction naturelle par mon éducation. C'est là, Adam, ce qui m'afflige. Mais l'âme de mon père, qui est, je crois, en moi, commence à se révolter contre cette servitude. Non, je ne l'endurerai pas plus longtemps, quoique je ne connaisse pas encore d'expédient raisonnable et sûr pour m'y soustraire.

(Olivier survient.)

ADAM.—Voilà votre frère, mon maître, qui vient.

ORLANDO.—Tiens-toi à l'écart, Adam, et tu entendras comme il va me secouer.

OLIVIER.—Eh bien! monsieur, que faites-vous ici?

ORLANDO.—Rien : on ne m'apprend point à faire quelque chose.

OLIVIER.—Que gâtez-vous alors, monsieur?

ORLANDO.—Vraiment, monsieur, je vous aide à gâter ce que Dieu a fait, votre pauvre misérable frère, à force d'oisiveté.

OLIVIER.—Que diable! monsieur occupez-vous mieux, et en attendant soyez un zéro.

ORLANDO.—Irai-je garder vos pourceaux et manger des carouges avec eux? Quelle portion de patrimoine ai-je follement dépensée, pour en être réduit à une telle détresse?

OLIVIER.—Savez-vous où vous êtes, monsieur?

ORLANDO.—Oh! très-bien, monsieur : je suis ici dans votre verger.

OLIVIER.—Savez-vous devant qui vous êtes, monsieur?

ORLANDO.—Oui, je le sais mieux que celui devant qui je suis ne sait me connaître. Je sais que vous êtes mon frère aîné ; et, selon les droits du sang, vous devriez me connaître sous ce rapport. La coutume des nations veut que vous soyez plus que moi, parce que vous êtes né avant moi : mais cette tradition ne me ravit pas mon sang, y eût-il vingt frères entre nous. J'ai en moi autant de mon père que vous, bien que j'avoue qu'étant venu avant moi, vous vous êtes trouvé plus près de ses titres.

OLIVIER.—Que dites-vous, mon garçon?

ORLANDO.—Allons, allons, frère aîné, quant à cela vous êtes trop jeune.

OLIVIER.—Vilain[1], veux-tu mettre la main sur moi?

ORLANDO.—Je ne suis point un vilain : je suis le plus jeune des fils du chevalier Rowland des Bois; il était mon père, et il est trois fois vilain celui qui dit qu'un tel père engendra des vilains.—Si tu n'étais pas mon frère, je ne détacherais pas cette main de ta gorge que l'autre ne t'eût arraché la langue, pour avoir parlé ainsi; tu t'es insulté toi-même.

ADAM.—Mes chers maîtres, soyez patients : au nom du souvenir de votre père, soyez d'accord.

OLIVIER.—Lâche-moi, te dis-je.

ORLANDO.—Je ne vous lâcherai que quand il me plaira. —Il faut que vous m'écoutiez. Mon père vous a chargé, par son testament, de me donner une bonne éducation, et vous m'avez élevé comme un paysan, en cherchant à obscurcir, à étouffer en moi toutes les qualités d'un gentilhomme. L'âme de mon père grandit en moi, et je ne le souffrirai pas plus longtemps. Permettez-moi donc les exercices qui conviennent à un gentilhomme, ou bien donnez-moi le chétif lot que mon père m'a laissé par son testament, et avec cela j'irai chercher fortune.

OLIVIER.—Et que voulez-vous faire? Mendier, sans doute, après que vous aurez tout dépensé? Allons, soit, monsieur; venez; entrez. Je ne veux plus être chargé de

---

[1] Vilain, coquin et homme de basse extraction, les deux frères lui donnent chacun un sens différent.

vous : vous aurez une partie de ce que vous demandez. Laissez-moi aller, je vous prie.

ORLANDO.—Je ne veux point vous offenser au delà de ce que mon intérêt exige.

OLIVIER.—Va-t'en avec lui, toi, vieux chien.

ADAM.—*Vieux chien* : c'est donc là ma récompense!— Vous avez bien raison, car j'ai perdu mes dents à votre service. Dieu soit avec l'âme de mon vieux maître! Il n'aurait jamais dit un mot pareil.

(Orlando et Adam sortent.)

OLIVIER.—Quoi, en est-il ainsi? Commencez-vous à prendre ce ton? Je remédierai à votre insolence, et pourtant je ne vous donnerai pas mille écus.—Holà, Dennis!

(Dennis se présente.)

DENNIS.—Monsieur m'appelle-t-il?

OLIVIER.—Charles, le lutteur du duc, n'est-il pas venu ici pour me parler?

DENNIS.—Oui, monsieur; il est ici, à la porte, et il demande même avec importunité à être introduit auprès de vous.

OLIVIER. — Fais-le entrer. (*Dennis sort.*) Ce sera un excellent moyen; c'est demain que la lutte doit se faire.

(Entre Charles.)

CHARLES.—Je souhaite le bonjour à Votre Seigneurie.

OLIVIER.—Mon bon monsieur Charles, quelles nouvelles nouvelles y a-t-il à la nouvelle cour?

CHARLES.—Il n'y a de nouvelles à la cour que les vieilles nouvelles de la cour, monsieur; c'est-à-dire que le vieux duc est banni par son jeune frère le nouveau duc, et trois ou quatre seigneurs, qui lui sont attachés, se sont exilés volontairement avec lui; leurs terres et leurs revenus enrichissent le nouveau duc; ce qui fait qu'il consent volontiers qu'ils aillent où bon leur semble.

OLIVIER.—Savez-vous si Rosalinde, la fille du duc, est bannie avec son père?

CHARLES.—Oh! non, monsieur; car sa cousine, la fille du duc, l'aime à un tel point (ayant été élevées ensemble depuis le berceau), qu'elle l'aurait suivie dans son exil, ou serait morte de douleur, si elle n'avait pu la suivre. Elle est à la cour, où son oncle l'aime autant que sa propre fille, et jamais deux dames ne s'aimèrent comme elles s'aiment.

OLIVIER.—Où doit vivre le vieux duc?

CHARLES. — On dit qu'il est déjà dans la forêt des Ardennes, et qu'il a avec lui plusieurs braves seigneurs qui vivent là comme le vieux Robin Hood d'Angleterre : on assure que beaucoup de jeunes gentilshommes s'empressent tous les jours auprès de lui, et qu'ils passent les jours sans soucis, comme on faisait dans l'âge d'or.

OLIVIER.—Ne devez-vous pas lutter demain devant le nouveau duc?

CHARLES.—Oui vraiment, monsieur, et je viens vous faire part d'une chose. On m'a donné secrètement à entendre, monsieur, que votre jeune frère Orlando avait envie de venir déguisé s'essayer contre moi. Demain, monsieur, je lutte pour ma réputation, et celui qui m'échappera sans avoir quelque membre cassé, il faudra qu'il se batte bien. Votre frère est jeune et délicat, et je ne voudrais pas, par considération pour vous, lui faire aucun mal ; ce que je serai cependant forcé de faire pour mon honneur s'il entre dans l'arène. Ainsi, l'affection que j'ai pour vous m'engage à vous en prévenir, afin que vous tâchiez de le dissuader de son projet, ou que vous consentiez à supporter de bonne grâce le malheur auquel il se sera exposé; il l'aura cherché lui-même, et tout à fait contre mon inclination.

OLIVIER.—Je te remercie, Charles, de l'amitié que tu as pour moi, et tu verras que je t'en prouverai ma reconnaissance. J'avais déjà été averti du dessein de mon frère, et sous main j'ai travaillé à le faire renoncer à cette idée; mais il est déterminé. Je te dirai, Charles, que c'est le jeune homme le plus entêté qu'il y ait en France, rempli d'ambition, jaloux à l'excès des talents des autres, un traître qui a la lâcheté de tramer des complots contre moi, son propre frère. Ainsi, agis à ton gré; j'aimerais autant que tu lui brisasses la tête qu'un doigt, et tu feras bien d'y prendre garde; car si tu ne lui fais qu'un peu de mal, ou s'il n'acquiert pas lui-même un grand honneur à tes dépens, il cherchera à t'empoisonner, il te fera tomber dans quelque piége funeste, et il ne te quittera point qu'il ne t'ait fait perdre la vie de quelque façon indirecte; car je t'assure, et je ne saurais presque te le dire sans pleurer, qu'il n'y a pas un être dans le monde, aussi jeune et aussi méchant que lui. Je ne te parle de lui qu'avec la réserve d'un frère; mais si je te le disséquais tel qu'il est, je serais forcé de rougir et de pleurer, et toi tu pâlirais d'effroi.

CHARLES.—Je suis bien content d'être venu vous trouver : s'il vient demain, je lui donnerai son compte : s'il est jamais en état d'aller seul, après s'être essayé contre moi, de ma vie je ne lutterai pour le prix : et là-dessus Dieu garde Votre Seigneurie!

OLIVIER.—Adieu, bon Charles.—A présent, il me faut exciter mon jouteur : j'espère m'en voir bientôt débarrassé; car mon âme, je ne sais cependant pas pourquoi, ne hait rien plus que lui; en effet, il a le cœur noble, il est instruit sans avoir jamais été à l'école, parlant bien et avec noblesse, il est aimé de toutes les classes jusqu'à l'adoration; et si bien dans le cœur de tout le monde, et surtout de mes propres gens, qui le connaissent le mieux, que moi j'en suis méprisé. Mais cela ne durera pas : le lutteur va y mettre bon ordre. Il ne me reste rien à faire, qu'à exciter ce garçon là-dessus, et j'y vais de ce pas.

(Il sort.)

SCÈNE II

Plaine devant le palais du duc.

ROSALINDE ET CÉLIE.

CÉLIE.—Je t'en conjure, Rosalinde, ma chère cousine, sois plus gaie.

ROSALINDE.—Chère Célie, je montre bien plus de gaieté que je n'en possède; et tu veux que j'en montre encore davantage? Si tu ne peux m'apprendre à oublier un père banni, renonce à vouloir m'apprendre à me souvenir d'une grande joie.

CÉLIE.—Ah! je vois bien que tu ne m'aimes pas aussi tendrement que je t'aime ; car si mon oncle, ton père, au lieu d'être banni, avait au contraire banni ton oncle, le duc mon père, pourvu que tu fusses restée avec moi, mon amitié pour toi m'aurait appris à prendre ton père pour le mien ; et tu en ferais autant, si la force de ton amitié égalait celle de la mienne.

ROSALINDE.—Eh bien! je veux tâcher d'oublier ma situation, pour me réjouir de la tienne.

CÉLIE.—Tu sais que mon père n'a que moi d'enfants; il n'y a pas d'apparence qu'il en ait jamais d'autre ; et certainement à sa mort tu seras son héritière; tout ce qu'il a enlevé de force à ton père, je te le rendrai par affection; sur mon honneur, je le ferai, et que je devienne un monstre s'il m'arrive d'enfreindre ce serment! Ainsi, ma charmante Rose, ma chère Rose, sois gaie.

ROSALINDE.—Je le serai désormais, cousine ; je veux imaginer quelque amusement. Voyons, que penses-tu de faire l'amour?

CÉLIE.—Oh! ma chère, je t'en prie, fais de l'amour un jeu ; mais ne va pas aimer sérieusement aucun homme, et même par amusement ne va jamais si loin que tu ne puisses te retirer en honneur et sans rougir.

ROSALINDE.—Eh bien! à quoi donc nous amuserons-nous?

CÉLIE.—Asseyons-nous, et par nos moqueries dérangeons de son rouet cette bonne ménagère, la Fortune, afin qu'à l'avenir ses dons soient plus également partagés[1].

ROSALINDE.—Je voudrais que cela fût en notre pouvoir, car ses bienfaits sont souvent bien mal placés, et la bonne aveugle fait surtout de grandes méprises dans les dons qu'elle distribue aux femmes.

---

[1] Nous avons déjà vu, dans *Antoine et Cléopâtre*, que Shakspeare donne un rouet à la Fortune et en fait une ménagère.

CÉLIE.—Oh! cela est bien vrai ; car celles qu'elle fait belles, elle les fait rarement vertueuses, et celles qu'elle fait vertueuses, elle les fait en général bien laides.

ROSALINDE.—Mais, cousine, tu passes de l'office de la Fortune à celui de la Nature. La Fortune est la souveraine des dons de ce monde, mais elle ne peut rien sur les traits naturels.

(Entre Touchstone.)

CÉLIE.—Non?... Lorsque la Nature a formé une belle créature, la Fortune ne peut-elle pas la faire tomber dans le feu ? Et, bien que la Nature nous ait donné de l'esprit pour railler la Fortune, cette même fortune envoie cet imbécile pour interrompre notre entretien.

ROSALINDE. — En vérité, la Fortune est trop cruelle envers la Nature, puisque la Fortune envoie l'enfant de la nature pour interrompre l'esprit de la nature.

CÉLIE.—Peut-être n'est-ce pas ici l'ouvrage de la Fortune, mais celui de la Nature elle-même, qui, s'apercevant que notre esprit naturel est trop épais pour raisonner sur de telles déesses, nous envoie cet imbécile pour notre pierre à aiguiser[1], car toujours la stupidité d'un sot sert à aiguiser l'esprit.—Eh bien ! homme d'esprit, où allez-vous ?

TOUCHSTONE.—Maîtresse, il faut que vous veniez trouver votre père.

CÉLIE.—Vous a-t-on fait le messager?

TOUCHSTONE.—Non, sur mon honneur ; mais on m'a ordonné de venir vous chercher.

ROSALINDE.—Où avez-vous appris ce serment, fou?

TOUCHSTONE.—D'un certain chevalier, qui jurait sur son honneur que les beignets étaient bons, et qui jurait encore sur son honneur que la moutarde ne valait rien : moi, je soutiendrai que les beignets ne valaient rien, et que la moutarde était bonne, et cependant le chevalier ne faisait pas un faux serment.

---

[1] Célie et Rosalinde jouent sur le sens du mot *Touchstone*, qui veut dire pierre à aiguiser ou pierre de touche. Les *clowns* du théâtre anglais sont des bouffons, des *graciosi*; il ne faut pas les confondre avec les fous en titre.

CÉLIE.—Comment prouverez-vous cela, avec toute la masse de votre science?

ROSALINDE.—Allons, voyons, démuselez votre sagesse.

TOUCHSTONE. — Avancez-vous toutes deux, caressez-vous le menton, et jurez par votre barbe que je suis un fripon[1].

CÉLIE.—Par notre barbe, si nous en avions, tu es un fripon.

TOUCHSTONE.—Et moi, je jurerais par ma friponnerie, si j'en avais, que je suis un fripon; mais si vous jurez par ce qui n'est pas, vous ne faites pas de faux serment; aussi le chevalier n'en fît pas davantage, lorsqu'il jura par son honneur, car il n'en eut jamais, ou s'il en avait eu, il l'avait perdu à force de serments, longtemps avant qu'il vît ces beignets ou cette moutarde.

CÉLIE.—Dis-moi, je te prie, de qui tu veux parler?

TOUCHSTONE.—De cet homme que le vieux Frédéric, votre père, aime tant.

CÉLIE.—L'amitié de mon père suffit pour l'honorer : en voilà assez; ne parle plus de lui; tu seras fouetté un de ces jours pour tes moqueries.

TOUCHSTONE.—C'est une grande pitié, que les fous ne puissent dire sagement ce que les sages font follement.

CÉLIE.—Par ma foi, tu dis vrai; car, depuis que le peu d'esprit qu'ont les fous[2] a été condamné au silence, le peu de folie des gens sages se montre extraordinairement.—Voici monsieur Le Beau.

(Entre Le Beau.)

ROSALINDE.—Avec la bouche pleine de nouvelles.

CÉLIE.—Qu'il va dégorger sur nous, comme les pigeons donnent à manger à leurs petits.

ROSALINDE.—Alors nous serons farcies de nouvelles.

CÉLIE.—Tant mieux, nous n'en trouverons que plus de chalands. Bonjour, monsieur Le Beau; quelles nouvelles?

LE BEAU.—Belle princesse, vous avez perdu un grand plaisir.

---

[1] On trouve une phrase équivalente dans *Gargantua*.

[2] Tôt ou tard la vérité devait déplaire à la cour, même dans la bouche des fous.

CÉLIE.—Du plaisir! de quelle couleur?

LE BEAU.—De quelle couleur, madame? Que voulez-vous que je vous réponde?

ROSALINDE. — Au gré de votre esprit et du hasard.

TOUCHSTONE.—Ou comme le voudront les décrets de la destinée.

CÉLIE. — Très-bien dit : voilà qui est maçonné avec une truelle[1].

TOUCHSTONE.— Ma foi, si je ne garde pas mon rang[2]...

ROSALINDE.—Tu perds ton ancienne ancienne odeur.

LE BEAU. — Vous me troublez, mesdames; je voulais vous faire le récit d'une belle lutte que vous n'avez pas eu le plaisir de voir.

ROSALINDE. — Dites-nous toujours l'histoire de cette lutte.

LE BEAU.—Je vous en dirai le commencement; et si cela plaît à Vos Seigneuries, vous pourrez en voir la fin; car le plus beau est encore à faire, et ils viennent l'exécuter précisément dans l'endroit où vous êtes.

CÉLIE. — Eh bien! le commencement, qui est mort et enterré?

LE BEAU.—Arrive un vieillard avec ses trois fils.

CÉLIE.—Je pourrais trouver ce début-là à un vieux conte.

LE BEAU.—Trois jeunes gens de belle taille et de bonne mine...

ROSALINDE.—Avec des écriteaux à leur cou[3] portant : « On fait à savoir par ces présentes, à tous ceux à qui il appartiendra... »

LE BEAU.—L'aîné des trois a lutté contre Charles, le lutteur du duc : Charles, en un instant, l'a renversé, et lui a cassé trois côtes; de sorte qu'il n'y a guère d'espérance qu'il survive. Il a traité le second de même, et le troisième aussi. Ils sont étendus ici près; le pauvre vieillard, leur père, fait de si tristes lamentations à côté

---

[1] Grossièrement, expression proverbiale.
[2] *Rank*, rang et *rance*, équivoque.
[3] *Bill*, pertuisane, *billet*, écriteau. L'équivoque roule sur la double signification du mot.

d'eux, que tous les spectateurs le plaignent en pleurant.

ROSALINDE. — Hélas !

TOUCHSTONE. — Mais, monsieur, quel est donc l'amusement que les dames ont perdu?

LE BEAU. — Hé! celui dont je parle.

TOUCHSTONE. — Voilà donc comme les hommes deviennent plus sages de jour en jour! C'est la première fois de ma vie que j'aie jamais entendu dire que de voir briser des côtes était un amusement pour les dames.

CÉLIE. — Et moi aussi, je te le proteste.

ROSALINDE. — Mais y en a-t-il encore d'autres qui brûlent d'envie de voir déranger ainsi l'harmonie de leurs côtes? Y en a-t-il un autre qui se passionne pour le jeu de *brise-côte*[1]. — Verrons-nous cette lutte, cousine?

LE BEAU. — Il le faudra bien, mesdames, si vous restez où vous êtes ; car c'est ici l'arène que l'on a choisie pour la lutte, et ils sont prêts à l'engager.

CÉLIE. — Ce sont sûrement eux qui viennent là-bas : restons donc, et voyons-la.

(Fanfares. — Entrent le duc Frédéric, les seigneurs de sa cour, Orlando, Charles et suite.)

FRÉDÉRIC. — Avancez : puisque le jeune homme ne veut pas se laisser dissuader, qu'il soit téméraire à ses risques et périls.

ROSALINDE. — Est-ce là l'homme?

LE BEAU. — Lui-même, madame.

CÉLIE. — Hélas! il est trop jeune ; il a cependant l'air de devoir remporter la victoire.

FRÉDÉRIC. — Quoi! vous voilà, ma fille, et vous aussi ma nièce? Vous êtes-vous glissées ici pour voir la lutte?

ROSALINDE. — Oui, monseigneur, si vous voulez nous le permettre.

FRÉDÉRIC. — Vous n'y prendrez pas beaucoup de plaisir, je vous assure : il y a une si grande inégalité de forces entre les deux hommes! Par pitié pour la jeunesse de l'agresseur, je voudrais le dissuader ; mais il ne veut pas

---

[1] Côtes rompues, musique rompue, analogie entre la flûte inégale de Pan, et la disposition anatomique des côtes.

écouter mes instances. Parlez-lui, mesdames; voyez si vous pourrez le toucher.

CÉLIE.—Faites-le venir ici, mon cher monsieur Le Beau.

FRÉDÉRIC.—Oui, appelez-le; je ne veux pas être présent.
(Il se retire à l'écart.)

LE BEAU.—Monsieur l'agresseur, les princesses voudraient vous parler.

ORLANDO.—Je vais leur présenter l'hommage de mon obéissance et de mon respect.

ROSALINDE.—Jeune homme, avez-vous défié Charles le lutteur?

ORLANDO.—Non, belle princesse; il est l'agresseur général : je ne fais que venir comme les autres, pour essayer avec lui la force de ma jeunesse.

CÉLIE.—Monsieur, vous êtes trop hardi pour votre âge : vous avez vu de cruelles preuves de la force de cet homme. Si vous pouviez vous voir avec vos yeux, ou vous connaître avec votre jugement, la crainte du malheur où vous vous exposez vous conseillerait de chercher des entreprises moins inégales. Nous vous prions, pour l'amour de vous-même, de songer à votre sûreté, et de renoncer à cette tentative.

ROSALINDE.—Rendez-vous, monsieur, votre réputation n'en sera nullement lésée : nous nous chargeons d'obtenir du duc que la lutte n'aille pas plus loin.

ORLANDO.—Je vous supplie, mesdames, de ne pas me punir par une opinion désavantageuse : j'avoue que je suis très-coupable de refuser quelque chose à d'aussi généreuses dames; mais accordez-moi que vos beaux yeux et vos bons souhaits me suivent dans l'essai que je vais faire. Si je suis vaincu, la honte n'atteindra qu'un homme qui n'eut jamais aucune gloire : si je suis tué, il n'y aura de mort que moi, qui en serais bien aise : je ne ferai aucun tort à mes amis, car je n'en ai point pour me pleurer; ma mort ne sera d'aucun préjudice au monde, car je n'y possède rien ; je n'y occupe qu'une place, qui pourra être mieux remplie, quand je l'aurai laissée vacante.

ACTE I, SCÈNE II.

ROSALINDE.—Je voudrais que le peu de force que j'ai fût réunie à la vôtre.

CÉLIE.—Et la mienne aussi pour augmenter la sienne.

ROSALINDE.—Portez-vous bien ! fasse le ciel que je sois trompée dans mes craintes pour vous !

ORLANDO.—Puissiez-vous voir exaucer tous les désirs de votre cœur !

CHARLES.—Allons, où est ce jeune galant, qui est si jaloux de coucher avec sa mère la terre?

ORLANDO.—Le voici tout prêt, monsieur; mais il est plus modeste dans ses vœux que vous ne dites.

FRÉDÉRIC.—Vous n'essayerez qu'une seule chute?

CHARLES.—Non, monseigneur, je vous le garantis; si vous avez fait tous vos efforts pour le détourner de tenter la première, vous n'aurez pas à le prier d'en risquer une seconde.

ORLANDO.—Vous comptez bien vous moquer de moi après la lutte; vous ne devriez pas vous en moquer avant; mais voyons; avancez.

ROSALINDE.—O jeune homme, qu'Hercule te seconde !

CÉLIE.—Je voudrais être invisible, pour saisir ce robuste adversaire par la jambe.

(Charles et Orlando luttent.)

ROSALINDE.—O excellent jeune homme !

CÉLIE.—Si j'avais la foudre dans mes yeux, je sais bien qui des deux serait terrassé.

FRÉDÉRIC.—Assez, assez.

(Charles est renversé, acclamations.)

ORLANDO.—Encore, je vous en supplie, monseigneur; je ne suis pas encore en haleine.

FRÉDÉRIC.—Comment te trouves-tu, Charles?

LE BEAU.—Il ne saurait parler, monseigneur.

FRÉDÉRIC.—Emportez-le. (*A Orlando.*) Quel est ton nom, jeune homme?

ORLANDO.—Orlando, monseigneur, le plus jeune des fils du chevalier Rowland des Bois.

FRÉDÉRIC.—Je voudrais que tu fusses le fils de tout autre homme : le monde tenait ton père pour un homme honorable, mais il fut toujours mon ennemi : cet exploit que tu viens de faire m'aurait plu bien davantage, si tu descendais d'une autre maison. Mais, porte-toi bien, tu es un brave jeune homme; je voudrais que tu te fusses dit d'un autre père!

(Frédéric sort avec sa suite et Le Beau.)

CÉLIE.—Si j'étais mon père, cousine, en agirais-je ainsi?

ORLANDO.—Je suis plus fier d'être le fils du chevalier Rowland, le plus jeune de ses fils, et je ne changerais pas ce nom pour devenir l'héritier adoptif de Frédéric.

ROSALINDE.—Mon père aimait le chevalier Rowland comme sa propre âme, et tout le monde avait pour lui les sentiments de mon père : si j'avais su plus tôt que ce jeune homme était son fils, je l'aurais conjuré en pleurant plutôt que de le laisser s'exposer ainsi.

CÉLIE.—Allons, aimable cousine, allons le remercier et l'encourager. Mon cœur souffre de la dureté et de la jalousie de mon père. — Monsieur, vous méritez des applaudissements universels; si vous tenez aussi bien vos promesses en amour que vous venez de dépasser ce que vous aviez promis, votre maîtresse sera heureuse.

ROSALINDE, *lui donnant la chaîne qu'elle avait à son cou.*
—Monsieur, portez ceci en souvenir de moi, d'une jeune fille disgraciée de la fortune, et qui vous donnerait davantage, si sa main avait des dons à offrir.—Nous retirons-nous, cousine?

CÉLIE.—Oui.—Adieu, beau gentilhomme.

ORLANDO.—Ne puis-je donc dire : je vous remercie! Tout ce qu'il y avait de mieux en moi est renversé, ce qui reste devant vous n'est qu'une quintaine[1], un bloc sans vie.

ROSALINDE.—Il nous rappelle : mon orgueil est tombé avec ma fortune. Je vais lui demander ce qu'il veut.— Avez-vous appelé, monsieur? monsieur, vous avez lutté

---

[1] Quintaine, poteau fiché en plaine auquel on suspendait un bouclier qui servait de but aux javelots, ou aux lances, dans les joutes :

Lassé enfin de servir au peuple de quintaine.

à merveille, et vous avez vaincu plus que vos ennemis.

CÉLIE.—Voulez-vous venir, cousine?

ROSALINDE.—Allons, du courage. Portez-vous bien.

(Rosalinde et Célie sortent.)

ORLANDO.—Quelle passion appesantit donc ma langue? Je ne peux lui parler, et cependant elle provoquait l'entretien. (*Le Beau rentre.*) Pauvre Orlando, tu as renversé un Charles et quelque être plus faible te maîtrise.

LE BEAU.—Mon bon monsieur, je vous conseille, en ami, de quitter ces lieux. Quoique vous ayez mérité de grands éloges, les applaudissements sincères et l'amitié de tout le monde, cependant telles sont maintenant les dispositions du duc qu'il interprète contre vous tout ce que vous avez fait : le duc est capricieux; enfin, il vous convient mieux à vous de juger ce qu'il est, qu'à moi de vous l'expliquer.

ORLANDO.—Je vous remercie, monsieur; mais, dites-moi, je vous prie, laquelle de ces deux dames, qui assistaient ici à la lutte, était la fille du duc?

LE BEAU.—Ni l'une ni l'autre, si nous les jugeons par le caractère : cependant la plus petite est vraiment sa fille, et l'autre est la fille du duc banni, détenue ici par son oncle l'usurpateur, pour tenir compagnie à sa fille; elles s'aiment, l'une et l'autre, plus que deux sœurs ne peuvent s'aimer. Mais je vous dirai que, depuis peu, ce duc a pris sa charmante nièce en aversion, sans aucune autre raison, que parce que le peuple fait l'éloge de ses vertus, et la plaint par amour pour son bon père. Sur ma vie, l'aversion du duc contre cette jeune dame éclatera tout à coup.—Monsieur, portez-vous bien; par la suite, dans un monde meilleur que celui-ci, je serai charmé de lier une plus étroite connaissance avec vous, et d'obtenir votre amitié.

ORLANDO.—Je vous suis très-redevable : portez-vous bien. (*Le Beau sort.*) Il faut donc que je tombe de la fumée dans le feu[1]. Je quitte un duc tyran pour rentrer sous un frère tyran : mais, ô divine Rosalinde!...

(Il sort.)

---

[1] *From the smoke into the smother*, de la fumée dans l'étouffoir.

SCÈNE III

Appartement du palais.

Entrent CÉLIE ET ROSALINDE.

CÉLIE.—Quoi, cousine! quoi, Rosalinde!—Amour, un peu de pitié! Quoi, pas un mot!

ROSALINDE.—Pas un mot à jeter à un chien [1].

CÉLIE.—Non; tes paroles sont trop précieuses pour être jetées aux roquets, mais jettes-en ici quelques-unes; allons, estropie-moi avec de bonnes raisons.

ROSALINDE.—Alors il y aurait deux cousines d'enfermées, l'une serait estropiée par des raisons [2], et l'autre folle sans aucune raison.

CÉLIE.—Mais tout ceci regarde-t-il votre père?

ROSALINDE.—Non; il y en a une partie pour le père de mon enfant [3].—Oh! que le monde de tous les jours est rempli de ronces!

CÉLIE.—Ce ne sont que des chardons, cousine, jetés sur toi par jeu dans la folie d'un jour de fête: mais si nous ne marchons pas dans les sentiers battus, ils s'attacheront à nos jupons.

ROSALINDE.—Je les secouais bien de ma robe; mais ces chardons sont dans mon cœur.

CÉLIE.—Chasse-les en faisant: hem! hem!

ROSALINDE.—J'essayerais, s'il ne fallait que dire hem et l'obtenir.

CÉLIE.—Allons, allons, il faut lutter contre tes affections.

ROSALINDE.—Oh! elles prennent le parti d'un meilleur lutteur que moi!

---

[1] Expression proverbiale.

[2] *Lame me with reasons*, rends-moi boiteuse par de bonnes raisons.
On a dernièrement voulu prouver par ces mots que Shakspeare était boiteux en traduisant: *Prouvez-moi que je suis boiteux*. On a compté combien de fois le mot *lame* était dans ses œuvres; et chaque fois a été une preuve.

[3] Mon futur époux.

CÉLIE.—Que le ciel te protége! Tu essayeras, avec le temps, en dépit d'une chute.—Mais laissons là toutes ces plaisanteries, et parlons sérieusement : est-il possible que tu tombes aussi subitement et aussi éperdument amoureuse du plus jeune des fils du vieux chevalier Rowland?

ROSALINDE.—Le duc mon père aimait tendrement son père.

CÉLIE.—S'ensuit-il de là que tu doives aimer tendrement son fils? D'après cette logique, je devrais le haïr; car mon père haïssait son père : cependant je ne hais point Orlando.

ROSALINDE.—Non, je t'en prie, pour l'amour de moi, ne le hais pas.

CÉLIE.—Pourquoi le haïrai-je? N'est-il pas rempli de mérite?

ROSALINDE.—Permets donc que je l'aime pour cette raison; et toi, aime-le parce que je l'aime.—Mais regarde, voilà le duc qui vient.

CÉLIE.—Avec des yeux pleins de courroux.

(Frédéric entre avec des seigneurs de la cour.)

FRÉDÉRIC.—Hâtez-vous, madame, de partir et de vous retirer de notre cour.

ROSALINDE.—Moi, mon oncle?

FRÉDÉRIC.—Vous, ma nièce; et si dans dix jours vous vous trouvez à vingt milles de notre cour, vous mourrez.

ROSALINDE.—Je supplie Votre Altesse de permettre que j'emporte avec moi la connaissance de ma faute. Si je me comprends moi-même, si mes propres désirs me sont connus, si je ne rêve pas ou si je ne suis pas folle, comme je ne crois pas l'être, alors, cher oncle, je vous proteste que jamais je n'offensai Votre Altesse, pas même par une pensée à demi conçue.

FRÉDÉRIC.—Tel est le langage de tous les traîtres; si leur justification dépendait de leurs paroles, ils seraient aussi innocents que la grâce même : qu'il vous suffise de savoir que je me méfie de vous.

ROSALINDE.—Votre méfiance ne suffit pas pour faire de moi une perfide. Dites-moi quels sont les indices de ma trahison?

FRÉDÉRIC.—Tu es fille de ton père, et c'est assez.

ROSALINDE.—Je l'étais aussi lorsque Votre Altesse s'est emparée de son duché ; je l'étais, lorsque Votre Altesse l'a banni. La trahison ne se transmet pas comme un héritage, monseigneur ; ou si elle passait de nos parents à nous, qu'en résulterait-il encore contre moi? Mon père ne fut jamais un traître : ainsi, mon bon seigneur, ne me faites pas l'injustice de croire que ma pauvreté soit de la perfidie.

CÉLIE.—Cher souverain, daignez m'entendre.

FRÉDÉRIC.—Oui, Célie, c'est pour l'amour de vous que nous l'avons retenue ici ; autrement, elle aurait été rôder avec son père.

CÉLIE.—Je ne vous priai pas alors de la retenir ici ; vous suivîtes votre bon plaisir et votre propre pitié : j'étais trop jeune dans ce temps-là pour apprécier tout ce qu'elle valait ; mais maintenant je la connais ; si elle est une traîtresse, j'en suis donc une aussi, nous avons toujours dormi dans le même lit, nous nous sommes levées au même instant, nous avons étudié, joué, mangé ensemble, et partout où nous sommes allées, nous marchions toujours comme les cygnes de Junon, formant un couple inséparable.

FRÉDÉRIC.—Elle est trop rusée pour toi ; sa douceur, son silence même, et sa patience, parlent au peuple qui la plaint. Tu es une folle, elle te vole ton nom ; tu auras plus d'éclat, et tes vertus brilleront davantage lorsqu'elle sera partie ; n'ouvre plus la bouche ; l'arrêt que j'ai prononcé contre elle est ferme et irrévocable ; elle est bannie.

CÉLIE.—Prononcez donc aussi, monseigneur, la même sentence contre moi ; car je ne saurais vivre séparée d'elle.

FRÉDÉRIC.—Vous êtes une folle.—Vous, ma nièce, faites vos préparatifs ; si vous passez le temps fixé, je vous jure, sur mon honneur et sur ma parole solennelle, que vous mourrez.

(Frédéric sort avec sa suite.)

CÉLIE.—O ma pauvre Rosalinde, où iras-tu? Veux-tu que nous changions de pères? Je te donnerai le mien.

Je t'en conjure, ne sois pas plus affligée que je ne le suis.

ROSALINDE.—J'ai bien plus sujet de l'être.

CÉLIE.—Tu n'en as pas davantage, cousine; console-toi, je t'en prie : ne sais-tu pas que le duc m'a bannie, moi, sa fille?

ROSALINDE.—C'est ce qu'il n'a point fait.

CÉLIE.—Non, dis-tu? Rosalinde n'éprouve donc pas cet amour qui me dit que toi et moi sommes une? Quoi! on nous séparera? Quoi! nous nous quitterions, douce amie? non, que mon père cherche une autre héritière. Allons, concertons ensemble le moyen de nous enfuir; voyons où nous irons et ce que nous emporterons avec nous; ne prétends pas te charger seule du fardeau, ni supporter seule tes chagrins, et me laisser à l'écart : car, tu peux dire tout ce que tu voudras, mais je te jure, par ce ciel qui paraît triste de notre douleur, que j'irai partout avec toi.

ROSALINDE.—Mais où irons-nous?

CÉLIE.—Chercher mon oncle.

ROSALINDE.—Hélas! de jeunes filles comme nous! quel danger ne courrons-nous pas en voyageant si loin? La beauté tente les voleurs, encore plus que l'or.

CÉLIE.—Je m'habillerai avec des vêtements pauvres et grossiers et je me teindrai le visage avec une espèce de terre d'ombre; fais-en autant, nous passerons sans être remarquées, et sans exciter personne à nous attaquer.

ROSALINDE.—Ne vaudrait-il pas mieux, étant d'une taille plus qu'ordinaire, que je m'habillasse tout à fait en homme? Avec une belle et large épée à mon côté, et un épieu à la main (qu'il reste cachée dans mon cœur toute la peur de femme qui voudra!) j'aurai un extérieur fanfaron et martial, aussi bien que tant de lâches qui cachent leur poltronnerie sous les apparences de la bravoure.

CÉLIE.—Comment t'appellerai-je, lorsque tu seras un homme?

ROSALINDE.—Je ne veux pas porter un nom moindre que celui du page de Jupiter, ainsi, songe bien à m'appeler Ganymède, et toi, quel nom veux-tu avoir?

CÉLIE.—Un nom qui ait quelque rapport avec ma situation : plus de Célie ; je suis *Aliéna* [1].

ROSALINDE.—Mais, cousine, si nous essayions de voler le fou de la cour de ton père, ne servirait-il pas à nous distraire dans le voyage ?

CÉLIE.—Il me suivra, j'en réponds, au bout du monde. Laisse-moi le soin de le gagner : allons ramasser nos bijoux et nos richesses ; concertons le moment le plus propice, et les moyens les plus sûrs pour nous soustraire aux poursuites que l'on ne manquera pas de faire après mon évasion : allons, marchons avec joie... vers la liberté, et non vers le bannissement !

(Elles sortent.)

[1] *Aliena,* mot latin ; étrangère bannie.

FIN DU PREMIER ACTE.

ACTE DEUXIÈME

SCÈNE I

La forêt des Ardennes.

LE VIEUX DUC, AMIENS *et deux ou trois* SEIGNEURS *vêtus en habits de gardes-chasse.*

LE VIEUX DUC.—Eh bien ! mes compagnons, mes frères d'exil, l'habitude n'a-t-elle pas rendu cette vie plus douce pour nous que celle que l'on passe dans la pompe des grandeurs? Ces bois ne sont-ils pas plus exempts de dangers qu'une cour envieuse? Ici, nous ne souffrons que la peine imposée à Adam, les différences des saisons, la dent glacée et les brutales insultes du vent d'hiver, et quand il me pince et souffle sur mon corps, jusqu'à ce que je sois tout transi de froid, je souris et je dis : « Ce n'est pas ici un flatteur : ce sont là des conseillers qui me convainquent de ce que je suis en me le faisant sentir. » On peut retirer de doux fruits de l'adversité; telle que le crapaud horrible et venimeux, elle porte cependant dans sa tête un précieux joyau[1]. Notre vie actuelle, séparée de tout commerce avec le monde, trouve des voix dans les arbres, des livres dans les ruisseaux qui coulent, des sermons dans les pierres, et du bien en toute chose.

AMIENS.—Je ne voudrais pas changer cette vie : Votre Grâce est heureuse de pouvoir échanger les rigueurs opiniâtres de la fortune en une existence aussi tranquille et aussi douce.

---

[1] C'était une opinion reçue, du temps de Shakspeare, que la tête d'un vieux crapaud contenait une pierre précieuse. ou une perle, à laquelle on attribuait de grandes vertus.

LE VIEUX DUC.—Allons, irons-nous tuer quelque venaison? Cependant cela me fait de la peine que ces pauvres créatures tachetées, bourgeoises par naissance de cette cité déserte, voient leurs flancs arrondis percés de ces pointes fourchues dans leurs propres domaines.

PREMIER SEIGNEUR.—Aussi, monseigneur, cela chagrine beaucoup le mélancolique Jacques; il jure que vous êtes en cela un plus grand usurpateur que votre frère né l'a été en vous bannissant. Aujourd'hui, le seigneur Amiens et moi, nous nous sommes glissés derrière lui, au moment où il était couché sous un chêne, dont l'antique racine perce les bords du ruisseau qui murmure le long de ce bois; au même endroit est venu languir un pauvre cerf éperdu que le trait d'un chasseur avait blessé; et vraiment, monseigneur, le malheureux animal poussait de si profonds gémissements, que dans ses efforts la peau de ses côtés a failli crever; ensuite de grosses larmes[1] ont roulé piteusement l'une après l'autre sur son nez innocent; et dans cette attitude, la pauvre bête fauve, que le mélancolique Jacques observait avec attention, restait immobile sur le bord du rapide ruisseau, qu'elle grossissait de ses pleurs.

LE VIEUX DUC.—Mais qu'a dit Jacques? N'a-t-il point moralisé sur ce spectacle?

PREMIER SEIGNEUR.—Oh! oui, monseigneur, il a fait cent comparaisons différentes; d'abord, sur les pleurs de l'animal qui tombaient dans le ruisseau, qui n'avait pas besoin de ce superflu. « Pauvre cerf, disait-il, tu fais ton testament comme les gens du monde; tu donnes à qui avait déjà trop. » Ensuite, sur ce qu'il était là seul, isolé, abandonné de ses compagnons veloutés : « Voilà qui est bien, dit-il, le malheur sépare de nous la foule de nos compagnons. » Dans le moment, un troupeau sans souci et qui s'était rassasié dans la prairie, bondit autour de l'infortuné et ne s'arrête point pour le saluer : « Oui, disait Jacques, poursuivez, gras et riches citoyens; c'est

---

[1] Dans l'ancienne matière médicale, les larmes du cerf mourant étaient réputées jouir d'une vertu miraculeuse.

la mode : pourquoi vos regards s'arrêteraient-ils sur ce pauvre malheureux, qui est ruiné et perdu sans ressource ? » C'est ainsi que Jacques, par les plus violentes invectives, attaquait la campagne, la ville, la cour, et même la vie que nous menons ici, jurant que nous étions de vrais usurpateurs, des tyrans et pis encore, d'effrayer les animaux et de les tuer dans le lieu même que la nature leur avait assigné pour patrie et pour demeure.

LE VIEUX DUC.—Et l'avez-vous laissé dans cette méditation?

SECOND SEIGNEUR.—Oui, monseigneur, nous l'avons laissé pleurant et faisant des dissertations sur le cerf qui sanglotait.

LE VIEUX DUC.—Montrez-moi l'endroit; j'aime à être aux prises avec lui, lorsqu'il est dans ces accès d'humeur; car alors il est plein d'idées.

SECOND SEIGNEUR.—Je vais, monseigneur, vous conduire droit à lui.

SCÈNE II

Appartement du palais du duc usurpateur.

FRÉDÉRIC *entre avec des* SEIGNEURS *de sa suite.*

FRÉDÉRIC.—Est-il possible que personne ne les ait vues? Cela ne peut pas être : quelques traîtres de ma cour sont d'intelligence avec elles.

PREMIER SEIGNEUR.—Je ne puis découvrir personne qui l'ait aperçue. Les dames, chargées de sa chambre, l'ont vue le soir au lit, et le lendemain, de grand matin, elles ont trouvé le lit vide du trésor qu'il renfermait, leur maîtresse.

SECOND SEIGNEUR.—Monseigneur, on ne trouve pas non plus le paysan peu gracieux [1] dont Votre Altesse avait coutume de s'amuser si souvent. Hespérie, la fille d'honneur de la princesse, avoue qu'elle a entendu secrètement votre fille et sa cousine vantant beaucoup les

---

[1] *Roynish* du mot français *rogneux.*

bonnes qualités et les grâces du lutteur qui a vaincu dernièrement le robuste Charles, et elle croit qu'en quelque endroit que ces dames soient allées, ce jeune homme est sûrement avec elles.

FRÉDÉRIC.—Envoyez chez son frère; ramenez ici ce galant; s'il n'y est pas, amenez-moi son frère, je le lui ferai bien trouver; allez-y sur-le-champ, et ne vous lassez point de continuer les démarches et les perquisitions, jusqu'à ce que vous m'ayez ramené ces folles échappées.
(Ils sortent.)

SCÈNE III

Devant la maison d'Olivier.

Entrent ORLANDO ET ADAM, *qui se rencontrent.*

ORLANDO.—Qui est là?

ADAM.—Quoi! c'est vous, mon jeune maître? O mon cher maître! ô mon doux maître! ô vous, image vivante du vieux chevalier Rowland! Quoi! que faites-vous ici? Ah! pourquoi êtes-vous vertueux? pourquoi les gens vous aiment-ils? pourquoi êtes-vous bon, fort et vaillant? pourquoi avez-vous été assez imprudent pour vouloir vaincre le nerveux lutteur du capricieux duc? Votre gloire vous a trop tôt devancé dans cette maison. Ne savez-vous pas, mon maître, qu'il est des hommes pour qui toutes leurs qualités deviennent autant d'ennemis? Voilà tout le fruit que vous retirez des vôtres; vos vertus, mon cher maître, sont pour vous autant de traîtres, sous une forme sainte et céleste. Oh! quel monde est celui-ci, où ce qui est louable empoisonne celui qui le possède!

ORLANDO.—Quoi donc? de quoi s'agit-il?

ADAM.—O malheureux jeune homme, ne franchissez pas ce seuil; l'ennemi de tout votre mérite habite sous ce toit : votre frère... non, il n'est pas votre frère, mais... le fils... non... pas le fils... je ne veux pas l'appeler fils... de celui que j'allais appeler son père, a appris votre gloire, et cette nuit même il se propose de brûler le logement où vous avez coutume de coucher, et vous dedans. S'il ne réussit pas dans ce projet, il trouvera d'autres moyens de vous faire périr; je l'ai entendu, par hasard, méditant son projet : ce n'est pas ici un lieu pour vous; cette maison n'est qu'une boucherie; abhorrez-la, redoutez-la, n'y entrez pas.

ORLANDO.—Mais, Adam, où veux-tu que j'aille?

ADAM.—N'importe où, pourvu que vous ne veniez pas ici.

ORLANDO.—Quoi! voudrais-tu que j'allasse mendier mon pain; ou qu'armé d'une épée lâche et meurtrière je gagnasse ma vie comme un brigand en volant sur les grands chemins? Voilà ce qu'il faut que je fasse, ou je ne sais que faire; et c'est ce que je ne ferai pas, quoique je puisse faire. J'aime mieux me livrer à la haine d'un sang dégénéré, d'un frère sanguinaire.

ADAM.—Non, ne le faites pas : j'ai cinq cents écus qui sont les pauvres gages que j'ai épargnés sous votre père; je les ai amassés pour me servir de nourrice lorsque mes membres vieillis et perclus me refuseraient le service, et que ma vieillesse méprisée serait jetée dans un coin; prenez cela; et que celui qui nourrit les corbeaux, et dont la Providence fournit à la subsistance du passereau, soit le soutien de ma vieillesse! Voilà cet or; je vous le donne tout; prenez-moi pour votre domestique : quoique je paraisse vieux, je suis encore nerveux et robuste; car, dans ma jeunesse, je n'ai jamais fait usage de ces liqueurs brûlantes qui portent le trouble dans le sang, et jamais je n'ai cherché, avec un front sans pudeur, les moyens de ruiner et d'affaiblir ma constitution; aussi ma vieillesse est comme un hiver vigoureux, froid, mais serein : laissez-moi vous suivre; je vous rendrai les services d'un homme plus jeune, dan toutes vos affaires et dans tous vos besoins.

ORLANDO.—O bon vieillard! que tu es une image fidèle de ces serviteurs constants de l'ancien temps, qui servaient par amour de leur devoir, et non pour le salaire! Tu n'es pas à la mode de ce temps-ci où personne ne travaille que pour son avancement, et où l'acquisition de ce qu'on désire fait cesser le service : tu n'en agis pas ainsi.—Mais, pauvre vieillard, tu veux tailler un arbre pourri qui ne saurait même produire une seule fleur, pour te payer de tes peines et de ta culture ; mais fais ce que tu voudras ; nous irons ensemble ; et avant que nous ayons dépensé les gages de ta jeunesse, nous trouverons quelque modeste situation où nous vivrons contents.

ADAM.—Allez, mon maître, allez, je vous suivrai jusqu'au dernier soupir avec fidélité et loyauté. J'ai vécu ici depuis l'âge de dix-sept ans jusqu'à près de quatre-vingts ; mais de ce moment, je n'y reste plus. Bien des gens cherchent fortune à dix-sept ans, mais à quatre-vingts il est trop tard. La fortune ne saurait cependant me mieux récompenser, qu'en me faisant bien mourir sans rester débiteur de mon maître.

SCÈNE IV

La forêt des Ardennes.

ROSALINDE *en habit de jeune garçon,* CÉLIE *habillée en bergère et le paysan* TOUCHSTONE.

ROSALINDE.—O dieux ! que mon cœur est las !

TOUCHSTONE.—Je m'embarrasserais fort peu de mon cœur, si mes jambes n'étaient pas lasses.

ROSALINDE.—J'aurais bonne envie de déshonorer l'habit d'homme que je porte, et de pleurer comme une femme ; mais il faut que je soutienne le vaisseau le plus faible ; c'est au pourpoint et au haut-de-chausses à montrer l'exemple du courage à la jupe ; ainsi courage donc, chère Aliéna.

CÉLIE.—Je t'en prie, supporte-moi ; je ne saurais aller plus loin.

TOUCHSTONE.—Pour moi j'aimerais mieux vous supporter que de vous porter ; je ne porterais cependant pas de *croix*[1] en vous portant ; car je ne crois pas que vous ayez d'argent dans votre bourse.

---

[1] Une espèce de monnaie marquée d'une croix ; ce mot est pour Shakspeare une source de pointes.

ROSALINDE.—Enfin, voilà donc la forêt des Ardennes.

TOUCHSTONE.—Oui, me voilà dans l'Ardenne, je n'en suis que plus sot; quand j'étais chez moi, j'étais bien mieux; mais il faut que les voyageurs soient contents de tout.

ROSALINDE.—Oui, sois content, cher Touchstone; mais qui vient ici? Un jeune homme et un vieillard en conversation sérieuse!

(Entrent Corin et Sylvius de l'autre côté du théâtre.)

CORIN.—C'est précisément là le moyen de vous faire toujours mépriser d'elle.

SYLVIUS.—O Corin! si tu savais combien je l'aime!

CORIN.—Je le devine en partie; car j'ai aimé jadis.

SYLVIUS.—Non, Corin, vieux comme tu l'es, tu ne saurais le deviner, quand même dans ta jeunesse tu aurais été le plus fidèle amant qui ait soupiré pendant la nuit sur son oreiller. Mais si jamais ton amour fut égal au mien (et je suis sûr qu'aucun homme n'aima jamais comme moi), à combien d'actions ridicules ta passion t'a-t-elle entraîné?

CORIN.—A plus de mille, que j'ai oubliées.

SYLVIUS.—Oh! tu n'as donc jamais aimé aussi tendrement que moi: si tu ne te rappelles pas jusqu'à la plus petite folie que l'amour t'a fait faire, tu n'as pas aimé: si tu ne t'es pas assis comme je le suis, fatigant celui qui t'écoutait des louanges de ta maîtresse, tu n'as pas aimé: si tu n'as pas quitté brusquement la compagnie, comme ma passion me fait quitter la tienne en ce moment, tu n'as pas aimé. O Phébé! Phébé! Phébé!

(Sylvius sort.)

ROSALINDE.—Hélas! pauvre berger! en te voyant sonder ta blessure, un sort cruel m'a fait sentir la mienne.

TOUCHSTONE.—Et moi la mienne: je me souviens que lorsque j'étais amoureux, je brisai mon épée contre une pierre en lui disant: « Voilà pour t'apprendre à rendre des visites nocturnes à Jeanne Smile; » et je me rappelle que je baisais son battoir et les mamelles des vaches que ses jolies mains gercées venaient de traire; et je me souviens encore qu'au lieu d'elle, je courtisais une tige de pois, auquel je pris deux cosses pour les lui rendre en lui disant, en pleurant des larmes[1] : « Portez ceci pour l'amour de moi. » Nous autres vrais amants, nous sommes sujets à d'étranges caprices; mais comme tout, dans la nature, est mortel, toute nature est mortellement folle en amour[2].

ROSALINDE.—Tu parles plus sagement que tu ne t'en doutes.

TOUCHSTONE.—Vraiment, jamais je ne me douterai de mon esprit que lorsque je me le serai cassé contre les os des jambes.

ROSALINDE.—O Jupiter! Jupiter! la passion de ce berger ressemble bien à la mienne.

TOUCHSTONE.—Et à la mienne aussi : mais cela devient un peu ancien pour moi.

CÉLIE.—Je vous en prie, que l'un de vous demande à cet homme-là s'il voudrait nous donner quelque nourriture pour de l'or. Je suis d'une faiblesse à mourir.

TOUCHSTONE.—Holà, vous, paysan!

ROSALINDE.—Tais-toi, sot; il n'est pas ton parent.

CORIN.—Qui appelle?

TOUCHSTONE.—Des personnes qui valent mieux que vous, l'ami.

CORIN.—Si elles ne valaient pas mieux que moi, elles seraient bien misérables.

ROSALINDE.—Paix! te dis-je;—bonsoir, l'ami!

CORIN.—Bonsoir, mon joli cavalier, ainsi qu'à vous tous.

ROSALINDE.—Je t'en prie, berger, si, par amitié ou pour de l'or, l'on peut obtenir quelques aliments dans ce désert, conduis-nous dans un endroit où nous puissions nous reposer et manger; voilà une jeune fille que le voyage a accablée de fatigue; elle est prête à défaillir de besoin.

CORIN.—Mon beau monsieur, je la plains de tout mon

---

[1] « Trait contre une expression ridicule de la Rosalinde de Lodge. » (WARBURTON.)

[2] *Mortal* est pris ici adverbialement pour *excessivement*.

cœur, et je souhaiterais, bien plus pour elle que pour moi, que la fortune m'eût mis plus en état de la soulager ; mais je ne suis qu'un berger, aux gages d'un autre homme, et je ne tonds pas pour moi les moutons que je fais paître : mon maître est d'un naturel avare, et s'embarrasse fort peu de s'ouvrir le chemin du ciel par des actes d'hospitalité. D'ailleurs, sa cabane, ses troupeaux et ses pâturages sont en vente, et son absence fait qu'il n'y a maintenant, dans notre bergerie, rien que vous puissiez manger : mais venez voir ce qu'il y a; et si ma voix y peut quelque chose, vous serez certainement bien reçus.

ROSALINDE.—Quel est celui qui doit acheter son troupeau et ses pâturages?

CORIN.—Ce jeune homme que vous avez vu ici il n'y a qu'un moment, et qui se soucie peu d'acheter quoi que ce soit.

ROSALINDE.—Si cela pouvait se faire sans blesser l'honnêteté, je te prierais d'acheter la cabane, les pâturages et le troupeau, et nous te donnerions de quoi payer le tout pour nous.

CÉLIE.—Et nous augmenterions tes gages. J'aime ces lieux, et j'y passerais volontiers ma vie.

CORIN.—Le tout est certainement à vendre : venez avec moi : si, sur ce qu'on vous en dira, le terrain, le revenu et ce genre de vie vous plaisent, j'achèterai aussitôt le tout avec votre or, et je serai votre fidèle berger.

(Ils sortent.)

SCÈNE V

AMIENS, JACQUES et *autres paraissent.*

AMIENS.

Toi qui chéris les verts ombrages,
Viens avec moi respirer en ces lieux;
Viens avec moi mêler tes chants joyeux

Aux doux concerts qui charmes ces bocages.
>On ne trouve ici
>D'autre ennemi

Que l'hiver seul, la pluie et les orages.

JACQUES.—Continuez, continuez, je vous prie, continuez.

AMIENS.—Cela vous rendrait mélancolique, monsieur Jacques.

JACQUES.—C'est ce que je veux.—Continuez, je vous en prie; continuez; je puis sucer la mélancolie d'une chanson même, comme une belette suce les œufs. Encore, je vous en prie, encore.

AMIENS.—Ma voix est rude; je sais que je ne saurais vous plaire.

JACQUES.—Je ne vous prie point de me plaire; je vous prie de chanter: allons, allons, une autre stance. Ne les appelez-vous pas *stances?*

AMIENS.—Comme vous voudrez, monsieur Jacques.

JACQUES.—Je m'embarrasse fort peu de savoir leur nom; elles ne me doivent rien. Voulez-vous chanter?

AMIENS.—Plutôt à votre prière, que pour mon plaisir.

JACQUES.—Eh bien! si jamais je remercie un homme, je vous remercierai. Mais ce qu'on appelle compliment, ressemble à la rencontre de deux magots. Et quand un homme me remercie cordialement, il me semble que je lui ai donné un sou, et qu'il me fait les remerciements d'un pauvre. Allons, chantez.—Et vous qui ne voulez pas chanter, taisez-vous.

AMIENS.—Eh bien! je vais finir ma chanson. Messieurs, pendant ce temps-là, mettez le couvert; le duc veut dîner sous cet arbre. Il vous a cherché toute la journée.

JACQUES.—Et moi, je l'ai évité toute la journée: il aime trop la dispute pour moi: je pense à autant de choses que lui, mais je rends grâce au ciel et je ne m'en glorifie pas. Allons, chantez, allons.

CHANSON.

Toi qui fuis l'éclat de la cour,

Des champs féconds préférant la parure,
Heureux des mets que t'offre la nature,
Viens habiter avec moi ce séjour.
    Dans ce bocage,
    Sous cet ombrage,
Point d'ennemi que l'hiver et l'orage.

JACQUES.—Je vais vous donner sur cet air quelques vers que j'ai faits hier en dépit de mon génie.

AMIENS.—Et je les chanterai.

JACQUES.—Les voici.

(Il chante.)

S'il arrive par hasard
Qu'un homme soit changé en âne;
Quittant son bien et son aisance
Pour suivre une volonté obstinée,
Duc dàme, duc dàme, duc dàme,
    Il trouvera ici
   D'aussi grands fous que lui
    S'il veut venir ici [1].

AMIENS.—Que signifie ce *duc ad me?*

JACQUES.—C'est une invocation grecque pour rassembler les sots dans un cercle.—Je vais dormir si je puis; si je ne peux pas dormir, je déclamerai contre tous les premiers-nés de l'Égypte[2].

AMIENS.—Et moi, je vais chercher le duc : son banquet est prêt.

(Ils sortent chacun de son côté.)

SCÈNE VI

Entrent ORLANDO ET ADAM.

ADAM.—Mon cher maître, je ne saurais aller plus loin ; eh! je me meurs de faim! Je vais me coucher ici et y

---

[1] *Duc dàme* est mis pour *duc ad me*, conduisez-moi ; allusion au refrain d'Amiens. Celui-ci n'est pas un savant, Jacques lui peut donner ce mot pour du grec, très-innocemment.

[2] « Expression proverbiale pour dire les personnes d'une haute « naissance. (JOHNSON.)

prendre la mesure de ma fosse. Adieu, mon bon maître.

ORLANDO.—Quoi, Adam! comment! tu n'as pas plus de cœur que cela? Vis encore un peu; console-toi un peu, prends un peu de cœur. S'il existe quelque bête sauvage dans cette affreuse forêt, ou je lui servirai de nourriture, ou je te l'apporterai comme nourriture : ton imagination te fait voir la mort plus près de toi qu'elle ne l'est en effet. Pour l'amour de moi, prends courage ; tiens un instant la mort à bout de bras : je suis à toi dans un moment; et si je ne t'apporte pas quelque chose à manger, alors je te permets de mourir : mais si tu meurs avant mon retour, je dirai que tu t'es moqué de mes peines.—Allons, fort bien, tu as l'air plus entrain. Je vais revenir te joindre à l'instant; mais tu es là couché à l'air glacé. Viens, je vais te porter sous quelque abri, et tu ne mourras pas faute d'un dîner, s'il y a quelque chose de vivant dans ce désert. Courage, bon Adam.

(Ils sortent.)

SCÈNE VII

Une autre partie de la forêt.

On voit une table servie, LE VIEUX DUC, AMIENS, *les* SEIGNEURS *et autres*.

LE VIEUX DUC.—Je pense qu'il est métamorphosé en bête; car je ne puis le trouver nulle part, sous la forme d'un homme.

PREMIER SEIGNEUR. — Monseigneur, il n'y a qu'un instant qu'il est parti d'ici, où il était fort gai, à écouter une chanson.

LE VIEUX DUC. — Lui, qui est tout composé de dissonances! s'il devient jamais musicien, il y aura certainement bientôt une grande discorde dans les sphères; allez le chercher; dites-lui, que je voudrais lui parler.

(Entre Jacques.)

PREMIER SEIGNEUR.—Il m'en évite la peine, en venant lui-même.

LE VIEUX DUC.—Mais comment, monsieur, quelle vie

menez-vous donc maintenant, qu'il faille que vos pauvres amis vous fassent la cour?—Mais quoi vous avez l'air gai.

JACQUES.—Un fou! un fou!... J'ai rencontré un fou dans la forêt, un fou en habit bigarré[1]. O misérable monde! Comme il est vrai que je vis de nourriture, j'ai rencontré un fou qui s'était couché par terre, se chauffait au soleil, et invitait dame Fortune, mais en bons termes et bien placés, et cependant un vrai fou qui en portait la livrée.—Bonjour, fou, lui ai-je dit.—Non, monsieur, m'a-t-il répondu, ne m'appelez pas *fou*, jusqu'à ce que le ciel m'ait envoyé la Fortune[2]. — Ensuite il a tiré un cadran de sa poche, et après l'avoir regardé d'un œil terne, il a dit très-sagement : « Il est dix heures;—c'est ainsi, a-t-il continué, que nous pouvons voir comment va le monde : il n'y a qu'une heure qu'il n'en était que neuf, et dans une heure il en sera onze ; et ainsi d'heure en heure nous mûrissons, mûrissons, et ensuite d'heure en heure nous pourrissons, pourrissons, et là finit notre histoire. » Quand j'ai entendu ce fou bigarré moraliser ainsi sur le temps, mes poumons se sont mis à chanter comme le coq, de voir des fous si profonds en morale ; et j'ai ri sans relâche, pendant une heure entière à son cadran. — O noble fou! un digne fou! Oh! un habit bigarré est le seul que l'on doive porter.

LE VIEUX DUC.—Quel est donc ce fou?

JACQUES.—Oh! le digne fou! un fou qui a été un courtisan; et il dit que, si les dames sont jeunes et belles, elles ont le don de le savoir : dans sa cervelle, qui est aussi sèche que le biscuit qui reste après un voyage, il y a d'étranges cases farcies d'observations qu'il débite par parcelles. Oh! si je pouvais être un fou! J'aspire à porter un habit bigarré.

LE VIEUX DUC.—Tu en auras un.

---

[1] *Motley fool, Motley*, bigarré, le costume des fous se rapprochait de celui des arlequins.
[2] *Fortuna favet fatuis.*

Fortuna nimiùm quem favet, stultum facit. (P. SYRUS.)

JACQUES.—C'est la seule chose que je vous demande[1], pourvu que vous arrachiez de votre cerveau la folle idée qui y est enracinée, que je suis sage. En outre, je veux avoir une liberté aussi étendue que le vent, et je veux souffler sur qui il me plaira, car les fous ont ce privilége ; et ceux qui essuieront le plus de traits de ma folie, seront obligés de rire plus que les autres : et pourquoi cela, monsieur? Le *pourquoi* est aussi simple que le chemin qui conduit à l'église de la paroisse. Celui qu'un fou pique à propos agit sottement (fût-il piqué au vif), s'il se montre sensible au lardon ; autrement la folie de l'homme sage s'expose à être anatomisée par les flèches lancées à tort et à travers par le fou. Revêtissez-moi de mon habit bigarré, donnez-moi la liberté de dire ce que je pense, et je vous jure que, si l'on veut prendre ma médecine patiemment, je purgerai à fond le corps impur de ce monde infecté.

LE VIEUX DUC.—Fi! fi donc! je puis te dire ce que tu voudrais faire.

JACQUES.—Et pour un jeton[2], que voudrais-je faire, si ce n'est du bien?

LE VIEUX DUC.—Tu commettrais, en gourmandant le péché, un péché des plus dangereux ; car toi-même tu as été un libertin aussi sensuel que l'aiguillon même de la brutalité, et tu voudrais aujourd'hui dégorger sur le monde entier tous les ulcères et tous les maux que tu as gagnés par ta licence aux pieds légers.

JACQUES.—Quoi! quel est celui qui, en censurant l'orgueil en général, peut être accusé d'en taxer quelqu'un en particulier? Ce vice ne coule-t-il pas gros comme les flots de la mer, jusqu'à ce que les vrais moyens le refoulent? Quand je dis qu'une femme de la cité porte sur ses indignes épaules la fortune des princes, quelle est celle qui peut se présenter et dire que j'entends parler d'elle, lorsque sa voisine est comme elle? ou quel est l'homme, dans l'emploi le plus vil, qui ne décèle pas la folie dont

---

[1] *'Tis my only suit. Suit,* habit et demande, requête.
[2] *What, for a counter, would I do but good?*

je l'accuse, lorsque, pensant que j'ai voulu parler de lui, il répond que sa parure n'est point à mes frais? Là donc; comment donc? Eh bien! faites-moi donc voir en quoi ma langue lui a fait du tort. Si elle lui a rendu justice, alors c'est lui qui s'est fait du tort lui-même; s'il est libre de tout reproche, alors ma satire s'envole comme une oie sauvage sans être réclamée de personne. Mais qui vient ici?

(Orlando entre brusquement, l'épée nue.)

ORLANDO.—Arrêtez et cessez de manger.

JACQUES.—Quoi! je n'ai pas encore commencé.

ORLANDO.—Et tu ne commenceras pas avant que le besoin soit servi.

JACQUES.—De quelle espèce est donc ce coq-là?

LE VIEUX DUC.—Est-ce la nécessité, jeune homme, qui te rend si audacieux, ou est-ce par un grossier mépris des bonnes manières que tu te montres si dépourvu de civilité?

ORLANDO.—Vous avez touché mon mal tout d'abord. C'est le poignant aiguillon d'un extrême besoin qui m'a enlevé les douces apparences de la civilité : j'ai cependant été élevé dans l'intérieur du pays, et j'ai reçu quelque éducation : mais laissez cela, vous dis-je : il meurt celui de vous qui touchera à ce fruit avant que moi et mes besoins soyons satisfaits.

JACQUES.—Si vous ne voulez pas que l'on vous satisfasse avec des raisons, alors il faut donc que je meure.

LE VIEUX DUC.—Que prétendez-vous? Votre douceur aura plus de force que votre force pour nous amener à la douceur.

ORLANDO.—Je vais mourir faute de nourriture : laisse-m'en prendre.

LE VIEUX DUC.—Asseyez-vous et mangez, et soyez le bienvenu à notre table.

ORLANDO.—Vous me parlez si doucement? En ce cas, pardonnez-moi, je vous prie; j'ai cru qu'ici tout était sauvage; voilà ce qui m'a fait prendre la rude apparence du commandement. Mais qui que vous soyez, qui dans ce désert inaccessible, à l'ombre de ce feuillage mélancolique, perdez et négligez les heures glissantes du temps, si jamais vous vîtes des jours plus heureux, si jamais vous avez habité des lieux où le son des cloches vous appelât à l'église ; si jamais vous vous êtes assis à la table d'un homme vertueux ; si jamais vous avez essuyé une larme sur vos paupières ; si vous savez enfin ce que c'est que de plaindre et que d'être plaint, que la douceur soit ma seule violence. Dans cet espoir, je rougis et je cache mon épée.

LE VIEUX DUC.—Il est vrai que nous avons vu des jours plus heureux ; le son des cloches sacrées nous a appelés à l'église ; nous nous sommes assis à la table d'hommes vertueux ; nous avons essuyé nos yeux baignés de larmes que faisait couler une sainte pitié : ainsi asseyez-vous paisiblement, et disposez à votre gré de ce que nous pouvons avoir à offrir à vos besoins.

ORLANDO.—Eh bien ! alors attendez encore un moment pour manger, tandis que, comme la biche, je vais chercher mon faon pour lui donner à manger. A quelques pas d'ici, il y a un pauvre vieillard qui, conduit par l'amitié pure, a traîné après moi ses pas inégaux : il est accablé de deux maux cruels, l'âge et la faim. Je ne goûterai à rien jusqu'à ce qu'il soit rassasié.

LE VIEUX DUC.—Allez le chercher ; nous ne toucherons à rien avant votre retour.

ORLANDO.—Je vous remercie ; que le ciel vous bénisse pour vos généreux secours.

(Il sort.)

LE VIEUX DUC.—Tu vois que nous ne sommes pas seuls malheureux ; ce vaste théâtre de l'univers offre de plus tristes spectacles que cette scène où nous jouons notre rôle.

JACQUES.—Le monde entier est un théâtre, et les hommes et les femmes ne sont que des acteurs ; ils ont leurs entrées et leurs sorties. Un homme, dans le cours de sa vie, joue différents rôles ; et les actes de la pièce sont les sept âges[1]. Dans le premier, c'est l'enfant, vagis-

---

[1] « Anciennement, il y avait des pièces divisées en sept actes. » (WARBURTON.)

sant, bavant dans les bras de sa nourrice. Ensuite l'écolier, toujours en pleurs, avec son frais visage du matin et son petit sac, rampe, comme le limaçon, à contre-cœur jusqu'à l'école. Puis vient l'amoureux, qui soupire comme une fournaise et chante une ballade plaintive qu'il a adressée au sourcil de sa maîtresse. Puis le soldat, prodigue de jurements étranges et barbu comme le léopard[1], jaloux sur le point d'honneur, emporté, toujours prêt à se quereller, cherchant la renommée, cette bulle de savon, jusque dans la bouche du canon. Après lui, c'est le juge au ventre arrondi, garni d'un bon chapon, l'œil sévère, la barbe taillée d'une forme grave; il abonde en vieilles sentences, en maximes vulgaires; et c'est ainsi qu'il joue son rôle. Le sixième âge offre un maigre Pantalon[2] en pantoufles, avec des lunettes sur le nez et une poche de côté : les bas bien conservés de sa jeunesse se trouvent maintenant beaucoup trop vastes pour sa jambe ratatinée; sa voix, jadis forte et mâle, revient au fausset de l'enfance, et ne fait plus que siffler d'un ton aigre et grêle. Enfin le septième et dernier âge vient finir cette histoire pleine d'étranges événements; c'est la seconde enfance, état d'oubli profond où l'homme se trouve sans dents, sans yeux, sans goût, sans rien.

(Orlando revient avec Adam.)

LE VIEUX DUC. — Soyez le bienvenu! Déposez votre vénérable fardeau, et qu'il mange.

ORLANDO. — Je vous remercie surtout pour lui.

ADAM. — Vous faites bien de remercier pour moi; car je puis à peine parler pour vous remercier moi-même.

LE VIEUX DUC. — Vous êtes les bienvenus, mettez-vous à l'œuvre : je ne vous dérangerai point en ce moment pour vous questionner sur vos aventures. — Faites-nous un peu de musique, cher cousin; chantez-nous quelque chose.

---

[1] Chaque profession avait jadis une forme de barbe particulière. La barbe du juge différait de celle du soldat.

[2] *Allusion* au personnage de la comédie italienne, appelé *il Pantalone*, le seul qui joue son rôle en pantoufles.

(On joue un air.)

AMIENS *chante*

Souffle, souffle vent d'hiver;
Tu n'es pas si cruel
Que l'ingratitude de l'homme.
Ta dent n'est pas si pénétrante,
Car tu es invisible
Quoique ton souffle soit rude [1]
Hé! ho! chante; hé! ho! dans le houx vert;
La plupart des amis sont des hypocrites et la plupart des
      Allons ho! hé! le houx!   [amants des fous
Cette vie est joviale.

Gèle, gèle, ciel rigoureux,
Ta morsure est moins cruelle
Que celle d'un bienfait oublié.
Quoique tu enchaînes les eaux,
Ton aiguillon n'est pas si acéré
Que celui de l'oubli d'un ami.
Hé! ho! chante, etc., etc.

LE VIEUX DUC.—S'il est vrai que vouz soyez le fils du bon chevalier Rowland, ainsi qu'on vous l'a entendu dire ingénument tout bas, et ainsi que tout me l'annonce; car il respire dans tous vos traits, et votre visage est son portrait vivant; soyez vraiment le bienvenu ici; je suis le duc qui aimait votre père. Venez dans ma grotte me raconter la suite de vos aventures; et toi, bon vieillard, tu es le bienvenu comme ton maître.—Soutenez-le par le bras. (*A Orlando.*) Donnez-moi votre main, et faites-moi connaître toutes vos aventures.

(Ils sortent.)

---

[1] Le sens de ces vers a beaucoup tourmenté les commentateurs, et reste encore inexplicable : combien de chansons anglaises (et même combien de françaises) ne sont que des mots *avec rime et sans raison!*

FIN DU SECOND ACTE.

ACTE TROISIÈME

SCÈNE I

Appartement du palais.

Entrent FRÉDÉRIC, OLIVIER, SEIGNEURS *et suite.*

FRÉDÉRIC.—Quoi! ne l'avoir point vu depuis? Monsieur, monsieur, cela ne peut pas être; et si la clémence ne dominait pas en moi, toi, présent, je n'irais pas chercher un objet absent pour ma vengeance : mais songes-y bien ; trouve ton frère, en quelque endroit qu'il soit ; cherche-le aux flambeaux ; je te donne un an pour me l'amener mort ou vif ; sinon ne reparais plus pour vivre sur notre territoire. Jusqu'à ce que tu puisses te justifier, par la bouche de ton frère, des soupçons que nous avons contre toi, nous saisissons dans nos mains les terres et tout ce que tu peux avoir de propriétés qui vaille la peine d'être saisi.

OLIVIER.—Oh! si Votre Altesse pouvait lire dans mon cœur! Jamais je n'aimai mon frère de ma vie.

FRÉDÉRIC.—Tu n'en es qu'un plus grand scélérat.—Allons, qu'on le mette à la porte, et que mes officiers chargés de ces affaires procèdent à l'estimation de sa maison et de ses terres : qu'on le fasse sans délai, et qu'il tourne les talons.

(Ils sortent.)

SCÈNE II

La forêt.

ORLANDO *entre avec un panier à la main.*

ORLANDO.—Restez-là suspendus, mes vers, pour attester mon amour, et toi, reine de la nuit, à la triple couronne, du haut de ta pâle sphère, abaisse tes chastes regards sur le nom de ta belle chasseresse, qui règne sur ma vie. O Rosalinde! ces arbres seront mes tablettes, et je veux graver mes pensées sur leur écorce, afin que tous les yeux qui jetteront leurs regards sur cette forêt, rencontrent partout les témoignages de ta vertu. Cours, Orlando, grave sur chaque arbre : *La belle, la chaste, l'inexprimable Rosalinde!*

(Il sort.)
(Entrent Corin et le bouffon Touchstone.)

CORIN.—Et comment trouvez-vous cette vie de berger, monsieur Touchstone?

TOUCHSTONE.—Franchement, berger, par elle-même, c'est une bonne vie; mais en ce que c'est une vie de berger, c'est une pauvre vie. En ce qu'elle est solitaire, je l'aime beaucoup; mais en ce qu'elle est retirée, c'est une misérable vie : ensuite, par rapport à ce qu'on la passe dans les champs, elle me plaît assez; mais en ce qu'on ne la passe pas à la cour, elle est ennuyeuse. Comme vie frugale, voyez-vous, elle convient beaucoup à mon humeur; mais en ce qu'il n'y a pas plus d'abondance, elle contrarie beaucoup mon estomac; y a-t-il en toi un peu de philosophie, berger?

CORIN.—Ce que j'en ai se borne à savoir que plus on est malade plus on est mal à son aise; et que celui qui n'a ni argent, ni moyens, ni contentement, manque de trois bons amis; que la propriété de la pluie est de mouiller, et celle du feu de brûler; que les bons pâturages engraissent les brebis; et qu'une des grandes causes de la nuit, c'est l'absence du soleil; que celui qui n'a rien reçu de l'esprit, ni de la nature, ni de l'art, peut se plaindre d'avoir reçu une mauvaise éducation, ou vient d'une famille très-sotte.

TOUCHSTONE.—Un homme qui raisonne comme toi est un philosophe naturel. As-tu jamais vécu à la cour, berger?

CORIN.—Non, vraiment.

TOUCHSTONE.—Alors, tu es damn

CORIN.—Non pas, j'espere.

TOUCHSTONE.—Oh! tu seras sûrement damné, comme un œuf qui n'est cuit que d'un côté [1].

CORIN.—Pour n'avoir pas été à la cour? Dites-moi donc votre raison.

TOUCHSTONE.—Eh bien! si tu n'as jamais été à la cour, tu n'as jamais vu les bonnes manières; si tu n'as jamais vu les bonnes manières, alors tes manières sont nécessairement mauvaises; et ce qui est mauvais est péché, et le péché mène à la damnation : tu es dans une situation dangereuse, berger.

CORIN.—Pas du tout, Touchstone : les belles manières de la cour sont aussi ridicules à la campagne que les usages de la campagne sont risibles à la cour. Vous m'avez dit qu'on ne se saluait pas à la cour, mais qu'on se baisait les mains. Cette courtoisie ne serait pas propre, si les courtisans étaient des bergers.

TOUCHSTONE.—Une preuve; vite, allons, une preuve.

CORIN.—Eh bien! nous touchons nos brebis à tout instant, et leur toison, vous le savez, est grasse.

TOUCHSTONE.—Eh bien! les mains de nos courtisans ne suent-elles pas? et la graisse de mouton n'est-elle pas aussi saine que la sueur de l'homme? Mauvaise raison, mauvaise raison : une meilleure, allons.

CORIN.—En outre nos mains sont rudes.

TOUCHSTONE.—Eh bien! vos lèvres ne les sentiront que plus tôt. Encore une mauvaise raison : allons, une autre plus solide.

CORIN.—Et elles sont souvent goudronnées avec les drogues de nos brebis; et voudriez-vous que nous baisassions du goudron? Les mains des courtisans sont parfumées de civette.

TOUCHSTONE.—Pauvre esprit; tu n'es qu'une chair à vers, comparée à un bon morceau de viande. Allons, apprends du sage, et réfléchis; la civette est d'une plus

---

[1] Johnson dit ne pas comprendre cette réponse.
Steevens cite un proverbe qui dit qu'un fou est celui qui fait le mieux cuire un œuf parce qu'il le tourne toujours ; et Touchstone semble vouloir faire entendre qu'un homme qui n'a pas vécu à la cour n'a qu'une demi-éducation.

basse extraction que le goudron : la civette n'est que l'impure excrétion d'un chat. Trouve une meilleure preuve, berger.

CORIN.—Vous avez l'esprit trop raffiné pour moi : je veux me reposer.

TOUCHSTONE.—Tu veux te reposer, étant damné? Dieu veuille t'éclairer, homme borné, car tu es bien ignorant! Dieu veuille te faire une incision [1]! Tu es bien novice.

CORIN.—Monsieur, je ne suis qu'un simple journalier; je gagne ce que je mange, j'achète ce que je porte; je ne dois de haine à personne, je n'envie le bonheur de personne; je suis bien aise de la bonne fortune des autres, patient dans ma peine, et mon plus grand orgueil est de voir mes brebis paître, et mes agneaux teter.

TOUCHSTONE.—Voilà encore un autre péché d'imbécile dont vous vous rendez coupable, en élevant ensemble les brebis et les béliers, en vous offrant à gagner votre vie par l'accouplement du bétail, en servant d'entremetteur aux désirs du bélier qui a la sonnette au cou, et en prostituant la brebis d'un an à un vieux débauché de bélier aux cornes crochues, qui n'est point du tout raisonnablement son fait. Si tu n'es pas damné pour cela, c'est que le diable lui-même ne veut pas de bergers; autrement, je ne vois pas comment tu pourras échapper.

CORIN.—Voilà le jeune monsieur Ganymède, le frère de ma nouvelle maîtresse.

SCÈNE III

ROSALINDE, TOUCHSTONE

ROSALINDE *paraît, lisant un papier.*

Depuis l'Orient jusqu'aux Indes-Occidentales,
Nul joyau n'égale Rosalinde,
Tous les vents portent sur leur ailes
Le mérite de Rosalinde dans tout l'univers.

---

[1] « Expression proverbiale pour dire : *faire comprendre.* » (WARBURTON.)

ACTE III, SCÈNE III.

> Les portraits les plus parfaits
> Sont noirs à côté de Rosalinde :
> Ne pensons à d'autre beauté
> Qu'à celle de Rosalinde.

TOUCHSTONE.—Je vous rimerai comme cela, pendant huit ans entiers, en exceptant cependant les heures du dîner, du souper et du sommeil : c'est précisément ainsi que riment les marchandes de beurre en allant au marché[1].

ROSALINDE.—Retire-toi, sot.

TOUCHSTONE.—Pour essayer.

> Si un cerf a besoin d'une biche,
> Qu'il cherche Rosalinde ;
> Si la chatte court après le chat,
> Ainsi fera Rosalinde.
> Les vêtements d'hiver doivent être doublés,
> Et de même la mince Rosalinde :
> Ceux qui moissonnent doivent lier et mettre en
> Et puis dans la charrette avec Rosalinde.   [gerbe
> La plus douce noix a une écorce amère,
> Cette noix, c'est Rosalinde.
> Celui qui veut trouver une douce rose,
> Trouve l'épine d'amour et Rosalinde.

C'est là la fausse allure des vers. Pourquoi vous empoisonner de pareille poésie ?

ROSALINDE.—Tais-toi, sot de fou, je les ai trouvés sur un arbre.

TOUCHSTONE.—Eh bien ! c'est un arbre qui produit de mauvais fruits.

ROSALINDE.—Je veux t'enter sur lui, et ce sera le greffer avec un néflier[2]. Ce sera le fruit le plus précoce du pays, car tu seras pourri avant d'être à demi mûr, et c'est la vertu du néflier.

TOUCHSTONE.—Vous avez prononcé ; mais si vous avez bien ou mal jugé, que la forêt en décide.

(Entre Célie, lisant un écrit.)

---

[1] Ce sont les vers cités par Horace dont on sait deux sens, *stans pede in uno*.

[2] Équivoque sur *medlar* et *medler*, *néflier* et *entremetteur*.

ROSALINDE.—Paix, voilà ma sœur qui vient, elle lit; tiens-toi à l'écart.

CÉLIE, *lisant un écrit en vers.*

Pourquoi ce désert serait-il silencieux?
Serait-ce par ce qu'il n'est pas habité? Non;
Je suspendrai à chaque arbre des langues
Qui parleront le langage des cités.
Les unes diront combien la courte vie de l'homme
Finit rapidement les erreurs de son pèlerinage,
Que l'espace d'une palme
Embrasse la somme de sa durée:
D'autres montreront les serments violés
Entre les cœurs de deux amis;
Mais sur les plus beaux rameaux,
Ou à la fin de chaque sentence,
J'écrirai le nom de Rosalinde,
Et j'enseignerai à tous ceux qui me liront,
Que le ciel a voulu montrer en miniature
La quintessence de tous les esprits.
Le ciel ordonna donc à la nature
De rassembler toutes les grâces dans un seul corps:
Aussitôt la nature forma les joues de roses d'Hélène,
    Mais sans son cœur;
    La majesté de Cléopâtre,
Ce qu'Atalante avait de plus précieux,
Et la modestie de la triste Lucrèce.
C'est ainsi que le conseil céleste décida
Que Rosalinde serait formée de plusieurs belles;
Et que de plusieurs visages, de plusieurs yeux,
    Et de plusieurs cœurs,
Elle ne posséderait que les traits les plus prisés.
Le ciel a voulu qu'elle ait tous ces dons,
Et que moi, je vive et meure son esclave.

ROSALINDE.—O bon Jupiter! — Comment avez-vous pu fatiguer vos paroissiens d'une si ennuyeuse homélie d'amour, sans jamais crier : Prenez patience, bonnes gens!

CÉLIE.—Eh! vous êtes là, espions? Berger, retirez-vous un peu : et vous, drôle, suivez-le.

TOUCHSTONE.—Allons, berger, faisons une retraite honorable : si nous n'emportons sac et bagage, nous en avons du moins quelque chose[1].

(Corin et Touchstone sortent.)

CÉLIE.—As-tu entendu ces vers?

ROSALINDE.—Oh! oui, je les ai entendus, et plus encore : car quelques-uns d'eux avaient plus de pieds que les vers n'en doivent porter.

CÉLIE.—Peu importe; les pieds pouvaient porter les vers.

ROSALINDE.—Oui ; mais les pieds étaient boiteux et ne pouvaient se supporter eux-mêmes sans les vers. Voilà pourquoi ils boitaient dans les vers.

CÉLIE. — Mais les as-tu entendus sans te demander comment ton nom se trouvait gravé sur ces arbres, et d'où y venaient ces vers ?

ROSALINDE.—J'avais déjà passé sept jours de surprise sur neuf avant que tu fusses venue; car vois ce que j'ai trouvé sur un palmier[2] : on n'a jamais tant rimé sur mon compte depuis le temps de Pythagore, alors que j'étais un rat d'Irlande[3] ; ce dont je me souviens à peine.

CÉLIE.—Devineriez-vous qui a fait cela ?

ROSALINDE.—Est-ce un homme ?

CÉLIE.—Un homme ayant au cou une chaîne que vous avez portée jadis. Vous changez de couleur?

ROSALINDE.—Qui, je t'en prie?

CÉLIE.—O seigneur! seigneur! il est bien difficile que des amis se rencontrent ; mais les montagnes peuvent être déplacées par des tremblements de terre, et se retrouver.

ROSALINDE.—Mais, de grâce, qui est-ce ?

CÉLIE.—Est-il possible?

ROSALINDE.—Oh! je t'en prie maintenant avec la plus grande instance, dis-moi qui c'est.

CÉLIE.—O merveilleux, merveilleux, et très-merveilleu-

---

[1] *Though not not with bag and baggage, yet with scrip and scrippage.*

[2] Tout à l'heure nous trouverons une lionne dans cette même forêt des Ardennes, Shakspeare se souciait fort peu de la vérité historique.

[3] On croyait tuer les rats en Irlande avec un charme en vers.

sement merveilleux, et encore merveilleux au delà de toute espérance!

ROSALINDE. —O ma rougeur! penses-tu, quoique je sois caparaçonnée comme un homme, que j'aie le pourpoint et le haut-de-chausses dans dans mon caractère? Une minute de délai de plus est un voyage dans la mer du Sud. Je t'en prie, dis-moi qui c'est? Promptement, et parle vite : je voudrais que tu fusses bègue, afin que le nom de cet homme caché pût échapper de ta bouche malgré toi, comme le vin sort d'une bouteille dont le col est étroit : trop à la fois ou rien du tout. Ote le liége qui te ferme la bouche, que je puisse boire ces nouvelles.

CÉLIE. —Tu pourrais donc mettre un homme dans ton ventre?

ROSALINDE. —Est-il formé de la main de Dieu? quelle sorte d'homme est-ce? sa tête est-elle digne d'un chapeau, son menton d'une barbe?

CÉLIE. —Ah! il a la barbe très-courte.

ROSALINDE. —Eh bien! Dieu lui en enverra une plus longue, s'il est reconnaissant. J'attendrai patiemment sa croissance, pourvu que tu ne différes pas de me faire connaître le menton qui la porte,

CÉLIE. —C'est le jeune Orlando, qui, au même instant, vainquit le lutteur et votre cœur.

ROSALINDE. —Allons, au diable tes plaisanteries! parle d'un ton sérieux et en fille modeste.

CÉLIE. —De bonne foi, cousine, c'est lui-même.

ROSALINDE. —Orlando?

CÉLIE. —Orlando.

ROSALINDE. —Hélas! que ferai-je de mon pourpoint et de mon haut-de-chausses? — Que faisait-il, lorsque tu l'as vu? qu'a-t-il dit? quel air avait-il? où est-il allé? qu'est-il venu faire ici? m'a-t-il demandée? où demeure-t-il? comment t'a-t-il quittée, et quand le reverras-tu? Réponds-moi en un seul mot.

CÉLIE. —Il faut d'abord que vous empruntiez pour moi la bouche de Gargantua[1]; ce mot que vous me demandez

---

[1] On se rappelle que Gargantua avala un jour cinq pèlerins, bourdons et tout, dans une salade.

est trop gros pour aucune bouche de ce temps-ci : répondre à la fois *oui* et *non* à toutes ces questions, est une tâche plus difficile que de répondre au catéchisme.

ROSALINDE.—Mais sait-il que je suis dans cette forêt, et a-t-il aussi bonne mine que le jour où il a lutté?

CÉLIE.—Il est aussi aisé d'énumérer les atomes que de résoudre les questions d'une amante : mais prends une idée de la manière dont je l'ai rencontré, et savoures-en bien tout le plaisir. Je l'ai trouvé sous un arbre, comme un gland tombé.

ROSALINDE.—On peut bien appeler ce chêne l'arbre de Jupiter, s'il en tombe de pareils fruits.

CÉLIE.—Donnez-moi audience, ma bonne dame.

ROSALINDE.—Continue.

CÉLIE.—Il était étendu là comme un chevalier blessé!

ROSALINDE.—Quoique ce soit une pitié de voir un pareil spectacle, dans cette attitude il devait être charmant.

CÉLIE.—Crie holà à ta langue, je t'en prie ; elle fait des courbettes qui sont bien hors de saison. Il était armé en chasseur.

ROSALINDE.—O mauvais présage! Il vient pour percer mon cœur.

CÉLIE.—Je voudrais chanter ma chanson sans refrain, tu me fais toujours sortir du ton.

ROSALINDE.—Ne sais-tu pas que je suis femme? Quand je pense, il faut que je parle : poursuis, ma chère.

CÉLIE.—Vous me faites perdre le fil de mon récit. Doucement, n'est-ce pas lui qui vient ici?

(Entrent Orlando et Jacques.)

ROSALINDE.—C'est lui-même ; sauvons-nous, et remarquons-le bien.

(Célie et Rosalinde se retirent.)

JACQUES.—Je vous remercie de votre compagnie ; mais en vérité j'aurais autant aimé être seul.

ORLANDO.—Et moi aussi ; mais cependant, pour la forme, je vous remercie aussi de votre compagnie.

JACQUES.—Que Dieu soit avec vous! Ne nous rencontrons que le plus rarement que nous pourrons.

ORLANDO.—Je souhaite que nous devenions, l'un pour

l'autre, encore plus étrangers que nous ne sommes.

JACQUES.—Ne gâtez plus les arbres, je vous prie, en écrivant des chansons d'amour sur leurs écorces.

ORLANDO.—Ne gâtez plus mes vers, je vous en prie, en les lisant d'aussi mauvaise grâce.

JACQUES.—Rosalinde est le nom de votre maîtresse?

ORLANDO.—Oui, précisément.

JACQUES.—Je n'aime pas son nom.

ORLANDO.—On ne songeait guère à vous plaire, lorsqu'elle fut baptisée.

JACQUES.—De quelle taille est-elle?

ORLANDO.—Toute juste aussi haute que mon cœur.

JACQUES.—Vous êtes plein de jolies réponses. N'auriez-vous pas connu les femmes de quelques orfèvres, et ne leur auriez-vous pas escamoté leurs bagues?

ORLANDO.—Pas du tout.—Mais je vous réponds en vrai style de toile peinte[1]; c'est là que vous avez étudié les questions que vous me faites.

JACQUES.—Vous avez un esprit bien agile, je crois qu'il est fait des talons d'Atalante. Voulez-vous vous asseoir avec moi et nous déclamerons tous deux contre nos maîtresses, contre le monde et notre mauvaise fortune?

ORLANDO.—Je ne veux censurer aucun être vivant dans le monde, que moi seul à qui je connais le plus de défauts.

JACQUES.— Le plus grand défaut que vous ayez est d'être amoureux.

ORLANDO.—C'est un défaut que je ne changerais pas contre votre plus belle vertu. Je suis las de vous.

JACQUES.—Par ma foi, je cherchais un fou quand je vous ai trouvé.

ORLANDO.—Il est noyé dans le ruisseau : tenez, regardez dans l'eau, et vous l'y verrez[2].

JACQUES.—J'y verrai ma propre figure.

ORLANDO.—Que je prends pour celle d'un fou, ou d'un zéro en chiffre.

---

[1] Tapisseries à personnages de la bouche desquels sortaient des sentences imprimées.

[2] Y a-t-il longtemps que tu n'as vu la figure d'un sot? Puisque mes yeux te servent si bien de miroir. (*Mariage de Figaro.*)

JACQUES.—Je ne reste pas plus longtemps avec vous, bon signor l'Amour.

ORLANDO.—Je suis charmé de votre départ : adieu, bon monsieur la Mélancolie.

(Célie et Rosalinde s'avancent.)

ROSALINDE.—Je veux lui parler du ton d'un valet impertinent, et sous cet habit jouer avec lui le rôle d'un vaurien. (*A Orlando.*) Holà, garde-chasse, m'entendez-vous ?

ORLANDO.—Très-bien : que voulez-vous ?

ROSALINDE.—Que dit l'horloge, je vous prie ?

ORLANDO.—Vous devriez plutôt me demander à quelle heure du jour nous sommes, il n'y a pas d'horloge dans la forêt.

ROSALINDE.—Il n'y a alors pas de vrais amants dans la forêt ; autrement, les soupirs qu'ils pousseraient à chaque minute, les gémissements qu'on entendrait à chaque heure marqueraient les pas paresseux du temps aussi bien qu'une horloge.

ORLANDO.—Et pourquoi ne dites-vous pas les pas légers du temps ? Cette expression n'aurait-elle pas été aussi convenable ?

ROSALINDE.—Point du tout, monsieur : le temps chemine d'un pas différent, selon la différence des personnes : je vous dirai, moi, avec qui le temps va l'amble, avec qui il trotte, avec qui il galope et avec qui il s'arrête.

ORLANDO.—Voyons : dites-moi, je vous prie, avec qui il trotte ?

ROSALINDE.—Vraiment, il va le grand trot avec la jeune fille, depuis le jour de son contrat de mariage, jusqu'au jour qu'il est célébré : quand l'intervalle ne serait que de sept jours, le pas du temps est si pénible, qu'il semble durer sept ans.

ORLANDO.—Avec qui le temps va-t-il l'amble ?

ROSALINDE.—Avec un prêtre qui ne sait pas le latin, et avec un homme riche qui n'a pas la goutte : le premier dort tranquillement, parce qu'il n'étudie pas ; et le second mène une vie joyeuse, parce qu'il ne sent aucune peine :

l'un est exempt du fardeau d'une stérile science, et l'autre ne connaît pas le fardeau d'une ennuyeuse et accablante indigence. Voilà les gens pour qui le temps va l'amble.

ORLANDO.—Avec qui va-t-il au galop?

ROSALINDE.—Avec un voleur que l'on conduit au gibet : quoiqu'il aille aussi doucement que ses pieds puissent se poser, il croit arriver toujours trop tôt.

ORLANDO.—Et avec qui le temps s'arrête-t-il?

ROSALINDE.—Avec les avocats en vacations, car ils dorment d'un terme à l'autre, et alors ils ne s'aperçoivent pas comme le temps chemine.

ORLANDO.—Où demeurez-vous, beau jeune homme?

ROSALINDE. -- Avec cette bergère, ma sœur, ici sur les bords de cette forêt, comme une frange sur un jupon.

ORLANDO.—Êtes-vous native de cet endroit?

ROSALINDE.—Comme le lapin que vous voyez habiter le terrier où sa mère l'enfanta.

ORLANDO.—Il y a dans votre accent quelque chose de plus fin, que vous n'auriez pu l'acquérir dans un séjour si retiré.

ROSALINDE.—Plusieurs personnes me l'ont déjà répété ; mais à dire vrai, j'ai appris à parler d'un vieil oncle religieux, qui dans sa jeunesse vécut dans le monde, et qui connut trop bien la galanterie, car il devint amoureux. Je lui ai entendu faire bien des sermons contre l'amour, et je remercie Dieu de n'être pas née femme, pour n'être pas exposée à toutes les folies et aux étourderies dont il accusait tout le sexe en général.

ORLANDO.—Vous rappelleriez-vous quelques-uns des principaux défauts qu'il imputait aux femmes ?

ROSALINDE.—Il n'y en avait point de principaux ; ils se ressemblaient tous comme des pièces de deux liards ; chaque défaut lui paraissait monstrueux, jusqu'à ce qu'un autre défaut vint faire le pendant.

ORLANDO.—Nommez-moi, je vous prie, quelques-uns de ces défauts.

ROSALINDE.—Non ; je ne veux faire usage de mon remède que sur ceux qui sont malades. Il y a un homme qui parcourt la forêt et qui gâte nos jeunes arbres, en gravant *Rosalinde* sur leur écorce; il suspend des odes sur l'aubépine, et des élégies sur les ronces; et toutes déifient le nom de Rosalinde. Si je pouvais rencontrer ce fou, je lui donnerais quelques bons conseils; car il paraît avoir la fièvre quotidienne d'amour.

ORLANDO.—Je suis cet homme, si tourmenté par l'amour; enseignez-moi, de grâce, votre remède.

ROSALINDE.—Il n'y a en vous aucun des symptômes décrits par mon oncle; il m'a appris à reconnaître un homme amoureux, et je suis sûr que vous n'êtes point un oiseau pris à ce trébuchet.

ORLANDO.—Quels étaient ces symptômes?

ROSALINDE.—Une joue maigre, que vous n'avez pas; un œil cerné et enfoncé, que vous n'avez pas; un esprit taciturne, que vous n'avez pas; une barbe négligée, que vous n'avez pas; mais cela, je vous le pardonne; car ce que vous avez de barbe n'est que le revenu d'un frère cadet : ensuite vos bas devraient être sans jarretières, votre chapeau sans cordons, vos manches déboutonnées, vos souliers détachés; en un mot tout sur vous devrait annoncer l'insouciance et le désespoir. Mais vous n'êtes pas un pareil homme; au contraire, vous êtes plutôt tiré à quatre épingles dans vos ajustements; ce qui prouve que vous vous aimez vous-même, beaucoup plus que vous ne paraissez amoureux d'une autre personne.

ORLANDO.—Beau jeune homme, je voudrais pouvoir te faire croire que j'aime.

ROSALINDE.—Moi, le croire? Il vous est aussi aisé de le persuader à celle que vous aimez, ce dont, j'en réponds, elle conviendra bien plus aisément qu'elle n'avouera qu'elle vous aime : c'est un de ces points sur lesquels les femmes mentent toujours à leur conscience. Mais, dites-moi, de bonne foi, est-ce vous qui suspendez aux arbres ces vers qui font un si grand éloge de Rosalinde?

ORLANDO.—Je te jure, jeune homme, par la blanche main de Rosalinde, que c'est moi-même : je suis cet infortuné.

ROSALINDE.—Mais êtes-vous aussi amoureux que le disent vos rimes?

ORLANDO.—Ni rime ni raison ne sauraient exprimer tout mon amour.

ROSALINDE.—L'amour n'est qu'une pure folie, et je vous dis qu'il mérite, autant que les fous, l'hôpital et le fouet; ce qui fait qu'on ne corrige pas et qu'on ne guérit pas ainsi les amoureux, c'est que cette frénésie est si commune que les correcteurs même s'avisent aussi d'aimer : cependant je fais état de guérir l'amour par des conseils.

ORLANDO.—Avez-vous jamais guéri quelque amant de cette façon-là?

ROSALINDE.—Oui, j'en ai guéri un, et voici comment : Son régime était de s'imaginer que j'étais sa bien-aimée, sa maîtresse, et tous les jours je le mettais à me faire sa cour. Alors, prenant le caractère d'une jeune fille capricieuse, je jouais la femme chagrine, langoureuse, inconstante, remplie d'envie et de fantaisies, fière, fantasque, minaudière, sotte, volage, riant et pleurant tour à tour, affectant toutes les passions sans en sentir aucune, comme font les garçons et les filles, qui pour la plupart sont assez des animaux de cette couleur. Tantôt je l'aimais, tantôt je le détestais; tantôt je lui faisais accueil, tantôt je le rebutais; quelquefois je pleurais de tendresse pour lui, ensuite je lui crachais au visage; je fis tant, enfin, que je fis passer mon amoureux d'un violent accès d'amour à un violent accès de folie, qui consistait à détester l'univers entier, et qui l'envoya vivre dans un réduit vraiment monastique : c'est ainsi que je l'ai guéri, et par le même régime je me fais fort de laver votre foie aussi net que que le cœur d'un mouton bien sain, de façon qu'il n'y restera pas la plus petite tache d'amour.

ORLANDO. Je ne me soucie pas d'être guéri, jeune homme.

ROSALINDE.—Je vous guérirais si vous vouliez seulement consentir à m'appeler Rosalinde, à venir tous les jours à ma chaumière me faire la cour.

ORLANDO.—Oh! pour cela, je te le jure sur mon amour que j'y consens : dis-moi où tu demeures.

ROSALINDE.—Venez avec moi, et je vous le montrerai;

et, chemin faisant, vous me direz dans quel endroit de la forêt vous habitez : voulez-vous venir?

ORLANDO.—De tout mon cœur, bon jeune homme.

ROSALINDE.—Non, non, il faut que vous m'appeliez Rosalinde. (*A Célie.*) Allons, ma sœur, voulez-vous venir?

(Ils sortent.)

SCÈNE IV

Entrent TOUCHSTONE, AUDREY ET JACQUES, *qui les observe et se tient à l'écart.*

TOUCHSTONE.—Allons vite, chère Audrey; je vais chercher vos chèvres, Audrey : Eh bien, Audrey, suis-je toujours votre homme? Mes traits simples vous contentent-ils?

AUDREY.—Vos traits, Dieu nous garde! Quels traits?

TOUCHSTONE. — Je suis ici avec toi et tes chèvres, comme jadis le bon Ovide, le plus capricieux des poëtes, était parmi les Goths[1].

JACQUES, *à part.*—O science plus déplacée que Jupiter ne le serait sous un toit de chaume!

TOUCHSTONE.—Quand les vers d'un homme ne sont pas compris, et que l'esprit d'un homme n'est pas secondé par l'intelligence, enfant précoce, c'est un coup plus mortel que de voir arriver le long mémoire d'un maigre écot dans un petit cabaret : vraiment, je voudrais que les dieux t'eussent fait poétique.

AUDREY.—Je ne sais ce que c'est que *poétique* : cela est-il honnête dans le mot et dans la chose? cela a-t-il quelque vérité?

TOUCHSTONE.—Non vraiment; car la vraie poésie est la plus remplie de fictions, et les amoureux sont adonnés à la poésie; tout ce qu'ils jurent en poésie, on peut dire qu'ils le feignent comme amants.

AUDREY.—Comment pouvez-vous donc souhaiter que les dieux m'eussent fait poétique?

TOUCHSTONE.—Oui vraiment, je le souhaiterais; car tu

---

[1] *Barbarus his ego guia non intelligo illis!*

me jures que tu es honnête. Eh bien, si tu étais poëte, je pourrais avoir quelque espoir que tu feins.

AUDREY.—Est-ce que vous voudriez que je ne fusse pas honnête ?

TOUCHSTONE.—Non vraiment, à moins que tu ne fusses laide ; car l'honnêteté accouplée avec la beauté, c'est une sauce au miel pour du sucre.

JACQUES, *à part*.—Quel fou encombré de science !

AUDREY.—Eh bien ! je ne suis pas jolie ; ainsi je prie les dieux de me rendre honnête.

TOUCHSTONE.—Mais vraiment, donner de l'honnêteté à une vilaine laideron, c'est mettre un bon mets dans un plat sale.

AUDREY.—Je ne suis point vilaine, quoique je remercie les dieux d'être laide.

TOUCHSTONE —Très-bien, que les dieux soient loués de ta laideur ! viendra ensuite le tour au reste. Qu'il en soit ce qu'on voudra, je veux t'épouser ; et pour cela, j'ai vu sir Olivier Mar-Text[1], vicaire du village voisin, lequel m'a promis de se trouver dans cet endroit de la forêt, et de nous unir.

JACQUES, *à part*.—Je serais bien charmé de voir cette rencontre.

AUDREY.—Eh bien ! que les dieux nous donnent la joie !

TOUCHSTONE.—Ainsi soit-il ! Je fais là une entreprise capable de faire reculer un homme qui aurait le cœur timide ; car nous n'avons ici d'autre temple que le bois, d'autre assemblée que celle des bêtes à cornes. Mais qu'est-ce que cela fait? Courage ; si les cornes sont odieuses, elles sont nécessaires. On dit que bien des hommes ne connaissent pas l'avantage de ce qu'ils possèdent, c'est vrai.—Bien des maris en ont de bonnes et belles, et n'en connaissent pas la propriété. Eh bien ! c'est le douaire de leurs femmes ; ce n'est pas un bien qui soit des acquêts du mari.—Des cornes ! Oui, des cornes.—N'y a-t-il que les pauvres gens qui en aient? Non, non. Le plus noble cerf les porte aussi grandes que

---

[1] *Mar-Text*, gâte-texte.

le misérable.—L'homme qui vit seul est-il donc heureux? Non. Comme une ville entourée de murailles vaut mieux qu'un village, de même le front d'un homme marié est bien plus honorable que la tête nue d'un garçon. Et si l'escrime vaut mieux que la maladresse, il vaut donc mieux porter corne que de n'en pas avoir. (*Sir Olivier Mar-Text entre.*) Voilà sir [1] Olivier.—Sir Olivier Mar-Text, vous êtes le bienvenu. Voulez-vous nous expédier ici sous cet arbre, ou irons-nous avec vous à votre chapelle?

SIR OLIVIER.—N'y a-t-il ici personne pour donner la femme?

TOUCHSTONE.—Je ne veux la recevoir en don de personne.

SIR OLIVIER.—Vraiment, il faut bien que quelqu'un la donne, autrement le mariage serait irrégulier.

JACQUES *se découvre et s'avance.*—Continuez, continuez! Je la donnerai.

TOUCHSTONE.—Bonsoir, mon bon monsieur... *Comme il vous plaira.* Comment vous portez-vous, monsieur? Je suis charmé de vous avoir rencontré; Dieu vous récompense de nous avoir procuré votre nouvelle compagnie; je suis vraiment enchanté de vous voir. J'ai là un petit amusement en train, monsieur. Allons, couvrez-vous, je vous prie.

JACQUES.—Voulez-vous être marié, fou?

TOUCHSTONE.—De même, monsieur, qu'un bœuf a son joug, un cheval son frein, et le faucon ses grelots, de même un homme a ses envies; et de même que les pigeons se becquètent, de même un couple voudrait s'embrasser.

JACQUES.—Quoi! un homme de votre sorte voudrait se marier sous un buisson, comme un mendiant? Allez à l'église, et prenez un bon prêtre, qui puisse vous dire ce que c'est que le mariage. Cet homme-ci ne vous joindra ensemble qu'à peu près comme on joint une boise-

---

[1] « Celui qui a pris son premier degré à l'université est en style d'école appelé *dominus*, et en langue vulgaire *sir*. » (JOHNSON.)

rie; bientôt l'un de vous deux se trouvera être un panneau retiré et se déjettera comme du bois vert.

TOUCHSTONE, *à part*.—J'ai dans l'idée qu'il me vaudrait mieux être marié par lui plutôt que par un autre ; car il ne me paraît pas en état de me bien marier ; et n'étant pas bien marié, ce sera une bonne excuse pour moi dans la suite pour laisser là ma femme.

JACQUES.—Viens avec moi, et laisse-toi gouverner par mes conseils.

TOUCHSTONE. — Allons, chère Audrey, il faut nous marier, ou il nous faut vivre dans le libertinage. Adieu, bon monsieur Olivier ; non.—*O doux Olivier ! ô brave Olivier ! ne me laisse pas derrière toi ; mais pars, va-t'en, te dis-je, je ne veux pas aller aux épousailles avec toi.*

SIR OLIVIER.—Cela est égal ; mais jamais aucun de tous ces coquins fantasques ne me fera oublier mon ministère par ses moqueries.

(Ils sortent.)

SCÈNE V

On voit une cabane dans le bois.

Entrent ROSALINDE ET CÉLIE.

ROSALINDE.—Non, ne me parle point ; je veux pleurer.

CÉLIE.—Contente-toi, je t'en prie... Mais cependant fais-moi la grâce de considérer que les pleurs ne siéent pas à un homme.

ROSALINDE.—Mais n'ai-je pas sujet de pleurer?

CÉLIE.—Autant de sujet qu'on puisse le désirer ; ainsi pleure.

ROSALINDE.—Ses cheveux même sont d'une couleur fausse.

CÉLIE.—Ils sont un peu plus foncés que les cheveux de Judas[1] ; vraiment ses baisers sont les enfants de Judas.

ROSALINDE.—Dans le vrai, ses cheveux sont d'une bonne couleur.

---

[1] Judas avait la barbe et les cheveux roux dans les anciennes apisseries.

CÉLIE.—Une charmante couleur! Le châtain est toujours la seule couleur.

ROSALINDE.—Et ses baisers sont aussi saints, aussi chastes que le toucher d'une barbe d'ermite[1].

CÉLIE.—Il s'est procuré une paire de lèvres moulées sur celles de Diane : une froide nonne, consacrée à l'hiver, ne donne pas des baisers plus innocents; ils ont toute la glace de la chasteté même.

ROSALINDE.—Mais pourquoi a-t-il juré qu'il viendrait ce matin, et ne vient-il pas?

CÉLIE.—Non certainement, il n'y a en lui aucune fidélité.

ROSALINDE.—Le crois-tu?

CÉLIE.—Oui : je ne crois pas qu'il soit un filou ou un voleur de chevaux; mais quant à sa sincérité en amour, je pense qu'il est aussi creux qu'un gobelet couvert ou qu'une noix vermoulue.

ROSALINDE.—Il n'est pas sincère en amour?

CÉLIE.—Il peut l'être lorsqu'il est amoureux; mais je crois qu'il ne l'est pas.

ROSALINDE.—Tu l'as entendu jurer sans hésiter qu'il l'était.

CÉLIE. — *Il était* n'est pas *Il est* : d'ailleurs, le serment d'un amoureux ne vaut pas mieux que la parole d'un garçon de cabaret; l'un et l'autre affirment de faux comptes.—Il est ici dans la forêt, à la suite du duc votre père.

ROSALINDE.—J'ai rencontré hier le duc, et j'ai causé longtemps avec lui : il m'a demandé quelle était ma famille; je lui ai répondu qu'elle était aussi bonne que la sienne : il s'est mis à rire et m'a laissé aller. Mais pourquoi parlons-nous de pères lorsqu'il y a dans le monde un homme comme Orlando?

CÉLIE.—Oh! c'est un beau galant à la mode; il fait de beaux vers, il dit de belles paroles, il fait de beaux serments et les rompt de même. Il frappe tout de travers, il ne fait jamais qu'effleurer le cœur de sa maîtresse,

---

[1] Allusion aux *baisers de charité* que donnaient les ermites.

comme un faible jouteur qui ne pique son cheval que d'un côté et brise sa lance de travers comme un noble oison : mais tout ce que la jeunesse monte et ce que la folie guide est toujours beau.—Qui vient ici?

(Entre Corin).

CORIN.—Maîtresse et maître, vous avez souvent fait des questions sur ce berger qui se plaignait de l'amour, ce berger que vous avez vu assis auprès de moi sur le gazon, vantant la fière et dédaigneuse bergère qui était sa maîtresse.

CÉLIE.—Eh bien! qu'as-tu à nous dire de lui?

CORIN.—Si vous voulez voir jouer une vraie comédie entre la pâle couleur d'un amant sincère et la rougeur ardente du mépris et de l'orgueil dédaigneux, suivez-moi un peu, et je vous conduirai si vous voulez voir cela.

ROSALINDE.—Oh! venez; partons sur-le-champ; la vue des amoureux nourrit ceux qui le sont. Conduis-nous à ce spectacle; vous verrez que je jouerai un rôle actif dans leur comédie.

(Ils sortent.)

SCÈNE VI

Une autre partie de la forêt.

Entrent SYLVIUS ET PHÉBÉ.

SYLVIUS.—Charmante Phébé, ne me méprisez pas : non, ne me dédaignez pas, Phébé, dites que vous ne m'aimez pas; mais ne le dites pas avec aigreur : le bourreau même dont le cœur est endurci par la vue familière de la mort, ne laisse jamais tomber sa hache sur le cou incliné devant lui sans demander d'abord pardon au patient : voudriez-vous être plus dure que l'homme qui fait métier de répandre le sang?

(Entrent Rosalinde, Célie et Corin.)

PHÉBÉ.—Je ne voudrais pas être ton bourreau : je te quitte; car je ne voudrais pas t'offenser. Tu me dis que le meurtre est dans mes yeux; cela est joli à coup sûr et fort probable que les yeux, qui sont la chose la plus fragile et la plus douce, à qui le moindre atome fait fermer leurs portes timides, soient appelés des tyrans, des bouchers, des meurtriers. C'est maintenant que je fronce les sourcils de tout mon cœur en te regardant; et si mes yeux peuvent blesser, eh bien, puissent-ils te tuer dans ce moment! Maintenant fais semblant de t'évanouir; allons, tombe.—Si tu ne peux pas, oh! fi, fi, ne mens donc pas, en disant que mes yeux sont des meurtriers. Montre la blessure que mes yeux t'ont faite. Égratigne-toi seulement avec une épingle, et il en restera quelques cicatrices; appuie-toi seulement sur un jonc, et tu verras que ta main en gardera un moment la marque et l'empreinte : mais mes yeux, que je viens de lancer sur toi, ne te blessent pas; et, j'en suis bien sûre, il n'y a pas dans les yeux de force qui puisse faire du mal.

SYLVIUS.—O ma chère Phébé! si jamais (et ce *jamais* peut être très-prochain), si jamais, dis-je, vous éprouvez de la part de quelques joues vermeilles le pouvoir de l'Amour, vous connaîtrez alors les blessures invisibles que font les flèches aiguës de l'Amour.

PHÉBÉ.—Mais jusqu'à ce que ce moment arrive, ne m'approche pas; et quand il viendra, accable-moi de tes railleries; n'aie aucune pitié de moi, jusqu'à ce moment, je n'aurai aucune pitié de toi.

ROSALINDE *s'avance*. — Et pourquoi, je vous prie? Qui pouvait être votre mère pour que vous insultiez et que vous tyrannisiez ainsi tout à la fois les malheureux? Parce que vous avez quelque beauté, quoique je n'en voie cependant en vous pas plus qu'il n'en faut pour aller se coucher sans lumière, faut-il pour cela que vous soyez si fière et si barbare?—Quoi? que veut dire ceci? pourquoi me regardez-vous? Je ne vois rien de plus en vous, qu'un de ces ouvrages ordinaires de la nature faits à la douzaine. Eh! mais vraiment, la petite créature; je pense qu'elle a aussi envie de m'éblouir. Non, sur ma foi, ma fière demoiselle, ne vous flattez pas de cet espoir : ce ne sont point vos sourcils couleur d'encre, vos cheveux de soie noire, vos prunelles de bœuf ni vos joues de crème, qui peuvent soumettre mon cœur pour vous adorer. Et vous, sot berger, pourquoi la suivez-vous toujours, comme le midi nébuleux qui souffle le vent et la pluie? Vous êtes mille fois plus bel homme qu'elle n'est belle femme. Ce sont des imbéciles comme vous qui remplissent le monde de vilains enfants : ce n'est point son miroir, c'est vous-même qui la flattez, et c'est par vous qu'elle se voit plus belle qu'aucun de ses traits ne pourrait la représenter. Mais, mademoiselle, apprenez à vous connaître vous-même; mettez-vous à genoux, et remerciez le ciel, à jeun, de vous avoir donné l'amour d'un honnête homme; il faut que je vous le dise amicalement à l'oreille, vendez-vous quand vous pourrez, car vous n'êtes pas bonne pour les marchés. Demandez pardon à ce pauvre garçon, aimez-le, acceptez ses offres; la laideur s'enlaidit encore quand elle veut humilier les autres : ainsi, berger, prends-la pour ta femme; portez-vous bien.

PHÉBÉ.—Charmant jeune homme, grondez-moi pendant un an entier, je vous prie; j'aime mieux vous entendre gronder que celui-ci me faire la cour.

ROSALINDE.—Il est devenu amoureux des défauts de cette bergère, elle va devenir amoureuse de ma colère. —Si cela est ainsi, toutes les fois qu'elle te répondra par des regards menaçants, je la régalerai de paroles piquantes. (*A Phébé.*) Pourquoi me regardez-vous ainsi?

PHÉBÉ.—Ce n'est pas que je vous veuille aucun mal.

ROSALINDE.—Ne devenez pas amoureuse de moi, je vous prie; car je suis plus faux que les serments que l'on fait dans le vin; d'ailleurs, je ne vous aime pas. Si vous voulez savoir ma demeure, c'est à la touffe d'oliviers, ici proche. (*A Célie.*) Voulez-vous venir, ma sœur? —Berger, serre-la de près.—Allons, ma sœur.—Bergère, regardez-le d'un œil plus favorable, et ne soyez pas si fière; quoique tout le monde puisse vous voir, personne n'a cependant la vue aussi trouble que lui pour vous. Allons rejoindre notre troupeau.

(Rosalinde, Célie et Corin sortent.)

PHÉBÉ.—En vérité, berger, je trouve maintenant que

ton refrain est bien vrai. « Qui a aimé sans avoir aimé à la première vue[1]. »

SYLVIUS.—Charmante Phébé !

PHÉBÉ.—Ah ! que dis-tu, Sylvius ?

SYLVIUS.—Plains-moi, chère Phébé.

PHÉBÉ.—Mais je suis vraiment fâché pour toi, gentil Sylvius.

SYLVIUS.—Partout où est le chagrin, la consolation devrait se trouver ; si vous êtes chagrine de ma douleur en amour, donnez-moi votre amour, et alors vous n'aurez plus de chagrin, et moi, je n'aurai plus de douleur.

PHÉBÉ.—Tu as mon amour. N'est-ce pas là un trait de bon voisin ?

SYLVIUS.—Je voudrais vous posséder.

PHÉBÉ.—Ah ! cela, c'est de l'avidité. Il fut un temps, Sylvius, où je te haïssais : ce n'est pas cependant que je t'aime maintenant; mais puisque tu peux si bien discourir sur l'amour, je veux bien endurer ta compagnie, qui m'était autrefois à charge ; et aussi je saurai t'employer, mais ne demande pas d'autre récompense que le plaisir d'être employé par moi.

SYLVIUS.—Mon amour est si pur, si parfait, et moi si déshérité de toute faveur, que je croirai faire la plus abondante moisson en ramassant seulement les épis après ceux qui auront fait la récolte : ne me refusez pas de temps en temps un sourire errant, et je vivrai de cela.

PHÉBÉ.—Connais-tu le jeune homme qui m'a parlé, il y a un instant ?

SYLVIUS.—Pas trop, mais je l'ai rencontré très-souvent; c'est lui qui a acheté la cabane et les pâturages qui appartenaient au vieux Carlot.

PHÉBÉ.—Ne va pas t'imaginer que je l'aime, quoique je te fasse des questions sur lui : ce n'est qu'un jeune impertinent. Cependant il parle très-bien ; mais qu'est-ce que me font les paroles ? Cependant les paroles font bien, surtout quand celui qui les dit plait à ceux qui les enten-

---

[1] Citation d'*Hérode et Léandre*, par Marlowe.

dent : c'est un joli jeune homme ; pas très-joli ; mais à vrai dire il est bien fier, et cependant sa fierté lui sied à merveille ; il fera un bel homme ; ce qu'il y a de mieux chez lui, c'est son teint ; et si sa langue blesse, ses yeux guérissent aussitôt : il n'est pas grand, cependant il est grand pour son âge ; sa jambe est comme ça, et pourtant pas mal. Il y avait un joli vermillon sur ses lèvres ! un rouge un peu plus mûr et plus foncé que celui qui colorait ses joues ; c'était précisément la nuance qu'il y a entre une étoffe toute rouge et le damas mélangé. Il y a des femmes, Sylvius, si elles l'avaient regardé en détail, qui eussent comme j'ai fait, été bien près de devenir amoureuse de lui : pour moi, je ne l'aime ni ne le hais ; et cependant j'ai plus de sujet de le haïr que de l'aimer : car qu'avait-il à faire de me gronder ? Il a dit que mes yeux étaient noirs, que mes cheveux étaient noirs ; et, maintenant que je m'en souviens, il me témoigne du dédain. Je suis étonnée de ce que je ne lui ai pas répondu sur le même ton ; mais c'est tout un ; erreur n'est pas compte. Je veux lui écrire une lettre bien piquante, et tu la porteras : veux-tu, Sylvius ?

sylvius.—De tout mon cœur, Phébé.

phébé.—Je veux l'écrire tout de suite ; le sujet est dans ma tête et dans mon cœur ; ma lettre sera très-courte, mais bien mordante : viens avec moi, Sylvius.

(Ils sortent.)

FIN DU TROISIÈME ACTE.

ACTE QUATRIÈME

SCÈNE I

Toujours la forêt.

ROSALINDE, CÉLIE et JACQUES.

JACQUES.—Je t'en prie, joli jeune homme, faisons plus ample connaissance.

ROSALINDE.—On dit que vous êtes un homme mélancolique.

JACQUES.—Je le suis, il est vrai; j'aime mieux cela que de rire.

ROSALINDE.—Ceux qui donnent dans l'un ou l'autre extrême font des gens détestables, et s'exposent, plus qu'un homme ivre, à être la risée de tout le monde.

JACQUES.—Quoi! mais il est bon d'être triste et de ne rien dire.

ROSALINDE.—Il est bon alors d'être un poteau.

JACQUES.—Je n'ai pas la mélancolie d'un écolier, qui vient de l'émulation; ni la mélancolie d'un musicien, qui est fantasque; ni celle d'un courtisan, qui est vaniteux; ni celle d'un soldat, qui est l'ambition; ni celle d'un homme de robe, qui est politique; ni celle d'une femme, qui est frivole; ni celle d'un amoureux, qui est un composé de toutes les autres : mais j'ai une mélancolie à moi, une mélancolie formée de plusieurs ingrédients, extraite de plusieurs objets ; et je puis dire que la contemplation de tous mes voyages, dans laquelle m'enveloppe ma fréquente rêverie, est une tristesse vraiment originale.

ROSALINDE.—Vous, un voyageur! Par ma foi, vous

avez grande raison d'être triste : je crains bien que vous n'ayez vendu vos terres, pour voir celles des autres : alors, avoir beaucoup vu, et n'avoir rien, c'est avoir les yeux riches et les mains pauvres.

JACQUES.—Oui, j'ai acquis mon expérience.

(Entre Orlando.)

ROSALINDE.—Et votre expérience vous rend triste : j'aimerais mieux avoir un fou pour m'égayer, que de l'expérience pour m'attrister, et avoir voyagé pour cela.

ORLANDO.—Bonjour et bonheur, chère Rosalinde.

JACQUES, *voyant Orlando*.—Allons, que Dieu soit avec vous puisque vous parlez en vers blancs!

(Il sort.)

ROSALINDE.—Adieu, monsieur le voyageur : songez à grasseyer et à porter des habits étrangers; dépréciez tous les avantages de votre pays natal; haïssez votre propre existence, et grondez presque Dieu de vous avoir donné la physionomie que vous avez; autrement, j'aurai de la peine à croire que vous ayez voyagé dans une gondole[1].—Eh bien! Orlando, vous voilà? Où avez-vous été tout ce temps? Vous, un amoureux? S'il vous arrive de me jouer encore un semblable tour, ne reparaissez plus devant moi.

ORLANDO.—Ma belle Rosalinde, j'arrive à une heure près de ma parole.

ROSALINDE.—En amour, manquer d'une heure à sa parole! Qu'un homme divise une minute en mille parties, et qu'en affaire d'amour il ne manque à sa parole que d'une partie de la millième partie d'une minute, on pourra dire de lui que Cupidon lui a frappé sur l'épaule; mais je garantis qu'il a le cœur tout entier.

ORLANDO.—Pardon, chère Rosalinde.

ROSALINDE.—Non; puisque vous êtes si lambin, ne vous offrez plus à ma vue; j'aimerais autant être courtisée par un limaçon.

ORLANDO.—Par un limaçon?

---

[1] C'est-à-dire que vous ayez été à Venise, alors le rendez-vous de la jeunesse dissipée.

ROSALINDE.—Oui, par un limaçon ; car s'il vient lentement, il traîne sa maison sur son dos : meilleur douaire, à mon avis, que vous n'en pourrez assigner à une femme; d'ailleurs, il porte sa destinée avec lui.

ORLANDO.—Quelle destinée ?

ROSALINDE.—Quoi donc! des cornes, que des gens tels que vous sont obligés de devoir à leurs femmes; mais le limaçon vient armé de sa destinée et prévient la médisance sur le compte de sa femme.

ORLANDO.—La vertu ne donne pas de cornes et ma Rosalinde est vertueuse.

ROSALINDE.—Et je suis votre Rosalinde?

CÉLIE.—Il lui plaît de vous appeler ainsi; mais il a une Rosalinde de meilleure mine que vous.

ROSALINDE.—Allons, faites-moi l'amour, faites-moi l'amour; car je suis maintenant dans mon humeur des dimanches, et assez disposée à consentir à tout. Que me diriez-vous maintenant, si j'étais votre vraie Rosalinde?

ORLANDO.—Je vous embrasserais avant de parler.

ROSALINDE.—Non ; vous feriez mieux de parler d'abord, et ensuite, lorsque vous vous trouveriez embarrassé, faute de matière, vous pourriez profiter de cette occasion, pour donner un baiser. On voit tout les jours de très-bons orateurs cracher, lorsqu'ils perdent le fil de leur discours. Quant aux amoureux, lorsqu'ils ne savent plus que dire, le meilleur expédient pour eux, Dieu nous en préserve ! c'est d'embrasser.

ORLANDO.—Et si le baiser est refusé?

ROSALINDE.—En ce cas, vous êtes forcé de recourir aux prières, et alors commence une nouvelle matière.

ORLANDO.—Qui pourrait rester court en présence d'une maîtresse chérie?

ROSALINDE.—Vraiment, vous-même, si j'étais votre maîtresse : autrement, j'aurais plus mauvaise idée de ma vertu que de mon esprit.

ORLANDO.—Que dites-vous de ma requête?

ROSALINDE.—Ne quittez pas votre habit, mais laissez votre requête[1] ; ne suis-je pas votre Rosalinde?

[1] *Suit* habit, requête, équivoque.

ORLANDO.—J'ai quelque plaisir à dire que vous l'êtes, parce que je voudrais parler d'elle.

ROSALINDE.—Eh bien! je vous dis en sa personne, que je ne veux point de vous.

ORLANDO.—Alors il faut que je meure en ma propre personne.

ROSALINDE.—Non, vraiment, mourez par procuration : le pauvre monde a presque six mille ans, et pendant tout ce temps, il n'y a jamais eu un homme qui soit mort en personne; pour cause d'amour, s'entend. Troïlus eut la tête brisée par une massue grecque, cependant il avait fait tout ce qu'il avait pu pour mourir auparavant, et il est un des modèles d'amour. Léandre, sans l'accident d'une très-chaude nuit d'été, aurait encore vécu plusieurs belles années, quand même Héro se serait faite religieuse; car sachez, mon bon jeune homme, que Léandre ne voulait que se baigner dans l'Hellespont, mais qu'il y fut surpris par une crampe, et s'y noya; et les sots historiens de ce siècle dirent que c'était pour Héro de Sestos. Mais tout cela n'est que des mensonges; les hommes sont morts dans tous les temps, et les vers les ont mangés; mais jamais ils ne sont morts d'amour.

ORLANDO.—Je ne voudrais pas que ma vraie Rosalinde eût cette façon de penser ; car je proteste qu'un seul regard sévère pourrait me faire mourir.

ROSALINDE.—Je jure par cette main, qu'il ne ferait pas mourir une mouche : mais allons, je veux être maintenant votre Rosalinde d'une humeur plus complaisante : demandez-moi ce que vous voudrez, et je vous l'accorderai.

ORLANDO.—Eh bien ! Rosalinde, aimez-moi.

ROSALINDE.—Oui, ma foi, je veux bien ; les vendredis, les samedis et tous les jours.

ORLANDO.—Et voulez-vous m'avoir?

ROSALINDE.—Oui, et vingt comme vous.

ORLANDO.—Que dites-vous?

ROSALINDE.—N'êtes-vous pas bon à avoir?

ORLANDO.—Je l'espère.

ROSALINDE.—Eh bien! peut-on trop désirer d'une bonne

chose? (*A Célie.*) Allons, ma sœur, vous serez le prêtre, et vous nous marierez.—Donnez-moi votre main, Orlando.—Qu'en dites-vous, ma sœur?

ORLANDO, *à Célie.*—Mariez-nous, je vous prie.

CÉLIE.—Je ne sais pas dire les paroles.

ROSALINDE.—Il faut que vous commenciez ainsi : *Voulez-vous, Orlando...*

CÉLIE.—Voyons : Voulez-vous, Orlando, prendre cette Rosalinde pour épouse?

ORLANDO.—Oui.

ROSALINDE.—*Oui...* Mais... quand?

ORLANDO.—Tout à l'heure; aussitôt qu'elle pourra nous marier.

ROSALINDE.—Alors il faut que vous disiez : *Je te prends toi, Rosalinde, pour épouse.*

ORLANDO.—Rosalinde, je te prends pour épouse.

ROSALINDE.—Je pourrais vous demander vos pouvoirs; mais passons.—Je vous prends, Orlando, pour mon mari. Ici c'est une fille qui devance le prêtre, et à coup sûr la pensée d'une femme devance toujours ses actions.

ORLANDO.—Ainsi font toutes les pensées; elles ont des ailes.

ROSALINDE.—Dites-moi, maintenant, combien de temps vous voudrez l'avoir, lorsqu'une fois elle sera en votre possession?

ORLANDO.—Une éternité et un jour.

ROSALINDE.—Dites un jour, sans l'éternité. Non, non, Orlando : les hommes ressemblent au mois d'avril lorsqu'ils font l'amour, et à décembre, lorsqu'ils se marient : les filles sont comme le mois de mai tant qu'elles sont filles, mais le temps change lorsqu'elles sont femmes. Je serai plus jalouse de vous qu'un pigeon de Barbarie ne l'est de sa colombe; plus babillarde que ne l'est un perroquet à l'approche de la pluie; j'aurai plus de fantaisies qu'un singe; plus de caprices dans mes désirs qu'une guenon; je pleurerai pour rien, comme Diane dans la fontaine [1], et cela lorsque vous serez enclin à la gaieté,

---

[1] Exclamations en usage quand quelqu'un déraisonnait.

je rirai aux éclats comme une hyène, à l'instant où vous aurez envie de dormir.

ORLANDO. — Mais ma Rosalinde fera-t-elle tout cela?

ROSALINDE. — Sur ma vie, elle fera comme je ferai.

ORLANDO. — Oh! mais elle est sage.

ROSALINDE. — Autrement, elle n'aurait pas l'esprit de faire tout cela : plus une femme a d'esprit, plus elle a de caprices : fermez la porte sur l'esprit d'une femme, et il se fera jour par la fenêtre ; fermez la fenêtre, et il passera par le trou de la serrure ; bouchez la serrure, et il s'envolera par la cheminée avec la fumée.

ORLANDO. — Un homme qui aurait une femme avec un pareil esprit pourrait dire : « Esprit, où vas-tu? »

ROSALINDE. — Non, vous pourriez lui réserver cette réprimande, pour le moment où vous verriez l'esprit de votre femme aller dans le lit de votre voisin.

ORLANDO. — Et quel esprit pourrait alors avoir l'esprit de se justifier d'une telle démarche?

ROSALINDE. — Vraiment, la femme dirait qu'elle venait vous y chercher : vous ne la trouverez jamais sans réponse, à moins que vous ne la trouviez sans langue. Qu'une femme qui ne sait pas prouver que son mari est toujours la cause de ses torts ne prétende pas nourrir elle-même son enfant; car elle l'élèverait comme un sot.

ORLANDO. — Je vais vous quitter pour deux heures, Rosalinde.

ROSALINDE. — Hélas! cher amant, je ne saurais me passer de toi pendant deux heures.

ORLANDO. — Il faut que je me trouve au dîner du duc; je vous rejoindrai à deux heures.

ROSALINDE. — Oui, allez, allez où vous voudrez; je savais comment vous tourneriez; mes amis m'en avaient bien prévenue, et je n'en pensais pas moins qu'eux. Vous m'avez gagnée avec votre langue flatteuse; ce n'est qu'une femme de mise de côté : bon! — Viens, ô mort! — Deux heures est votre heure.

ORLANDO. — Oui, charmante Rosalinde.

ROSALINDE. — Sur ma parole, et très-sérieusement, et que Dieu me traite en conséquence, et par tous les jolis

ACTE IV, SCÈNE I.

serments qui ne sont pas dangereux, si vous manquez d'un iota à votre promesse, ou si vous venez une minute plus tard que votre heure, je vous prendrai pour le parjure le plus insigne, pour l'amant le plus fourbe et le plus indigne de celle que vous appelez Rosalinde, que l'on puisse trouver dans toute la bande des infidèles; ainsi songez bien à éviter mes reproches, et tenez votre promesse.

ORLANDO.—Aussi religieusement que si vous étiez vraiment ma Rosalinde : ainsi, adieu.

ROSALINDE.—Allons, le temps est le vieux juge, qui connaît de semblables délits; le temps vous jugera. Adieu.

(Orlando sort.)

CÉLIE.—Vous avez eu la sottise de déchirer notre sexe dans votre caquet amoureux : il faut que nous fassions passer votre pourpoint et votre haut-de-chausses par dessus votre tête, et que nous montrions à tout le monde ce que l'oiseau a fait à son propre nid.

ROSALINDE.—O cousine, cousine, ma jolie petite cousine! si tu savais à combien de brasses de profondeur je suis enfoncée dans l'amour; mais cela ne saurait être sondé : ma passion a un fond inconnu, comme la baie de Portugal.

CÉLIE.—Dis plutôt qu'elle est sans fond, et qu'à mesure que tu épanches ta tendresse, elle s'écoule aussitôt.

ROSALINDE.—Non, prenons pour juge de la profondeur de mon amour ce malin bâtard de Vénus, enfant engendré par la pensée, conçu par la mélancolie, et né de la folie. Que ce petit vaurien d'aveugle, qui trompe tous les yeux parce qu'il a perdu les siens, prononce lui-même.—Je te dirai, Aliéna, que je ne saurais vivre sans voir Orlando : je vais chercher un ombrage et soupirer jusqu'à son retour.

CÉLIE.—Et moi, je vais dormir.

(Elles sortent.)

SCÈNE II

Une autre partie de la forêt.

JACQUES, LES SEIGNEURS *en habits de gardes-chasse.*

JACQUES.—Quel est celui qui a tué le daim?

PREMIER SEIGNEUR.—Monsieur, c'est moi.

JACQUES.—Présentons-le au duc comme un conquérant romain; et il serait bon de placer sur sa tête les cornes du daim, pour laurier de sa victoire. Gardes-chasse, n'auriez-vous pas quelque chanson qui rendît cette idée?

SECOND SEIGNEUR.—Oui, monsieur.

JACQUES.—Chantez-la : n'importe sur quel air, pourvu qu'elle fasse du bruit.

CHANSON.

PREMIER SEIGNEUR.

Que donnerons-nous à celui qui a tué le daim?

SECOND SEIGNEUR.

Nous lui ferons porter sa peau et son bois!

PREMIER SEIGNEUR.

Ensuite conduisons-le chez lui en chantant.
Ne dédaignez point de porter la corne;
Elle servit de cimier, avant que vous fussiez né.

SECOND SEIGNEUR.

Le père de ton père la porta,
Et ton propre père l'a portée aussi.
La corne, la corne, la noble corne,
N'est pas une chose à dédaigner.

(Ils sortent.)

SCÈNE III

La forêt.

ROSALINDE ET CÉLIE.

ROSALINDE.—Qu'en pensez-vous maintenant? N'est-il pas deux heures passées? et voyez comme Orlando se trouve ici?

CÉLIE.—Je vous assure qu'avec un amour pur et une cervelle troublée, il a pris son arc et ses flèches, et qu'il est allé tout d'abord... dormir. Mais qui vient ici?

(Entre Sylvius.)

SYLVIUS, *à Rosalinde*.—Mon message est pour vous, beau jeune homme. Ma charmante Phébé m'a chargé de vous remettre cette lettre (*lui remettant la lettre*); je n'en sais pas le contenu; mais, à en juger par son air chagrin et les gestes de mauvaise humeur qu'elle faisait en l'écrivant, ce qu'elle contient exprime la colère. Pardonnez-moi, je vous prie, je ne suis qu'un innocent messager.

ROSALINDE.—La patience elle-même tressaillerait à cette lecture, et ferait la fanfaronne; si on souffre cela, il faudra tout souffrir. Elle dit que je ne suis pas beau, que je manque d'usage, que je suis fier, et qu'elle ne pourrait m'aimer, les hommes fussent-ils aussi rares que le phénix. Oh! ma foi, son amour n'est pas le lièvre que je cours. Pourquoi m'écrit-elle sur ce ton-là? Allons, berger, allons, cette lettre est de votre invention.

SYLVIUS.—Non; je vous proteste que je n'en sais pas le contenu; c'est Phébé qui l'a écrite.

ROSALINDE.—Allons, allons, vous êtes un sot à qui un excès d'amour fait perdre la tête. J'ai vu sa main; elle a une main de cuir, une main couleur de pierre de taille; j'ai vraiment cru qu'elle avait de vieux gants, mais c'étaient ses mains : elle a la main d'une ménagère; mais cela n'y fait rien, je dis qu'elle n'inventa jamais cette lettre; cette lettre est de l'invention et de l'écriture d'un homme.

SYLVIUS.—Elle est certainement d'elle.

ROSALINDE.—Quoi! c'est un style emporté et sanglant, un style de cartel. Quoi! elle me défie comme un Turc défierait un chrétien? Le doux esprit d'une femme n'a jamais pu produire de pareilles inventions dignes d'un géant, de ces expressions éthiopiennes plus noires d'effet que de visage. Voulez-vous que je vous lise cette lettre?

SYLVIUS.—Oui, s'il vous plaît; car je ne l'ai pas encore entendu lire; mais je n'en sais que trop sur la cruauté de Phébé.

ROSALINDE.—Elle me *phébéise*. Remarquez comment écrit ce tyran.

(Elle lit.)

Serais-tu un dieu changé en berger,
Toi qui as brûlé le cœur d'une jeune fille?

Une femme dirait-elle de pareilles injures?

SYLVIUS.—Appelez-vous cela des injures?

ROSALINDE.

(Elle continue de lire.)
Pourquoi, te dépouillant de ta divinité,
Fais-tu la guerre au cœur d'une femme?

Avez-vous jamais entendu pareilles invectives?

(Elle lit encore.)
Jusqu'ici les yeux qui m'ont parlé d'amour,
N'ont jamais pu me faire aucun mal.

Elle veut dire que je suis une bête fauve.

(Elle continue de lire.)
Si les dédains de tes yeux brillants [sein,
Ont le pouvoir d'allumer tant d'amour dans mon
Hélas! quel serait donc leur étrange effet sur moi,
S'ils me regardaient avec douceur?
Lors même que tu me grondais, je t'aimais:
A quel point serais-je donc émue de tes prières?
Celui qui te porte cet aveu de mon amour,
Ne sait pas l'amour que je sens pour toi.
Sers-toi de lui pour m'ouvrir ton âme,
Si ta jeunesse et ta nature veulent accepter de moi
    l'offre d'un cœur fidèle,
Et tout ce que je puis avoir;
Ou bien refuse par lui mon amour,
Et alors je chercherai à mourir.

SYLVIUS.—Appelez-vous cela des duretés?

CÉLIE.—Hélas! pauvre berger!

ROSALINDE.—Le plaignez-vous? Non; il ne mérite aucune pitié. (*A Sylvius.*) Veux-tu donc aimer une pareille femme? Quoi! se servir de toi comme d'un instrument pour jouer des accords faux? Cela n'est pas tolérable. Eh bien! va donc la trouver; car je vois que l'amour a fait de toi un serpent apprivoisé, et dis-lui de ma part, que si elle m'aime, je lui ordonne de t'aimer ; que si elle ne veut pas t'aimer, je ne veux point d'elle, à moins que tu ne me supplies pour elle. Si tu es un véritable amant, va-t'en, et ne réplique pas un mot ; car voici de la compagnie qui vient.

(Sylvius sort.)

(Entre Olivier, frère aîné d'Orlando.)

OLIVIER.—Bonjour, belle jeunesse ; sauriez-vous, je vous prie, dans quel endroit de cette forêt est située une bergerie entourée d'oliviers ?

CÉLIE.—Au couchant du lieu où nous sommes, au fond de la vallée que vous voyez ; laissez à droite cette rangée de saules qui est auprès de ce ruisseau qui murmure, et vous arriverez droit à la cabane. Mais en ce moment la maison se garde elle-même ; vous n'y trouverez personne.

OLIVIER.—Si les yeux peuvent s'aider de la langue, je devrais vous reconnaître sur la description que l'on m'a faite : « Mêmes habillements et même âge. Le jeune homme est blond ; il a les traits d'une femme, et il se donne pour une sœur d'un âge mûr : mais la femme est petite et plus brune que son frère. » N'êtes-vous point le propriétaire de la maison que je demandais ?

CÉLIE.—Puisque vous nous le demandez, il n'y a pas de vanterie à dire qu'elle nous appartient.

OLIVIER.—Orlando m'a chargé de vous saluer tous deux de sa part, et il envoie ce mouchoir ensanglanté à ce jeune homme qu'il appelle sa Rosalinde : est-ce vous ?

ROSALINDE.—Oui, c'est moi ; que devons-nous conjecturer de ceci ?

OLIVIER.—Quelque chose à ma honte, si vous voulez que je vous dise qui je suis, et comment, et pourquoi, et où ce mouchoir a été ensanglanté.

ROSALINDE.—Dites-nous tout cela, je vous prie.

OLIVIER.—Quand le jeune Orlando vous a quitté dernièrement, il vous a promis de vous rejoindre dans une heure. Comme il allait à travers la forêt, se nourrissant de pensées tantôt douces, tantôt amères, qu'arrive-t-il tout à coup ? Il jette ses regards de côté, et voyez ce qui se présenta à sa vue! Sous un chêne, dont l'âge avait couvert les rameaux de mousse et dont la tête élevée était chauve de vieillesse, un malheureux en guenilles, les cheveux longs et en désordre, dormait couché sur le dos ; un serpent vert et doré s'était entortillé autour de son cou, et avançant sa tête souple et menaçante, il s'approchait de la bouche ouverte du misérable, quand tout à coup, apercevant Orlando, il se déroule et se glisse en replis tortueux sous un buisson, à l'ombre duquel une lionne, les mamelles desséchées, était couchée, la tête sur la terre, épiant comme un chat le moment où l'homme endormi ferait un mouvement; car tel est le généreux naturel de cet animal, qu'il dédaigne toute proie qui semble morte. A cette vue, Orlando s'est approché de l'homme et il a reconnu son frère, son frère aîné !

célie.—Oh! je lui ai entendu parler quelquefois de ce frère ; et il le peignait comme le frère le plus dénaturé, qui jamais ait vécu parmi les hommes.

olivier.—Et il avait bien raison ; car je sais, moi, combien il était dénaturé.

rosalinde.—Mais, revenons à Orlando.—L'a-t-il laissé dans ce péril, pour servir de nourriture à la lionne pressée par la faim et le besoin de ses petits ?

olivier.—Deux fois il a tourné le dos pour se retirer : mais la générosité plus noble que la vengeance, la nature plus forte que son juste ressentiment, lui ont fait livrer combat à la lionne, qui bientôt est tombée devant lui ; et c'est au bruit de cette lutte terrible que je me suis réveillé de mon dangereux sommeil.

célie.—Êtes-vous son frère ?

rosalinde.—Est-ce vous qu'il a sauvé ?

célie.—Est-ce bien vous qui aviez tant de fois comploté de le faire périr?

olivier.—C'était moi ; mais ce n'est plus moi. Je ne rougis point de vous avouer ce que je fus, depuis qu'il me fait trouver tant de douceur à être ce que je suis à présent.

ROSALINDE.—Mais... et le mouchoir sanglant?

OLIVIER.—Tout à l'heure. Après que nos larmes de tendresse eurent coulé sur nos récits mutuels depuis la première jusqu'à la dernière aventure, et que j'eus dit comment j'étais venu dans ce lieu désert... Pour abréger, il me conduisit au noble duc, qui me donna des habits et des rafraîchissements, et me confia à la tendresse de mon frère qui me mena aussitôt dans sa grotte : et là, s'étant déshabillé, nous vîmes qu'ici, sur le bras, la lionne lui avait enlevé un lambeau de chair, dont la plaie avait saigné tout le temps. Aussitôt il se trouva mal, et demanda, en s'évanouissant, Rosalinde. Je vins à bout de le ranimer. Je bandai sa blessure; et, au bout d'un moment, son cœur s'étant remis, il m'a envoyé ici, tout étranger que je suis, pour vous raconter cette histoire, afin que vous puissiez l'excuser d'avoir manqué à sa promesse, me chargeant de donner ce mouchoir, teint de son sang, au jeune berger qu'il appelle en plaisantant sa Rosalinde.

CÉLIE, *à Rosalinde, qui pâlit et s'évanouit.*—Quoi, quoi, Ganymède! mon cher Ganymède!

OLIVIER.—Bien des personnes s'évanouissent à la vue du sang.

CÉLIE.—Il y a plus que cela ici.—Chère cousine!— Ganymède!

OLIVIER.—Voyez; il revient à lui.

ROSALINDE, *rouvrant les yeux.*— Je voudrais bien être chez nous.

CÉLIE.—Nous allons vous y mener. (*A Olivier.*) Voudriez-vous, je vous prie, lui prendre le bras?

OLIVIER.—Rassurez-vous, jeune homme.—Mais êtes-vous bien un homme? Vous n'en avez pas le courage.

ROSALINDE.—Non, je ne l'ai pas; je l'avoue.—Ah! monsieur, on pourrait croire que cet évanouissement était une feinte bien jouée : je vous en prie, dites à votre frère comme j'ai bien joué l'évanouissement.

OLIVIER.—Il n'y avait là nulle feinte : votre teint témoigne trop que c'était une émotion sérieuse.

ROSALINDE.—Une pure feinte, je vous assure.

OLIVIER.—Eh bien donc! prenez bon courage et feignez d'être un homme.

ROSALINDE.—C'est ce que je fais : mais, en vérité, j'aurais dû naître femme.

CÉLIE.—Allons, vous pâlissez de plus en plus : je vous en prie, avançons du côté de la maison. Mon bon monsieur, venez avec nous.

OLIVIER.— Très-volontiers ; car il faut, Rosalinde, que je rapporte à mon frère l'assurance que vous l'excusez.

ROSALINDE.— Je songerai à quelque chose... Mais, je vous prie, ne manquez pas de lui dire comme j'ai bien joué mon rôle.—Voulez-vous venir?

(Tous sortent.)

FIN DU QUATRIÈME ACTE.

ACTE CINQUIÈME

SCÈNE I

Toujours la forêt.

TOUCHSTONE, AUDREY.

TOUCHSTONE.—Nous trouverons le moment, Audrey. Patience, chère Audrey.

AUDREY.—Ma foi, ce prêtre était tout ce qu'il fallait, quoiqu'en ait pu dire le vieux monsieur.

TOUCHSTONE.—Un bien méchant sir Olivier, Audrey, un misérable Mar-Text! Mais, Audrey, il y a ici dans la la forêt un jeune homme qui a des prétentions sur vous.

AUDREY.—Oui, je sais qui c'est : il n'a aucun droit au monde sur moi : tenez, voilà l'homme dont vous parlez.
(Entre William.)

TOUCHSTONE.—C'est boire et manger pour moi, que de voir un paysan. Sur ma foi, nous, qui avons du bon sens, nous avons un grand compte à rendre. Nous allons rire et nous moquer de lui ; nous ne pouvons nous retenir.

WILLIAM.—Bonsoir, Audrey.

AUDREY.—Dieu vous donne le bonsoir, William.

WILLIAM.—Et bonsoir à vous aussi, monsieur.

TOUCHSTONE.—Bonsoir, mon cher ami. Couvre ta tête, couvre ta tête : allons, je t'en prie, couvre-toi. Quel âge avez-vous, mon ami?

WILLIAM.—Vingt-cinq ans, monsieur.

TOUCHSTONE.—C'est un âge mûr. William est-il ton nom?

WILLIAM.—Oui, monsieur, William.

TOUCHSTONE.—C'est un beau nom ! Es-tu né dans cette forêt ?

WILLIAM.—Oui, monsieur, et j'en remercie Dieu.

TOUCHSTONE.—*Tu en remercies Dieu?* Voilà une belle réponse.—Es-tu riche ?

WILLIAM.—Ma foi, monsieur, comme ça.

TOUCHSTONE.—*Comme ça :* cela est bon, très-bon, excellent.—Et pourtant non ; ce n'est que *comme ça, comme ça.* Es-tu sage ?

WILLIAM.—Oui, monsieur ; j'ai assez d'esprit.

TOUCHSTONE.—Tu réponds à merveille. Je me souviens, en ce moment, d'un proverbe : Le fou se croit sage ; mais le sage sait qu'il n'est qu'un fou.—Le philosophe païen, lorsqu'il avait envie de manger un grain de raisin, ouvrait les lèvres quand il le mettait dans sa bouche, voulant nous faire entendre par là que le raisin était fait pour être mangé, et les lèvres pour s'ouvrir.—Vous aimez cette jeune fille?

WILLIAM.—Je l'aime, monsieur.

TOUCHSTONE. — Donnez-moi votre main. Etes-vous savant?

WILLIAM.—Non, monsieur.

TOUCHSTONE.—Eh bien ! apprenez de moi ceci : avoir, c'est avoir. Car c'est une figure de rhétorique, que la boisson, étant versée d'une coupe dans un verre, en remplissant l'un vide l'autre. Tous vos écrivains sont d'accord que *ipse* c'est *lui :* ainsi vous n'êtes pas *ipse;* car c'est moi qui suis *lui.*

WILLIAM.—Quel *lui,* monsieur?

TOUCHSTONE.—Le *lui,* monsieur, qui doit épouser cette fille : ainsi, vous, paysan, *abandonnez;* c'est-à-dire, en langue vulgaire, laissez... *la société,*—qui, en style campagnard, est la compagnie... *de cet être du sexe féminin,*—qui, en langage commun, est une femme : ce qui fait tout ensemble : Renonce à la société de cette femme; ou, paysan, tu péris ; ou, pour te faire mieux comprendre, tu meurs ; ou, si tu l'aimes mieux, je te tue, je te congédie de ce monde, je change ta vie en mort, ta liberté en esclavage, et je t'expédierai par le poison, ou la bastonnade, ou le fer; je deviendrai ton adversaire et je fondrai sur toi avec politique; je te tuerai de cent cinquante manières : ainsi, tremble et déloge.

AUDREY.—Va-t'en, bon William.

WILLIAM.—Dieu vous tienne en joie, monsieur!

(Il sort.)

(Entre Corin.)

CORIN.—Notre maître et notre maîtresse vous cherchent : allons, partez, partez.

TOUCHSTONE.—Trotte, Audrey, trotte, Audrey. Je te suis, je te suis.

(Ils sortent.)

SCÈNE II

Entrent ORLANDO ET OLIVIER.

ORLANDO.—Est-il possible que, la connaissant si peu, vous ayez sitôt pris du goût pour elle? qu'en ne faisant que la voir, vous en soyez devenu amoureux, que l'aimant vous lui ayez fait votre déclaration; et que, sur cette déclaration, elle ait consenti? Et vous persistez à vouloir la posséder?

OLIVIER.—Ne discutez point mon étourderie, l'indigence de ma maîtresse, le peu de temps qu'a duré la connaissance; ma déclaration précipitée, ni son rapide consentement; mais dites avec moi que j'aime Aliéna : dites avec elle qu'elle m'aime : donnez-nous à tous deux votre consentement à notre possession mutuelle : ce sera pour votre bien; car la maison de mon père et tous les revenus qu'a laissés le vieux chevalier Rowland, vous seront assurés, et moi, je veux vivre et mourir ici berger.

(Entre Rosalinde.)

ORLANDO.—Vous avez mon consentement : que vos noces se fassent demain. J'y inviterai le duc et toute sa joyeuse cour : allez et disposez Aliéna; car voici ma Rosalinde.

ROSALINDE.—Dieu vous garde, mon digne frère!

OLIVIER.—Et vous aussi, aimable sœur.

ROSALINDE.—O mon cher Orlando, combien je souffre de vous voir ainsi votre cœur en écharpe!

ORLANDO.—Ce n'est que mon bras.

ROSALINDE.—J'avais cru votre cœur blessé par les griffes de la lionne.

ORLANDO.—Il est blessé, mais c'est par les yeux d'une dame.

ROSALINDE.—Votre frère vous a-t-il dit comme j'ai fait semblant de m'évanouir lorsqu'il m'a montré votre mouchoir?

ORLANDO.—Oui; et des choses plus étonnantes que cela.

ROSALINDE.—Oh! je vois où vous en voulez venir... En effet, cela est très-vrai. Il n'y a jamais rien eu de si soudain, si ce n'est le combat de deux béliers qui se rencontrent, et la fanfaronnade de César: *Je suis venu, j'ai vu, j'ai vaincu.* Car votre frère et ma sœur ne se sont pas plus tôt rencontrés qu'ils se sont envisagés; pas plus tôt envisagés, qu'ils se sont aimés; pas plus tôt aimés, qu'ils ont soupiré; pas plus tôt soupiré, qu'ils s'en sont demandé l'un à l'autre la cause; ils n'ont pas plus tôt su la cause, qu'ils ont cherché le remède : et, par degrés, ils ont fait un escalier de mariage qu'il leur faudra monter incontinent, ou être incontinents avant le mariage : ils sont vraiment dans la rage d'amour, et il faut qu'ils s'unissent. Des massues ne les sépareraient pas.

ORLANDO.—Ils seront mariés demain, et je veux inviter le duc à la noce. Mais hélas! qu'il est amer de ne voir le bonheur que par les yeux d'autrui! Demain, plus je croirai mon frère heureux de posséder l'objet de ses désirs, plus la tristesse de mon cœur sera profonde.

ROSALINDE.—Quoi donc! ne puis-je demain faire pour vous le rôle de Rosalinde?

ORLANDO.—Non, je ne puis plus vivre de pensées.

ROSALINDE.—Eh bien, je ne veux plus vous fatiguer de vains discours. Apprenez donc (et maintenant je parle un peu sérieusement) que je sais que vous êtes un cavalier du plus grand mérite.—Je ne dis pas cela pour vous donner bonne opinion de ma science..., parce que je dis que je sais ce que vous êtes.—Et je ne cherche point à usurper plus d'estime qu'il n'en faut pour vous inspirer quelque peu de confiance en moi pour vous faire du bien, et non pour me vanter moi-même. Croyez donc, si vous voulez, que je peux opérer d'étranges choses : depuis l'âge de trois ans, j'ai eu des liaisons avec un magicien très-profond dans son art, mais non pas jusqu'à être damné. Si votre amour pour Rosalinde tient d'aussi près à votre cœur que l'annoncent vos démonstrations, vous l'épouserez au moment même où votre frère épousera Aliéna. Je sais à quelles extrémités la fortune l'a réduite ; il ne m'est pas impossible, si cela pourtant peut vous convenir, de la placer demain devant vos yeux, en personne, et cela sans danger.

ORLANDO.—Parlez-vous ici sérieusement?

ROSALINDE.—Oui, je le proteste sur ma vie, à laquelle je tiens fort, quoique je me dise magicien : ainsi, revêtez-vous de vos plus beaux habits, invitez vos amis ; car si vous voulez décidément être marié demain, vous le serez, et à Rosalinde, si vous le voulez. (*Entrent Sylvius et Phébé.*) Voyez : voici une amante à moi, et un amant à elle.

PHÉBÉ.—Jeune homme, vous en avez bien mal agi avec moi, en montrant la lettre que je vous avais écrite.

ROSALINDE.—Je ne m'en embarrasse guère. C'est mon but de me montrer dédaigneux et sans égard pour vous. Vous avez là à votre suite un berger fidèle : tournez vos regards vers lui ; aimez-le : il vous adore.

PHÉBÉ.—Bon berger, dis à ce jeune homme ce que c'est que l'amour.

SYLVIUS.—Aimer, c'est être fait de larmes et de soupirs ; et voilà comme je suis pour Phébé.

PHÉBÉ.—Et moi pour Ganymède.

ORLANDO.—Et moi pour Rosalinde.

ROSALINDE.—Et moi pour aucune femme.

SYLVIUS.—C'est être tout fidélité et dévouement. Et voilà ce que je suis pour Phébé.

PHÉBÉ.—Et moi pour Ganymède.

ORLANDO.—Et moi pour Rosalinde.

ROSALINDE.—Et moi pour aucune femme..

SYLVIUS.—C'est être tout rempli de caprices, de passions, de désirs : c'est être tout adoration, respect et obéissance, tout humilité, patience et impatience : c'est être plein de pureté, résigné à toute épreuve, à tous les sacrifices : et je suis tout cela pour Phébé.

PHÉBÉ.—Et moi pour Ganymède.

ORLANDO.—Et moi pour Rosalinde.

ROSALINDE.—Et moi pour aucune femme.

PHÉBÉ, *à Rosalinde.*—Si cela est, pourquoi me blâmez-vous de vous aimer?

SYLVIUS, *à Phébé.*—Si cela est, pourquoi me blâmez-vous de vous aimer?

ORLANDO.—Si cela est, pourquoi me blâmez-vous de vous aimer?

ROSALINDE.—A qui adressez-vous ces mots : *Pourquoi me blâmez-vous de vous aimer?*

ORLANDO.—A celle qui n'est point ici, et qui ne m'entend pas.

ROSALINDE.—De grâce, ne parlez plus de cela : cela ressemble aux hurlements des loups d'Irlande après la lune. (*A Sylvius.*) Je vous secourrai si je puis. (*A Phébé.*) Je vous aimerais si je le pouvais.—Demain, venez me trouver tous ensemble. (*A Phébé.*) Je vous épouserai, si jamais j'épouse une femme, et je veux être marié demain. (*A Orlando.*) Je vous satisferai, si jamais j'ai satisfait un homme, et vous serez marié demain. (*A Sylvius.*) Je vous rendrai content, si l'objet qui vous plaît peut vous rendre content, et vous serez marié demain. (*A Orlando.*) Si vous aimez Rosalinde, venez me trouver. (*A Sylvius.*) Si vous aimez Phébé, venez me trouver.—Et, comme il est vrai que je n'aime aucune femme, je m'y trouverai. Adieu, portez-vous bien : je vous ai laissé à tous mes ordres.

SYLVIUS.—Je n'y manquerai pas, si je vis.

PHÉBÉ.—Ni moi.

ORLANDO.—Ni moi.

(Ils sortent.)

SCÈNE III

TOUCHSTONE et AUDREY.

TOUCHSTONE. — Demain est le beau jour, Audrey; demain nous serons mariés.

AUDREY. — Je le désire de tout mon cœur; et j'espère que ce n'est pas un désir malhonnête que de désirer d'être une femme établie. — Voici deux pages du duc exilé qui viennent.

(Entrent deux pages du duc.)

PREMIER PAGE. — Charmé de la rencontre, mon brave monsieur.

TOUCHSTONE. — Et moi de même, sur ma parole : allons, asseyons-nous, asseyons-nous; et... une chanson.

SECOND PAGE. — Nous sommes à vos ordres : asseyez-vous dans le milieu.

PREMIER PAGE. — L'entonnerons-nous rondement, sans cracher ni tousser, sans dire que nous sommes enroués, préludes ordinaires d'une méchante voix?

SECOND PAGE. — Oui, oui, et tous deux sur un même ton, comme deux Bohémiennes sur un même cheval.

CHANSON.

C'était un amant et sa bergère
Avec un ah! un ho! et un ah nonino!
Qui passèrent sur le champ de blé vert.
Dans le printemps, le joli temps fertile,
Où les oiseaux chantent, eh! ding, ding, ding,
Tendres amants aiment le printemps.
Entre les sillons de seigle,
Avec un ah! un ho! et un ah nonino!
Ces jolis campagnards se couchèrent.
Au printemps, etc., etc.
Ils commencèrent aussitôt cette chanson,
Avec un ah! un ho! et un ah nonino!
Cette chanson qui dit que la vie n'est qu'une fleur.
Au printemps, etc., etc.
Profitez donc du temps présent,

Avec un ah! un ho! et un ah nonino!
Car l'amour est couronné des premières fleurs.
Au printemps, etc., etc.

TOUCHSTONE.—En vérité, jeunes gens, quoique les paroles ne signifient pas grand'chose, cependant l'air était fort discordant.

PREMIER PAGE.—Vous vous trompez, monsieur : nous avons gardé le temps, nous n'avons pas perdu notre *temps*.

TOUCHSTONE.—Si fait, ma foi. Je regarde comme un *temps* perdu celui qu'on passe à entendre une si sotte chanson. Dieu soit avec vous! et Dieu veuille améliorer vos voix!—Venez, Audrey.

(Ils sortent.)

SCÈNE IV

Une autre partie de la forêt.

LE VIEUX DUC, AMIENS, JACQUES, ORLANDO OLIVIER ET CÉLIE.

LE VIEUX DUC.—Croyez-vous, Orlando, que le jeune homme puisse faire tout ce qu'il a promis?

ORLANDO.—Tantôt je le crois, et tantôt je ne le crois pas, comme tous ceux qui craignent en espérant, et qui en craignant espèrent.

(Entrent Rosalinde, Sylvius, Phébé.)

ROSALINDE.—Encore un peu de patience, pendant que je répète notre engagement. (*Au duc.*) Vous dites que, si je vous amène votre Rosalinde, vous la donnerez à Orlando que voici?

LE VIEUX DUC.—Oui, je le ferais, quand j'aurais des royaumes à donner avec elle.

ROSALINDE, *à Orlando.*—Et vous dites que vous voulez d'elle quand je l'amènerai?

ORLANDO.—Oui, fussé-je le roi de tous les empires de la terre.

ROSALINDE, *à Phébé.*—Vous dites que vous m'épouserez si j'y consens?

PHÉBÉ.—Oui, dussé-je mourir une heure après.

ROSALINDE.—Mais si vous refusez de m'épouser, vous donnerez-vous alors à ce berger si fidèle ?

PHÉBÉ.—Telle est la convention.

ROSALINDE, *à Sylvius.*—Vous dites que vous épouserez Phébé si elle veut vous accepter ?

SYLVIUS.—Oui, quand ce serait la même chose d'accepter Phébé et la mort.

ROSALINDE.—J'ai promis d'aplanir toutes ces difficultés.—Duc, tenez votre promesse de donner votre fille.—Et vous, Orlando, tenez votre promesse de l'accepter.—Phébé, tenez votre promesse de m'épouser, ou, si vous me refusez, de vous unir à ce berger.—Sylvius, tenez votre promesse d'épouser Phébé, si elle me refuse.—Et je vous quitte à l'instant pour résoudre tous ces doutes.

(Rosalinde et Célie sortent.)

LE VIEUX DUC.—Ma mémoire me fait retrouver dans ce jeune berger quelques traits frappants du visage de ma fille.

ORLANDO.—Seigneur, la première fois que je l'ai vu, j'ai cru que c'était un frère de votre fille : mais, mon digne seigneur, ce jeune homme est né dans ces bois ; il a été instruit dans les éléments de beaucoup de sciences dangereuses, par son oncle, qu'il nous donne pour être un grand magicien caché dans l'enceinte de cette forêt.

(Entrent Touchstone et Audrey.)

JACQUES.—Il y a sûrement un second déluge en l'air : et ces couples viennent se rendre à l'arche ! Voici une paire d'animaux étrangers, qui, dans toutes les langues, s'appellent des fous.

TOUCHSTONE.—Salut et compliments à tous !

JACQUES, *au duc.*—Mon bon seigneur, faites-lui accueil : c'est ce fou que j'ai si souvent rencontré dans la forêt ; il jure qu'il a été jadis homme de cour.

TOUCHSTONE.—Si quelqu'un en doute qu'il me soumette à l'épreuve. J'ai dansé un menuet, j'ai cajolé une dame, j'ai usé de politique envers mon ami, j'ai caressé mon ennemi, j'ai ruiné trois tailleurs, j'ai eu quatre querelles, et j'ai été à la veille d'en vider une l'épée à la main.

JACQUES.—Et comment s'est-elle terminée?

TOUCHSTONE.—Ma foi, nous nous sommes rencontrés, et nous avons trouvé que la querelle en était à la *septième cause*.

JACQUES.—Que voulez-vous dire par la *septième cause?*
—Mon bon seigneur, cet homme vous plaît-il?

LE VIEUX DUC.—Il me plaît beaucoup.

TOUCHSTONE.—Dieu vous en récompense, monsieur! je désire qu'il en soit de même de vous.—J'accours ici en hâte, monsieur, au milieu de ces couples de campagnards, pour jurer, et me parjurer; car le mariage enchaîne, mais le sang brise ses nœuds. Une pauvre pucelle, monsieur, un minois assez laid, monsieur; mais qui est à moi : une pauvre fantaisie à moi, monsieur, de prendre ce dont personne autre ne veut. La riche honnêteté se loge comme un avare, monsieur, dans une pauvre chaumière, comme votre perle dans votre vilaine huître.

LE VIEUX DUC.—Sur ma parole, il a la répartie prompte et sentencieuse.

TOUCHSTONE.—Comme le trait que lance le fou et des discours de ce genre, monsieur.

JACQUES.—Mais revenons à la *septième cause*. Comment avez-vous trouvé que la querelle allait en être à la septième cause?

TOUCHSTONE.—Par un démenti au septième degré.—Audrey, donnez à votre corps un maintien plus décent, —comme ceci, monsieur. Je désapprouvai la forme qu'un certain courtisan avait donnée à sa barbe : il m'envoya dire que si je ne trouvais pas sa barbe bien faite, il pensait, lui, qu'elle était très-bien. C'est ce qu'on appelle une *réponse courtoise*. Si je lui soutenais encore qu'elle était mal coupée, il me répondait, qu'il l'avait coupée ainsi, parce que cela lui plaisait. C'est ce qu'on appelle *le lardon modéré*. Que si je prétendais encore qu'elle est mal coupée, il me taxerait de manquer de jugement. C'est ce qu'on appelle la *réplique grossière*. Si je persistais encore à dire qu'elle n'était pas bien coupée, il me répondrait, *cela n'est pas vrai*. C'est ce qu'on appelle la *riposte vaillante*. Si j'insistais encore à dire qu'elle n'est pas bien coupée, il me dirait, que j'en ai menti. C'est ce qu'on appelle la *riposte querelleuse*. Et ainsi jusqu'au *démenti conditionnel*, et au *démenti direct*.

JACQUES.—Et combien de fois avez-vous dit que sa barbe était mal faite?

TOUCHSTONE.—Je n'ai pas osé dépasser *le démenti conditionnel*, et lui n'a pas osé non plus me donner *le démenti direct*; et comme cela, nous avons mesuré nos épées, et nous nous sommes séparés.

JACQUES. — Pourriez-vous maintenant nommer, par ordre, les différentes gradations d'un démenti?

TOUCHSTONE.—Oh! monsieur, nous querellons d'après l'imprimé[1], suivant le livre; comme on a des livres pour

[1] Le poëte se moque ici de la mode du duel en forme qui régnait de son temps, et il le fait avec beaucoup de gaieté, il ne pouvait la traiter avec plus de mépris qu'en montrant un manant aussi bien instruit dans les formes et les préliminaires du duel. Le livre auquel il fait allusion ici est un traité fort ridicule d'un certain Vincentio Saviolo, intitulé: *De l'honneur et des querelles honorables*, in-4°, imprimé par Wolf, en 1594. La première partie de ce traité porte: *Discours très-nécessaire à tous les cavaliers qui font cas de leur honneur, concernant la manière de donner et de recevoir le démenti, d'où s'ensuivent le duel et le combat en diverses formes; et beaucoup d'autres inconvénients faute de bien savoir la science de l'honneur, et le juste sens des termes, qui sont ici expliqués*. Voici les titres des chapitres.

I. Quelle est la raison pour laquelle la partie à qui on donne le démenti doit devenir l'agresseur au défi, et de la nature des démentis.

II. De la méthode et de la diversité des démentis.

III. Du démenti certain ou indirect.

IV. Des démentis conditionnels, ou du démenti circonstanciel.

V. Du démenti en général.

VI. Du démenti en particulier.

VII. Des démentis fous.

VIII. Conclusion sur la manière d'arracher ou de rendre le démenti; ou la contradiction querelleuse.

Dans le chapitre du démenti conditionnel, l'auteur dit, en parlant de la particule *si*: « Les démentis conditionnels sont les belles manières. Je vais vous nommer les degrés d'un démenti. Le premier est la Réponse courtoise, le second le Lardon modéré, le troisième la Réponse grossière, le quatrième la Riposte vaillante, le cinquième la Riposte querelleuse, le sixième le Démenti conditionnel, et le septième le Démenti direct. Vous pouvez éviter le duel à tous les degrés, excepté au démenti direct; et même vous le pouvez encore dans ce cas, au moyen d'un *si*. J'ai vu des affaires, où sept juges ensemble ne seraient pas venus à bout d'arranger une querelle; et lorsque les deux adversaires venaient à se rencontrer, l'un des deux s'avisait seulement d'un *si*; par exemple, *si vous avez dit cela, moi j'ai dit cela*; et ils se donnaient une poignée de main, et se juraient une amitié de frères. Votre *si* est le seul arbitre qui fasse la paix : il y a beaucoup de vertu dans le *si !*

JACQUES, *au duc.*—N'est-ce pas là, seigneur, un rare original? Il est bon à tout, et cependant c'est un fou.

LE VIEUX DUC.—Sa folie lui sert comme un cheval de chasse à la tonnelle ; et sous son abri, il lance ses traits d'esprit.

(Entrent l'Hymen conduisant Rosalinde en habits de femme, et Célie. Une musique douce.)

L'HYMEN *chante.*

Il y a joie dans le ciel
Quand les mortels sont d'accord,

ceux qui sont donnés conditionnellement de cette manière : Si vous avez dit cela ou cela, alors vous mentez. » De ces sortes de démentis, donnés dans cette forme, naissent souvent de grandes disputes, qui ne peuvent aboutir à une issue décidée. L'auteur entend par là que les deux parties ne peuvent procéder à se couper la gorge, tant qu'il y a un *si* entre deux. Voilà pourquoi Shakspeare fait dire à son paysan : « J'ai vu des cas où sept juges ensemble ne pouvaient parvenir à pacifier une querelle : mais lorsque deux adversaires venaient à se joindre, l'un des deux ne faisait que s'aviser d'un *si*, comme, *si vous avez dit cela, alors moi j'ai dit cela*; et ils finissaient par se serrer la main et à être amis comme frères. Votre *si* est le seul juge de paix : il y a beaucoup de vertu dans le *si*. » Caranza était encore un auteur qui a écrit dans ce goût-là sur le duel, et dont on consultait l'autorité.

ACTE V, SCÈNE IV.

Et s'unissent entre eux.
Bon duc, reçois ta fille ;
L'hymen te l'amène du ciel,
Oui, l'hymen te l'amène ici,
Afin que tu unisses sa main   [son sein
A celle de l'homme dont elle porte le cœur dans

ROSALINDE, *au duc.*—Je me donne à vous, car je suis à vous. (*A Orlando.*) Je me donne à vous, car je suis à vous.

LE VIEUX DUC, *à Rosalinde.*—S'il y a quelque vérité dans la vue, vous êtes ma fille.

ORLANDO.—S'il y a quelque vérité dans la vue, vous êtes ma Rosalinde.

PHÉBÉ.—Si la vue et la forme sont fidèles..., adieu mon amour.

ROSALINDE, *au duc.*—Je n'aurai plus de père, si vous n'êtes le mien. (*A Orlando.*) Je n'aurai point d'époux, si vous n'êtes le mien. (*A Phébé.*) Je n'épouserai pas d'autre femme que vous.

L'HYMEN.

Silence. Oh ! je défends le désordr
C'est moi qui dois conclure
Ces étranges événements.
Voici huit personnes qui doivent se prendre la main,
Pour s'unir par les liens de l'hymen,
Si la vérité est la vérité.

(A Orlando et Rosalinde.)

Aucun obstacle ne pourra vous séparer.

(A Olivier et Célie.)

Vos deux cœurs ne sont qu'un cœur.

(A Phébé.)

Vous, cédez à son amour,

(Montrant Sylvius.)

Ou prenez une femme pour époux.

(A Touchstone et Audrey.)

Vous êtes certainement l'un pour l'autre,
Comme l'hiver est uni au mauvais temps.

(A tous.)

Pendant que nous chantons un hymne nuptial,

Nourrissez-vous de questions et de réponses
Afin que la raison diminue l'étonnement
Que vous causent cette rencontre et cette conclusion.

CHANSON.

Le mariage est la couronne de l'auguste Junon.
Lien céleste de la table et du lit,
C'est l'hymen qui peuple les cités,
Que le mariage soit donc honoré.
Honneur, honneur et renom
A l'hymen, dieu des cités!

LE VIEUX DUC, *à Célie*.—O ma chère nièce, tu es la bienvenue, tu es aussi bienvenue que ma fille même.

PHÉBÉ, *à Sylvius*. — Je ne retirerai pas ma parole : de ce moment tu es à moi. Ta fidélité te donne mon amour.

(Entre Jacques des Bois.)

JACQUES DES BOIS, *au duc*. — Daignez m'accorder audience un moment.—Je suis le second fils du vieux chevalier Rowland, et voici les nouvelles que j'apporte à cette illustre assemblée.—Le duc Frédéric, entendant raconter tous les jours combien de personnes d'un grand mérite se rendaient à cette forêt, avait levé une forte armée : il marchait lui-même à la tête de ses troupes, résolu de s'emparer ici de son frère, et de le passer au fil de l'épée ; et déjà il approchait des limites de ce bois sauvage : mais là, il a rencontré un vieux religieux qui, après quelques moments d'entretien, l'a fait renoncer à son entreprise et au monde. Il a légué sa couronne au frère qu'il avait banni, et a restitué à ceux qui l'avaient suivi dans son exil tous leurs domaines. J'engage ma vie sur la vérité de ce récit.

LE VIEUX DUC.—Soyez le bienvenu, jeune homme. Vous offrez un beau présent de noces à vos deux frères ; à l'un, le patrimoine dont on l'avait dépouillé, et à l'autre, un pays tout entier, un puissant duché. Mais, d'abord, achevons dans cette forêt l'ouvrage que nous y avons si bien commencé et si heureusement amené à bien, et, après, chacun des heureux compagnons qui ont supporté ici avec nous tant de rudes jours et de nuits partagera l'avantage de la fortune que nous retrouvons, selon la mesure de sa condition. En attendant, oublions cette dignité qui vient de nous échoir, et livrons-nous à nos divertissements rustiques.—Jouez, musiciens. Et vous mariés et mariées, suivez la mesure de la musique, puisque votre mesure de joie est comble.

JACQUES, *à Jacques des Bois*.—Monsieur, avec votre permission, si je vous ai bien entendu, le duc a embrassé la vie religieuse, et rejeté avec dédain le faste des cours?

JACQUES DES BOIS.—Oui, monsieur.

JACQUES.—Je veux aller le trouver. Il y a beaucoup à apprendre et à profiter avec ces convertis. (*Au duc.*) Je vous lègue, à vous, vos anciennes dignités : votre patience et vos vertus les méritent. (*A Orlando.*) A vous, l'amour que mérite votre foi sincère. (*A Olivier.*) A vous, vos terres, la tendresse d'une épouse, et des alliés illustres. (*A Sylvius.*) A vous, un lit longtemps attendu et bien mérité. (*A Touchstone.*) Et vous, je vous lègue les disputes; car vous n'avez, pour votre voyage d'amour, de provisions que pour deux mois.—Ainsi, allez à vos plaisirs. Pour moi, il m'en faut d'autres que celui de la danse.

LE VIEUX DUC.—Arrête, Jacques; reste avec nous.

JACQUES.—Moi, je ne reste point pour de frivoles passe-temps. J'irai vous attendre dans votre grotte abandonnée, pour savoir ce que vous voulez.

(Il sort.)

LE VIEUX DUC, *aux musiciens*.—Poursuivez, poursuivez; nous allons commencer cette cérémonie, comme nous avons la confiance qu'elle se terminera, dans les transports d'une joie pure.

(Danse.)

ÉPILOGUE.

ROSALINDE —Vous n'avez pas coutume de voir l'*Épilogue* habillé en femme, mais cela n'est pas plus mal séant, que de voir le Prologue en habit d'homme. Si le proverbe est vrai, que le bon vin n'a pas besoin d'enseigne, il est également vrai qu'une bonne pièce n'a pas besoin d'épilogue. Cependant on annonce le bon vin par de bonnes enseignes; et les bonnes pièces paraissent encore meilleures avec le secours de bons épilogues. Dans quelle position embarrassante suis-je donc placée, moi qui ne suis point un bon épilogue, et qui ne peux pas non plus vous captiver en faveur d'une bonne pièce? Je ne suis point équipée en mendiant; il ne me conviendrait donc pas de vous supplier : le seul parti qui me reste est d'user de conjurations, et je vais commencer par les femmes.—Femmes, je vous somme, par l'amour que vous portez aux hommes, d'approuver dans cette pièce tout ce qui leur en plaît. Et vous, hommes, je vous somme, au nom de l'amour que vous portez aux femmes (car je m'aperçois à votre sourire qu'aucun de vous ne les déteste), d'approuver de cette pièce ce qui en plaît aux dames; en sorte qu'entre elles et vous, la pièce ait du succès. Si j'étais une femme, j'embrasserais tous ceux qui, parmi vous, auraient des barbes qui me plairaient, des physionomies à mon goût et des haleines qui ne me rebuteraient pas; et je suis sûr que tous ceux d'entre vous qui ont de belles barbes, des figures agréables et de douces haleines, ne manqueront pas, en reconnaissance de mon offre gracieuse, de me dire adieu, quand je vous ferai la révérence.

(Tous sortent.)

FIN DU CINQUIÈME ET DERNIER ACTE.

LE CONTE D'HIVER

TRAGÉDIE

NOTICE SUR LE CONTE D'HIVER

Cette pièce embrasse un intervalle de seize années ; une princesse y naît au second acte et se marie au cinquième. C'est la plus grande infraction à la loi d'unité de temps dont Shakspeare se soit rendu coupable ; aussi n'ignorant pas les règles comme on a voulu quelquefois le dire, et prévoyant en quelque sorte les clameurs des critiques, il a pris la peine au commencement du quatrième acte, d'évoquer le Temps lui-même qui vient faire en personne l'apologie du poëte ; mais les critiques auraient voulu sans doute que ce personnage allégorique eût aussi demandé leur indulgence pour deux autres licences ; la première est d'avoir violé la chronologie jusqu'à faire de Jules Romain le contemporain de l'oracle de Delphes ; la seconde d'avoir fait de la Bohême un royaume maritime. Ces fautes impardonnables ont tellement offensé ceux qui voudraient réconcilier Aristote avec Shakspeare, qu'ils ont répudié le *Conte d'hiver* dans l'héritage du poëte ; et qu'aveuglés par leurs préventions, ils n'ont pas osé reconnaître que cette pièce si défectueuse étincelle de beautés dont Shakspeare seul est capable. C'est encore dans une nouvelle romanesque, *Dorastus et Faunia*, attribuée à Robert Greene, qu'il faut chercher l'idée première du *Conte d'hiver* ; à moins que, comme quelques critiques, on ne préfère croire la nouvelle postérieure à la pièce, ce qui est moins probable. Nous allons faire connaître l'histoire de Dorastus et Faunia par un abrégé des principales circonstances.

Longtemps avant l'établissement du christianisme, régnait en Bohême un roi nommé Pandosto qui vivait heureux avec Bellaria son épouse. Il en eut un fils nommé Garrinter. Égisthus, roi de Sicile, son ami, vint le féliciter sur la naissance du jeune prince. Pendant le séjour qu'il fit à la cour de Bohême son intimité avec Bellaria excita une telle jalousie dans le cœur de Pandosto, qu'il chargea son échanson Franio de l'empoisonner. Franio eut horreur de cette commission, révéla tout à Égisthus, favorisa son évasion et l'accompagna en Sicile. Pandosto furieux tourna toute sa vengeance contre la reine, l'accusa publiquement d'adultère, la fit garder à vue pendant sa grossesse, et, dès qu'elle fut accouchée, il envoya chercher l'enfant dans la prison, le fit mettre dans un berceau et l'exposa à la mer pendant une tempête.

Le procès de Bellaria fut ensuite instruit juridiquement. Elle persista à protester de son innocence, et le roi voulant que son témoignage fût reçu pour toute preuve, Bellaria demanda celui de l'oracle de Delphes. Six courtisans furent envoyés en ambassade à la Pythonisse qui confirma l'innocence de la reine et déclara de plus que Pandosto mourrait sans héritier si l'enfant exposé ne se retrouvait pas. En effet, pendant que le roi confondu se livre à ses regrets, on vient lui annoncer la mort de son fils Garrinter, et Bellaria, accablée de sa douleur, meurt elle-même subitement.

Pandosto au désespoir se serait tué lui-même si on n'eût retenu son bras. Peu à peu ce désespoir dégénéra en mélancolie et en langueur; le monarque allait tous les jours arroser de ses larmes le tombeau de Bellaria.

La nacelle sur laquelle l'enfant avait été exposé flotta pendant deux jours au gré des vagues, et aborda sur la côte de Sicile. Un berger occupé à chercher en ce lieu une brebis qu'il avait perdue, aperçut la nacelle et y trouva l'enfant enveloppé d'un drap écarlate brodé d'or, ayant au cou une chaîne enrichie de pierres précieuses, et à côté de lui une bourse pleine d'argent. Il l'emporta dans sa chaumière et l'éleva dans la simplicité des mœurs pastorales; mais Faunia, c'est le nom que donna le berger à la jeune fille, était si belle que l'on parla bientôt d'elle à la cour; Dorastus, fils du roi de Sicile, fut curieux de la voir, en devint amoureux, et sacrifiant les espérances de son avenir et la main d'une princesse de Danemark à la bergère qu'il aimait, s'enfuit secrètement avec elle. Le confident du prince était un nommé Capino qui allait tout préparer pour favoriser la fuite des deux amants, lorsqu'il rencontra Porrus le père supposé de Faunia. Malgré le déguisement dont Dorastus s'était servi pour faire la cour à sa fille adoptive, Porrus avait enfin reconnu le prince, et, craignant le ressentiment du roi, venait lui révéler qu'il n'était que le père nourricier de Faunia, en lui portant les bijoux trouvés dans la nacelle.

Capino lui offre sa médiation, et sous divers prétextes il l'entraîne au vaisseau où étaient déjà les fugitifs. Porrus est forcé de les suivre. La navigation ne fut pas heureuse, et le navire échoua sur les côtes de Bohême. On voit que Shakspeare ne s'est pas inquiété d'être plus savant géographe que le romancier.

Redoutant la cruauté de Pandosto, le prince résolut d'attendre incognito sous le nom de Méléagre, l'occasion de se réfugier dans une contrée plus hospitalière; mais la beauté de Faunia fit encore du bruit: le roi de Bohême voulut la voir, et, oubliant sa douleur, conçut le projet de s'en faire aimer; il mit Dorastus en prison de peur qu'il ne fût un obstacle à ce désir, et fit les propositions les plus flatteuses à Faunia qui les rejeta constamment avec dédain.

Cependant le roi de Sicile était parvenu à découvrir les traces de son fils. Il envoie ses ambassadeurs en Bohême pour y réclamer Dorastus, et prier le roi de mettre à mort Capino, Porrus et sa fille Faunia.

Pandosto se hâte de tirer Dorastus de prison, lui demande pardon du traitement qu'il lui a fait essuyer, le fait asseoir sur son trône, et lui explique le message de son père.

Porrus, Faunia et Capino sont mandés; on leur lit leur sentence de mort. Mais Porrus raconte tout ce qu'il sait de Faunia, et montre les bijoux qu'il a trouvés auprès d'elle. Le roi reconnaît sa fille, récompense Capino, et fait Porrus chevalier.

Il ne faut pas chercher dans ce conte le retour d'Hermione, la touchante résignation de cette reine, et le contraste du zèle ardent et courageux de Pauline; les scènes de jalousie et de tendresse conjugale, et surtout celles où Florizel et Perdita se disent leur amour avec tant d'innocence, et où Shakspeare a fait preuve d'une imagination qui a toute la fraîcheur et la grâce de la nature au printemps. Il ne faut pas y chercher les caractères encore intéressants, quoique subalternes, d'Antigone, de Camillo, du vieux berger et de son fils, si fier d'être fait gentilhomme qu'il ne croit plus que les mots qu'il employait jadis soient dignes de lui: « Ne pas le jurer, à présent que je suis gentilhomme! Que les paysans le *disent* eux, moi je le *jurerai*. »

Mais le rôle le plus plaisant de la pièce, c'est celui de ce fripon Autolycus, si original que l'on pardonne à Shakspeare d'avoir oublié de faire la part de la morale, en ne le punissant pas lors du dénoûment.

Walpole prétend que le *Conte d'hiver* peut être rangé parmi les drames historiques de Shakspeare, qui aurait eu visiblement l'intention de flatter la reine Élisabeth par une apologie indirecte. Selon lui, l'art de Shakspeare ne se montre nulle part avec plus d'adresse;

le sujet était trop délicat pour être mis sur la scène sans voile; il était trop récent, et touchait la reine de trop près pour que le poëte pût hasarder des allusions autrement que dans la forme d'un compliment. La déraisonnable jalousie de Léontes, et sa violence, retracent le caractère d'Henri VIII, qui, en général, fit servir la loi d'instrument à ses passions impétueuses. Non-seulement le plan général de la pièce, mais plusieurs passages sont tellement marqués de cette intention, qu'ils sont plus près de l'histoire que de la fiction. Hermione accusée dit :

> . . . . *For honour,*
> *'Tis a derivative from me to mine.*
> *And it only that I stand for.*

« Quant à l'honneur, il doit passer de moi à mes enfants, et c'est
« lui seul que je veux défendre. »

Ces mots semblent pris de la lettre d'Anne Boleyn au roi avant son exécution. Mamilius, le jeune prince, personnage inutile, qui meurt dans l'enfance, ne fait que confirmer l'opinion, la reine Anne ayant mis au monde un enfant mort avant Élisabeth. Mais le passage le plus frappant en ce qu'il n'aurait aucun rapport à la tragédie, si elle n'était destinée à peindre Élisabeth, c'est celui où Pauline décrivant les traits de la princesse qu'Hermione vient de mettre au monde, dit en parlant de sa ressemblance avec son père :

> *She has the very trick of his frown.*

« Elle a jusqu'au froncement de son sourcil. »

Il y a une objection qui embarrasse Walpole, c'est une phrase si directement applicable à Élisabeth et à son père, qu'il n'est guère possible qu'un poëte ait osé la risquer. Pauline dit encore au roi :

> *'Tis yours*
> *And might we lay the old proverb to your charge*
> *So like you 'tis worse.*

« C'est votre enfant, et il vous ressemble tant que nous pour-
« rions vous appliquer en reproche le vieux proverbe, *il vous res-*
« *semble tant que c'est tant pis.* »

Walpole prétend que cette phrase n'aurait été insérée qu'après la mort d'Élisabeth.

On a plusieurs fois voulu soumettre à un plan plus régulier la pièce du *Conte d'hiver*, nous ne citerons que l'essai de Garrick, qui n'en conserva que la partie tragique, et la réduisit en trois actes.

Selon Malone, Shakspeare aurait composé cette pièce en 1604.

LE CONTE D'HIVER

TRAGÉDIE

PERSONNAGES

LÉONTES, roi de Sicile.
MAMILIUS, son fils.
CAMILLO,
ANTIGONE,
CLEOMENE,
DION, } seigneurs de Sicile.
UN AUTRE SEIGNEUR de Sicile.
ROGER, gentilhomme sicilien.
UN GENTILHOMME attaché au prince Mamilius.
POLIXENE, roi de Bohême.
FLORIZEL, son fils.
ARCHIDAMUS, seigneur de Bohême.
OFFICIERS de la cour de justice.
UN VIEUX BERGER, père supposé de Perdita.
SON FILS.

UN MARINIER.
UN GEOLIER.
UN VALET du vieux berger
AUTOLYCUS, filou.
LE TEMPS, personnage faisant l'office de chœur.
HERMIONE, femme de Léontes.
PERDITA, fille de Léontes et d'Hermione.
PAULINE, femme d'Antigone.
EMILIE, | suivantes
DEUX AUTRES DAMES, | de la reine
MOPSA, } jeunes bergères.
DORCAS,
SATYRES DANSANT, BERGERS ET BERGÈRES, GARDES, SEIGNEURS, DAMES ET SUITE, ETC.

La scène est tantôt en Sicile, tantôt en Bohême.

ACTE PREMIER

SCÈNE I

La Sicile. Antichambre dans le palais de Léontes.

CAMILLO, ARCHIDAMUS.

ARCHIDAMUS.—S'il vous arrive, Camillo, de visiter un jour la Bohême, dans quelque occasion semblable à celle qui a réclamé maintenant mes services, vous trouverez, comme je vous l'ai dit, une grande différence entre notre Bohême et votre Sicile.

CAMILLO.—Je crois que, l'été prochain, le roi de Sicile se propose de rendre à votre roi la visite qu'il lui doit à si juste titre.

ARCHIDAMUS.—Si l'accueil que vous recevrez est au-dessous de celui que nous avons reçu, notre amitié nous justifiera ; car en vérité...

CAMILLO.—Je vous en prie...

ARCHIDAMUS.—Vraiment, et je parle avec connaissance et franchise, nous ne pouvons mettre la même magnificence .. et une si rare... Je ne sais comment dire. Allons, nous vous donnerons des boissons assoupissantes, afin que vos sens incapables de sentir notre insuffisance ne puissent du moins nous accuser, s'ils ne peuvent nous accorder des éloges.

CAMILLO.—Vous payez beaucoup trop cher ce qui vous est donné gratuitement.

ARCHIDAMUS.—Croyez-moi, je parle d'après mes propres connaissances, et d'après ce que l'honnêteté m'inspire.

CAMILLO.—La Sicile ne peut se montrer trop amie de la Bohême. Leurs rois ont été élevés ensemble dans leur enfance ; et l'amitié jeta dès lors entre eux de si profondes racines, qu'elle ne peut que s'étendre à présent. Depuis que l'âge les a mûris pour le trône, et que les devoirs de la royauté ont séparé leur société, leurs rapprochements, sinon personnels, ont été royalement continués par un échange mutuel de présents, de lettres et d'ambassades amicales ; en sorte qu'absents, ils paraissaient être encore ensemble ; ils se donnaient la main comme au-dessus d'une vaste mer, et ils s'embrassaient, pour ainsi dire, des deux bouts opposés du monde. Que le ciel entretienne leur affection !

ARCHIDAMUS.—Je crois qu'il n'est point dans le monde de malice ou d'affaire qui puissent l'altérer. Vous avez une consolation indicible dans le jeune prince Mamilius. Je n'ai jamais connu de gentilhomme d'une plus grande espérance.

CAMILLO. — Je conviens avec vous qu'il donne de grandes espérances. C'est un noble enfant ; un jeune prince, qui est un vrai baume pour le cœur de ses sujets ; il rajeunit les vieux cœurs : ceux qui, avant sa naissance, allaient déjà avec des béquilles, désirent vivre encore pour le voir devenir homme.

ARCHIDAMUS.—Et sans cela ils seraient donc bien aises de mourir?

CAMILLO.—Oui, s'ils n'avaient pas quelque autre motif pour excuser leur désir de vivre.

ARCHIDAMUS.—Si le roi n'avait pas de fils, ils désireraient vivre sur leurs béquilles jusqu'à ce qu'il en eût un.

(Ils sortent.)

SCÈNE II

Une salle d'honneur dans le palais.

LÉONTES, HERMIONE, MAMILIUS, POLIXÈNE, CAMILLO, *et suite.*

POLIXÈNE.—Déjà le berger a vu changer neuf fois l'astre humide des nuits, depuis que nous avons laissé notre trône vide; et j'épuiserais, mon frère, encore autant de temps à vous faire mes remerciements, que je n'en partirais pas moins chargé d'une dette éternelle. Ainsi, comme un chiffre placé toujours dans un bon rang, je multiplie, avec un merci, bien d'autres milliers qui le précèdent.

LÉONTES.—Différez encore quelque temps vos remerciements : vous vous acquitterez en partant.

POLIXÈNE.—Seigneur, c'est demain : je suis tourmenté par les craintes de ce qui peut arriver ou se préparer pendant notre absence. Veuillent les dieux que nuls vents malfaisants ne soufflent sur mes États, et ne me fassent dire : mes inquiétudes n'étaient que trop fondées! et d'ailleurs je suis resté assez longtemps pour fatiguer Votre Majesté.

LÉONTES.—Mon frère, nous sommes trop solide pour que vous puissiez venir à bout de nous.

POLIXÈNE.—Point de plus long séjour.

LÉONTES.—Encore une huitaine.

POLIXÈNE.—Très-décidément, demain.

LÉONTES. — Nous partagerons donc le temps entre nous; et, en cela, je ne veux pas être contredit.

POLIXÈNE.—Ne me pressez pas ainsi, je vous en conjure. Il n'est point de voix persuasive; non, il n'en est point dans le monde, qui pût me gagner aussitôt que la vôtre, et il en serait ainsi aujourd'hui, si ma présence vous était nécessaire, quand le besoin exigerait de ma part un refus. Mes affaires me rappellent chez moi; y mettre obstacle, ce serait me punir de votre affection; et un plus long séjour deviendrait pour vous une charge et un embarras; pour nous épargner ces deux inconvénients, adieu, mon frère.

LÉONTES.—Vous restez muette, ma reine? Parlez donc.

HERMIONE.—Je comptais, seigneur, garder le silence jusqu'à ce que vous l'eussiez amené à protester avec serment qu'il ne resterait pas; vous le suppliez trop froidement, seigneur. Dites-lui que vous êtes sûr que tout va bien en Bohême; le jour d'hier nous a donné ces nouvelles satisfaisantes : dites-lui cela, et il sera forcé dans ses derniers retranchements.

LÉONTES.—Bien dit, Hermione.

HERMIONE.—S'il disait qu'il languit de revoir son fils, ce serait une bonne raison; et s'il dit cela, laissez-le partir; s'il jure qu'il en est ainsi, il ne doit pas rester plus longtemps, nous le chasserons d'ici avec nos quenouilles.—(*A Polixène.*) Cependant je me hasarderai à vous demander de nous prêter encore une semaine de votre royale présence. Quand vous recevrez mon époux en Bohême, je vous recommande de l'y retenir un mois au delà du terme marqué pour son départ : et pourtant en vérité, Léontes, je ne vous aime pas d'une minute de moins, que toute autre femme n'aime son époux.—Vous resterez?

POLIXÈNE.—Non, madame.

HERMIONE.—Oh! mais vous resterez.

POLIXÈNE.—Je ne le puis vraiment pas.

HERMIONE.—Vraiment? Vous me refusez avec des serments faciles; mais quand vous chercheriez à déplacer les astres de leur sphère par des serments, je vous dirais encore : Seigneur, on ne part point. Vraiment vous ne partirez point : le *vraiment* d'une dame a autant de pouvoir que le *vraiment* d'un gentilhomme. Voulez-vous encore partir? forcez-moi de vous retenir comme prisonnier, et non pas comme un hôte; et alors vous payerez votre pension en nous quittant, et serez par là dispensé de tous remerciements; qu'en dites-vous? êtes-vous mon prisonnier, ou mon hôte? Par votre redoutable *vraiment*, il faut vous décider à être l'un ou l'autre.

POLIXÈNE. — Votre hôte, alors, madame! car être votre prisonnier emporterait l'idée d'une offense, qu'il m'est moins aisé à moi de commettre qu'à vous de punir.

HERMIONE.—Ainsi je ne serai point votre geôlier, mais votre bonne hôtesse. Allons, il me prend envie de vous questionner sur les tours de mon seigneur et les vôtres, lorsque vous étiez jeunes. Vous deviez faire alors de jolis petits princes.

POLIXÈNE.—Nous étions, belle reine, deux étourdis, qui croyaient qu'il n'y avait point d'autre avenir devant eux, qu'un lendemain semblable à aujourd'hui, et que notre enfance durerait toujours.

HERMIONE.—Mon seigneur n'était-il pas le plus fou des deux?

POLIXÈNE.—Nous étions comme deux agneaux jumeaux, qui bondissaient ensemble au soleil, et bêlaient l'un après l'autre; notre échange mutuel était de l'innocence pour de l'innocence; nous ne connaissions pas l'art de faire du mal, non : et nous n'imaginions pas qu'aucun homme en fît. Si nous avions continué cette vie, et que nos faibles intelligences n'eussent jamais été exaltées par un sang plus impétueux, nous aurions pu répondre hardiment au ciel, *non coupables,* en mettant à part la tache héréditaire.

HERMIONE.—Vous nous donnez à entendre par là que depuis vous avez fait des faux pas.

POLIXÈNE.—O dame très-sacrée, les tentations sont nées depuis lors : car dans ces jours où nous n'avions pas encore nos plumes, ma femme n'était qu'une petite fille; et votre précieuse personne n'avait pas encore frappé les regards de mon jeune camarade.

HERMIONE.—Que la grâce du ciel me soit en aide! Ne

tirez aucune conséquence de tout ceci, de peur que vous ne disiez que votre reine et moi nous sommes de mauvais anges. Et pourtant, poursuivez : nous répondrons des fautes que nous vous avons fait commettre, si vous avez fait votre premier péché avec nous, et que vous avez continué de pécher avec nous, et que vous n'ayiez jamais trébuché qu'avec nous.

LÉONTES, *à Hermione* —Est-il enfin gagné?

HERMIONE.—Il restera, seigneur.

LÉONTES.—Il n'a pas voulu y consentir, à ma prière. Hermione, ma bien-aimée, jamais vous n'avez parlé plus à propos.

HERMIONE.—Jamais?

LÉONTES.—Jamais, qu'une seule fois.

HERMIONE.—Comment? j'ai parlé deux fois à propos? et quand a été la première, s'il vous plaît? Je vous en prie, dites-le-moi. Rassasiez-moi d'éloges, et engraissez-m'en comme un oiseau domestique; une bonne action qu'on laisse mourir, sans en parler, en tue mille autres qui seraient venues à la suite; les louanges sont notre salaire : vous pouvez avec un seul doux baiser nous faire avancer plus de cent lieues, tandis qu'avec l'aiguillon vous ne nous feriez pas parcourir un seul acre. Mais allons au but. Ma dernière bonne action a été de l'engager à rester : quelle a donc été la première? Celle-ci a une sœur aînée, ou je ne vous comprends pas : ah! fasse le ciel qu'elle se nomme vertu! Mais j'ai déjà parlé une fois à propos : quand? Je vous en prie, dites-le-moi, je languis de le savoir.

LÉONTES.—Eh bien! ce fut quand trois tristes mois expirèrent enfin d'amertume, et que tu ouvris ta main blanche pour frapper dans la mienne en signe d'amour; —tu dis alors : Je suis à vous pour toujours.

HERMIONE.—Allons, c'est vertu.—Ainsi, voyez-vous, j'ai parlé à propos deux fois : la première, afin de conquérir pour toujours mon royal époux; la seconde, afin d'obtenir le séjour d'un ami pour quelque temps.

(Elle présente la main à Polixène.)

LÉONTES, *à part.*—Trop de chaleur! quand on mêle de

si près l'amitié, on finit bientôt par mêler les personnes : j'ai en moi un *tremor cordis :* mon cœur bondit ; mais ce n'est pas de joie, ce n'est pas de joie.—Cet accueil peut avoir une apparence honnête : il peut puiser sa liberté dans la cordialité, dans la bonté du naturel, dans un cœur affectueux, et être convenable pour qui le montre : il le peut, je l'accorde. Mais de se serrer ainsi les mains, de se serrer les doigts comme ils le font en ce moment, et de se renvoyer des sourires d'intelligence, comme un miroir ; et puis de soupirer comme le signal de mort du cerf : oh ! c'est là un genre d'accueil qui ne plaît ni à mon cœur, ni à mon front.—Mamilius, est-tu mon enfant ?

MAMILIUS.—Oui, mon bon seigneur.

LÉONTES.—Vraiment ! c'est mon beau petit coq. Quoi ! as-tu noirci ton nez ? On dit que c'est une copie du mien. Allons, petit capitaine, il faut être *propre.* Je veux dire *propre*[1] au moins, capitaine, quoique ce mot s'applique également au bœuf, à la génisse et au veau. Quoi, toujours jouant du virginal[2] sur sa main. (*Observant Polixène et Hermione.*) (*A son fils.*) Mon petit veau, es-tu bien mon veau ?

MAMILIUS.—Oui, si vous le voulez bien, mon seigneur.

LÉONTES.—Il te manque la peau rude et cette crue que je me sens au front pour me ressembler parfaitement. —Et pourtant, nous nous ressemblons comme deux œufs : ce sont les femmes qui le disent, et elles disent tout ce qu'elles veulent. Mais quand elles seraient fausses, comme les mauvais draps reteints en noir, comme les vents, comme les eaux ; fausses comme les dés que désire un homme qui ne connaît point de limite entre le tien et le mien ; cependant il serait toujours vrai de dire que cet enfant me ressemble. Allons, monsieur le page, regardez-moi avec votre œil bleu-de-ciel. — Petit

---

[1] Équivoque sur le mot *neat* qui veut dire *bétail à cornes* et *propre, gentil.*

[2] Espèce d'épinette. Un livre des leçons de cet instrument ayant appartenu à la reine Élisabeth existe encore.

fripon, mon enfant chéri, ta mère peut-elle?... se pourrait-il bien?... O imagination! tu poignardes mon cœur, tu rends possibles des choses réputées impossibles, tu as un commerce avec les songes... (Comment cela peut-il être?...) avec ce qui n'a aucune réalité : toi, force coactive, qui t'associes au néant; — il devient croyable que tu peux t'unir à quelque chose de réel, et tu le fais au delà de ce qu'on te commande; j'en fais l'expérience par les idées contagieuses qui empoisonnent mon cerveau et qui endurcissent mon front.

POLIXÈNE.—Qu'a donc le roi de Sicile?

HERMIONE.—Il paraît un peu troublé.

POLIXÈNE, *au roi*.—Qu'avez-vous, seigneur, et comment vous trouvez-vous? Comment allez-vous, mon cher frère?

HERMIONE.—Vous avez l'air d'être agité de quelque pensée : êtes-vous ému, seigneur?

LÉONTES.— Non, en vérité. (*A part.*) Comme la nature trahit quelquefois sa folie et sa tendresse pour être le jouet des cœurs durs! — En considérant les traits de mon fils, il m'a semblé que je reculais de vingt-trois années; et je me voyais en robe, dans mon fourreau de velours vert; mon épée emmuselée : de crainte qu'elle ne mordît son maître et ne lui devînt funeste, comme il arrive souvent à ce qui sert d'ornement. Combien je devais ressembler alors, à ce que j'imagine, à ce pépin, à cette gousse de pois verts, à ce petit gentilhomme! — Mon bon monsieur, voulez-vous échanger votre argent contre des œufs [1]?

MAMILIUS.—Non, seigneur, je me battrais.

LÉONTES. —Oui-da! Que ton lot [2] dans la vie soit d'être heureux! — Mon frère, êtes-vous aussi fou de votre jeune prince que nous vous semblons l'être du nôtre?

---

[1] Expression proverbiale usitée quand un homme se voit outragé et ne fait aucune résistance, nous avons en Français le proverbe : « A qui vendez-vous vos coquilles? »

[2] *Dole* signifiait la portion d'aumônes distribuée aux pauvres dans les familles riches. *Happy man be his dole*, était une expression proverbiale.

POLIXÈNE. — Quand je suis chez moi, seigneur, il fait tout mon exercice, tout mon amusement, toute mon occupation. Tantôt il est mon ami dévoué et tantôt mon ennemi, mon flatteur, mon guerrier, mon homme d'État, tout enfin : il me rend un jour de juillet aussi court qu'un jour de décembre; et par la variété de son humeur enfantine, il me guérit d'idées qui m'épaissiraient le sang.

LÉONTES. — Ce petit écuyer a le même office près de moi : nous allons nous promener nous deux; et nous vous laissons, seigneur, à vos affaires plus sérieuses. — Hermione, montrez combien vous nous aimez dans l'accueil que vous ferez à votre frère : que tout ce qu'il y a de plus cher en Sicile soit regardé comme de peu de valeur; après vous et mon jeune promeneur, c'est lui qui a le plus de droits sur mon cœur.

HERMIONE. — Si vous nous cherchiez, nous serons à vous dans le jardin; vous y attendrons-nous?

LÉONTES. — Suivez à votre gré vos penchants : on vous trouvera, pourvu que vous soyez sous le ciel. (*A part, observant Hermione.*) — Je pêche en ce moment, quoique tu n'aperçoives point l'hameçon. Va, poursuis. Comme elle tient son bec tendu vers lui ! et comme elle s'arme de toute l'audace d'une femme devant son époux indulgent! (*Polixène, Hermione, sortent avec leur suite.*) Les voilà partis! M'y voilà enfoncé jusqu'aux genoux, me voilà cornard par-dessus les oreilles! (*A Mamilius.*) Va, mon enfant, va jouer. — Ta mère joue aussi, et moi aussi : mais je joue un rôle si fâcheux, qu'il me conduira au tombeau au milieu des sifflets; les mépris et les huées seront ma cloche funèbre. Va, mon enfant, va jouer. Il y a eu, ou je suis bien trompé, des hommes déshonorés avant moi ; et à présent, au moment même où je parle, il est plus d'un époux qui tient avec confiance sa femme sous le bras et qui ne songe guère qu'elle a reçu des visites en son absence, et que son vivier a été pêché par le premier venu, par monsieur *Sourire*, son voisin. Enfin, c'est toujours une consolation qu'il y ait d'autres hommes qui aient des grilles, et que ces grilles soient, comme les miennes, ouvertes contre leur volonté. Si tous les hommes qui ont des femmes déloyales s'abandonnaient au désespoir, la dixième partie du genre humain se pendrait. C'est un mal sans remède : c'est quelque planète licencieuse dont l'influence se fait sentir partout où elle domine ; et sa puissance, croyez-le, s'étend de l'orient à l'occident, du nord au midi. Conclusion, il n'y a point de barrières pour garder une femme ; retiens cela. Elle laisse entrer et sortir l'ennemi avec armes et bagages : des milliers d'hommes comme moi ont cette maladie et ne la sentent pas.—Eh bien ! mon enfant ?

MAMILIUS.— On dit que je vous ressemble.

LÉONTES.— Oui, c'est une sorte de consolation. (*Il aperçoit Camillo.*) Quoi ! Camillo ici ?

CAMILLO.— Oui, mon bon seigneur.

LÉONTES, *à Mamilius.*—Va jouer, Mamilius, tu es un brave garçon. —(*Mamilius sort.*) Eh bien ! Camillo, ce grand monarque prolonge son séjour.

CAMILLO.—Vous avez bien de la peine à faire tenir son ancre dans votre port ; vous aviez beau la jeter, elle revenait toujours à vous.

LÉONTES.—Y as-tu fait attention ?

CAMILLO.—Il ne voulait pas céder à vos prières ; ses affaires devenaient toujours plus urgentes.

LÉONTES.—T'en es-tu aperçu ? Voilà donc déjà des gens autour de moi qui murmurent tout bas et se disent à l'oreille : « Le roi de Sicile est un... et cætera. » C'est déjà bien avancé, lorsque je viens à le sentir le dernier. —Comment s'est-il déterminé à rester, Camillo ?

CAMILLO.—Sur les prières de la vertueuse reine.

LÉONTES.—De la reine, soit : — vertueuse, cela devrait être, sans doute ; mais voilà, cela n'est pas. Cette idée-là est-elle entrée dans quelque autre cervelle que la tienne ? Car ta conception est d'une nature absorbante, elle attire à elle plus de choses que les esprits vulgaires. Cela n'est-il remarqué que par les intelligences plus fines, par quelques têtes d'un génie extraordinaire ? Les créatures subalternes pourraient bien être tout à fait aveugles dans cette affaire : parle.

CAMILLO.—Dans cette affaire, seigneur? Je crois que tout le monde comprend que le roi de Bohême fait ici un plus long séjour.

LÉONTES.—Tu dis?

CAMILLO.—Qu'il fait ici un plus long séjour.

LÉONTES.—Oui, mais pourquoi?

CAMILLO.—Pour satisfaire Votre Majesté et se rendre aux instances de notre gracieuse souveraine.

LÉONTES. — Se rendre aux instances de votre souveraine? se rendre? Je n'en veux pas davantage.—Camillo, je t'ai confié les plus chers secrets de mon cœur aussi bien que ceux de mon conseil; et, comme un prêtre, tu as purifié mon sein; je t'ai toujours quitté comme un pénitent converti : mais je me suis trompé sur ton intégrité, c'est-à-dire trompé sur ce qui m'en offrait l'apparence.

CAMILLO.—Que le ciel m'en préserve, seigneur!

LÉONTES.—Oui, de le souffrir.—Tu n'es pas honnête, ou, si ton penchant t'y porte, tu es un lâche qui coupes le jarret à l'honnêteté et l'empêches de suivre sa course naturelle; ou autrement, il faut te regarder comme un serviteur initié dans ma confiance intime et négligent à y répondre; ou bien comme un insensé qui voit chez moi jouer un jeu où je perds le plus riche de mes trésors, et qui prend le tout en badinage.

CAMILLO.—Mon noble souverain, je puis être négligent, insensé et timide; nul homme n'est si exempt de ces défauts que sa négligence, sa folie et sa timidité ne se montrent quelquefois dans la multitude infinie des affaires de ce monde. Si jamais, seigneur, j'ai été négligent dans les vôtres à dessein, c'est une folie à moi; si jamais j'ai joué exprès le rôle d'un insensé, c'aura été par négligence et faute de réfléchir assez aux conséquences; si jamais la crainte m'a fait hésiter dans une entreprise dont l'issue me semblait douteuse et dont l'exécution était réclamée à grands cris par la nécessité, c'a été par une timidité qui souvent attaque le plus sage. Ce sont là, seigneur, autant d'infirmités ordinaires dont l'homme le plus honnête n'est jamais exempt. Mais, j'en conjure Votre Majesté, parlez-moi plus clairement; faites-moi connaître et voir en face ma faute, et si je la renie, c'est qu'elle ne m'appartient pas.

LÉONTES. — N'avez-vous pas vu, Camillo (mais cela est hors de doute, vous l'avez vu, ou le verre de votre lunette est opaque comme la corne d'un homme déshonoré), ou entendu dire (car sur une chose aussi visible la rumeur publique ne peut pas se taire), ou pensé en vous-même (car il n'y aurait pas de faculté de penser dans l'homme qui ne le penserait pas) que ma femme m'est infidèle? — Si tu veux l'avouer (ou autrement nie avec impudence, nie que tu aies des yeux, des oreilles et une pensée), conviens donc que ma femme est un cheval de bois[1] et qu'elle mérite un nom aussi infâme que la dernière des filles qui livre sa personne avant d'avoir engagé sa foi; dis-le et soutiens-le.

CAMILLO. — Je ne voudrais pas rester là en écoutant noircir ainsi ma souveraine maîtresse sans en tirer sur-le-champ vengeance. Malédiction sur moi-même! vous n'avez jamais proféré de parole plus indigne que celle-là; la répéter serait un crime aussi grand que celui que vous imaginez, quand il serait vrai.

LÉONTES. — Et n'est-ce rien que de se parler à l'oreille? que d'appuyer joue contre joue? de mesurer leur nez ensemble? de se baiser les lèvres en dedans? d'étouffer un éclat de rire par un soupir? Et, signe infaillible d'un honneur profané, de faire chevaucher leur pied l'un sur l'autre? de se cacher ensemble dans les coins, de souhaiter que l'horloge aille plus vite? que les heures se changent en minutes et midi en minuit, que tous les yeux fussent aveuglés par une taie, hors les leurs, les leurs seulement, qui voudraient être coupables sans être vus: n'est-ce rien que tout cela? En ce cas, et le monde, et tout ce qu'il enferme, n'est donc rien non plus; ce ciel qui nous couvre n'est rien; la Bohême n'est rien; ma femme n'est rien, et tous ces riens ne signifient rien, si tout cela n'est rien.

[1] *Hobby horse.*

CAMILLO. — Mon cher seigneur, guérissez-vous de cette funeste pensée, et au plustôt, car elle est très-dangereuse.

LÉONTES.—C'est possible, mais c'est vrai.

CAMILLO.—Non, seigneur, non.

LÉONTES.—C'est vrai : vous mentez, vous mentez. Je te dis que tu mens, Camillo, et je te hais. Je te déclare un homme stupide, un misérable sans âme, ou un hypocrite qui temporise, qui peut voir de tes yeux indifféremment le bien et le mal, également enclin à tous les deux. Si le sang de ma femme était aussi corrompu que l'est son honneur, elle ne vivrait pas le temps qu'un sablier met à s'écouler.

CAMILLO.—Qui est donc son corrupteur?

LÉONTES.—Qui? Eh! celui qui la porte toujours pendue à son cou, comme une médaille, le roi de Bohême. Qui?... Si j'avais autour de moi des serviteurs zélés et fidèles qui eussent des yeux pour voir mon honneur comme ils voient leurs profits et leurs intérêts personnels, ils feraient une chose qui couperait court à cette débauche. Oui, et toi, mon échanson, toi que j'ai tiré de l'obscurité et élevé au rang d'un grand seigneur, toi qui peux voir aussi clairement que le ciel voit la terre et que la terre voit le ciel, combien je suis outragé... Tu pourrais épicer une coupe pour procurer à mon ennemi un sommeil éternel, et cette potion serait un baume pour mon cœur.

CAMILLO.—Oui, seigneur, je pourrais le faire, et cela non avec une potion violente, mais avec une liqueur lente, dont les effets ne trahiraient pas la malignité, comme le poison. Mais je ne puis croire à cette souillure chez mon auguste maîtresse, si souverainement honnête et vertueuse. Je vous ai aimé, sire...

LÉONTES.—Eh bien! va en douter et pourrir à ton aise!
— Me crois-tu assez inconséquent, assez troublé pour chercher à me tourmenter moi-même, pour souiller la pureté et la blancheur de mes draps, qui, en se conservant, procure le sommeil, mais qui, une fois tachée, devient des aiguillons, des épines, des orties et des queues

de guêpes, — pour provoquer l'ignominie à propos du sang du prince mon fils, que je crois être à moi et que j'aime comme mon enfant, sans de mûres et convaincantes raisons qui m'y forcent, dis, voudrais-je le faire? Un homme peut-il s'égarer ainsi?

CAMILLO.—Je suis obligé de vous croire, seigneur, et je vous débarrasserai du roi de Bohême, pourvu que, quand il sera écarté, Votre Majesté consente à reprendre la reine et à la traiter comme auparavant, ne fût-ce que pour l'intérêt de votre fils et pour imposer par là silence à l'injure des langues dans les cours et les royaumes connus du vôtre et qui vous sont alliés.

LÉONTES.—Tu me conseilles là précisément la conduite que je me suis prescrite à moi-même. Je ne porterai aucune atteinte à son honneur, aucune.

CAMILLO.—Allez donc, seigneur, et montrez au roi de Bohême et à votre reine le visage serein que l'amitié porte dans les fêtes. C'est moi qui suis l'échanson de Polixène : s'il reçoit de ma main un breuvage bienfaisant, ne me tenez plus pour votre serviteur.

LÉONTES.—C'est assez : fais cela, et la moitié de mon cœur est à toi ; si tu ne le fais pas, tu perces le tien.

CAMILLO.—Je le ferai, seigneur.

LÉONTES.—J'aurai l'air amical, comme tu me le conseilles.

(Il sort.)

CAMILLO, *seul*. — O malheureuse reine ! — Mais moi, à quelle position suis-je réduit ? — Il faut que je sois l'empoisonneur du vertueux Polixène ; et mon motif pour cette action, c'est l'obéissance à un maître, à un homme qui, en guerre contre lui-même, voudrait que tous ceux qui lui appartiennent fussent de même. — En faisant cette action, j'avance ma fortune. — Quand je pourrais trouver l'exemple de mille sujets qui auraient frappé des rois consacrés et prospéré ensuite, je ne le ferais pas encore ; mais puisque ni l'airain, ni le marbre, ni le parchemin ne m'en offrent un seul, que la scélératesse elle-même se refuse à un tel forfait..., il faut que j'abandonne la cour ; que je le fasse ou que je ne le fasse pas, ma

ruine est inévitable. Étoiles bienfaisantes, luisez à présent sur moi! Voici le roi de Bohême.
(Entre Polixène.)

POLIXÈNE. — Cela est étrange! Il me semble que ma faveur commence à baisser ici! Ne pas me parler! — Bonjour, Camillo.

CAMILLO. — Salut, noble roi.

POLIXÈNE. — Quelles nouvelles à la cour?

CAMILLO. — Rien d'extraordinaire, seigneur.

POLIXÈNE. — A l'air qu'a le roi, on dirait qu'il a perdu une province, quelque pays qu'il chérissait comme lui-même. Je viens dans le moment même de l'aborder avec les compliments accoutumés ; lui, détournant ses yeux du côté opposé, et donnant à sa lèvre abaissée le mouvement du mépris, s'éloigne rapidement de moi, me laissant à mes réflexions sur ce qui a pu changer ainsi ses manières.

CAMILLO. — Je n'ose pas le savoir, seigneur...

POLIXÈNE. — Comment, vous n'osez pas le savoir! vous n'osez pas? Vous le savez, et vous n'osez pas le savoir pour moi? C'est là ce que vous voulez dire ; car pour vous, ce que vous savez, il faut bien que vous le sachiez, et vous ne pouvez pas dire que vous n'osez pas le savoir. Cher Camillo, votre visage altéré est pour moi un miroir où je lis aussi le changement du mien; car il faut bien que j'aie quelque part à cette altération en trouvant ma position changée en même temps.

CAMILLO. — Il y a un mal qui met le désordre chez quelques-uns de nous, mais je ne puis nommer ce mal, et c'est de vous qu'il a été gagné, de vous qui pourtant vous portez fort bien.

POLIXÈNE. — Comment! gagné de moi? N'allez pas me prêter le regard du basilic : j'ai envisagé des milliers d'hommes qui n'ont fait que prospérer par mon coup d'œil, mais je n'ai donné la mort à aucun. Camillo... comme il est certain que vous êtes un gentilhomme plein de science et d'expérience, ce qui orne autant notre noblesse que peuvent le faire les noms illustres de nos aïeux, qui nous ont transmis la noblesse par héritage, je vous conjure, si vous savez quelque chose qu'il soit de mon intérêt de connaître, de m'en instruire; ne me le laissez pas ignorer en l'emprisonnant dans le secret.

CAMILLO.—Je ne puis répondre.

POLIXÈNE.— Une maladie gagnée de moi, et cependant je me porte bien! Il faut que vous me répondiez, entendez-vous, Camillo? Je vous en conjure, au nom de tout ce que l'honneur permet (et cette prière que je vous fais n'est pas des dernières qu'il autorise), je vous conjure de me déclarer quel malheur imprévu tu devines être prêt de se glisser sur moi, à quelle distance il est encore, comment il s'approche, quel est le moyen de le prévenir, s'il y en a; sinon, quel est celui de le mieux supporter.

CAMILLO.—Seigneur, je vais vous le dire, puisque j'en suis sommé au nom de l'honneur et par un homme que je crois plein d'honneur. Faites donc attention à mon conseil, qui doit être aussi promptement suivi que je veux être prompt à vous le donner, ou nous n'avons qu'à nous écrier, vous et moi : *Nous sommes perdus!* Et adieu.

POLIXÈNE.— Poursuivez, cher Camillo.

CAMILLO.—Je suis l'homme chargé de vous tuer.

POLIXÈNE.—Par qui, Camillo?

CAMILLO.—Par le roi.

POLIXÈNE.—Pourquoi?

CAMILLO. — Il croit, ou plutôt il jure avec conviction, comme s'il l'avait vu de ses yeux ou qu'il eût été l'agent employé pour vous y engager, que vous avez eu un commerce illicite avec la reine.

POLIXÈNE. — Ah! si cela est vrai, que mon sang se tourne en liqueur venimeuse et que mon nom soit accouplé au nom de celui qui a trahi le meilleur de tous; que ma réputation la plus pure se change en une odeur infecte qui offense les sens les plus obtus, en quelque lieu que je me présente, et que mon approche soit évitée et plus abhorrée que la plus contagieuse peste dont l'histoire ou la tradition aient jamais parlé!

CAMILLO. — Jurez, pour le dissuader, par toutes les

étoiles du ciel et par toutes leurs influences; vous pourriez aussi bien empêcher la mer d'obéir à la lune que réussir à écarter par vos serments ou ébranler par vos avis le fondement de sa folie : elle est appuyée sur sa folie, et elle durera autant que son corps.

POLIXÈNE. — Comment cette idée a-t-elle pu se former ?

CAMILLO. — Je l'ignore, mais je suis certain qu'il est plus sûr d'éviter ce qui est formé que de s'arrêter à chercher comment cela est né. Si donc vous osez vous fier à mon honnêteté, qui réside enfermée dans ce corps, que vous emmènerez avec vous en otage, partons cette nuit : j'informerai secrètement de l'affaire vos serviteurs, et je saurai les faire sortir de la ville par deux ou par trois à différentes poternes. Quant à moi, je dévoue mon sort à votre service, perdant ici ma fortune par cette confidence. Ne balancez pas; car, par l'honneur de mes parents, je vous ai dit la vérité : si vous en cherchez d'autres preuves, je n'ose pas rester à les attendre; et vous ne serez pas plus en sûreté qu'un homme condamné par la propre bouche du roi, et dont il a juré la mort.

POLIXÈNE. — Je te crois. J'ai vu son cœur sur son visage. Donne-moi ta main, sois mon guide, et ta place sera toujours à côté de la mienne. Mes vaisseaux sont prêts, et il y a deux jours que mes gens attendaient mon départ de cette cour. — Cette jalousie a pour objet une créature bien précieuse ; plus elle est une personne rare, plus cette jalousie doit être extrême : et plus il est puissant, plus elle doit être violente; il s'imagine qu'il est déshonoré par un homme qui a toujours professé d'être son ami; sa vengeance doit donc, par cette raison, en être plus cruelle. La crainte m'environne de ses ombres; qu'une prompte fuite soit mon salut et sauve la gracieuse reine, le sujet des pensées de Léontes, mais qui est sans raison l'objet de ses injustes soupçons. Viens, Camillo; je te respecterai comme mon père, si tu parviens à sauver ma vie de ces lieux. Fuyons.

CAMILLO. — J'ai l'autorité de demander les clefs de toutes les poternes : que Votre Majesté profite des moments : le temps presse ; allons, seigneur, partons.

(Ils sortent.)

FIN DU PREMIER ACTE.

ACTE DEUXIÈME

SCÈNE I

Sicile.—Même lieu que l'acte précédent.

Entrent HERMIONE, MAMILIUS, DAMES.

HERMIONE. — Prenez-moi cet enfant avec vous; il me fatigue au point que je n'y peux plus tenir.

PREMIÈRE DAME. — Allons, venez, mon gracieux seigneur. Sera-ce moi qui serai votre camarade de jeu?

MAMILIUS. — Non, je ne veux point de vous.

PREMIÈRE DAME. — Pourquoi cela, mon cher petit prince?

MAMILIUS. — Vous m'embrassez trop fort, et puis vous me parlez comme si j'étais un petit enfant. (*A la seconde dame.*) Je vous aime mieux, vous.

SECONDE DAME. — Et pourquoi cela, mon prince?

MAMILIUS. — Ce n'est pas parce que vos sourcils sont plus noirs; cependant des sourcils noirs, à ce qu'on dit, siéent le mieux à certaines femmes, pourvu qu'ils ne soient pas trop épais, mais qu'ils fassent un demi-cercle ou un croissant tracé avec une plume.

SECONDE DAME. — Qui vous a appris cela?

MAMILIUS. — Je l'ai appris sur le visage des femmes. — Dites-moi, je vous prie, de quelle couleur sont vos sourcils?

PREMIÈRE DAME. — Bleus, seigneur.

MAMILIUS. — Oh! c'est une plaisanterie que vous faites : j'ai bien vu le nez d'une femme qui était bleu, mais non pas ses sourcils.

SECONDE DAME. — Écoutez-moi. La reine votre mère va fort s'arrondissant : nous offrirons un de ces jours nos services à un beau prince nouveau-né; vous seriez bien content alors de jouer avec nous, si nous voulions de vous.

première dame.—Il est vrai qu'elle prend depuis peu une assez belle rondeur : puisse-t-elle rencontrer une heure favorable !

hermione.—De quels sages propos est-il question entre vous? Venez, mon ami; je veux bien de vous à présent; je vous prie, venez vous asseoir auprès de nous, et dites-nous un conte.

mamilius.—Faut-il qu'il soit triste ou gai?

hermione.—Aussi gai que vous voudrez.

mamilius.—Un conte triste va mieux en hiver; j'en sais un d'esprits et de lutins.

hermione.—Contez-nous celui-là, mon fils : allons, venez vous asseoir.—Allons, commencez et faites de votre mieux pour m'effrayer avec vos esprits; vous êtes fort là-dessus.

mamilius.—Il y avait une fois un homme...

hermione.—Asseyez-vous donc là... Allons, continuez.

mamilius.—Qui demeurait près du cimetière.—Je veux le conter tout bas : les grillons qui sont ici ne l'entendront pas.

hermione.—Approchez-vous donc, et contez-le-moi à l'oreille.

(Entrent Léontes, Antigone, seigneurs et suite.)

léontes.—Vous l'avez rencontré là ? et sa suite ? et Camillo avec lui?

un des courtisans.—Derrière le bosquet de sapins : c'est là que je les ai trouvés; jamais je n'ai vu hommes courir si vite. Je les ai suivis des yeux jusqu'à leurs vaisseaux.

léontes.—Combien je suis heureux dans mes conjectures et juste dans mes soupçons! — Hélas! plût au ciel que j'eusse moins de pénétration! Que je suis à plaindre de posséder ce don ! — Il peut se trouver une araignée noyée au fond d'une coupe, un homme peut boire la coupe, partir et n'avoir pris aucun venin, car son imagination n'en est point infectée; mais si l'on offre à ses yeux l'insecte abhorré, et si on lui fait connaître ce qu'il a bu, il s'agite alors, il tourmente et son gosier et ses flancs de secousses et d'efforts.—Moi j'ai bu et j'ai vu l'araignée.—Camillo le secondait dans cette affaire; c'est lui qui est son entremetteur. —Il y a un complot tramé contre ma vie et ma couronne.—Tout ce que soupçonnait ma défiance est vrai.—Ce perfide scélérat que j'employais était engagé d'avance par l'autre: il lui a découvert mon dessein; et moi, je reste un simple mannequin dont ils s'amusent à leur gré. — Comment les poternes se sont-elles si facilement ouvertes?

LE COURTISAN.—Par la force de sa grande autorité, qui s'est fait obéir ainsi plus d'une fois d'après vos ordres.

LÉONTES. — Je ne le sais que trop. — Donnez-moi cet enfant. (*A Hermione.*) Je suis bien aise que vous ne l'ayez pas nourri; quoiqu'il ait quelques traits de moi, cependant il y a en lui trop de votre sang.

HERMIONE.—Que voulez-vous dire? Est-ce un badinage?

LÉONTES.— Qu'on emmène l'enfant d'ici: je ne veux pas qu'il approche d'elle; emmenez-le. — Et qu'elle s'amuse avec celui dont elle est enceinte; car c'est Polixène qui vous a ainsi arrondie.

HERMIONE. —Je dirais seulement que ce n'est pas lui, que je serais bien sûre d'être crue de vous sur ma parole, quand vous affecteriez de prétendre le contraire.

LÉONTES.—Vous, mes seigneurs, considérez-la, observez-la bien; dites si vous voulez : *C'est une belle dame*, mais la justice qui est dans vos cœurs vous fera ajouter aussitôt : *C'est bien dommage qu'elle ne soit pas honnête ni vertueuse!* Ne louez en elle que la beauté de ses formes extérieures, qui, sur ma parole, méritent de grands éloges; mais ajoutez de suite un haussement d'épaules, un murmure entre vos dents, une exclamation, et toutes ces petites flétrissures que la calomnie emploie; oh! je me trompe, c'est la pitié qui s'exprime ainsi, car la calomnie flétrit la vertu même.—Que ces haussements d'épaules, ces murmures, ces exclamations surviennent et se placent immédiatement après que vous aurez dit : *Qu'elle est belle!* et avant que vous puissiez ajouter :

Qu'elle est honnête! Qu'on apprenne seulement ceci de moi, qui ai le plus sujet de gémir que cela soit : c'est une adultère.

HERMIONE.—Si un scélérat parlait ainsi, le scélérat le plus accompli du monde entier, il en serait plus scélérat encore : vous, seigneur, vous ne faites que vous tromper.

LÉONTES.—Vous vous êtes trompée, madame, en prenant Polixène pour Léontes. O toi, créature..., je ne veux pas t'appeler du nom qui te convient, de crainte que la grossièreté barbare, s'autorisant de mon exemple, ne se permette un pareil langage, sans égard pour le rang, et n'oublie la distinction que la politesse doit mettre entre le prince et le mendiant.—J'ai dit qu'elle est adultère, j'ai dit avec qui : elle est plus encore, elle est traître à son roi, et Camillo est son complice, un homme qui sait ce qu'elle devrait rougir de savoir, quand le secret en serait réservé à elle seule et à son vil amant, Camillo sait qu'elle est une profanatrice du lit nuptial, et aussi corrompue que ces femmes à qui le vulgaire prodigue des noms énergiques; oui, de plus elle est complice de leur récente évasion.

HERMIONE.—Non, sur ma vie, je n'ai aucune part à tout cela. Combien vous aurez de regret, quand vous viendrez à être mieux instruit, de m'avoir ainsi diffamée publiquement! Mon cher seigneur, vous aurez bien de la peine à me faire une réputation suffisante en disant que vous vous êtes trompé.

LÉONTES.—Non, non, si je me trompe, d'après les preuves sur lesquelles je me fonde, le centre de la terre n'est pas assez fort pour porter la toupie d'un écolier.—Emmenez-la en prison; celui qui parlera pour elle se rend coupable seulement pour avoir parlé.

HERMIONE.—Il y a quelque planète malfaisante qui domine dans le ciel. Je dois attendre avec patience que le ciel présente un aspect plus favorable.—Chers seigneurs, je ne suis point sujette aux pleurs, comme l'est ordinairement notre sexe ; peut-être que le défaut de ces vaines larmes tarira votre pitié ; mais je porte logé là (*elle montre son cœur*) cette douleur de l'honneur blessé qui brûle trop fort pour qu'elle puisse être éteinte par les larmes. Je vous conjure tous, seigneurs, de me juger sur les pensées les plus honorables que votre charité pourra vous inspirer : et que la volonté du roi s'accomplisse.

LÉONTES, *aux gardes*.—Serai-je obéi ?

HERMIONE.—Quel est celui de vous qui vient avec moi ? —Je demande en grâce à Votre Majesté que mes femmes m'accompagnent ; car vous voyez que mon état le réclame. (*A ses femmes.*) Ne pleurez point, pauvres amies, il n'y a point de sujet : quand vous apprendrez que votre maîtresse a mérité la prison, fondez en larmes quand j'y serai conduite ; mais cette accusation-ci ne peut tourner qu'à mon plus grand honneur.—Adieu, seigneur : jamais je n'avais souhaité de vous voir affligé ; mais aujourd'hui, j'ai confiance que cela m'arrivera.— Venez, mes femmes ; vous en avez la permission.

LÉONTES.—Allez, exécutez nos ordres.—Allez-vous-en.
(*Les gardes conduisent la reine accompagnée de ses femmes.*)

UN SEIGNEUR.—J'en conjure Votre Majesté, rappelez la reine.

ANTIGONE.—Soyez bien sûr de ce que vous faites, seigneur, de crainte que votre justice ne se trouve être de la violence. Trois grands personnages sont ici compromis, vous-même, votre reine et votre fils.

LE SEIGNEUR.—Pour elle, seigneur, j'ose engager ma vie, et je le ferai si vous voulez l'accepter, que la reine est sans tache aux yeux du ciel et envers vous ; je veux dire innocente de ce dont vous l'accusez.

ANTIGONE.—S'il est prouvé qu'elle ne le soit pas, j'établirai mon domicile à côté de ma femme, j'irai toujours accouplé avec elle ; je ne me fierai à elle que lorsque je la sentirai et la verrai : si la reine est infidèle, il n'y a plus un pouce de la femme,—que dis-je ? une drachme de sa chair qui ne soit perfide.

LÉONTES.—Taisez-vous.

LE SEIGNEUR.—Mon cher souverain...

ANTIGONE.—C'est pour vous que nous parlons, et non pas pour nous. Vous êtes trompé par quelque instigateur qui sera damné pour sa peine : si je connaissais ce lâche, je me damnerais déjà dans ce monde.—Si son honneur est souillé... j'ai trois filles; l'aînée a onze ans, la seconde neuf, et la cadette environ cinq : si cette accusation se trouve fondée, elles me le payeront, sur mon honneur; je les mutile toutes trois : elles ne verront pas l'âge de quatorze ans pour enfanter des générations bâtardes : elles sont mes cohéritières, et je me mutilerais plutôt moi-même que de souffrir qu'elles ne produisent pas des enfants légitimes.

LÉONTES.—Cessez ; plus de vaines paroles ; vous ne sentez mon affront qu'avec des sens aussi froids que le nez d'un mort : mais moi, je le vois, je le sens ; sentez ce que je vous fais, et voyez en même temps la main qui vous touche[1].

ANTIGONE.—Si cela est vrai, nous n'avons pas besoin de tombeau pour ensevelir la vertu : il n'y en a pas un seul grain pour adoucir l'aspect de cette terre fangeuse.

LÉONTES.—Quoi! ne m'en croit-on pas sur parole?

LE SEIGNEUR.—J'aimerais bien mieux que ce fût vous qu'on refusât de croire sur ce point, seigneur, plutôt que moi, et je serais bien plus satisfait de voir son honneur justifié que votre soupçon, quelque blâmé que vous en pussiez être.

LÉONTES.—Eh! qu'avons-nous besoin aussi de vous consulter là-dessus? Que ne suivons-nous plutôt l'instinct qui nous force à le croire? Notre prérogative n'exige point vos conseils : c'est notre bonté naturelle qui vous fait cette confidence; et si (soit par stupidité, ou par une adroite affectation) vous ne voulez pas ou ne pouvez pas goûter et sentir la vérité comme nous, apprenez que nous n'avons plus besoin de vos avis. L'affaire, la conduite à suivre, la perte ou le gain, tout nous est personnel.

ANTIGONE.—Et je souhaiterais, mon souverain, que vous eussiez jugé cette affaire dans le silence de votre jugement, sans en rien communiquer à personne.

---

[1] Il y avait ici quelque geste indiqué pour l'acteur, peut-être celui de mettre deux doigts sur la tête d'Antigone en forme de cornes.

LÉONTES.—Comment cela se pouvait-il? Ou l'âge a renforcé votre ignorance, ou vous êtes né stupide. Ne sommes-nous pas autorisés dans notre conduite par la fuite de Camillo, jointe à leur familiarité, qui était palpable autant que peut être une chose qui n'a plus besoin que d'être vue pour être prouvée, tant les circonstances étaient évidentes? Rien ne manquait à l'évidence, que d'avoir vu la chose. Cependant, pour une plus forte confirmation (car, dans une affaire de cette importance, la précipitation serait lamentable), j'ai envoyé en hâte à la ville sacrée de Delphes, au temple d'Apollon, Dion et Cléomène, dont vous connaissez le mérite plus que suffisant. Ainsi c'est l'oracle qui me dictera la marche à suivre, et ce conseil spirituel, une fois obtenu, m'arrêtera ou me poussera en avant. Ai-je bien fait?

LE SEIGNEUR.—Très-bien, seigneur.

LÉONTES.—Quoique je sois convaincu et que je n'aie pas besoin d'en savoir plus que je n'en sais, cependant l'oracle servira à tranquilliser les esprits des autres, et ceux dont l'ignorante crédulité se refuse à voir la vérité. Ainsi nous avons trouvé convenable qu'elle fût séparée de notre personne et emprisonnée, de peur qu'elle ne soit chargée d'accomplir la trahison tramée par les deux complices qui ont pris la fuite. Allons, suivez-nous; nous devons parler au peuple; car cette affaire va nous mettre tous en mouvement.

ANTIGONE, *à part.*—Pour finir par en rire, à ce que je présume, si la bonne vérité était connue.

(Ils sortent.)

SCÈNE II

L'extérieur d'une prison.

Entre PAULINE *et sa suite.*

PAULINE.—Le geôlier! Qu'on l'appelle. (*Un serviteur sort.*) Faites-lui savoir qui je suis.—Vertueuse reine! Il n'est point en Europe de cour assez brillante pour toi; que fais-tu dans cette prison? (*Le serviteur revient avec le* geôlier.) (*Au geôlier.*) Vous me connaissez, n'est-ce pas mon ami?

LE GEÔLIER.—Pour une vertueuse dame, et que j'honore beaucoup.

PAULINE.—Alors je vous prie, conduisez-moi vers la reine.

LE GEÔLIER.—Je ne le puis, madame; j'ai reçu expressément des ordres contraires.

PAULINE.—On se donne ici bien de la peine pour emprisonner l'honnêteté et la vertu, et leur défendre l'accès des amis sensibles qui viennent les visiter!—Est-il permis, je vous prie, de voir ses femmes? quelqu'une d'elles, Émilie, par exemple?

LE GEÔLIER.—S'il vous plaît, madame, d'écarter de vous votre suite, je vous amènerai Émilie.

PAULINE.—Eh bien! je vous prie de la faire venir.—Vous, éloignez-vous.

(Les gens de la suite sortent.)

LE GEÔLIER.—Et il faut encore, madame, que je sois présent à votre entretien.

PAULINE.—Eh bien! à la bonne heure; je vous prie... (*Le geôlier sort.*) On se donne ici tant de peine pour ternir ce qui est sans tache, que cela dépasse toute idée. (*Le geôlier reparaît avec Émilie.*) (*A Émilie.*) Chère demoiselle, comment se porte notre gracieuse reine?

ÉMILIE.—Aussi bien que peuvent le permettre tant de grandeur et d'infortunes réunies. Dans les secousses de ses frayeurs et de ses douleurs, les plus extrêmes qu'ait souffertes une femme délicate, elle est accouchée un peu avant son terme.

PAULINE.—D'un garçon?

ÉMILIE.—D'une fille. Un bel enfant, vigoureux, et qui semble devoir vivre. La reine en reçoit beaucoup de consolation; elle lui dit : *Ma pauvre petite prisonnière, je suis aussi innocente que toi.*

PAULINE.—J'en ferais serment.—Maudites soient ces dangereuses et funestes lunes [1] du roi! Il faut qu'il en

---

[1] Expression empruntée du français.

soit instruit, et il le sera ; c'est à une femme que cet office sied le mieux, et je le prends sur moi. Si mes paroles sont emmiellées, que ma langue s'enfle et ne puisse jamais servir d'organe à ma colère enflammée.—Je vous prie, Émilie, présentez l'hommage de mon respect à la reine : si elle a le courage de me confier son petit enfant, j'irai le montrer au roi, et je me charge de lui servir d'avocat avec la dernière chaleur. Nous ne savons pas à quel point la vue de cet enfant peut l'adoucir : souvent le silence de la pure innocence persuade où la parole échouerait.

ÉMILIE. — Très-noble dame, votre honneur et votre bonté sont si manifestes que cette entreprise volontaire de votre part ne peut manquer d'avoir un succès heureux : il n'est point de dame au monde aussi propre à remplir cette importante commission. Daignez entrer dans la chambre voisine : je vais sur-le-champ instruire la reine de votre offre généreuse. Elle-même aujourd'hui méditait cette idée : mais elle n'a pas osé proposer à personne ce ministère d'honneur, dans la crainte de se voir refusée.

PAULINE.—Dites-lui, Émilie, que je me servirai de cette langue que j'ai : et s'il en sort autant d'éloquence qu'il y a de hardiesse dans mon sein, il ne faut pas douter que je ne fasse du bien.

ÉMILIE.—Que le ciel vous bénisse ! Je vais trouver la reine. Je vous prie, avancez un peu plus près.

LE GEÔLIER.—Madame, s'il plaît à la reine d'envoyer l'enfant, je ne sais pas à quel danger je m'exposerai en le permettant, n'ayant aucun ordre qui m'y autorise.

PAULINE.—Vous n'avez rien à craindre, mon ami : l'enfant était prisonnier dans le sein de sa mère; et il en a été délivré et affranchi par les lois et la marche de la nature. Il n'a point part au courroux du roi : et il n'est pas coupable des fautes de sa mère, si elle en a commis quelqu'une.

LE GEÔLIER.—Je le crois comme vous.

PAULINE.—N'ayez aucune crainte : sur mon honneur, je me placerai entre vous et le danger. (Ils sortent.)

SCÈNE III

Salle dans le palais.

Entrent LÉONTES, ANTIGONE, SEIGNEURS *et suite.*

LÉONTES.—Ni le jour, ni la nuit, point de repos : c'est une vraie faiblesse de supporter ainsi ce malheur... Oui, ce serait pure faiblesse, si la cause de mon trouble n'était pas encore en vie. Elle fait partie de cette cause, elle, cette adultère.—Car le roi suborneur est tout à fait hors de la portée de mon bras, au delà de l'atteinte de mes projets de vengeance. Mais elle, je la tiens sous ma main. Supposé qu'elle soit morte, livrée aux flammes, je pourrais alors retrouver la moitié de mon repos.—Holà! quelqu'un!

(Un de ses officiers s'avance.)

L'OFFICIER.—Seigneur?

LÉONTES.—Comment se porte l'enfant?

L'OFFICIER.—Il a bien reposé cette nuit : on espère que sa maladie est terminée.

LÉONTES.—Ce que c'est que le noble instinct de cet enfant! Sentant le déshonneur de sa mère, on l'a vu aussitôt décliner, languir, et en être profondément affecté : il s'en est comme approprié, incorporé la honte; il en a perdu la gaieté, l'appétit, le sommeil, et il est tombé en langueur. (*A l'officier.*) Laissez-moi seul ; allez voir comment il se porte. (*L'officier sort.*)—Fi donc! fi donc!—Ne pensons point à Polixène. Quand je regarde de ce côté, mes pensées de vengeance reviennent sur moi-même. Il est trop puissant par lui-même, par ses partisans, ses alliances : qu'il vive, jusqu'à ce qu'il vienne une occasion favorable. Quant à la vengeance présente, accomplissons-la sur elle. Camillo et Polixène rient de moi; ils se font un passe-temps de mes chagrins; ils ne riraient pas, si je pouvais les atteindre; elle ne rira pas non plus, celle que je tiens sous ma puissance.

(Entre Pauline tenant l'enfant.)

UN SEIGNEUR.—Vous ne pouvez pas entrer.

PAULINE.—Ah! secondez-moi tous plutôt, mes bons seigneurs : quoi! craignez-vous plus sa colère tyrannique que vous ne tremblez pour la vie de la reine? une âme pure et vertueuse, plus innocente qu'il n'est jaloux!

ANTIGONE.—C'en est assez.

L'OFFICIER.—Madame, le roi n'a pas dormi cette nuit; et il a donné ordre de ne laisser approcher personne.

PAULINE.—Point tant de chaleur, monsieur ; je viens lui apporter le sommeil. C'est vous et vos pareils qui rampez près de lui comme des ombres, et gémissez à chaque inutile soupir qu'il pousse ; c'est vous qui nourrissez la cause de son insomnie : moi, je viens avec des paroles aussi salutaires que franches et vertueuses pour le purger de cette humeur qui l'empêche de dormir.

LÉONTES.—Quel est donc ce bruit que j'entends?

PAULINE.—Ce n'est pas du bruit, seigneur ; mais je sollicite une audience nécessaire pour les affaires de Votre Majesté.

LÉONTES.—Comment?—Qu'on fasse sortir cette dame audacieuse. Antigone, je vous ai chargé de l'empêcher de m'approcher ; je savais qu'elle viendrait.

ANTIGONE.—Je lui avais défendu, seigneur, sous peine d'encourir votre disgrâce et la mienne, de venir vous voir.

LÉONTES.—Quoi! ne pouvez-vous la gouverner?

PAULINE.—Oui, seigneur, pour me défendre tout ce qui n'est pas honnête, il le peut : mais dans cette affaire (à moins qu'il n'use du moyen dont vous avez usé, et qu'il ne m'emprisonne, pour mes bonnes actions), soyez sûr qu'il ne me gouvernera pas.

ANTIGONE.—Voyez maintenant, vous l'entendez vous-même, lorsqu'elle veut prendre les rênes, je la laisse conduire : mais elle ne fera pas de faux pas.

PAULINE.—Mon cher souverain, je viens, et je vous conjure de m'écouter ; moi, qui fais profession d'être votre loyale sujette, votre médecin, et votre conseiller très-soumis ; mais qui pourtant ose le paraître moins, et flatter moins vos maux que certaines gens qui paraissent plus dévoués à vos intérêts;—je viens, vous dis-je, de la part de votre vertueuse reine.

LÉONTES.—Vertueuse reine!

PAULINE.—Vertueuse reine, seigneur; vertueuse reine; je dis vertueuse reine; et je soutiendrais sa vertu dans un combat singulier, si j'étais un homme, fussé-je le dernier de ceux qui vous entourent.

LÉONTES.—Forcez-la de sortir de ma présence.

PAULINE.—Que celui qui n'attache aucun prix à ses yeux mette le premier la main sur moi : je sortirai de ma propre volonté; mais auparavant je remplirai mon message.—La vertueuse reine, car elle est vertueuse, vous a mis au monde une fille; la voilà : elle la recommande à votre bénédiction.

LÉONTES.— Loin de moi, méchante sorcière[1]! Emmenez-la d'ici, hors des portes. — Une infâme entremetteuse!

PAULINE.—Non, seigneur; je suis aussi ignorante dans ce métier que vous me connaissez mal, seigneur, en me donnant ce nom. Je suis aussi honnête que vous êtes fou; et c'est l'être assez, je le garantis, pour passer pour honnête femme, comme va le monde.

LÉONTES.— Traîtres! ne la chasserez-vous pas? Donnez-lui cette bâtarde. (*A Antigone.*) Toi, radoteur, qui te laisses conduire par le nez, coq battu par ta poule[2], ramasse cette bâtarde, prends-la, te dis-je, et rends-la à ta commère.

PAULINE.—Que tes mains soient à jamais déshonorées, si tu relèves la princesse sur cette outrageante et fausse dénomination qu'il lui a donnée.

LÉONTES, *à Antigone.*—Il a peur de sa femme!

PAULINE.—Je voudrais que vous en fissiez autant : alors il n'y aurait pas de doute que vous n'appelassiez vos enfants vos enfants.

LÉONTES.—Un nid de traîtres!

ANTIGONE.—Je ne suis point un traître, par le jour qui nous éclaire.

---

[1] *Mankind witch.*
[2] *Woman-tried.*

PAULINE. — Ni moi, ni personne, hors un seul ici, et c'est lui-même ; (*montrant le roi*) lui qui livre et son propre honneur, et celui de sa reine, et celui de son fils, d'une si heureuse espérance, et celui de son petit enfant, à la calomnie, dont la plaie est plus cuisante que celle du glaive : lui qui ne veut pas (et, dans la circonstance, c'est une malédiction qu'il ne puisse y être contraint) arracher de son cœur la racine de son opinion, qui est pourrie, si jamais un chêne ou une pierre fut solide.

LÉONTES. — Une créature d'une langue effrénée, qui tout à l'heure maltraitait son mari, et qui maintenant aboie contre moi ! Cet enfant n'est point à moi : c'est la postérité de Polixène. Otez-le de ma vue, et livrez-le aux flammes avec sa mère.

PAULINE. — Il est à vous, et nous pourrions vous appliquer en reproche le vieux proverbe : *Il vous ressemble tant que c'est tant pis.* — Regardez, seigneurs, quoique l'image soit petite, si ce n'est pas la copie et le portrait du père : ses yeux, son nez, ses lèvres, le froncement de son sourcil, son front et jusqu'aux jolies fossettes de son menton et de ses joues, et son sourire; la forme même de sa main, de ses ongles, de ses doigts. — Et toi, nature, bonne déesse, qui l'as formée si ressemblante à celui qui l'a engendrée, si c'est toi qui disposes aussi de l'âme, parmi toutes ses couleurs, qu'il n'y ait pas de jaune[1]; de peur qu'elle ne soupçonne un jour, comme lui, que ses enfants ne sont pas les enfants de son mari !

LÉONTES. — Méchante sorcière ! — Et toi, imbécile, digne d'être pendu, tu n'arrêteras pas sa langue?

ANTIGONE. — Si vous faites pendre tous les maris qui ne peuvent accomplir cet exploit, à peine vous laisserez-vous un seul sujet.

LÉONTES. — Encore une fois, emmène-la d'ici.

PAULINE. — Le plus méchant et le plus dénaturé des époux ne peut faire pis.

LÉONTES. — Je te ferai brûler vive.

---

[1] Couleur de la jalousie.

PAULINE.—Je ne m'en embarrasse point : c'est celui qui allume le bûcher qui est l'hérétique, et non point celle qui y est brûlée. Je ne vous appelle point tyran : mais ce traitement cruel que vous faites subir à votre reine, sans pouvoir donner d'autres preuves de votre accusation que votre imagination déréglée, sent un peu la tyrannie et vous rendra ignoble ; oui, et un objet d'ignominie aux yeux du monde.

LÉONTES. — Sur votre serment de fidélité, je vous somme de la chasser de ma chambre. Si j'étais un tyran, où serait sa vie ? Elle n'aurait pas osé m'appeler ainsi, si elle me connaissait pour en être un. Entraînez-la.

PAULINE. — Je vous prie, ne me poussez pas, je m'en vais. Veillez sur votre enfant, seigneur ; il est à vous. Que Jupiter daigne lui envoyer un meilleur génie tutélaire ! (*Aux courtisans.*) A quoi bon vos mains ? Vous qui prenez un si tendre intérêt à ses extravagances, vous ne lui ferez jamais aucun bien, non, aucun de vous ; allez, allez ; adieu, je m'en vais.

(Elle sort.)

LÉONTES, *à Antigone*. — C'est toi, traître, qui as poussé ta femme à ceci ! Mon enfant !..., qu'on l'emporte !—Toi-même, qui montres un cœur si tendre pour lui, emporte-le d'ici et fais-le consumer sur-le-champ par les flammes ; oui, je veux que ce soit toi, et nul autre que toi. Prends-le à l'instant, et avant une heure songe à venir m'annoncer l'exécution de mes ordres, et sur de bonnes preuves, ou je confisque ta vie avec tout ce que tu peux posséder ; si tu refuses de m'obéir et que tu veuilles lutter avec ma colère, dis-le, et de mes propres mains je vais briser la cervelle de ce bâtard. Va, jette-le au feu, car c'est toi qui animes ta femme.

ANTIGONE.—Non, sire ; tous ces seigneurs, mes nobles amis, peuvent, s'ils le veulent, me justifier pleinement.

UN SEIGNEUR.—Oui, nous le pouvons, mon royal maître ; il n'est point coupable de ce que sa femme est venue ici.

LÉONTES.—Vous êtes tous des menteurs.

UN SEIGNEUR.—J'en conjure Votre Majesté, accordez-nous plus de confiance ; nous vous avons fidèlement servi, et nous vous conjurons de nous rendre cette justice; tombant à vos genoux, nous vous demandons en grâce, comme une récompense de nos services passés et futurs, de changer cette résolution; elle est trop atroce, trop sanguinaire, pour ne pas conduire à quelque issue sinistre; nous voilà tous à vos genoux.

LÉONTES. —Je suis comme une plume, pour tous les vents qui soufflent.—Vivrai-je donc pour voir cet enfant odieux à mes genoux m'appeler son père? Il vaut mieux le brûler à présent que de le maudire alors. Mais soit, qu'il vive... Non, il ne vivra pas. — (*A Antigone.*) Vous, approchez ici, monsieur, qui vous êtes montré si tendrement officieux, de concert avec votre dame Marguerite, votre sage-femme, pour sauver la vie de cette bâtarde (car c'est une bâtarde, aussi sûr que cette barbe est grise): quels hasards voulez-vous courir pour sauver la vie de ce marmot?

ANTIGONE.—Tous ceux, seigneur, que mes forces peuvent supporter et que l'honneur peut m'imposer, j'irai jusque-là, et j'offre le peu de sang qui me reste pour sauver l'innocence; tout ce que je pourrai faire.

LÉONTES.—Tu pourras le faire. Jure sur cette épée que tu exécuteras mes ordres[1].

ANTIGONE.—Je le jure, seigneur.

LÉONTES. — Écoute et obéis; songes-y bien, car la moindre omission sera l'arrêt, non-seulement de ta mort, mais de la mort de ta femme à mauvaise langue; quant à présent, nous voulons bien lui pardonner. Nous t'enjoignons, par ton devoir d'homme lige, de transporter cette fille bâtarde dans quelque désert éloigné, hors de l'enceinte de nos domaines, et là de l'abandonner sans plus de pitié à sa propre protection, aux risques du climat. Comme cet enfant nous est survenu par un hasard étrange, je te charge au nom de la justice, au péril de ton âme et des tortures de ton corps, de l'abandonner comme une étrangère à la merci du sort, à qui tu laisseras le soin de l'élever ou de la détruire; emporte-la.

---

[1] Forme de serment jadis usitée.

ACTE II, SCÈNE III.

ANTIGONE.—Je jure de le faire, quoiqu'une mort présente eût été plus miséricordieuse. Allons, viens, pauvre enfant; que quelque puissant esprit inspire aux vautours et aux corbeaux de te servir de nourrices! On dit que les loups et les ours ont quelquefois dépouillé leur férocité pour remplir de semblables offices de pitié. Seigneur, puissiez-vous être plus heureux que cette action ne le mérite! Et toi, pauvre petite, condamnée à périr, que la bénédiction du ciel, se déclarant contre cette cruauté, combatte pour toi!

(Il sort, emportant l'enfant.)

LÉONTES.—Non, je ne veux point élever la progéniture d'un autre.

(Entre un serviteur.)

LE SERVITEUR. — Sous le bon plaisir de Votre Majesté, les députés que vous avez envoyés consulter l'oracle sont revenus depuis une heure. Cléomène et Dion sont arrivés heureusement de Delphes; ils sont tous les deux débarqués, et ils se hâtent pour arriver à la cour.

UN SEIGNEUR.—Vous conviendrez, seigneur, qu'ils ont fait une incroyable diligence.

LÉONTES.—Il y a vingt-trois jours qu'ils sont absents; c'est une grande célérité; elle nous présage que le grand Apollon aura voulu manifester sur-le-champ la vérité. Préparez-vous, seigneurs; convoquez un conseil où nous puissions faire paraître notre déloyale épouse; car, comme elle a été accusée publiquement, son procès se fera publiquement et avec justice. Tant qu'elle respirera, mon cœur sera pour moi un fardeau. Laissez-moi, et songez à exécuter mes ordres.

(Tous sortent.)

FIN DU DEUXIÈME ACTE.

ACTE TROISIÈME

SCÈNE I

Une rue d'une ville de Sicile.

Entrent CLÉOMÈNE ET DION.

CLÉOMÈNE.—Le climat est pur, l'air est très-doux ; l'île est fertile, et le temple surpasse de beaucoup les récits qu'on en fait communément.

DION.—Moi, je citerai, car c'est ce qui m'a ravi surtout, les célestes vêtements (c'est le nom que je crois devoir leur donner) et la vénérable majesté des prêtres qui les portent.— Et le sacrifice! quelle pompe, quelle solennité dans l'offrande! Il n'y avait rien de terrestre.

CLÉOMÈNE. — Mais, par-dessus tout, le soudain éclat et la voix assourdissante de l'oracle, qui ressemblait au tonnerre de Jupiter ; mes sens en ont été si étonnés que j'étais anéanti.

DION. — Si l'issue de notre voyage se termine aussi heureusement pour la reine (et que les dieux le veuillent!) qu'il a été favorable, agréable et rapide pour nous, le temps que nous y avons mis nous est bien payé par son emploi.

CLÉOMÈNE.—Grand Apollon, dirige tout pour le bien! Je n'aime point ces proclamations qui cherchent des torts à Hermione.

DION.— La rigueur même de cette procédure manifestera l'innocence ou terminera l'affaire. Quand une fois l'oracle, ainsi muni du sceau du grand-prêtre d'Apollon, découvrira ce qu'il renferme, il se révèlera quelque secret extraordinaire à la connaissance publique.—Allons, des chevaux frais, et que la fin soit favorable!

SCÈNE II

Une cour de justice.

LÉONTES, *des* SEIGNEURS *et des* OFFICIERS *siégeant selon leur rang.*

LÉONTES.— Cette cour assemblée, nous le déclarons à notre grand regret, porte un coup cruel à notre cœur. L'accusée est la fille d'un roi, notre femme, et une femme trop chérie de nous.— Soyons enfin justifiés du reproche de tyrannie par la publicité que nous donnons à cette procédure : la justice aura son cours régulier, soit pour la conviction du crime, soit pour son acquittement.— Faites avancer la prisonnière.

UN OFFICIER DE JUSTICE.— C'est la volonté de Sa Majesté que la reine comparaisse en personne devant cette cour. — Silence !

(Hermione est amenée dans la salle du tribunal par des gardes ; Pauline et ses femmes l'accompagnent.)

LÉONTES.— Lisez les chefs d'accusation.

UN OFFICIER *lit à haute voix.— Hermione, épouse de l'illustre Léontes, roi de Sicile, tu es ici citée et accusée de haute trahison comme ayant commis adultère avec Polixène, roi de Bohême, et conspiré avec Camillo pour ôter la vie à notre souverain seigneur, ton royal époux : et ce complot étant en partie découvert par les circonstances, toi, Hermione, au mépris de la foi et de l'obéissance d'un fidèle sujet, tu leur as conseillé, pour leur sûreté, de s'évader pendant la nuit, et tu as favorisé leur évasion.*

HERMIONE.— Tout ce que j'ai à dire tendant nécessairement à nier les faits dont je suis accusée, et n'ayant d'autre témoignage à produire en ma faveur que celui qui sort de ma bouche, il ne me servira guère de répondre *non coupable ;* ma vertu n'étant réputée que fausseté, l'affirmation que j'en ferais serait reçue de même. Mais si les puissances du ciel voient les actions humaines (comme elles le font), je ne doute pas alors que l'innocence ne fasse rougir ces fausses accusations et que la tyrannie ne tremble devant la patience.—(*Au roi.*) Vous, seigneur, vous savez mieux que personne (vous qui voulez feindre de l'ignorer) que toute ma vie passée a été aussi réservée, aussi chaste, aussi fidèle que je suis malheureuse maintenant, et je le suis plus que l'histoire n'en donne d'exemple, quand même on inventerait et qu'on jouerait cette tragédie pour attirer des spectateurs. Car, considérez-moi,—compagne de la couche d'un roi, possédant la moitié d'un trône, fille d'un grand monarque, mère d'un prince de la plus grande espérance, amenée ici pour parler et discourir pour sauver ma vie et mon honneur devant tous ceux à qui il plaît de venir me voir et m'entendre. Quant à la vie, je la tiens pour être une douleur que je voudrais abréger ; mais l'honneur, il doit se transmettre de moi à mes enfants, et c'est lui seul que je veux défendre. J'en appelle à votre propre conscience, seigneur, pour dire combien j'étais dans vos bonnes grâces avant que Polixène vînt à votre cour, et combien je le méritais. Et depuis qu'il y est venu, par quel commerce illicite me suis-je écartée de mon devoir pour mériter de paraître ici? Si jamais j'ai franchi d'un seul pas les bornes de l'honneur, si j'ai penché de ce côté en action ou en volonté, que les cœurs de tous ceux qui m'entendent s'endurcissent, et que mon plus proche parent s'écrie : Opprobre sur son tombeau !

LÉONTES.—Je n'ai jamais ouï dire encore qu'aucun de ces vices effrontés eût moins d'impudence pour nier ce qu'il avait fait que pour le commettre d'abord.

HERMIONE.—Cela est assez vrai, mais c'est une maxime dont je ne mérite pas l'application, seigneur.

LÉONTES.—Vous ne l'avouerez pas.

HERMIONE.—Je ne dois rien avouer de plus que ce qui peut m'être personnel dans ce qu'on m'impute à crime. Quant à Polixène (qui est le complice qu'on me donne), je confesse que je l'ai aimé en tout honneur, autant qu'il le désirait lui-même, de l'espèce d'affection qui pouvait convenir à une dame comme moi, de cette affection et non point d'une autre, que vous m'aviez commandée vous-même. Et si je ne l'eusse pas fait, je croirais m'être rendue coupable à la fois de désobéissance et d'ingratitude envers vous et envers votre ami, dont l'amitié avait, du moment où elle avait pu s'exprimer par la parole, dès l'enfance, déclaré qu'elle vous était dévouée. Quant à la conspiration, je ne sais point quel goût elle a, bien qu'on me la présente comme un plat dont je dois goûter ; tout ce que j'en sais, c'est que Camillo était un honnête homme ; quant au motif qui lui a fait quitter votre cour, si les dieux n'en savent pas plus que moi, ils l'ignorent.

LÉONTES.—Vous avez su son départ, comme vous savez ce que vous étiez chargée de faire en son absence.

HERMIONE.—Seigneur, vous parlez un langage que je n'entends point ; ma vie dépend de vos rêves, et je vous l'abandonne.

LÉONTES.—Mes rêves sont vos actions : vous avez eu un enfant bâtard de Prolixène, et je n'ai fait que le rêver? Comme vous avez passé toute honte (et c'est l'ordinaire de celles de votre espèce), vous avez aussi passé toute vérité. Il vous importe davantage de le nier, mais cela ne vous sert de rien ; car de même que votre enfant a été proscrit, comme il le devait être, n'ayant point de père qui le reconnût (ce qui est plus votre crime que le sien), de même vous sentirez notre justice, et n'attendez de sa plus grande douceur rien moins que la mort.

HERMIONE.—Seigneur, épargnez vos menaces. Ce fantôme dont vous voulez m'épouvanter, je le cherche. La vie ne peut m'être d'aucun avantage : la couronne et la joie de ma vie, votre affection, je la regarde comme perdue : car je sens qu'elle est partie, quoique je ne sache pas comment elle a pu me quitter. Ma seconde consolation était mon fils, le premier fruit de mon sein : je suis bannie de sa présence, comme si j'étais attaquée d'un mal contagieux. Ma troisième consolation, née sous une malheureuse étoile, elle a été arrachée de mon sein dont le lait innocent coulait dans sa bouche innocente, pour être traînée à la mort. Moi-même, j'ai été affichée sous le nom de prostituée sur tous les poteaux : par une haine indécente, on m'a refusé jusqu'au privilège des couches, qui appartient aux femmes de toute classe.

Enfin, je me suis vue traînée dans ce lieu en plein air, avant d'avoir recouvré les forces nécessaires. A présent, seigneur, dites-moi de quels biens je jouis dans la vie, pour craindre de mourir? Ainsi, poursuivez ; mais écoutez encore ces mots : ne vous méprenez pas à mes paroles.—Non ; pour la vie, je n'en fais pas plus de cas que d'un fétu.—Mais pour mon honneur (que je voudrais justifier), si je suis condamnée sur des soupçons, sans le secours d'autres preuves que celles qu'éveille votre jalousie, je vous déclare que c'est de la rigueur, et non de la justice. Seigneur, je m'en rapporte à l'oracle : qu'Apollon soit mon juge.

UN DES SEIGNEURS, *à la reine.*—Cette requête, de votre part, madame, est tout à fait juste ; ainsi qu'on produise, au nom d'Apollon, l'oracle qu'il a prononcé.

(Quelques-uns des officiers sortent.)

HERMIONE.—L'empereur de Russie était mon père ; ah ! s'il vivait encore, et qu'il vît ici sa fille accusée ! Je voudrais qu'il pût voir seulement la profondeur de ma misère ; mais pourtant avec des yeux de pitié et non de vengeance !

(Quelques officiers rentrent avec Dion et Cléomène.)

UN OFFICIER.—Cléomène, et vous, Dion, vous allez jurer, sur l'épée de la justice, que vous avez été tous deux à Delphes ; que vous en avez rapporté cet oracle, scellé et à vous remis par la main du grand-prêtre d'Apollon ; et que, depuis ce moment, vous n'avez pas eu l'audace de briser le sceau sacré, ni de lire les secrets qu'il couvre.

CLÉOMÈNE ET DION.—Nous jurons tout cela.

LÉONTES.—Brisez le sceau et lisez:

L'OFFICIER *rompt le sceau et lit.*—« Hermione est chaste, Polixène est sans reproche, Camillo est un sujet fidèle, Léontes un tyran jaloux, son innocente enfant un fruit légitime ; et le roi vivra sans héritier, si ce qui est perdu ne se retrouve pas. »

TOUS LES SEIGNEURS *s'écrient.* — Loué soit le grand Apollon !

HERMIONE.—Qu'il soit loué !

LÉONTES, *à l'officier.*—As-tu lu la vérité ?

L'OFFICIER.—Oui, seigneur, telle qu'elle est ici couchée par écrit.

LÉONTES.—Il n'y a pas un mot de vérité dans tout cet oracle : le procès continuera ; tout cela est pure fausseté.

(Un page entre avec précipitation.)

LE PAGE.—Mon seigneur e roi, le roi !

LÉONTES.—De quoi s'agit-il?

LE PAGE.—Ah ! seigneur, vous allez me haïr pour la nouvelle que j'apporte. Le prince, votre fils, par l'idée seule et par la crainte du jugement de la reine, est parti [1].

LÉONTES.—Comment, parti ?

LE PAGE.—Est mort.

LÉONTES.—Apollon est courroucé, et le ciel même se déchaîne contre mon injustice.—Eh ! qu'a-t-elle donc ?

(La reine s'évanouit.)

PAULINE.—Cette nouvelle est mortelle pour la reine.—Abaissez vos regards, et voyez ce que fait la mort.

LÉONTES.—Emmenez-la d'ici ; son cœur n'est qu'accablé, elle reviendra à elle.—J'en ai trop cru mes propres soupçons. Je vous en conjure, administrez-lui avec tendresse quelques remèdes qui la ramènent à la vie.—Apollon, pardonne à ma sacrilége profanation de ton oracle ! *(Pauline et les dames emportent Hermione.)* Je veux me réconcilier avec Polixène ; je veux faire de nouveau ma cour à ma reine; rappeler l'honnête Camillo, que je déclare être un homme d'honneur, et d'une âme généreuse ; car, poussé par ma jalousie à des idées de vengeance et de meurtre, j'ai choisi Camillo pour en être l'instrument, et pour empoisonner mon ami Polixène ; ce qui aurait été fait, si l'âme vertueuse de Camillo n'avait mis des retards à l'exécution de ma rapide volonté. Quoique je l'eusse menacé de la mort s'il ne le faisait pas, et encouragé par l'appât de la récompense s'il le faisait, lui, plein d'humanité et d'honneur, est allé dévoiler mon projet à mon royal hôte; il a abandonné tous les biens qu'il possède ici, que vous savez être considérables, et il

---

[1] C'est le *vixit* des Latins.

s'est livré aux malheurs certains de toutes les incertitudes, sans autres richesses que son honneur.—Oh! comme il brille à travers ma rouille! combien sa piété fait ressortir la noirceur de mes actions!

(Pauline revient.)

PAULINE.—Ah! coupez mon lacet, ou mon cœur va le rompre en se brisant!

UN DES SEIGNEURS.—D'où vient ce transport, bonne dame?

PAULINE, *au roi*.—Tyran, quels tourments étudiés as-tu en réserve pour moi? Quelles roues, quelles tortures, quels bûchers? M'écorcheras-tu vive, me brûleras-tu par le plomb fondu ou l'huile bouillante?... Parle, quel supplice ancien ou nouveau me faut-il subir, moi, dont chaque mot mérite tout ce que ta fureur peut te suggérer de plus cruel? Ta tyrannie travaillant de concert avec la jalousie... Des chimères, trop vaines pour des petits garçons, trop absurdes et trop oiseuses pour des petites filles de neuf ans! Ah! réfléchis à ce qu'elles ont produit, et alors deviens fou en effet; oui, frénétique; car toutes tes folies passées n'étaient rien auprès de la dernière. C'est peu que tu aies trahi Polixène, et montré une âme inconstante, d'une ingratitude damnable; c'est peu encore que tu aies voulu empoisonner l'honneur du vertueux Camillo, en voulant le déterminer au meurtre d'un roi : ce ne sont là que des fautes légères auprès des forfaits monstrueux qui les suivent, et encore je ne compte pour rien, ou pour peu, d'avoir jeté aux corbeaux ta petite fille, quoiqu'un démon eût versé des larmes au milieu du feu avant d'en faire autant; et je ne t'impute pas non plus directement la mort du jeune prince, dont les sentiments d'honneur, sentiments élevés pour un âge si tendre, ont brisé le cœur qui comprenait qu'un père grossier et imbécile diffamait sa gracieuse mère; non, ce n'est pas tout tcela dont tu as à répondre, mais la dernière horreur,—ô seigneurs, quand je l'aurai annoncée, criez tous : malheur!—La reine, la reine, la plus tendre, la plus aimable des femmes, est morte; et la vengeance du ciel ne tombe pas encore!

UN SEIGNEUR.—Que les puissances suprêmes nous en préservent !

PAULINE.—Je vous dis qu'elle est morte, j'en ferai serment, et si mes paroles et mes serments ne vous persuadent pas, allez et voyez, si vous parvenez à ramener la plus légère couleur sur ses lèvres, le moindre éclat dans ses yeux, la moindre chaleur à l'extérieur, ou la respiration à l'intérieur, je vous servirai comme je servirais les dieux. Mais toi, tyran, ne te repens point de ces forfaits; ils sont trop au-dessus de tous tes remords; abandonne-toi au seul désespoir. Quand tu ferais mille prières à genoux, pendant dix mille années, nu, jeûnant sur une montagne stérile, où un éternel hiver enfanterait d'éternels orages, tu ne pourrais pas amener les dieux à jeter un seul regard sur toi.

LÉONTES.—Poursuis, poursuis; tu ne peux en trop dire, j'ai mérité que toutes les langues m'accablent des plus amers reproches.

UN SEIGNEUR, *à Pauline*.—N'ajoutez rien de plus; quel que soit l'événement, vous avez fait une faute, en vous permettant la hardiesse de ces discours.

PAULINE.— J'en suis fâchée; je sais me repentir des fautes que j'ai faites, quand on vient à me les faire connaître. Hélas ! j'ai trop montré la témérité d'une femme; il est blessé dans son noble cœur. (*Au roi.*) Ce qui est passé, et sans remède, ne doit plus être une cause de chagrin ; ne vous affligez point de mes reproches. Punissez-moi plutôt de vous avoir rappelé ce que vous deviez oublier.—Mon cher souverain, sire, mon royal seigneur, pardonnez à une femme insensée ; c'est l'amour que je portais à votre reine.—Allons, me voilà folle encore !— Je ne veux plus vous parler d'elle, ni de vos enfants ; je ne vous rappellerai point le souvenir de mon seigneur, qui est perdu aussi. Recueillez toute votre patience, je ne dirai plus rien.

LÉONTES.—Tu as bien parlé, puisque tu ne m'as dit que la vérité ; je la reçois mieux que je ne recevrais ta pitié. Je t'en prie, conduis-moi vers les cadavres de ma reine et de mon fils; un seul tombeau les enfermera tous deux, et les causes de leur mort y seront inscrites, à ma honte éternelle. Une fois le jour, j'irai visiter la chapelle où ils reposeront, et mon plaisir sera d'y verser des larmes. Je fais vœu de consacrer mes jours à ce devoir, aussi longtemps que la nature voudra m'en donner la force.— Venez, conduisez-moi vers les objets de ma douleur.

(Ils sortent.)

SCÈNE III

Un désert de la Bohême voisin de la mer.

ANTIGONE *portant l'enfant, et un* MATELOT.

ANTIGONE.—Tu es donc bien sûr que notre vaisseau a touché les côtes désertes de la Bohême?

LE MARINIER.—Oui, seigneur, et j'ai bien peur que nous n'y ayons débarqué dans un mauvais moment; le ciel a l'air courroucé et nous menace de violentes rafales. Sur ma conscience, les dieux sont irrités de notre entreprise et nous témoignent leur colère.

ANTIGONE.—Que leurs saintes volontés s'accomplissent! Va, retourne à bord, veille sur ta barque, je ne serai pas longtemps à t'aller rejoindre.

LE MARINIER.—Hâtez-vous le plus possible, et ne vous avancez pas trop loin dans les terres; nous aurons probablement du mauvais temps : d'ailleurs, le désert est fameux par les animaux féroces dont il est infesté.

ANTIGONE. — Va toujours : je vais te suivre dans un moment.

LE MARINIER.—Je suis bien joyeux d'être ainsi débarrassé de cette affaire.

(Il sort.)

ANTIGONE.—Viens, pauvre enfant.—J'ai ouï dire (mais sans y croire) que les âmes des morts revenaient quelquefois; si cela est possible, ta mère m'a apparu la nuit dernière: car jamais rêve ne ressembla autant à la veille. Je vois s'avancer à moi une femme, la tête penchée tantôt d'un côté, tantôt de l'autre. Jamais je n'ai vu objet si rempli de douleur et conservant tant de noblesse : vêtue

d'une robe d'une blancheur éclatante comme la sainteté même, elle s'est approchée de la cabine où j'étais couché : trois fois elle s'est inclinée devant moi, et sa bouche s'ouvrant pour parler, ses yeux sont devenus deux ruisseaux de larmes : après ce torrent de pleurs, elle a rompu le silence par ces mots : « Vertueux Antigone, puisque la destinée, faisant violence à tes bons sentiments, t'a choisi pour être chargé d'exposer mon pauvre enfant, d'après ton serment, la Bohême t'offre des déserts assez éloignés : pleures-y et abandonne mon enfant au milieu de ses cris ; et comme cet enfant est réputé perdu pour toujours, appelle-la, je t'en conjure, du nom de Perdita. Et toi, pour ce barbare ministère qui t'a été imposé par mon époux, tu ne reverras jamais ta femme Pauline. »
—Et à ces mots, poussant un cri aigu, elle s'est évanouie dans l'air. Très-effrayé, je me suis remis avec le temps, et je suis resté persuadé que c'était une réalité et non un songe. Les rêves sont des illusions ; et cependant pour cette fois je cède à la superstition et j'y crois. Je pense qu'Hermione a subi la mort ; et qu'Apollon a voulu que cet enfant, étant en vérité la progéniture de Polixène, fût déposé ici, pour y vivre, ou pour y périr, sur les terres de son véritable père.—Allons, jeune fleur, puisses-tu prospérer ici ! Repose là, voici ta description et de plus ceci (*Il dépose auprès d'elle un coffre rempli de bijoux et d'or*) qui pourra, s'il plaît à la fortune, servir à t'élever, ma jolie enfant, et cependant rester en ta possession. — La tempête commence : pauvre petite infortunée, qui, pour la faute de ta mère, est ainsi exposée à l'abandon, et à tout ce qui peut s'ensuivre.—Je ne puis pleurer, mais mon cœur saigne. Je suis maudit d'être forcé à cela par mon serment.—Adieu !—Le jour s'obscurcit de plus en plus : tu as bien l'air d'avoir une affreuse tempête pour te bercer : jamais je n'ai vu le ciel si sombre en plein jour. Quels sont ces cris sauvages ? Pourvu que je puisse regagner la barque. Voilà la chasse.—Allons, je te quitte pour jamais.

(*Il fuit, poursuivi par un ours.*)
(*Un vieux berger s'avance près des lieux où est l'enfant.*)

LE BERGER.—Je voudrais qu'il n'y eût point d'âge entre dix et vingt-trois ans, ou que la jeunesse dormît tout le reste du temps dans l'intervalle : car on ne fait autre chose dans l'intervalle que donner des enfants aux filles, insulter des vieillards, piller et se battre. Écoutez donc! Qui pourrait, sinon des cerveaux brûlés de dix-neuf et de vingt-deux ans chasser par le temps qu'il fait? Ils m'ont fait égarer deux de mes meilleures brebis, et je crains bien que le loup ne les trouve avant leur maître; si elles sont quelque part, ce doit être sur le bord de la mer, où elles broutent du lierre. Bonne Fortune, si tu voulais... Qu'avons-nous ici ? (*Ramassant l'enfant.*) Merci de nous, un enfant, un joli petit enfant! Je m'étonne si c'est un garçon ou une fille ?... Une jolie petite fille, une très-jolie petite fille ; oh ! sûrement c'est quelque escapade ; quoique je n'aie pas étudié dans les livres, cependant je sais lire les traces d'une femme de chambre en aventure. C'est quelque œuvre consommée sur l'escalier, ou sur un coffre, ou derrière la porte. Ceux qui l'ont fait avaient plus chaud que cette pauvre petite malheureuse n'a ici ; je veux la recueillir par pitié ; cependant j'attendrai que mon fils vienne ; il criait il n'y a qu'un moment : holà, ho ! holà !

(Entre le fils du berger.)

LE FILS.—Ho ! ho !

LE BERGER.—Quoi, tu étais si près ? Si tu veux voir une chose dont on parlera encore quand tu seras mort et réduit en poussière, viens ici. Qu'est-ce donc qui te trouble, mon garçon ?

LE FILS.—Ah! j'ai vu deux choses, sur la mer et sur terre, mais je ne puis dire que ce soit une mer ; car c'est le ciel à l'heure qu'il est, et entre la mer et le firmament, vous ne pourriez pas passer la pointe d'une aiguille.

LE BERGER.—Quoi ! mon garçon, qu'est-ce que c'est ?

LE FILS.—Je voudrais que vous eussiez vu seulement comme elle écume, comme elle fait rage, comme elle creuse ses rivages ; mais ce n'est pas là ce que je veux dire. Oh ! quel pitoyable cri de ces pauvres malheureux! qu'il était affreux de les voir, et puis de ne plus les voir;

tantôt le vaisseau allait percer la lune avec son grand mât, et retombait aussitôt englouti dans les flots d'écume, comme si vous jetiez un morceau de liége dans un tonneau... Et puis ce que j'ai vu sur la terre ! comme l'ours a dépouillé l'os de son épaule, comme il me criait *au secours !* en disant que son nom était Antigone, un grand seigneur.—Mais pour finir du navire, il fallait voir comme la mer l'a avalé ; mais surtout comme les pauvres gens hurlaient et comme la mer se moquait d'eux. — Et comme le pauvre gentilhomme hurlait, et l'ours se moquait de lui, et tous deux hurlaient plus haut que la mer ou la tempête.

LE BERGER.—Miséricorde ! quand donc as-tu vu cela, mon fils ?

LE FILS.—Tout à l'heure, tout à l'heure : il n'y a pas un clin d'œil que j'ai vu ces choses. Les malheureux ne sont pas encore froids sous l'eau, et l'ours n'a pas encore à moitié dîné de la chair du gentilhomme : il l'achève à présent.

LE BERGER.—Je voudrais bien avoir été là, pour secourir le pauvre vieillard.

LE FILS, *à part.*—Et moi, je voudrais que vous eussiez été près du navire pour le secourir. Votre charité n'aurait pas tenu pied.

LE BERGER.—C'est terrible ! — Mais regarde ici, mon garçon, maintenant, bénis ta bonne fortune ; toi, tu as rencontré des mourants, et moi des nouveau-nés. Voilà qui vaut la peine d'être vu : vois-tu, c'est le manteau d'un enfant de gentilhomme ! Regarde ici, ramasse, mon fils, ramasse, ouvre-le. Ah ! voyons.—On m'a prédit que je serais enrichi par les fées ; c'est quelque enfant changé par elles.—Ouvre ce paquet : qu'y a-t-il dedans, garçon ?

LE FILS.—Vous êtes un vieux tiré d'affaire ; si les péchés de votre jeunesse vous sont pardonnés, vous êtes sûr de bien vivre. De l'or, tout or !

LE BERGER.—C'est de l'or des fées ; et cela se verra bien ; ramasse-le vite, cache-le ; et cours, cours chez nous par le plus court chemin. Nous avons du bonheur, mon garçon, et pour l'être toujours il ne nous faut que du secret. —Que mes brebis aillent où elles voudront.—Viens, mon cher enfant, viens chez nous par le plus court.

LE FILS.—Prenez, vous, le chemin le plus court avec ce que vous avez trouvé ; moi, je vais voir si l'ours a laissé là le gentilhomme, et combien il en a dévoré. Les ours ne sont jamais féroces que quand ils ont faim ; s'i en a laissé quelque chose, je l'ensevelirai.

LE BERGER.—C'est une bonne action : si tu peux reconnaître par ce qui restera de lui quel homme c'était, viens me chercher pour me le faire voir.

LE FILS.—Oui, je le ferai, et vous m'aiderez à l'enterrer.

LE BERGER.—Voilà un heureux jour, mon garçon, et nous ferons de bonnes actions avec ceci.

(Ils sortent.)

FIN DU TROISIÈME ACTE.

ACTE QUATRIÈME

LE TEMPS, *faisant le rôle d'un chœur.*

LE TEMPS.—Moi qui plais à quelques-uns, et qui éprouve tous les hommes, la joie des bons et la terreur des méchants ; moi qui fais et détruis l'erreur, en vertu de mon nom, je prends sur moi de faire usage de mes ailes. Ne me faites pas un crime à moi, ni à la rapidité de mon vol, si je glisse sur l'espace de seize années, laissant ce vaste intervalle dans l'oubli : puisqu'il est en mon pouvoir de renverser les lois, et de créer et d'anéantir une coutume dans l'espace d'une des heures dont je suis le père, laissez-moi être encore ce que j'étais avant que les usages anciens ou modernes fussent établis. Je sers de témoin aux siècles qui les ont introduits, et j'en servirai de même aux coutumes les plus nouvelles qui règnent de nos jours ; je mettrai hors de mode ce qui brille maintenant, comme mon histoire le paraît à présent. Si votre indulgence me le permet, je retourne mon horloge, et j'avance mes scènes comme si vous eussiez dormi dans l'intervalle. Laissant Léontes, les effets de sa folle jalousie et le chagrin dont il est si accablé, qu'il s'enferme tout seul ; imaginez, obligeants spectateurs, que je vais me rendre à présent dans la belle Bohême, et rappelez-vous que j'ai fait mention d'un fils du roi que je vous nomme maintenant Florizel ; je me hâte aussi de vous parler de Perdita, qui a acquis des grâces merveilleuses. Je ne veux pas vous prédire ce qui lui arrive plus tard, mais que les nouvelles du Temps se développent peu à peu devant vous. La fille d'un berger, ce qui la concerne et ce qui s'ensuit, voilà ce que le Temps va présenter à votre attention. Accordez-moi cela, si vous avez quelquefois plus mal employé votre temps ; sinon, le Temps lui-même vous dit qu'il vous souhaite sincèrement de ne jamais l'employer plus mal.

(Il sort.

SCÈNE I

Appartement dans le palais.

Entrent POLIXÈNE ET CAMILLO.

POLIXÈNE.—Je te prie, cher Camillo, ne m'importune pas davantage ; c'est pour moi une maladie de te refuser quelque chose ; mais ce serait une mort de t'accorder cette demande.

CAMILLO.—Il y a seize années que je n'ai revu mon pays. Je désire y reposer mes os, quoique j'aie respiré un air étranger pendant la plus grande partie de ma vie. D'ailleurs, le roi repentant, mon maître, m'a envoyé demander : je pourrais apporter quelque soulagement à ses cruels chagrins, ou du moins j'ai la présomption de le croire ; ce qui est un second aiguillon qui me pousse à partir.

POLIXÈNE.—Si tu m'aimes, Camillo, n'efface pas tous tes services passés, en me quittant à présent : le besoin que j'ai de toi, c'est ta propre vertu qui l'a fait naître ; il valait mieux ne te posséder jamais que de te perdre ainsi : tu m'as commencé des entreprises que personne n'est en état de bien conduire sans toi : tu dois ou rester pour les mener toi-même jusqu'à leur entière exécution, ou emporter avec toi tous les services que tu m'as rendus. Si je ne les ai pas assez récompensés, et je ne puis trop les récompenser, mon étude désormais sera de t'en prouver mieux ma reconnaissance, et j'en recueillerai encore l'avantage d'augmenter notre amitié. Je te prie, ne me parle plus de ce fatal pays de Sicile, dont le nom seul me rappelle avec douleur le souvenir de mon frère, avec lequel je suis réconcilié, de ce roi repentant, comme tu le nommes, et pour lequel on doit même à présent déplorer comme de nouveau la perte qu'il a faite de ses enfants et de la plus vertueuse des reines.—Dis-moi, quand as-tu vu le prince Florizel, mon fils? Les rois ne sont pas moins malheureux d'avoir des enfants indignes d'eux que de les perdre lorsqu'ils ont éprouvé leurs vertus.

CAMILLO.—Seigneur, il y a trois jours que j'ai vu le prince : quelles peuvent être ses heureuses occupations, c'est ce que j'ignore ; mais j'ai remarqué parfois que, depuis quelque temps il est fort retiré de la cour, et qu'on le voit moins assidu que par le passé aux exercices de son rang.

POLIXÈNE. — J'ai fait la même remarque que vous, Camillo, et avec quelque attention : au point que j'ai des yeux à mon service qui veillent sur son éloignement de la cour ; et j'ai été informé qu'il est presque toujours dans la maison d'un berger des plus simples, un homme qui, dit-on, d'un état de néant, est parvenu, par des moyens que ne peuvent concevoir ses voisins, à une fortune incalculable.

CAMILLO.—J'ai entendu parler de cet homme, seigneur ; il a une fille des plus rares : sa réputation s'étend au delà de ce qu'on peut attendre, en la voyant sortir d'une semblable chaumière.

POLIXÈNE.—C'est là aussi une partie de ce qu'on m'a rapporté. Mais je crains l'appât qui attire là notre fils. Il faut que tu m'accompagnes en ce lieu : je veux aller, sans nous faire connaître, causer un peu avec ce berger, et le questionner : il ne doit pas être bien difficile, je pense, de tirer de la simplicité de ce paysan le motif qui attire ainsi mon fils chez lui. Je t'en prie, sois de moitié avec moi dans cette affaire, et bannis toute idée de la Sicile.

CAMILLO.—J'obéis volontiers à vos ordres.

POLIXÈNE. — Mon bon Camillo! — Il faut aller nous déguiser.

(Ils sortent.)

SCÈNE II

Un chemin près de la chaumière du berger.

AUTOLYCUS *entre en chantant.*

Quand les narcisses commencent à se montrer,
Oh! eh! la jeune fille danse dans les vallons :
Alors commence la plus douce saison de l'année.
Tout se colore dans les domaines de l'hiver [1].
La toile blanchit étendue sur la haie;
Oh! eh! les tendres oiseaux! comme ils chantent!
Cela aiguise mes dents voraces;
Un quart de bière est un mets de roi.

L'alouette joyeuse qui chante tira lira,
Eh! oh! oh! eh! la grive et le geai
Sont des chants d'été pour moi et pour mes tantes [2],
Lorsque nous nous roulons sur le foin.

J'ai servi le prince Florizel, et dans mon temps j'ai porté du velours. Aujourd'hui je suis hors de service.

Mais irai-je me lamenter pour cela, ma chère?
La pâle lune luit pendant la nuit;
Et lorsque j'erre çà et là,
C'est alors que je vais le plus droit.
S'il est permis aux chaudronniers de vivre
Et de porter leur malle couverte de peau de cochon
Je puis bien rendre mes comptes
Et les certifier dans les ceps.

Mon trafic, c'est les draps. Là où le milan bâtit son nid, veillez sur votre menu linge. Mon père m'a nommé Autolycus; et étant, comme je le suis, entré dans ce monde sous la planète de Mercure, j'ai été destiné à

---

[1] Il y a sans doute ici une antithèse entre les mots *red* et *pale*, *rouge* et *pâle*: mais *pale*, par l'arrangement des mots, n'est pas adjectif comme l'a cru Letourneur, et veut dire le giron; *winter's pale*, le giron de l'hiver, les domaines de l'hiver.

[2] *Aunt*, dans le jargon des mauvais lieux, voulait dire la maitresse de la maison.

escamoter des bagatelles de peu de valeur. C'est aux dés et aux femmes de mauvaise vie que je dois d'être ainsi caparaçonné, et mon revenu est la menue filouterie. Les gibets et les coups sur le grand chemin sont trop forts pour moi : être battu et pendu, c'est ma terreur ; quant à la vie future, j'en perds la pensée en dormant. (*Apercevant le fils du berger.*) Une prise ! une prise !

(Entre le fils du berger.)

LE BERGER.—Voyons, onze béliers donnent vingt-huit livres de laine : vingt-huit livres rapportent une livre e un schelling en sus : à présent, quinze cents toisons... à combien monte le tout ?

AUTOLYCUS, *à part.*—Si le lacet tient, l'oison est à moi.

LE BERGER. Je ne puis en venir à bout sans jetons.— Voyons : que vais-je acheter pour la fête de la tonte des moutons ?—Trois livres de sucre, cinq livres de raisins secs, et du riz.—Qu'est-ce que ma sœur veut faire du riz ?—Mais mon père l'a faite souveraine de la fête, et elle sait à quoi il est bon. Elle m'a fait vingt-quatre bouquets pour les tondeurs, tous chanteurs à trois parties, et de fort bons chanteurs : mais la plupart sont des ténors et des basses-tailles ; il n'y a parmi eux qu'un puritain qui chante des psaumes sur des airs de bourrées. Il faut que j'aie du safran pour colorer des gâteaux, du macis, des dattes, point... je ne connais pas cela ; des noix muscades, sept ; une ou deux racines de gingembre ; mais je pourrais demander cela. Quatre livres de pruneaux et autant de raisins séchés au soleil.

AUTOLYCUS, *poussant un gémissement et étendu sur la terre.*—Ah ! faut-il que je sois né !

LE BERGER.—Merci de moi...

AUTOLYCUS.—Oh ! à mon secours ! à mon secours ! Otez-moi ces haillons, et après, la mort, la mort !

LE BERGER.—Hélas ! pauvre homme, tu aurais besoin d'autres haillons pour te couvrir, au lieu d'ôter ceux que tu as.

AUTOLYCUS.—Ah ! monsieur, leur malpropreté me fait plus souffrir que les coups de fouet que j'ai reçus ; et j'en ai pourtant reçu de bien rudes, et par millions.

LE BERGER.—Hélas! pauvre malheureux! un million de coups. C'est beaucoup de choses!

AUTOLYCUS.—Je suis volé, monsieur, et assommé. On m'a pris mon argent et mes habits, et l'on m'a affublé de ces détestables lambeaux.

LE BERGER. — Est-ce un homme à cheval, ou un homme à pied?

AUTOLYCUS.—Un homme à pied, mon cher monsieur, un homme à pied.

LE BERGER.—En effet, ce doit être un homme à pied, d'après les vêtements qu'il t'a laissés : si c'était là le manteau d'un homme à cheval, il a fait un rude service. —Prête-moi ta main, je t'aiderai à te relever; allons, prête-moi ta main.

(Il lui aide à se relever.)

AUTOLYCUS.—Ah! mon bon monsieur, doucement; ah!

LE BERGER.—Hélas! pauvre malheureux!

AUTOLYCUS. — Ah! monsieur! doucement, mon bon monsieur : j'ai peur, monsieur, d'avoir mon épaule démise.

LE BERGER.—Eh bien! peux-tu te tenir debout?

AUTOLYCUS.—Doucement, mon cher monsieur... (*Il met la main dans la poche du berger.*) Mon cher monsieur, doucement; vous m'avez rendu un service bien charitable.

LE BERGER.—Aurais-tu besoin de quelque argent? je peux t'en donner un peu.

AUTOLYCUS.—Non, mon cher monsieur, non, je vous en conjure, monsieur. J'ai un parent à moins de trois quarts de mille d'ici chez qui j'allais; je trouverai là de l'argent et tout ce dont j'aurai besoin : ne m'offrez point d'argent, monsieur, je vous en prie; cela me fend le cœur.

LE BERGER.—Quelle espèce d'homme était-ce que celui qui vous a dépouillé?

AUTOLYCUS.—Un homme, monsieur, que j'ai connu pour donner à jouer au trou-madame : je l'ai vu au service du prince; je ne saurais vous dire, mon bon monsieur, pour laquelle de ses vertus c'était; mais il a été fustigé et chassé de la cour.

LE BERGER.—Pour ses vices, voulez-vous dire? Il n'y a

point de vertu chassée de la cour; on l'y choie assez pour l'engager à s'y établir, et cependant elle ne fera jamais qu'y séjourner en passant.

AUTOLYCUS.—Oui, monsieur, j'ai voulu dire *ses vices*; je connais bien cet homme-là; il a été depuis porteur de singes; ensuite, solliciteur de procès, huissier : ensuite, il a fabriqué des marionnettes de l'enfant prodigue, et il a épousé la femme d'un chaudronnier, à un mille du lieu où sont ma terre et mon bien ; après avoir parcouru une multitude de professions malhonnêtes, il s'est établi dans le métier de coquin : quelques-uns l'appellent Autolycus.

LE BERGER.—Malédiction sur lui! c'est un filou, sur ma vie, c'est un filou : il hante les fêtes de village, les foires et les combats de l'ours.

AUTOLYCUS.—Justement, monsieur, c'est lui; monsieur, c'est lui; c'est ce coquin-là qui m'a accoutré comme vous me voyez.

LE BERGER.—Il n'y a pas de plus insigne poltron dans toute la Bohême. Si vous aviez seulement fait les gros yeux, ou que vous lui eussiez craché au visage, il se serait enfui.

AUTOLYCUS.—Il faut vous avouer, monsieur, que je ne suis pas un homme à me battre; de ce côté-là, je ne vaux rien du tout, et il le savait bien, je le garantirais.

LE BERGER.—Comment vous trouvez-vous à présent?

AUTOLYCUS.—Mon cher monsieur, beaucoup mieux que je n'étais ; je puis me tenir sur mes jambes et marcher; je vais même prendre congé de vous, et m'acheminer tout doucement vers la demeure de mon parent.

LE BERGER.—Vous conduirai-je un bout de chemin?

AUTOLYCUS.—Non, mon bon monsieur; non, mon cher monsieur.

LE BERGER.—Alors portez-vous bien ; il faut que j'aille acheter des épices pour notre fête de la tonte.

(Il sort.)

AUTOLYCUS *seul*.—Prospérez, mon cher monsieur.— Votre bourse n'est pas assez chaude à présent pour acheter vos épices. Je me trouverai aussi à votre fête de la tonte, je vous le promets. Si je ne fais pas succéder à cette filouterie un autre escamotage, et si des tondeurs je ne fais pas de vrais moutons, je consens à être effacé du registre, et que mon nom soit enregistré sur le livre de la probité.

>Trotte, trotte par le sentier,

>Un cœur joyeux va tout le jour ;
>Un cœur triste est las au bout d'un mille.

(Il s'en va.)

SCÈNE III

La cabane du berger.

Entrent FLORIZEL et PERDITA.

FLORIZEL.—Cette parure inaccoutumée donne une nouvelle vie à chacun de vos charmes. Vous n'êtes point une bergère : c'est Flore, se laissant voir à l'entrée d'avril :—cette fête de la tonte me paraît une assemblée de demi-dieux, et vous en êtes la reine.

PERDITA.—Mon aimable prince, il ne me sied pas de blâmer vos éloges exagérés ; ah ! pardonnez, si j'en parle ainsi : vous, l'objet illustre des regards de la contrée, vous vous êtes éclipsé sous l'humble habit d'un berger ; et moi, pauvre et simple fille, je suis parée comme une déesse. Si ce n'est que nos fêtes sont toujours marquées par la folie, et que les convives avalent tout par la coutume, je rougirais de vous voir dans cet appareil, et de me voir moi, dans le miroir : votre rang vous met à l'abri de la crainte.

FLORIZEL.—Je bénis le jour où mon bon faucon a pris son vol au travers des métairies de votre père.

PERDITA.—Veuille Jupiter vous en donner sujet : pour moi, la différence entre nous me remplit de terreurs. Votre Grandeur n'a pas été accoutumée à la crainte. Je tremble en ce moment même à la seule idée que votre père, conduit par quelque hasard, vienne à passer par ici, comme vous avez fait. O fatalité ! De quel œil verrait-il son noble ouvrage si pauvrement relié! Que dirait-il? ou comment soutiendrais-je moi, au milieu de mes splendeurs empruntées, le regard sévère de son auguste présence?

FLORIZEL.—Ne songez qu'au plaisir. Les dieux eux-mêmes, soumettant leur divinité à l'amour, ont emprunté la forme des animaux : Jupiter s'est métamorphosé en taureau, et a poussé des gémissements; le verdâtre Neptune est devenu bélier, et a fait entendre ses bêlements; et le dieu vêtu de feu, Apollon doré, s'est fait humble berger, tel que je parais être maintenant; jamais leurs métamorphoses n'eurent pour objet une plus rare beauté, ni des intentions aussi chastes. Mes désirs ne dépassent pas mon honneur, et mes sens ne sont pas plus ardents que ma bonne foi.

PERDITA.—Oui, mais, cher prince, votre résolution ne pourra tenir, quand une fois il lui faudra essuyer, comme cela est inévitable, toute l'opposition de la puissance du roi; et alors ce sera une alternative nécessaire, ou que vous changiez de dessein, ou que je cesse de vivre.

FLORIZEL.—Chère Perdita, je t'en conjure, n'assombris point, par ces réflexions forcées, la joie de la fête. Ou je serai à toi, ma belle, ou je ne serai plus à mon père; car je ne puis être à moi, ni à personne, si je ne suis pas à toi. C'est à cela que je resterai fidèle, quand les destins diraient non! Sois tranquille et joyeuse; étouffe ces pensées importunes par tout ce que tu vas voir tout à l'heure. Voilà vos hôtes qui viennent; prenez un air gai, comme si c'était aujourd'hui le jour de la célébration de ces noces, que nous nous sommes tous deux juré d'accomplir un jour.

PERDITA.—O fortune, sois-nous favorable!

(Entrent le berger, son fils, Mopsa, Dorcas, valets, Polixène et Camillo déguisés.)

FLORIZEL, *à Perdita*.—Voyez : vos hôtes s'avancent; préparez-vous à les recevoir gaiement, et que nos visages soient colorés par l'allégresse.

LE BERGER, *à Perdita*.—Fi donc! ma fille. Quand ma

vieille femme vivait, elle était, dans un jour comme celui-ci, le pannetier, l'échanson, le cuisinier, la maîtresse et la servante tout ensemble ; elle accueillait tout le monde, chantait sa chanson et dansait à son tour : tantôt ici au haut bout de la table, et tantôt au milieu ; sur l'épaule de celui-ci, sur l'épaule de celui-là ; le visage en feu de fatigue ; et la liqueur qu'elle prenait pour éteindre ses feux, elle en buvait un coup à la santé de chacun. Et vous, vous êtes à l'écart comme si vous étiez un de ceux qu'on fête, et non pas l'hôtesse de l'assemblée. Je vous en prie, souhaitez la bienvenue à ces amis qui nous sont inconnus : c'est le moyen de nous rendre plus amis et d'augmenter notre connaissance. Allons, qu'on m'efface ces rougeurs, et présentez-vous pour ce que vous êtes, pour la maîtresse de la fête ; allons, et faites-leur vos remerciements de venir à votre fête de la tonte, si vous voulez que votre beau troupeau prospère.

PERDITA, *à Polixène et Camillo.* — Monsieur, soyez le bienvenu : c'est la volonté de mon père que je me charge de faire les honneurs de cette fête. (*A Camillo.*) Vous êtes le bienvenu, monsieur. (*A Dorcas.*) Donne-moi les fleurs que tu as là. — Respectable seigneur, voilà du romarin et de la rue pour vous : ces fleurs conservent leur aspect et leur odeur pendant tout l'hiver ; que la grâce et le souvenir[1] soient votre partage ; soyez les bienvenus à notre fête.

POLIXÈNE. — Bergère, et vous êtes une charmante bergère, vous avez bien raison de nous présenter, à nos âges, des fleurs d'hiver.

PERDITA. — Monsieur, l'année commence à être ancienne. — A cette époque, où l'été n'est pas encore expiré, où l'hiver transi n'est pas né non plus, les plus belles fleurs de la saison sont nos œillets et les giroflées rayées, que quelques-uns nomment les bâtardes de la nature ; mais, pour cette dernière espèce, il n'en croît point dans

---

[1] La rue était appelée l'herbe de grâce, et le romarin l'herbe du souvenir. On portait du romarin aux funérailles. On croyait jadis que cette plante fortifiait la mémoire.

notre jardin rustique, et je ne me soucie pas de m'en procurer des boutures.

POLIXÈNE. — Pourquoi, belle fille, les méprisez-vous ainsi?

PERDITA. — C'est que j'ai ouï-dire qu'il y a un art qui, pour les bigarrer, en partage l'ouvrage avec la grande créatrice, la nature.

POLIXÈNE. — Eh bien! quand cela serait, il est toujours vrai qu'il n'est point de moyen de perfectionner la nature sans que ce moyen soit encore l'ouvrage de la nature. Ainsi, au-dessus de cet art que vous dites ajouter à la nature, il est un art qu'elle crée : vous voyez, charmante fille, que tous les jours nous marions une tendre tige avec le tronc le plus sauvage, et que nous savons féconder l'écorce du plus vil arbuste par un bouton d'une race plus noble ; ceci est un art que perfectionne la nature, qui la change plutôt : l'art lui-même est encore la nature.

PERDITA. — Cela est vrai.

POLIXÈNE. — Enrichissez donc votre jardin de giroflées, et ne les traitez plus de bâtardes.

PERDITA. — Je n'enfoncerai jamais le plantoir dans la terre pour y mettre une seule tige de leur espèce, pas plus que je ne voudrais, si j'étais peinte, que ce jeune homme me dît que c'est bien et qu'il ne désirât m'épouser que pour cela. — Voici des fleurs pour vous : la chaude lavande, la menthe, la sauge, la marjolaine et le souci, qui se couche avec le soleil et se lève avec lui en pleurant. Ce sont les fleurs de la mi-été, et je crois qu'on les donne aux hommes d'un certain âge. Vous êtes les très-bienvenus.

CAMILLO. — Si j'étais un de vos moutons, je cesserais de paître et je ne vivrais que du plaisir de vous contempler.

PERDITA. — Allons donc! Hélas! vous deviendriez bientôt si maigre que le souffle des vents de janvier vous traverserait de part en part. (*A Florizel.*) Et vous, mon bon ami, je voudrais bien avoir quelques fleurs de printemps qui pussent convenir à votre jeunesse; et pour vous aussi, bergères, qui portez encore votre virginité sur vos tiges vierges. — O Proserpine! que n'ai-je ici les fleurs que, dans ta frayeur, tu laissas tomber du char de Pluton! Les narcisses, qui viennent avant que l'hirondelle ose se montrer, et qui captivent les vents de mars par leur beauté; les violettes, sombres, mais plus douces que les yeux bleus de Junon ou que l'haleine de Cythérée; les pâles primevères, qui meurent vierges avant qu'elles puissent voir le brillant Phébus dans sa force, malheur trop ordinaire aux jeunes filles; les superbes jonquilles et l'impériale; les lis de toute espèce, et la fleur de lis en est une; oh! je suis dépourvue de toutes ces fleurs pour vous faire des guirlandes et pour vous en couvrir tout entier, vous, mon doux ami.

FLORIZEL. — Quoi! comme un cadavre?

PERDITA. — Non pas, mais comme un gazon sur lequel l'amour doit jouer et s'étendre; non comme un cadavre, ou du moins pour être enseveli vivant dans mes bras. — Allons, prenez vos fleurs; il me semble que je fais ici le rôle que j'ai vu faire dans les Pastorales de la Pentecôte : sûrement cette robe que je porte change mon humeur.

FLORIZEL. — Ce que vous faites vaut toujours mieux que ce que vous avez fait. Quand vous parlez, ma chère, je voudrais vous entendre parler toujours; si vous chantez, je voudrais vous entendre; vous voir vendre et acheter, donner l'aumône, prier, régler votre maison, et tout faire en chantant; quand vous dansez, je voudrais que vous fussiez une vague de la mer, afin que vous pussiez toujours continuer, vous mouvoir toujours, toujours ainsi, et ne jamais faire autre chose : votre manière de faire, toujours plus piquante dans chaque mouvement, relève tellement tout ce que vous faites, que toutes vos actions réunies sont celles d'une reine.

PERDITA. — O Doriclès! vos louanges sont trop fortes : si votre jeunesse et la pureté de votre sang, qui se montre franchement sur vos joues, ne vous annonçaient pas clairement pour un berger exempt de fraude, j'aurais raison de craindre, mon Doriclès, que vous ne me fissiez la cour avec des mensonges.

FLORIZEL. — Je crois que vous avez aussi peu de raison

de le craindre, que je songe peu moi-même à vous en donner des motifs.—Mais allons, notre danse, je vous prie. Votre main, ma Perdita ; ainsi s'unit un couple de tourterelles, résolues de ne jamais se séparer.

PERDITA.—Je le jure pour elles.

POLIXÈNE.—Voilà la plus jolie petite paysanne qui ait foulé le vert gazon, elle ne fait pas un geste, elle n'a pas un maintien qui ne respire quelque chose de plus relevé que sa condition : elle est trop noble pour ce lieu.

CAMILLO.—Il lui dit quelque chose qui lui fait monter la rougeur sur les joues : en vérité, c'est la reine du lait et de la crème.

LE FILS DU BERGER.—Allons, la musique, jouez.

DORCAS, *à part*.—Mopsa doit être votre maîtresse : et un peu d'ail, pour préservatif contre ses baisers.

MOPSA.—Allons en mesure.

LE FILS DU BERGER.—Pas un mot, pas un mot : il s'agit aujourd'hui d'avoir de bonnes manières.—Allons, jouez.

(On exécute ici une danse de bergers et de bergères.)

POLIXÈNE.—Bon berger, dites-moi, je vous prie, quel est ce jeune paysan qui danse avec votre fille?

LE BERGER.—On l'appelle Doriclès, et il se vante de posséder de riches pâturages ; je ne le tiens que de lui, mais je le crois : il a l'air de la vérité. Il dit qu'il aime ma fille : je le crois aussi, car jamais la lune ne s'est mirée dans les eaux aussi longtemps qu'on le voit debout, et lisant, pour ainsi dire, dans les yeux de ma fille ; et à parler franchement, je crois qu'à un demi-baiser près on ne saurait choisir lequel des deux aime le mieux l'autre.

POLIXÈNE.—Elle danse avec grâce.

LE BERGER.—Elle fait de même tout ce qu'elle fait, quoique je le dise, moi, qui devrais le taire. Si le jeune Doriclès se décidait pour elle, elle lui apporterait ce à quoi il ne songe guère.

LE VALET, *au fils du berger*.—Ah! maître, si vous aviez entendu le colporteur à la porte, vous ne voudriez plus danser au son du tambourin ni du chalumeau : non, la cornemuse ne vous ferait plus d'impression Il chante plusieurs airs différents plus vite que vous ne compteriez l'argent; il les débite comme s'il avait mangé des ballades et que toutes les oreilles fussent ouvertes à ses airs.

LE FILS DU BERGER.—Il ne pouvait pas venir plus à propos. Il faut qu'il entre; moi, j'aime de passion les ballades, quand c'est une histoire lamentable chantée sur un air joyeux, ou une histoire bien plaisante chantée sur un ton lamentable.

LE VALET.—Il a des chansons pour l'homme ou la femme de toutes grandeurs. Il n'y a pas de marchande de modes qui puisse aussi bien accommoder de gants ses pratiques : il a les plus jolies chansons d'amour pour les jeunes filles, et sans aucune licence, ce qui est étrange; et avec de si charmants refrains, de *flon flon* et *lon lon la*, et *Tombe dessus, et puis pousse*[1]; et dans le cas où quelque vaurien à la bouche béante voudrait, comme qui dirait, y entendre malice et casser grossièrement les vitres, il fait répondre à la fille : *Finissez, ne me faites pas de mal, cher ami*. Elle s'en débarrasse et lui fait lâcher prise avec : *Finissez, ne me faites pas de mal, mon brave homme*[2].

POLIXÈNE.—Voilà un honnête garçon.

LE FILS DU BERGER.—Sur ma parole, tu parles d'un marchand bien ingénieux. A-t-il quelques marchandises fraîches?

LE VALET.—Il a des rubans de toutes les couleurs de l'arc-en-ciel, plus de pointes[3] que n'en pourraient employer les avocats de la Bohême quand ils tomberaient sur lui à la grosse[4], rubans de fil, cadis[5], batistes, linons, etc., et il met toute sa boutique en chansons comme si c'était autant de dieux et de déesses; vous croi-

---

[1] Noms de chansons de rondes anciennes.
[2] Autres titres de chansons.
[3] *Points*, pointes et points.
[4] *By the grosse;* si la traduction du mot est un peu hasardée, la pensée est juste.
[5] Espèce de drap dont les Arlésiennes font encore des cotillons un peu lourds pour le climat.

ACTE IV, SCÈNE III.

riez qu'une chemise est un ange, il chante les poignets et toute la broderie du jabot.

LE FILS DU BERGER.—Je t'en prie, amène-le-nous, et qu'il s'avance en chantant.

PERDITA.—Avertissez-le d'avance de ne pas se servir de mots inconvenants dans ses airs.

LE FILS DU BERGER.—Vous avez de ces colporteurs qui sont tout autre chose que ce que vous pourriez croire, ma sœur.

PERDITA.—Oui, mon cher frère, ou que je n'ai envie de le savoir.

AUTOLYCUS *s'avance en chantant.*

Du linon aussi blanc que la neige,
Du crêpe noir comme le corbeau,
Des gants parfumés comme les roses de Damas,
Des masques pour la figure et pour le nez,
Des bracelets de verre, des colliers d'ambre,
Des parfums pour la chambre des dames,
Des coiffes dorées et des devants de corsages
Dont les garçons peuvent faire présent à leurs belles,
Des épingles et des agrafes d'acier,
Tout ce qu'il faut aux jeunes filles, des pieds à la tête.
Venez, achetez-moi; allons, venez acheter, venez acheter
Achetez, jeunes gens, ou vos jeunes filles se plaindront.
Venez acheter, etc.

LE FILS DU BERGER.—Si je n'étais pas amoureux de Mopsa, tu n'aurais pas un sou de moi; mais, étant captivé comme je le suis, cela entraînera aussi la captivité de quelques rubans et de quelques paires de gants.

MOPSA.—On me les avait promis pour la fête, mais ils ne viendront pas encore trop tard à présent.

DORCAS.—Il vous a promis plus que cela, ou bien il y a des menteurs.

MOPSA.—Il vous a payé plus qu'il ne vous a promis, peut-être même davantage, et ce que vous rougiriez de lui rendre.

LE FILS DU BERGER.—Est-ce qu'il n'y a plus de retenue parmi nos jeunes filles? Porteront-elles leurs jupes là où on devrait voir leurs visages? N'avez-vous pas l'heure d'aller traire, celle de vous coucher ou d'aller au four pour éventer ces secrets, sans qu'il faille que vous veniez en jaser devant tous nos hôtes? Il est heureux qu'ils se parlent à l'oreille. Faites taire vos langues, et pas un mot de plus.

MOPSA.—J'ai fini. Allons, vous m'avez promis un joli lacet et une paire de gants parfumés.

LE FILS DU BERGER.—Ne vous ai-je pas dit comment on m'avait filouté en chemin et pris tout mon argent?

AUTOLYCUS.—Oh! oui, sûrement, monsieur, il y a des filous par les chemins, et il faut bien prendre garde à soi.

LE FILS DU BERGER.—N'aie pas peur, ami, tu ne perdras rien ici.

AUTOLYCUS.—Je l'espère bien, monsieur, car j'ai avec moi bien des paquets importants.

LE FILS DU BERGER.—Qu'as-tu là? des chansons?

MOPSA.—Oh! je t'en prie, achètes-en quelques-unes. J'aime une chanson imprimée à la fureur, car celles-là, nous savons qu'elles sont véritables.

AUTOLYCUS.—Tenez, en voilà une sur un air fort lamentable: comment la femme d'un usurier accoucha tout d'un coup de vingt sacs d'argent, et comment elle avait envie de manger des têtes de serpents et des crapauds grillés.

MOPSA.—Cela est-il vrai? le croyez-vous?

AUTOLYCUS.—Très-vrai, il n'y a pas un mois de cela.

DORCAS.—Les dieux me préservent d'épouser un usurier!

AUTOLYCUS.—Voilà le nom de la sage-femme au bas, une madame Porteconte; et il y avait cinq ou six honnêtes femmes qui étaient présentes. Pourquoi irais-je débiter des mensonges?

MOPSA, *au jeune berger.*—Oh! je t'en prie, achète-la.

LE FILS DU BERGER.—Allons, mets-la de côté, et voyons encore d'autres chansons; nous ferons les autres emplettes après.

AUTOLYCUS.—Voici une autre ballade d'un poisson qui se montra sur la côte, le mercredi quatre-vingts d'avril, à quarante mille brasses au-dessus de l'eau, et qui chanta cette ballade contre le cœur inflexible des filles. On a cru que c'était une femme qui avait été métamorphosée en poisson, pour ne pas avoir voulu aimer un homme amoureux d'elle : la ballade est vraiment touchante, et tout aussi vraie.

DORCAS.—Cela est vrai aussi? Le croyez-vous?

AUTOLYCUS.—Il y a le certificat de cinq juges de paix, et de témoins plus que n'en contiendrait ma balle.

LE JEUNE BERGER.—Mettez-la aussi de côté : une autre.

AUTOLYCUS.—Voici une chanson gaie, mais bien jolie.

MOPSA.—Ah! voyons quelques chansons gaies.

AUTOLYCUS.—Oh! c'est une chanson extrêmement gaie, et elle va sur l'air de : *Deux filles aimaient un amant;* il n'y a peut-être pas une fille dans la province qui ne la chante : on me la demande souvent, je puis vous dire.

MOPSA.—Nous pouvons la chanter tous deux ; si vous voulez faire votre partie, vous allez entendre : elle est en trois parties.

DORCAS.—Nous avons eu cet air-là, il y a un mois.

AUTOLYCUS.—Je puis faire ma partie, vous savez que c'est mon métier : songez à bien faire la vôtre.

CHANSON.

AUTOL. — Sortez d'ici, car il faut que je m'en aille. —
Où? c'est ce qu'il n'est pas bon que vous sachiez.
DORCAS. — Où?
MOPSA. — Où?
DORCAS. — Où?
MOPSA. — Vous devez, d'après votre serment,
Me dire tous vos secrets.
DORCAS. — Et à moi aussi; laissez-moi y aller.
MOPSA. — Tu vas à la grange, ou bien au moulin.
DORCAS. — Si tu vas à l'un ou à l'autre, tu as tort.
AUTOL. — Ni l'un ni l'autre.
DORCAS. — Comment! ni l'un ni l'autre?
AUTOL. — Ni l'un ni l'autre.
DORCAS. — Tu as juré d'être mon amant,
MOPSA. — Tu me l'as juré bien davantage.
Ainsi, où vas-tu donc? Dis-moi, où?

LE FILS DU BERGER.—Nous chanterons tout à l'heure cette chanson à notre aise.—Mon père et nos hôtes sont en conversation sérieuse, et il ne faut pas les troubler ; allons, apporte ta balle et suis-moi. Jeunes filles, j'achèterai pour vous deux.—Colporteur, ayons d'abord le premier choix.—Suivez-moi, mes belles.

AUTOLYCUS, *à part*.—Et vous payerez bien pour elles.

(Il chante.)

Voulez-vous acheter du ruban,
Ou de la dentelle pour votre pèlerine,
Ma jolie poulette, ma mignonne ?
Ou de la soie, ou du fil,
Quelques jolis colifichets pour votre tête,
Des plus beaux, des plus nouveaux, des plus élé-
Venez au colporteur ; [gants ?
L'argent est un touche à tout
Qui fait sortir les marchandises de tout le monde.

(Le jeune berger, Dorcas et Mopsa sortent ensemble pour choisir et acheter ; Autolycus les suit.)

(Entre un valet.)

LE VALET.—Maître, il y a trois charretiers, trois bergers, trois chevriers, trois gardeurs de pourceaux qui se sont tous faits des hommes à poil : ils se nomment eux-mêmes des *saltières*[1], et ils ont une danse qui est, disent les filles, comme une galimafrée de gambades, parce qu'elles n'en sont pas ; mais elles ont elles-mêmes dans l'idée qu'elle plaira infiniment, pourvu qu'elle ne soit pas trop rude pour ceux qui ne connaissent que le jeu de boules.

LE BERGER.—Laisse-nous ; nous ne voulons point de leur danse ; on n'a déjà que trop folâtré ici.—Je sais, monsieur, que nous vous fatiguons.

POLIXÈNE.—Vous fatiguez ceux qui nous délassent ; je vous prie, voyons ces quatre trios de gardeurs de troupeaux.

LE VALET.—Il y en a trois d'entre eux, monsieur, qui, suivant ce qu'ils racontent, ont dansé devant le roi ; et

---

[1] *Saltieres* pour *satyres*.

le moins souple des trois ne saute pas moins de douze pieds et demi en carré.

LE BERGER.—Cesse ton babil; puisque cela plaît à ces honnêtes gens, qu'ils viennent; mais qu'ils se dépêchent.

LE VALET.—Hé! ils sont à la porte, mon maître.

(Ici les douze satyres paraissent et exécutent leur danse.)

POLIXÈNE, *à part*.—Oh! bon père, tu en sauras davantage dans la suite.—Cela n'a-t-il pas été trop loin?—Il est temps de les séparer.—Le bonhomme est simple, il en dit long.—(*A Florizel.*) Eh bien! beau berger, votre cœur est plein de quelque chose qui distrait votre âme du plaisir de la fête.—Vraiment, quand j'étais jeune et que je filais l'amour comme vous faites, j'avais coutume de charger ma belle de présents : j'aurais pillé le trésor de soie du colporteur, et l'aurais prodigué dans les mains de ma belle.—Vous l'avez laissé partir, et vous n'avez fait aucun marché avec lui. Si votre jeune fille allait l'interpréter mal, et prendre cet oubli pour un défaut d'amour ou de générosité, vous seriez fort embarrassé au moins pour la réponse, si vous tenez à conserver son attachement.

FLORIZEL.—Mon vieux monsieur, je sais qu'elle ne fait aucun cas de pareilles bagatelles. Les cadeaux qu'elle attend de moi sont emballés et enfermés dans mon cœur, dont je lui ai déjà fait don, mais que je ne lui ai pas encore livré. (*A Perdita.*) Ah! écoute-moi prononcer le vœu de ma vie devant ce vieillard, qui, à ce qu'il semble, aima jadis : je prends ta main, cette main aussi douce que le duvet de la colombe, et aussi blanche qu'elle, ou que la dent d'un Éthiopien et la neige pure repoussée deux fois par le souffle impétueux du nord.

POLIXÈNE.—Que veut dire ceci? Comme ce jeune berger semble laver avec complaisance cette main qui était déjà si blanche auparavant!—Je vous ai interrompu.—Mais revenez à votre protestation : que j'entende votre promesse.

FLORIZEL.—Écoutez, et soyez-en témoin.

POLIXÈNE.—Et mon voisin aussi que voilà?

FLORIZEL.—Et lui aussi, et d'autres que lui, et tous les

hommes, la terre, les cieux et l'univers entier ; soyez tous témoins que, fussé-je couronné le plus grand monarque du monde et le plus puissant, fussé-je le plus beau jeune homme qui ai fait languir les yeux, eussé-je plus de force et de science que n'en ait jamais eu un mortel, je n'en ferais aucun cas sans son amour, que je les emploierais tous et les consacrerais tous à son service, ou les condamnerais à périr.

POLIXÈNE.—Belle offrande !

CAMILLO.—Qui montre une affection durable.

LE BERGER.—Mais vous, ma fille, en dites-vous autant pour lui ?

PERDITA.—Je ne puis m'exprimer aussi bien, pas à beaucoup près aussi bien, non, ni penser mieux ; je juge de la pureté de ses sentiments sur celle des miens.

LE BERGER.—Prenez-vous les mains, c'est un marché fait.—Et vous, amis inconnus, vous en rendrez témoignage ; je donne ma fille à ce jeune homme, et je veux que sa dot égale la fortune de son amant.

FLORIZEL.—Oh ! la dot de votre fille doit être ses vertus. Après une certaine mort, j'aurai plus de richesses que vous ne pouvez l'imaginer encore, assez pour exciter votre surprise ; mais, allons, unissons-nous en présence de ces témoins.

LE BERGER, *à Florizel.*—Allons, votre main.—Et vous, ma fille, la vôtre.

POLIXÈNE.—Arrêtez, berger ; un moment, je vous en conjure.—(*A Florizel.*) Avez-vous un père ?

FLORIZEL.—J'en ai un.—Mais que prétendez-vous ?

POLIXÈNE.—Sait-il ceci ?

FLORIZEL.—Il ne le sait pas et ne le saura jamais.

POLIXÈNE.—Il me semble pourtant qu'un père est l'hôte qui sied le mieux au festin des noces de son fils. Je vous prie, encore un mot : votre père n'est-il pas incapable de gouverner ses affaires ? n'est-il pas tombé en enfance par les années et les catarrhes de l'âge ? peut-il parler, entendre, distinguer un homme d'un autre, administrer son bien ? n'est-il pas toujours au lit, incapable de rien faire que ce qu'il faisait dans son enfance ?

FLORIZEL.—Non, mon bon monsieur, il est plein de santé, et il a même plus de forces que n'en ont la plupart des vieillards de son âge.

POLIXÈNE.—Par ma barbe blanche, si cela est, vous lui faites une injure qui ne sent pas trop la tendresse filiale : il est raisonnable que mon fils se choisisse lui-même une épouse ; mais il serait de bonne justice aussi que le père, à qui il ne reste plus d'autre joie que celle de voir une belle postérité, fût un peu consulté dans pareille affaire.

FLORIZEL.—Je vous accorde tout cela; mais, mon vénérable monsieur, pour quelques autres raisons qu'il n'est pas à propos que vous sachiez, je ne donne pas connaissance de cette affaire à mon père.

POLIXÈNE.—Il faut qu'il en soit instruit.

FLORIZEL.—Il ne le sera point.

POLIXÈNE.—Je vous en prie, qu'il le soit.

FLORIZEL.—Non, il ne le faut pas.

LE BERGER.—Qu'il le soit, mon fils; il n'aura aucun sujet d'être fâché, quand il viendra à connaître ton choix.

FLORIZEL.—Allons, allons, il ne doit pas en être instruit.—Soyez seulement témoins de notre union.

POLIXÈNE, *se découvrant*.—De votre divorce, mon jeune monsieur, que je n'ose pas appeler mon fils. Tu es trop vil pour être reconnu, toi, l'héritier d'un sceptre, et qui brigues ici une houlette.—(*Au père.*) Toi, vieux traître, je suis fâché de ne pouvoir, en te faisant pendre, abréger ta vie que d'une semaine.—(*A Perdita.*) Et toi, jeune et belle séductrice, tu dois à la fin connaître malgré toi le royal fou auquel tu t'es attaquée.

LE BERGER.—O mon cœur !

POLIXÈNE.—Je ferai déchirer ta beauté avec des ronces, et je rendrai ta figure plus grossière que ton état.— Quant à toi, jeune étourdi, si jamais je m'aperçois que tu oses seulement pousser un soupir de regret de ne plus voir cette petite créature (comme c'est bien mon intention que tu ne la revoies jamais), je te déclare incapable de me succéder, et je ne te reconnaîtrai pas plus pour être de notre sang et de notre famille, que ne l'est tout autre descendant de Deucalion. Souviens-toi de mes paroles, et suis-nous à la cour.—Toi, paysan, quoique tu aies mérité notre colère, nous t'affranchissons pour le présent de son coup mortel.—Et vous, enchanteresse, assez bonne pour un pâtre, oui, et pour lui aussi, car il se rendrait indigne de nous s'il ne s'agissait de notre honneur,—si jamais tu lui ouvres à l'avenir l'entrée de cette cabane, ou que tu entoures son corps de tes embrassements, j'inventerai une mort aussi cruelle pour toi que tu es délicate pour elle.

(Il sort.)

PERDITA.— Perdue sans ressources, en un instant! Je n'ai pas été fort effrayée; une ou deux fois j'ai été sur le sur le point de lui répondre, et de lui dire nettement que le même soleil qui éclaire son palais ne cache point son visage à notre chaumière, et qu'il les voit du même œil. (A Florizel.) Voulez-vous bien, monsieur, vous retirer? Je vous ai bien dit ce qu'il adviendrait de tout cela. Je vous prie, prenez soin de vous; ce songe que j'ai fait, j'en suis réveillée maintenant, et je ne veux plus jouer la reine en rien.—Mais je trairai mes brebis, et je pleurerai.

CAMILLO, *au berger*.—Eh bien! bon père, comment vous trouvez-vous? Parlez encore une fois avant de mourir.

LE BERGER.—Je ne peux ni parler, ni penser, et je n'ose pas savoir ce que je sais. (*A Florizel*.) Ah! monsieur, vous avez perdu un homme de quatre-vingt-trois ans, qui croyait descendre en paix dans sa tombe; oui, qui espérait mourir sur le lit où mon père est mort, et reposer auprès de ses honnêtes cendres; mais maintenant quelque bourreau doit me revêtir de mon drap mortuaire, et me mettre dans un lieu où nul prêtre ne jettera de la poussière sur mon corps. (*A Perdita*.) O maudite misérable! qui savais que c'était le prince, et qui as osé l'aventurer à unir ta foi à la sienne.—Je suis perdu! je suis perdu! Si je pouvais mourir en ce moment, j'aurais vécu pour mourir à l'instant où je le désire.

(Il sort.)

FLORIZEL, *à Perdita*. — Pourquoi me regardez-vous

ainsi? Je ne suis qu'affligé, mais non pas effrayé. Je suis retardé, mais non changé. Ce que j'étais, je le suis encore. Plus on me retire en arrière, et plus je veux aller en avant : je ne suis pas mon lien avec répugnance.

CAMILLO.—Mon gracieux seigneur, vous connaissez le caractère de votre père. En ce moment il ne vous permettra aucune représentation; et je présume que vous ne vous proposez pas de lui en faire ; il aurait aussi bien de la peine, je le crains, à soutenir votre vue ; ainsi, jusqu'à ce que la fureur de Sa Majesté se soit calmée, ne vous présentez pas devant lui.

FLORIZEL. — Je n'en ai pas l'intention. Vous êtes Camillo, je pense?

CAMILLO.—Oui, seigneur.

PERDITA.—Combien de fois vous ai-je dit que cela arriverait? Combien de fois vous ai-je dit que mes grandeurs finiraient dès qu'elles seraient connues?

FLORIZEL.—Elles ne peuvent finir que par la violation de ma foi : et qu'alors la nature écrase les flancs de la terre l'un contre l'autre, qu'elle étouffe toutes les semences qu'elle renferme! Lève les yeux.—Effacez-moi de votre succession, mon père; mon héritage est mon amour.

CAMILLO.—Écoutez les conseils.

FLORIZEL.—Je les écoute; mais ce sont ceux de mon amour; si ma raison veut lui obéir, j'écoute la raison; sinon, mes sens, préférant la folie, lui souhaitent la bienvenue.

CAMILLO.—C'est là du désespoir, seigneur.

FLORIZEL.—Appelez-le de ce nom, si vous voulez; mais il remplit mon vœu; je suis forcé de le croire vertu. Camillo, ni pour la Bohême, ni pour toutes les pompes qu'on y peut recueillir, ni pour tout ce que le soleil éclaire, tout ce que le sein de la terre contient, ou ce que la mer profonde cache dans ses abîmes ignorés, je ne violerai les serments que j'ai faits à cette beauté que j'aime. Ainsi, je vous prie, comme vous avez toujours été l'ami honoré de mon père, lorsqu'il aura perdu la trace de son fils (car je le jure, j'ai l'intention de ne plus le revoir), tempérez sa colère par vos sages conseils. La fortune et moi nous allons lutter ensemble à l'avenir. Voici ce que vous pouvez savoir et redire, que je me suis lancé à la mer avec celle que je ne puis conserver ici sur le rivage; et, fort heureusement pour notre besoin, j'ai un vaisseau prêt à partir, qui n'était pas préparé pour ce dessein. Quant à la route que je veux tenir, il n'est d'aucun avantage pour vous de le savoir, ni d'aucun intérêt pour moi que vous puissiez le redire.

CAMILLO.—Ah! seigneur, je voudrais que votre caractère fût plus docile aux avis, ou plus fort pour répondre à votre nécessité.

FLORIZEL.—Écoutez, Perdita. (*A Camillo.*) Je vais vous entendre tout à l'heure.

CAMILLO, *à part.*—Il est inébranlable : il est décidé à fuir. Maintenant je serais heureux si je pouvais faire servir son évasion à mon avantage; le sauver du danger, lui prouver mon affection et mon respect; et parvenir ainsi à revoir ma chère Sicile, et cet infortuné roi, mon maître, que j'ai si grande soif de revoir.

FLORIZEL.—Allons, cher Camillo, je suis chargé d'affaires si importantes que j'abjure toute cérémonie.

CAMILLO, *se préparant à sortir.*—Seigneur, je pense que vous avez entendu parler de mes faibles services, et de l'affection que j'ai toujours portée à votre père?

FLORIZEL.—Vous avez bien mérité de lui; c'est une musique pour mon père que de raconter vos services; et il n'a pas négligé le soin de les récompenser suivant sa reconnaissance.

CAMILLO.—Eh bien! seigneur, si vous avez la bonté de croire que j'aime le roi, et en lui ce qui lui tient de plus près, c'est-à-dire votre illustre personne, daignez vous laisser diriger par moi, si votre projet plus réfléchi et médité à loisir peut encore souffrir quelque changement. Sur mon honneur, je vous indiquerai un lieu où vous trouverez l'accueil qui convient à Votre Altesse; où vous pourrez posséder librement votre amante (dont je vois que vous ne pouvez être séparé que par votre ruine, dont vous préserve le ciel!). Vous pourrez l'épou-

ACTE IV, SCÈNE III.

ser, et par tous mes efforts, en votre absence je tâcherai d'apaiser le ressentiment de votre père, et de l'amener à approuver votre choix.

FLORIZEL.—Eh! cher Camillo, comment pourrait s'accomplir cette espèce de miracle? Apprenez-le-moi, afin que j'admire en vous quelque chose de plus qu'un homme, et qu'ensuite je puisse me fier à vous.

CAMILLO.—Avez-vous pensé à quelque lieu où vous vouliez aller?

FLORIZEL.—Pas encore. Comme c'est un accident inopiné qui est coupable du parti violent que nous prenons, nous faisons de même profession d'être les esclaves du hasard et de l'impulsion de chaque vent qui souffle.

CAMILLO.—Écoutez-moi donc : voici ce que j'ai à vous dire.—Si vous ne voulez pas absolument changer de résolution, et que vous soyez résolu à cette fuite, faites voile vers la Sicile, et présentez-vous avec votre belle princesse (car je vois qu'elle doit l'être) devant Léontes. Elle sera vêtue comme il convient à la compagne de votre lit. Il me semble voir Léontes vous ouvrant affectueusement ses bras, vous accueillant par ses larmes, vous demandant pardon à vous, qui êtes le fils, comme à la personne même du père, baisant les mains de votre belle princesse, et son cœur partagé entre sa cruauté et sa tendresse, se reprochant l'une avec des malédictions et disant à l'autre de croître plus vite que le temps ou la pensée.

FLORIZEL.—Digne Camillo, quel prétexte donnerai-je à ma visite?

CAMILLO.—Vous direz que vous êtes envoyé par le roi votre père, pour le saluer et lui donner des consolations. Je veux vous mettre par écrit, seigneur, la manière dont vous devez vous conduire avec lui, et ce que vous devez lui communiquer, comme de la part de votre père, des choses qui ne sont connues que de nous trois; et ces instructions vous guideront dans ce que vous devrez dire à chaque audience, de sorte qu'il ne s'apercevra de rien, et qu'il croira que vous avez toute la confiance de votre père, et que vous lui révélez son cœur tout entier.

FLORIZEL.—Je vous suis obligé, cette idée a de la sève.

CAMILLO.—C'est une marche qui promet mieux que de vous dévouer inconsidérément à des mers infréquentées, à des rivages inconnus, avec la certitude de rencontrer une foule de misères, sans aucun espoir de secours; pour sortir d'une infortune, afin d'être assailli par une autre; n'ayant rien de certain que vos ancres, qui ne peuvent vous rendre de meilleur service que celui de vous fixer dans des lieux où vous serez fâché d'être. D'ailleurs, vous le savez, la prospérité est le plus sûr lien de l'amour; l'affliction altère à la fois la fraîcheur et le cœur.

PERDITA.—L'un des deux est vrai; je pense que l'adversité peut flétrir les joues, mais elle ne peut atteindre le cœur.

CAMILLO.—Oui-da! dites-vous cela? il ne sera point né dans la maison de votre père, depuis sept années, une autre fille comparable à vous.

FLORIZEL.—Mon cher Camillo, elle est autant en avant de son éducation, qu'elle est en arrière par la naissance.

CAMILLO.—Je ne puis dire qu'il soit dommage qu'elle manque d'instruction; car elle me paraît être la maîtresse de la plupart de ceux qui instruisent les autres.

PERDITA. — Pardonnez, monsieur, ma rougeur vous exprimera mes remerciements.

FLORIZEL.—Charmante Perdita! — Mais, sur quelles épines nous sommes placés! Camillo, vous, le sauveur de mon père, et maintenant le mien, le médecin de notre maison, comment ferons-nous? Nous ne sommes pas équipés comme doit l'être le fils du roi de Bohême, et nous ne pourrons pas paraître en Sicile...

CAMILLO.—Seigneur, n'ayez point d'inquiétude là-dessus. Vous savez, je crois, que toute ma fortune est située dans cette île; ce sera mon soin que vous soyez entretenu en prince, comme si le rôle que vous devez jouer était le mien. Et, seigneur, comme preuve que vous ne pourrez manquer de rien... un mot ensemble.

(Ils se parlent à l'écart.)

(Entre Autolycus.)

AUTOLYCUS.—Ah! quelle dupe que l'honnêteté! et que la confiance, sa sœur inséparable, est une sotte fille! J'ai vendu toute ma drogue : il ne me reste pas une pierre fausse, pas un ruban, pas un miroir, pas une boule de parfums, ni bijou, ni tablettes, ni ballade, ni couteau, ni lacet, ni gants, ni ruban de soulier, ni bracelet, ni anneau de corne ; pour empêcher ma balle de jeûner, ils sont accourus, à qui achèterait le premier, comme si mes bagatelles avaient été bénies et pouvaient procurer la bénédiction du ciel à l'acheteur : par ce moyen, j'ai observé ceux dont la bourse avait la meilleure mine, et ce que j'ai vu, je m'en suis souvenu pour mon profit. Mon paysan, à qui il ne manque que bien peu de chose pour être un homme raisonnable, est devenu si amoureux des chansons des filles, qu'il n'a pas voulu bouger un pied qu'il n'ait eu l'air et les paroles ; ce qui m'a si bien attiré le reste du troupeau, que tous leurs autres sens s'étaient fixés dans leurs oreilles : vous auriez pu pincer un jupon, sans qu'il l'eût senti : ce n'était rien que de dépouiller un gousset de sa bourse : j'aurais enfilé toutes les clefs qui pendaient aux chaînes ; on n'entendait, on ne sentait que la chanson de mon monsieur, et on n'admirait que cette niaiserie. En sorte que, pendant cette léthargie, j'ai escamoté et coupé la plupart de leurs bourses de fête ; si le vieux berger n'était pas venu avec ses cris contre sa fille et le fils du roi, s'il n'eût pas chassé nos corneilles loin de la balle de blé, je n'eusse pas laissé une bourse en vie dans toute l'assemblée.

(Camillo, Florizel et Perdita s'avancent.)

CAMILLO.—Oui, mais mes lettres qui, par ce moyen, seront rendues en Sicile aussitôt que vous y arriverez, éclairciront ce doute.

FLORIZEL.—Et celles que vous vous procurerez de la part du roi Léontes...

CAMILLO.—Satisferont votre père.

PERDITA.—Soyez à jamais heureux! Tout ce que vous dites a belle apparence.

CAMILLO, *apercevant Autolycus*.—Quel est cet homme qui

se trouve là?—Nous en ferons notre instrument; ne négligeons rien de ce qui peut nous aider.

AUTOLYCUS, *à part.* — S'ils m'ont entendu tout à l'heure!... — Allons, la potence.

CAMILLO. — Hé! vous voilà, mon ami? Pourquoi trembles-tu ainsi? Ne craignez personne : on ne veut pas vous faire du mal.

AUTOLYCUS. — Je suis un pauvre malheureux, monsieur.

CAMILLO.— Eh bien! continue de l'être à ton aise; il n'y a personne ici qui veuille te voler cela; cependant, nous pouvons te proposer un échange avec l'extérieur de ta pauvreté; en conséquence, déshabille-toi à l'instant : tu dois penser qu'il y a quelque nécessité pour cela; change d'habit avec cet honnête homme. Quoique le marché soit à son désavantage, cependant sois sûr qu'il y a encore quelque chose par-dessus le marché.

AUTOLYCUS.—Je suis un pauvre malheureux, monsieur. (*A part.*) Je vous connais de reste.

CAMILLO. — Allons, je t'en prie, dépêche : ce monsieur est déjà à demi-déshabillé.

AUTOLYLUS.— Parlez-vous sérieusement, monsieur? — (*A part.*) Je soupçonne le jeu de tout ceci.

FLORIZEL.—Dépêche-toi donc, je t'en prie.

AUTOLYCUS. — En vérité, j'ai déjà des gages, mais en conscience je ne puis prendre cet habit.

CAMILLO.—Allons, dénoue, dénoue. (*A Perdita.*) Heureuse amante, que ma prophétie s'accomplisse pour vous! — Il faut vous retirer sous quelque abri; prenez le chapeau de votre amant et enfoncez-le sur vos sourcils : cachez votre figure. Déshabillez-vous et déguisez autant que vous le pourrez tout ce qui pourrait vous faire reconnaître, afin que vous puissiez (car je crains pour vous les regards) gagner le vaisseau sans être découverte.

PERDITA.— Je vois que la pièce est arrangée de façon qu'il faut que j'y fasse un rôle.

CAMILLO. — Il n'y a point de remède. (*A Florizel.*) Eh bien! avez-vous fini?

FLORIZEL.—Si je rencontrais mon père à présent, il ne m'appellerait pas son fils.

CAMILLO.—Allons, vous ne garderez point de chapeau. —Venez, madame, venez. — (*A Autolycus.*) Adieu, mon ami.

AUTOLYCUS.—Adieu, monsieur.

FLORIZEL.— O Perdita! ce que nous avons oublié tous deux!—Je vous prie, un mot.

CAMILLO, *à part*.—Ce que je vais faire d'abord, ce sera d'informer le roi de cette évasion et du lieu où ils se rendent, où j'ai l'espérance que je viendrai à bout de le déterminer à les suivre; et je l'accompagnerai et reverrai la Sicile, que j'ai un désir de femme de revoir.

FLORIZEL.— Que la fortune nous accompagne! Ainsi donc, nous allons gagner le rivage, Camillo?

CAMILLO.—Le plus tôt sera le mieux.

(Florizel, Perdita et Camillo sortent.)

AUTOLYCUS *seul*. — Je conçois l'affaire, je l'entends; avoir l'oreille fine, l'œil vif et la main légère sont des qualités nécessaires pour un coupeur de bourses. Il est besoin aussi d'un bon nez, afin de flairer de l'ouvrage pour les autres sens. Je vois que voici le moment où un malhonnête homme peut faire son chemin. Quel échange aurais-je fait s'il n'y avait pas eu de l'or par-dessus le marché? Mais aussi combien ai-je gagné ici avec cet échange? Sûrement les dieux sont d'intelligence avec nous cette année, et nous pouvons faire tout ce que nous voulons *ex tempore*. Le prince lui-même est à l'œuvre pour une mauvaise action en s'évadant de chez son père et traînant son entrave à ses talons. Si je savais que ce ne fût pas un tour honnête que d'en informer le roi, je le ferais: mais je tiens qu'il y a plus de coquinerie à tenir la chose secrète, et je reste fidèle à ma profession. (*Entrent le berger et son fils.*) Tenons-nous à l'écart, à l'écart. Voici encore matière pour une cervelle chaude. Chaque coin de rue, chaque église, chaque boutique, chaque cour de justice, chaque pendaison procure de l'occupation à un homme vigilant.

LE FILS DU BERGER.—Voyez, voyez, quel homme vous

êtes à présent ! Il n'y a pas d'autre parti que d'aller déclarer au roi qu'elle est un enfant changé au berceau, et point du tout de votre chair et de votre sang.

LE BERGER.—Mais, écoute-moi.

LE FILS.—Mais, écoutez-moi.

LE BERGER.—Allons, continue donc.

LE FILS.— Dès qu'elle n'est point de votre chair et de votre sang, votre chair et votre sang n'ont point offensé le roi ; et alors votre chair et votre sang ne doivent pas être punis par lui. Montrez ces effets que vous avez trouvés autour d'elle, ces choses secrètes, tout, excepté ce qu'elle a sur elle ; et cela une fois fait, laissez siffler la loi, je vous le garantis.

LE BERGER.—Je dirai tout au roi ; oui, chaque mot, et les folies de son fils aussi, qui, je puis bien le dire, n'est point un honnête homme, ni envers son père, ni envers moi, d'aller se jouer à me faire le beau-frère du roi.

LE FILS.—En effet, beau-frère était le degré le plus éloigné auquel vous pussiez parvenir, et alors votre sang serait devenu plus cher je ne sais pas de combien l'once.

AUTOLYCUS, *toujours à l'écart.*—Bien dit... Idiot!

LE BERGER.—Allons, allons trouver le roi : il y a dans le petit paquet de quoi lui faire se gratter la barbe.

AUTOLYCUS. — Je ne vois pas trop quel obstacle cette plainte peut mettre à l'évasion de mon maître.

LE FILS.—Priez le ciel qu'il soit au palais.

AUTOLYCUS.—Quoique je ne sois pas honnête de mon naturel, je le suis cependant quelquefois par hasard.— Mettons dans ma poche cette barbe de colporteur. (*Il s'avance auprès des deux bergers.*) Eh bien ! villageois, où allez-vous ainsi ?

LE BERGER.—Au palais, si Votre Seigneurie le permet.

AUTOLYCUS.—Vos affaires, là, quelles sont-elles ? Avec qui ? Déclarez-moi ce que c'est que ce paquet, le lieu de votre demeure, vos noms, vos âges, votre avoir, votre éducation, en un mot tout ce qu'il importe qui soit connu ?

LE FILS.—Nous ne sommes que des gens tout unis, monsieur.

AUTOLYCUS. — Mensonge! Vous êtes rudes et couverts de poil. Ne vous avisez pas de mentir : cela ne convient à personne qu'à des marchands, et ils nous donnent souvent un démenti à nous autres soldats; mais nous les en payons en monnaie de bonne empreinte et nullement en fer homicide. Ainsi, ils ne nous donnent pas un démenti.

LE FILS.—Votre Seigneurie avait tout l'air de nous en donner si elle ne s'était pas prise sur le fait.

LE BERGER. — Êtes-vous un courtisan, monsieur, s'il vous plaît?

AUTOLYCUS. — Que cela me plaise ou non, je suis un courtisan ; est-ce que tu ne vois pas un air de cour dans cette tournure de bras? Est-ce que ma démarche n'a pas en elle la cadence de cour? Ton nez ne reçoit-il pas de mon individu une odeur de cour? Est-ce que je ne réfléchis pas sur ta bassesse un mépris de cour? Crois-tu que, parce que je veux développer, démêler ton affaire, pour cela je ne suis pas un courtisan? Je suis un courtisan de pied en cap et un homme qui fera avancer ou reculer ton affaire; en conséquence de quoi je te commande de me déclarer ton affaire.

LE BERGER.—Mon affaire, monsieur, s'adresse au roi.

AUTOLYCUS.—Quel avocat as-tu auprès de lui?

LE BERGER. — Je n'en connais point, monsieur, sous votre bon plaisir.

LE FILS.—Avocat est un terme de cour pour signifier un faisan. Dites que vous n'en avez pas.

LE BERGER.—Aucun, monsieur. Je n'ai point de faisan, ni coq, ni poule.

AUTOLYCUS, *à haute voix*.—Que nous sommes heureux, pourtant, de n'être pas de simples gens! Et pourtant la nature aurait pu me faire ce qu'ils sont; ainsi je ne veux pas les dédaigner.

LE FILS.—Ce ne peut être qu'un grand courtisan.

LE BERGER. — Ses habits sont riches, mais il ne les porte pas avec grâce.

LE FILS.—Il me paraît à moi d'autant plus noble qu'il est plus bizarre : c'est un homme important, je le ga rantis, je le reconnais à ce qu'il se cure les dents[1].

AUTOLYCUS.— Et ce paquet, qu'y a-t-il dans ce paquet? Pourquoi ce coffre?

LE BERGER. —Monsieur, il y a dans ce paquet et cette boîte des secrets qui ne doivent être connus que du roi, et qu'il va apprendre avant une heure, si je peux parvenir à lui parler.

AUTOLYCUS.—Vieillard, tu as perdu tes peines.

LE BERGER.—Pourquoi, monsieur?

AUTOLYCUS. — Le roi n'est point au palais; il est allé à bord d'un vaisseau neuf pour purger sa mélancolie et prendre l'air : car, si tu peux comprendre les choses sérieuses, il faut que tu saches que le roi est dans le chagrin.

LE BERGER.— On le dit, monsieur, à l'occasion de son fils, qui voulait se marier à la fille d'un berger.

AUTOLYCUS.—Si ce berger n'est pas dans les fers, qu'il fuie promptement; les malédictions qu'il aura, les tortures qu'on lui fera souffrir, briseront le dos d'un homme et le cœur d'un monstre.

LE FILS.—Le croyez-vous, monsieur?

AUTOLYCUS.—Et ce ne sera pas seulement lui qui souffrira tout ce que l'imagination peut inventer de fâcheux et la vengeance d'amer, mais aussi ses parents, quand ils seraient éloignés jusqu'au cinquantième degré, tous tomberont sous la main du bourreau. Et quoique ce soit une grande pitié, cependant c'est nécessaire. Un vieux maraud de gardien de brebis, un entremetteur de béliers, consentir que sa fille s'élève jusqu'à la majesté royale! Quelques-uns disent qu'il sera lapidé, mais moi je dis que c'est une mort trop douce pour lui : porter notre trône dans un parc à moutons! Il n'y pas assez de morts, la plus cruelle est trop aisée.

LE FILS.—Ce vieux berger a-t-il un fils, monsieur? l'avez-vous entendu dire, s'il vous plaît, monsieur?

AUTOLYCUS.—Il a un fils qui sera écorché vif; ensuite, enduit partout de miel et placé à l'entrée d'un nid de

---

[1] Manière de petit-maître, du temps de Shakspeare.

guêpes, pour rester là jusqu'à ce qu'il soit aux trois quarts et demi mort ; ensuite on le fera revenir avec de l'eau-de-vie ou quelque autre liqueur forte ; alors tout au vif qu'il sera, et dans le jour prédit par l'almanach, il sera placé contre un mur de briques aux regards brûlants du soleil du midi, qui le regardera jusqu'à ce qu'il périsse sous la piqûre des mouches. Mais pourquoi nous amuser à parler de misérables traîtres? Il ne faut que rire de leurs maux, leurs crimes étant si grands. Dites-moi, car vous me paraissez de bonnes gens bien simples, ce que vous voulez au roi. Si vous me marquez comme il faut votre considération pour moi, je vous conduirai au vaisseau où il est, je vous présenterai à Sa Majesté, je lui parlerai à l'oreille en votre faveur; et s'il est quelqu'un auprès du roi qui puisse vous faire accorder votre demande, vous voyez un homme qui le fera.

LE FILS.—Il paraît un homme d'un grand crédit; accordez-vous avec lui, donnez-lui de l'or; et quoique l'autorité soit un ours féroce, cependant, avec de l'or, on la mène souvent par le nez. Montrez le dedans de votre bourse au dehors de votre main, et sans plus tarder. Souvenez-vous, *lapidé et écorché vif*.

LE BERGER.—S'il vous plaisait, monsieur, de vous charger de l'affaire pour nous, voici de l'or que j'ai sur moi ; je vous promets encore autant, et je vous laisserai ce jeune homme en gage jusqu'à ce que je vous le rapporte.

AUTOLYCUS.—Après que j'aurai fait ce que j'ai promis ?

LE BERGER.—Oui, monsieur.

AUTOLYCUS.—Allons, donnez-m'en la moitié. — Êtes-vous personnellement intéressé dans cette affaire?

LE FILS.—En quelque façon, monsieur ; mais, quoique ma situation soit assez triste, j'espère que je ne serai pas écorché vif pour cela.

AUTOLYCUS.—Oh! c'est le cas du fils du berger. Au diable si on n'en fait pas un exemple.

LE FILS, *à son père*.—Du courage, prenez courage ; il faut que nous allions trouver le roi, et lui montrer les choses étranges que nous avons à faire voir; il faut qu'il sache qu'elle n'est point du tout votre fille, ni ma sœur, autrement nous sommes perdus. (*A Autolycus.*) Monsieur, je vous donnerai autant que ce vieillard quand l'affaire sera terminée ; et je resterai, comme il vous le dit, votre otage, jusqu'à ce que l'or vous ait été apporté.

AUTOLYCUS.—Je m'en rapporte à vous ; marchez devant vers le rivage ; prenez sur la droite. Je ne ferai que regarder par-dessus la haie, et je vous suis.

LE FILS.—Nous sommes bien heureux d'avoir trouvé cet homme, je puis le dire, bien heureux.

LE BERGER. —Marchons devant, comme il nous l'ordonne ; la Providence nous l'a envoyé pour nous faire du bien.

(Le berger et son fils s'en vont.)

AUTOLYCUS, *seul.*—Quand j'aurais envie d'être honnête homme, la fortune ne le souffrirait pas ; elle me fait tomber le butin dans la bouche ; elle me gratifie en ce moment d'une double occasion : de l'or, et le moyen de rendre service au prince mon maître ; et qui sait combien cela peut servir à mon avancement ? Je vais lui conduire à bord ces deux taupes, ces deux aveugles : s'il juge à propos de les remettre sur le rivage, et que la plainte qu'ils veulent présenter au roi ne l'intéresse en rien, qu'il me traite s'il le veut de coquin, pour être si officieux ; je suis à toute épreuve contre ce titre, et contre la honte qui peut y être attachée. Je vais les lui présenter ; cela peut être important.

(Il sort.)

FIN DU QUATRIÈME ACTE.

ACTE CINQUIÈME

SCÈNE I

Sicile.— Appartement dans le palais de Léontes.

LÉONTES, CLÉOMÈNE, DION, PAULINE, *suite.*

CLÉOMÈNE.— Seigneur, vous en avez assez fait ; vous avez témoigné le repentir d'un saint ; si vous avez commis des fautes, vous les avez bien expiées, et même votre pénitence a surpassé vos fautes : finissez enfin par faire ce que le ciel a déjà fait, oubliez vos offenses, et vous les pardonnez comme il vous les pardonne.

LÉONTES.—Tant que je me souviendrai d'elle et de ses vertus, je ne puis oublier mon injustice envers elle ; je songe toujours au tort que je me suis fait à moi-même ; tort si grand qu'il laisse mon royaume sans héritier, et qui a détruit la plus douce compagne sur laquelle un époux ait fondé ses espérances.

PAULINE.—Cela est vrai, trop vrai, seigneur ; quand vous épouseriez l'une après l'autre toutes les femmes du monde, ou quand vous prendriez quelque bonne qualité à toutes pour en former une femme parfaite, celle que vous avez tuée serait encore sans égale.

LÉONTES.—Je le crois ainsi. Tuée? Moi, je l'ai tuée?— Oui, je l'ai fait ; mais vous me donnez un coup bien cruel, en me disant que je l'ai tuée. Ce mot est aussi amer pour moi dans votre bouche que dans mes pensées : à l'avenir, ne me le dites que bien rarement.

CLÉOMÈNE.— Ne le prononcez jamais, bonne dame ; vous auriez pu dire mille choses qui eussent été plus convenables aux circonstances, et plus conformes à la bonté de votre cœur.

PAULINE, *à Cléomène.*—Vous êtes un de ceux qui voudraient le voir se remarier.

DION.—Si vous ne le désirez pas, vous n'avez donc aucune pitié de l'État ; et vous ne vous souvenez pas de son auguste nom ? Considérez un peu quels dangers, si Sa Majesté ne laisse point de postérité, peuvent tomber sur ce royaume et dévorer tous les témoins indécis de sa ruine. Quoi de plus saint que de se réjouir de ce que la feue reine est en paix ? quoi de plus saint que de faire rentrer le bonheur dans la couche de Sa Majesté, avec une douce compagne, pour soutenir la royauté, nous consoler du présent et préparer le bien à venir ?

PAULINE.—Il n'en est aucune qui soit digne, auprès de celle qui n'est plus. D'ailleurs, les dieux voudront que leurs desseins secrets s'accomplissent. Le divin Apollon n'a-t-il pas répondu, et n'est-ce pas là le sens de son oracle, que le roi Léontes n'aura point d'héritier qu'on n'ait retrouvé son enfant perdu ? Et l'espoir qu'il soit jamais retrouvé est aussi contraire à la raison humaine, qu'il l'est que mon Antigone brise son tombeau, et revienne à moi, car, sur ma vie, il a péri avec l'enfant. Votre avis est donc que notre souverain contrarie le ciel et s'oppose à ses volontés ? (*Au roi.*) Ne vous inquiétez point de postérité : la couronne trouvera toujours un héritier. Le grand Alexandre laissa la sienne au plus digne, et par là son successeur avait chance d'être le meilleur possible.

LÉONTES.—Chère Pauline, vous qui avez en honneur, je le sais, la mémoire d'Hermione, ah ! que ne me suis-je toujours dirigé d'après vos conseils ! Je pourrais encore à présent contempler les beaux yeux de ma reine chérie, je pourrais encore recueillir des trésors sur ses lèvres.

PAULINE.—En les laissant plus riches encore, après le don qu'elles vous auraient fait.

LÉONTES.—Vous dites la vérité : il n'est plus de pareilles femmes : ainsi plus de femme. Une épouse qui ne la vaudrait pas, et qui serait mieux traitée qu'elle, forcerait son âme sanctifiée à revêtir de nouveau son corps et à nous daparaître sur ce théâtre où nous l'outrageons en ce moment ; et à me dire, dans les tourments de son cœur : Pourquoi plutôt moi ?

PAULINE.—Si elle avait le pouvoir de le faire, elle en aurait une juste raison.

LÉONTES.—Oui, bien juste : et elle m'exciterait à poignarder celle que j'aurais épousée.

PAULINE.—Je le ferais comme elle : si j'étais le fantôme qui revint, je vous dirais de considérer les yeux de votre nouvelle épouse, et de me dire pour quels attraits vous l'auriez choisie ; et ensuite je pousserais un cri en vous adressant ces mots : Souviens-toi de moi.

LÉONTES.—Les étoiles, les étoiles mêmes, et tous les yeux du monde ne sont auprès des siens que des charbons éteints ! Ne craignez point une autre épouse ; je ne veux plus de femme, Pauline.

PAULINE.—Voulez-vous jurer de ne jamais vous marier que de mon libre consentement ?

LÉONTES.—Jamais, Pauline ; je le jure sur le salut de mon âme.

PAULINE.—Vous l'entendez, seigneurs, soyez tous témoins de son serment.

CLÉOMÈNE.—Vous le tentez au delà de toute mesure.

PAULINE.—A moins qu'une autre femme, ressemblant autant à Hermione que son portrait, ne se présente à ses yeux.

CLÉOMÈNE.—Chère dame,..

PAULINE.—J'ai dit.—Cependant, si mon roi veut se marier...—Oui, si vous le voulez seigneur, et qu'il n'y ait pas de moyen de vous en ôter la volonté, donnez-moi l'office de vous choisir une reine ; elle ne sera pas aussi jeune que l'était la première ; mais elle sera telle que, si l'ombre de votre première reine revenait, elle se réjouirait de vous voir dans ses bras.

LÉONTES.—Ma fidèle Pauline, nous ne nous marierons point que sur votre avis.

PAULINE.—Et je vous le conseillerai, quand votre première reine reviendra à la vie ; **jamais auparavant.**

(Entre un gentilhomme.

LE GENTILHOMME.—Quelqu'un qui se donne pour le prince Florizel, fils de Polixène, vient avec sa princesse, la plus belle personne que j'aie jamais vue, demander à être introduit auprès de Votre Majesté.

LÉONTES.—Quelle affaire avons-nous avec lui? Il ne vient point dans un appareil digne de la grandeur de son père ; son arrivée, si soudaine et si imprévue, nous dit assez que ce n'est point une visite volontaire, mais une entrevue forcée par quelque besoin ou quelque accident. Quelle suite a-t-il?

LE GENTILHOMME.—Peu de suite, et ceux qui la composent ont pauvre mine.

LÉONTES.—Sa princesse, dites-vous, est avec lui?

LE GENTILHOMME.—Oui, la plus incomparable beauté terrestre, je crois, que jamais le soleil ait éclairée de sa lumière.

PAULINE.—O Hermione ! comme le siècle présent se vante toujours au-dessus du siècle passé, qui valait mieux, de même, la tombe cède le pas aux objets que l'on voit à présent. Vous-même, monsieur, vous avez dit, et vous l'avez écrit aussi (mais maintenant vos écrits sont plus glacés que celle qui en était le sujet), qu'elle n'avait jamais été, et que jamais elle ne serait égalée. Vos vers, qui suivaient autrefois sa beauté, ont étrangement reculé, pour que vous disiez à présent que vous en avez vu une plus accomplie.

LE GENTILHOMME. — Pardon, madame ; j'ai presque oublié l'une : daignez me pardonner ; et l'autre, quand une fois elle aura obtenu vos regards, obtiendra aussi votre voix. C'est une si belle créature que, si elle voulait fonder une secte, elle pourrait éteindre le zèle de toutes les autres sectes, et faire des prosélytes de tous ceux à qui elle dirait de la suivre.

PAULINE.—Comment ! pas des femmes ?

LE GENTILHOMME.—Les femmes l'aimeront, parce qu'elle est une femme qui vaut plus qu'aucun homme ; les hommes l'aimeront, parce qu'elle est la plus rare de toutes les femmes !

LÉONTES.—Allez, Cléomène; et vous-même, accompagné de vos illustres amis, amenez-les recevoir nos embrassements. (*Cléomène sort avec les seigneurs et le gentilhomme.*) Toujours est-il étrange qu'il vienne ainsi se glisser dans notre cour.

PAULINE.—Si notre jeune prince (la perle des enfants) avait vécu jusqu'à cette heure, il aurait bien figuré à côté de ce seigneur : il n'y avait pas un mois d'intervalle entre leurs naissances.

LÉONTES.—Je vous prie, taisez-vous : vous savez qu'il meurt pour moi de nouveau quand on m'en parle. Lorsque je verrai ce jeune homme, vos discours, Pauline, pourraient me conduire à des réflexions capables de me priver de ma raison.—Je les vois qui s'avancent.

(Entrent Florizel, Perdita, Cléomène et autres seigneurs.)

LÉONTES, *à Florizel*.—Prince, votre mère fut bien fidèle au mariage, car, au moment où elle vous conçut, elle reçut l'empreinte de votre illustre père. Si je n'avais que vingt et un ans, les traits de votre père sont si bien gravés en vous, vous avez si bien son air, que je vous appellerais mon frère, comme lui, et je vous parlerais de quelques étourderies de jeunesse que nous fîmes ensemble. Vous êtes le bienvenu, ainsi que votre belle princesse, une déesse. Hélas ! j'ai perdu un couple d'enfants qui auraient pu se tenir ainsi entre le ciel et la terre, et exciter l'admiration comme vous le faites, couple gracieux. Et ce fut alors que je perdis (le tout par ma folie) la société et l'amitié de votre vertueux père, que je désire voir encore une fois dans ma vie, quoiqu'elle soit maintenant accablée de malheurs.

FLORIZEL.—Seigneur, c'est par son ordre que j'ai abordé ici en Sicile, et je suis chargé de sa part de vous présenter tous les vœux qu'un roi et un ami peut envoyer à son frère, et si une infirmité, qui attaque les forces usées n'avait fait tort à la vigueur qu'il désirait, il aurait lui-même traversé l'étendue de terres et de mers qui sépare votre trône et le sien, pour vous revoir, vous qu'il aime (il m'a ordonné de vous le dire) plus que tous les sceptres et plus que tous ceux qui les portent en ce moment.

LÉONTES.—Ah ! mon frère, digne prince, les outrages

que je t'ai faits se réveillent en moi, et tes soins, d'une générosité si rare, accusent ma négligence tardive!— Soyez le bienvenu ici, comme le printemps l'est sur la terre. Et a-t-il donc aussi exposé cette merveille de la beauté aux cruels ou tout au moins aux rudes traitements du terrible Neptune, pour venir saluer un homme qui ne vaut pas ses fatigues, bien moins encore les hasards auxquels elle expose sa personne?

FLORIZEL.—Mon cher prince, elle vient de la Libye.

LÉONTES.—Où le belliqueux Smalus, ce prince si noble et si illustre, est craint et chéri?

FLORIZEL.—Oui, seigneur, de là; et c'est la fille de ce prince dont les larmes ont bien prouvé qu'il était son père au moment où il s'est séparé d'elle; c'est de là que, secondés par un officieux vent du midi, nous avons fait ce trajet pour exécuter la commission que m'avait donnée mon père, de visiter Votre Majesté. J'ai congédié sur vos rivages de Sicile la plus brillante portion de ma suite: ils vont en Bohême, pour annoncer mon succès dans la Libye, et mon arrivée et celle de ma femme dans cette cour où nous sommes.

LÉONTES.—Que les dieux propices purifient de toute contagion notre atmosphère, tandis que vous séjournerez dans notre climat! Vous avez un respectable père, un prince aimable; et moi, toute sacrée qu'est son auguste personne, j'ai commis un péché dont le ciel irrité m'a puni, en me laissant sans postérité: votre père jouit du bonheur qu'il a mérité du ciel, possédant en vous un fils digne de ses vertus. Qu'aurais-je pu être, moi qui aurais pu voir maintenant mon fils et ma fille aussi beaux que vous?

(Entre un seigneur.)

LE SEIGNEUR.—Noble seigneur, ce que je vais annoncer ne mériterait aucune foi, si les preuves n'étaient pas si près. Apprenez, seigneur, que le roi de Bohême m'envoie vous saluer et vous prier d'arrêter son fils, qui, abandonnant sa dignité et ses devoirs, a fui loin de son père et de ses hautes destinées, pour s'évader avec la fille d'un berger.

LÉONTES.—Où est le roi de Bohême! parlez.

LE SEIGNEUR.—Ici, dans votre ville : je viens de le quitter ; je parle avec désordre, mais ce désordre convient et à mon étonnement, et à mon message. Tandis qu'il se hâtait d'arriver à votre cour, poursuivant, à ce qu'il paraît, le beau couple, il a rencontré en chemin le père de cette prétendue princesse, et son frère, qui tous deux avaient quitté leur pays avec le jeune prince.

FLORIZEL.—Camillo m'a trahi, lui, dont l'honneur et la fidélité avaient jusqu'ici résisté à toutes les épreuves.

LE SEIGNEUR.—Vous pouvez le lui reprocher à lui-même.—Il est avec le roi votre père.

LÉONTES.—Qui? Camillo?

LE SEIGNEUR.—Oui, Camillo, seigneur. Je lui ai parlé, et c'est lui qui est actuellement chargé de questionner ces pauvres gens. Jamais je n'ai vu deux malheureux si tremblants ; ils se prosternent à ses genoux, ils baisent la terre ; ils se parjurent à chaque mot qu'ils prononcent ; le roi de Bohême se bouche les oreilles et les menace de plusieurs morts dans la mort.

PERDITA.—O mon pauvre père!—Le ciel suscite après nous des espions qui ne permettront pas que notre union s'accomplisse.

LÉONTES.—Êtes-vous mariés?

FLORIZEL.—Nous ne le sommes point, seigneur, et il n'est pas probable que nous le soyons. Les étoiles, je le vois, viendront baiser auparavant les vallons : la comparaison n'est que trop juste.

LÉONTES.—Prince, est-elle la fille d'un roi?

FLORIZEL.—Oui, seigneur, quand une fois elle sera ma ma femme.

LÉONTES.—Et cela, je le vois, par la prompte poursuite de votre bon père, viendra bien lentement. Je suis fâché, très-fâché, que vous vous soyez aliéné son amitié, que votre devoir vous obligeait de conserver ; et aussi fâché que votre choix ne soit pas aussi riche en mérite qu'en beauté, afin que vous puissiez jouir d'elle.

FLORIZEL.—Chérie, relève la tête : quoique la fortune, qui se déclare ouvertement notre ennemie, nous poursuive avec mon père, elle n'a pas le moindre pouvoir pour changer notre amour. (*Au roi.*) Je vous en conjure, seigneur, daignez vous rappeler le temps où vous ne comptiez pas plus d'années que je n'en ai à présent ; en souvenir de ces affections, présentez-vous mon avocat : à votre prière, mon père accordera les plus grandes grâces comme des bagatelles.

LÉONTES.—S'il voulait le faire, je lui demanderais votre précieuse amante, qu'il regarde, lui, comme une bagatelle.

PAULINE.—Mon souverain, vos yeux sont trop jeunes : moins d'un mois avant que votre reine mourut, elle méritait encore mieux ces regards que ce que vous regardez à présent.

LÉONTES.—Je songeais à elle, même en contemplant cette jeune fille.—(*A Florizel.*) Mais je n'ai pas encore donné de réponse à votre demande. Je vais aller trouver votre père. Puisque vos penchants n'ont point triomphé de votre honneur, je suis leur ami et le vôtre : je vais donc le chercher pour cette affaire ; ainsi, suivez-moi et voyez le chemin que je ferai.—Venez, cher prince.

(Ils sortent.)

SCÈNE II

La scène est devant le palais.

AUTOLYCUS et UN GENTILHOMME.

AUTOLYCUS.—Je vous prie, monsieur, étiez-vous présent à ce récit ?

LE GENTILHOMME.—J'étais présent à l'ouverture du paquet ; j'ai entendu le vieux berger raconter la manière dont il l'avait trouvé ; et là-dessus, après quelques moments d'étonnement, on nous a ordonné à tous de sortir de l'appartement ; et j'ai seulement entendu, à ce que je crois, que le berger disait qu'il avait trouvé l'enfant.

AUTOLYCUS.—Je serais bien aise de savoir l'issue de tout cela.

LE GENTILHOMME.—Je vous rends la chose sans ordre. —Mais les changements que j'ai aperçus sur les visages du roi et de Camillo étaient singulièrement remarquables : ils semblaient, pour ainsi dire, en se regardant l'un l'autre, faire sortir leurs yeux de leurs orbites; il y avait un langage dans leur silence, et leurs gestes parlaient: à leurs regards, on eût dit qu'ils apprenaient le salut ou a perte d'un monde ; tous les symptômes d'un grand étonnement éclataient en eux, mais l'observateur le plus pénétrant, qui ne savait que ce qu'il voyait, n'aurait pu dire si leur émotion était de la joie ou de la tristesse : toujours est-il certain que c'était l'une ou l'autre poussée à l'extrême.

(Survient un autre gentilhomme.)

PREMIER GENTILHOMME. — Voici un gentilhomme qui peut-être en saura davantage. Quelles nouvelles, Roger ?

SECOND GENTILHOMME.—Rien que feux de joie. L'oracle est accompli, la fille du roi est retrouvée ; tant de merveilles se sont révélées dans l'espace d'une heure, que nos faiseurs de ballades ne pourront jamais les célébrer.

(Arrive un troisième gentilhomme.)

SECOND GENTILHOMME. — Mais voici l'intendant de madame Pauline, il pourra vous en dire davantage.—(*A l'intendant.*) Eh bien ! monsieur, comment vont les choses à présent? Cette nouvelle, qu'on assure vraie, ressemble si fort à un vieux conte, que sa vérité excite de violents soupçons. Est-il vrai que le roi a retrouvé son héritière?

TROISIÈME GENTILHOMME.—Rien n'est plus vrai, si jamais la vérité fut prouvée par les circonstances. Ce que vous entendez, vous jureriez le voir de vos yeux, tant il y a d'accord dans les preuves: le mantelet de la reine Hermione, — son collier autour du cou de l'enfant, — les lettres d'Antigone, trouvées avec elle, et dont on reconnaît l'écriture,— les traits majestueux de cette fille et sa ressemblance avec sa mère,—un air de noblesse que lui a imprimé la nature, et qui est au-dessus de son éducation, — et mille autres preuves évidentes proclament avec toute certitude qu'elle est la fille du roi. —Avez-vous assisté à l'entrevue des deux rois ?

SECOND GENTILHOMME.—Non.

TROISIÈME GENTILHOMME.—Alors vous avez perdu un spectacle qu'il fallait voir et qu'on ne peut raconter. Alors vous auriez vu une joie en commencer une autre; et de manière qu'il semblait que le chagrin pleurait de s'éloigner d'eux, car leur joie nageait dans des flots de larmes. Il fallait les voir élever leurs regards et leurs mains vers le ciel avec des visages si altérés, qu'on ne pouvait les reconnaître qu'à leurs vêtements et nullement à leurs traits. Notre roi, comme prêt à s'élancer hors de lui-même, dans sa joie de retrouver sa fille, s'écrie, comme si sa joie eût été une perte : *Oh ! ta mère ! ta mère !* Ensuite il demande pardon au roi de Bohême, et puis il embrasse son gendre; et puis il tourmente sa fille en la prenant dans ses bras, et puis il remercie le vieux berger, qui était là debout près de lui, comme un conduit rongé par le laps de plusieurs règnes successifs. Je n'ai jamais ouï parler de pareille entrevue, qui ne permet pas au récit boiteux de la suivre et défie la description de la représenter.

SECOND GENTILHOMME.— Et qu'est devenu, je vous prie, Antigone, qui emporta l'enfant d'ici ?

TROISIÈME GENTILHOMME. — C'est encore comme un vieux conte, où il y a matière à raconter, lors même que toute foi serait endormie et qu'il n'y aurait pas une oreille ouverte. Il a été mis en pièces par un ours, et cela est garanti par le fils du berger, qui a non-seulement sa simplicité (qui semble incroyable) pour appuyer son témoignage, mais qui produit encore un mouchoir et des anneaux d'Antigone, que Pauline reconnaît.

PREMIER GENTILHOMME.— Et sa barque, et ceux qui le suivaient, que sont-ils devenus ?

TROISIÈME GENTILHOMME. —Naufragés au même instant où leur maître a péri, et à la vue du berger, en sorte que tous les instruments qui avaient servi à exposer l'enfant furent perdus au moment où l'enfant a été trouvé. Mais quel noble combat entre la joie et la douleur s'est passé dans l'âme de Pauline! Elle avait un œil baissé à cause de la perte de son époux ; un autre levé dans la joie de voir l'oracle accompli. Elle soulève de terre la princesse et elle la serre dans ses bras, comme si elle eût voulu l'attacher à son cœur, de façon à ne plus avoir à craindre de la perdre.

PREMIER GENTILHOMME.—La grandeur de cette scène méritait des rois et des princes pour spectateurs, puisqu'elle avait des rois pour acteurs.

TROISIÈME GENTILHOMME.—Mais un des plus touchants incidents, et qui a pêché dans mes yeux (pour y prendre de l'eau et non du poisson), c'était un récit de la mort de la reine, avec les détails de la manière dont elle est arrivée (confessés avec courage et pleurés par le roi); c'était de voir l'attention de sa fille, et la douleur qui la pénétrait, jusqu'à ce que d'un signe de douleur à l'autre, elle a poussé un *hélas!* et, je pourrais bien le dire, saigné des larmes ; car je suis sûr que mon cœur a pleuré du sang. Alors le spectateur qui était le plus froid comme marbre, a changé de couleur ; quelques-uns se sont évanouis, tous s'attristaient ; et, si l'univers entier avait assisté à cette scène, la douleur eût été universelle.

PREMIER GENTILHOMME.—Sont-ils revenus à la cour?

TROISIÈME GENTILHOMME.—Non. La princesse a entendu parler de la statue de sa mère, qui est entre les mains de Pauline ; morceau qui a coûté plusieurs années de travail, et récemment achevé par ce célèbre maître italien, Jules Romain [1]. S'il possédait lui-même l'éternité, et qu'il pût de son souffle la communiquer à son ouvrage, il priverait la nature de son ouvrage, tant il l'imite parfaitement. Il a fait Hermione si ressemblante à Hermione, qu'on dit qu'on lui adresserait la parole, et qu'on

---

[1] Jules Romain vécut précisément le même nombre d'années que Shakspeare, qui naquit dix-huit ans après sa mort. Le poëte commet ici un anachronisme volontaire pour louer le peintre. Mais comment songer à Jules Romain, lorsqu'il s'agit ici d'une statue ? Il faut se rappeler que les statues étaient autrefois enluminées.

attendrait sa réponse : c'est là qu'ils sont tous allés avec l'ardeur de l'affection, et ils se proposent d'y souper.

SECOND GENTILHOMME.—Je m'étais toujours imaginé qu'elle avait là quelque grande affaire en main, car, depuis la mort d'Hermione, elle ne manquait jamais d'aller deux ou trois fois par jour visiter cette maison écartée. Irons-nous les y trouver et nous associer à la joie commune?

PREMIER GENTILHOMME.—Et quel est celui qui, jouissant de la faveur d'y être admis, voudrait s'en priver? A chaque clin d'œil, nouvelle découverte et nouveau plaisir. Notre absence nous fait perdre des connaissances précieuses. Partons [1].

(Ils sortent.)

AUTOLYCUS.—C'est maintenant, si je n'avais pas contre moi les torts de mon ancienne conduite, que les honneurs pleuvraient sur ma tête ! C'est moi qui ai conduit le vieillard et son fils à bord du navire du prince, qui lui ai dit que je leur avais entendu parler d'un paquet et de je ne savais pas quoi, mais il était alors enivré de son amour pour la fille du berger (comme il la croyait alors), qui commençait à avoir cruellement le mal de mer ; et lui-même ne se sentait guère mieux par la tempête qui continuait toujours ; ce mystère est ainsi demeuré sans être découvert. Mais cela m'est égal ; car quand j'aurais trouvé ce secret, il ne m'aurait pas été d'un grand avantage, au milieu des autres raisons qui me discréditent. (*Entrent le berger et son fils.*) Voici ceux à qui j'ai fait du bien, contre mon intention, et qui paraissent déjà dans la fleur de leur fortune.

LE BERGER. — Viens, mon garçon : j'ai passé l'âge d'avoir des enfants, mais tes fils et tes filles naîtront tous gentilshommes.

LE FILS, *à Autolycus*.—Je suis bien aise de vous rencontrer, monsieur. Vous avez refusé de vous battre avec

---

[1] On voit que Shakspeare était ici pressé de terminer ; la scène aurait été complète, si ce qui se passe en récit avait été mis en action. *Segniùs irritant animos demissa per aurem*, etc.

moi l'autre jour, parce que je n'étais pas né gentilhomme : voyez-vous ces habits? Dites que vous ne les voyez pas, et croyez encore que je ne suis pas né gentilhomme. Vous feriez bien mieux de dire que ces vêtements ne sont pas nés gentilshommes. Osez me donner un démenti, et essayez si je ne suis pas à présent né gentilhomme.

AUTOLYCUS.—Je sais que vous êtes actuellement, monsieur, un gentilhomme né.

LE FILS.—Oui, et c'est ce que je suis depuis quatre heures.

LE BERGER.—Et moi aussi, mon garçon.

LE FILS.—Et vous aussi.—Mais j'étais né gentilhomme avant mon père, car le fils du roi m'a pris par la main et m'a appelé son frère ; et ensuite les deux rois ont appelé mon père leur frère ; et ensuite le prince mon frère et la princesse ma sœur ont appelé mon père, leur père, et nous nous sommes mis à pleurer ; et ce sont les premières larmes de gentilhomme que nous ayons jamais versées.

LE BERGER.—Nous pouvons vivre, mon fils, assez pour en verser bien davantage.

LE FILS.—Sans doute, ou il y aurait bien du malheur, étant devenus nobles un peu tard.

AUTOLYCUS.—Je vous conjure, monsieur, de me pardonner toutes les fautes que j'ai commises contre Votre Seigneurie, et de vouloir bien m'appuyer de votre favorable recommandation auprès du prince mon maître.

LE BERGER.—Je t'en prie, fais-le, mon fils ; car nous devons être obligeants, à présent que nous sommes gentilshommes.

LE FILS.—Tu amenderas ta vie?

AUTOLYCUS.—Oui, si c'est le bon plaisir de Votre Seigneurie.

LE FILS.—Donne-moi ta main : je jurerai au prince que tu es un aussi honnête et brave homme qu'on en puisse trouver en Bohême.

LE BERGER.—Tu peux le dire, mais non pas le jurer.

LE FILS.—Ne pas le jurer, à présent que je suis gentilhomme ? Que les paysans et les franklins[1] le *disent*, moi, je le *jurerai*.

LE BERGER.—Et si cela est faux, mon fils?

LE FILS.—Quelque faux que cela puisse être, un gentilhomme peut le jurer en faveur de son ami.—Oui, et je jurerai au prince que tu es un robuste garçon pour ta taille et que tu ne t'enivreras point ; mais je sais que tu n'es pas un robuste garçon pour ta taille et que tu t'enivreras ; je le jurerai tout de même ; et je voudrais que tu fusses un robuste garçon pour ta taille.

AUTOLYCUS.—Je me montrerai tel, monsieur, tant que je pourrai.

LE FILS.—Oui, montre-toi au moins un garçon robuste, si je ne suis pas étonné comment tu oses t'aventurer à t'enivrer, n'étant pas un garçon robuste, ne fais pas état de ma parole.—Ecoute : les rois et les princes nos parents sont allés voir le portrait de la reine ; viens, suis-nous, nous serons tes bons maîtres.

(Ils sortent.)

SCÈNE III

Appartement dans la maison de Pauline.

Entrent LÉONTES, POLIXÈNE, FLORIZEL, PERDITA, CAMILLO, PAULINE, COURTISANS *et suite.*

LÉONTES.—O sage et bonne Pauline! quelles grandes consolations j'ai reçues de vous !

PAULINE.—Mon souverain, ce qui n'a pas bien réussi, je le faisais dans de bonnes intentions. Quant à mes services, vous me les avez bien payés ; l'honneur que vous m'avez fait de daigner visiter mon humble demeure avec votre frère couronné, et ce couple fiancé d'héritiers de vos royaumes, c'est de votre part un surcroît de bienfaits que ma vie ne pourra jamais assez reconnaître.

LÉONTES.—Ah! Pauline, c'est un honneur plein d'em-

---

[1] Propriétaire libre.

barras. Mais nous sommes venus pour voir la statue de notre reine ; nous avons traversé votre galerie en regardant avec plaisir toutes les curiosités qu'elle présente; mais nous n'avons pas vu celle que ma fille est venue y chercher, la statue de sa mère.

PAULINE. — Comme de son vivant elle n'eut point d'égale, je suis persuadée aussi que sa ressemblance inanimée surpasse tout ce que vous avez jamais vu, et tout ce qu'a fait la main de l'homme. Voilà pourquoi je la tiens seule et à part. Mais la voici : préparez-vous à voir la vie aussi parfaitement imitée, que le sommeil imite la mort. Regardez, et avouez que c'est beau. (*Pauline tire un rideau et découvre une statue.*) J'aime votre silence, il prouve mieux votre admiration. Mais parlez pourtant, et vous le premier, mon souverain, dites, n'approche-t-elle pas un peu de l'original?

LÉONTES.—C'est son attitude naturelle! Cher marbre, fais-moi des reproches, afin que je puisse dire : oui, tu es Hermione :—ou plutôt, c'est bien mieux toi encore dans ton silence; car elle était aussi tendre que l'enfance et les grâces.—Mais cependant, Pauline, Hermione n'était pas si ridée; elle n'était pas aussi âgée que cette statue la représente.

POLIXÈNE.—Oh! non, de beaucoup.

PAULINE.—C'est ce qui prouve encore plus l'excellence de l'art du statuaire, qui laisse écouler seize années, et la représente telle qu'elle serait aujourd'hui si elle vivait.

LÉONTES.—Comme elle aurait pu vivre pour me procurer des consolations aussi vives que la douleur dont elle me perce l'âme aujourd'hui. Oh! voilà son maintien et son air majestueux (plein de vie alors, comme il est là glacé) la première fois que je lui parlai d'amour! Je suis honteux : ce marbre ne me reprend-il pas d'avoir été plus dur que lui?—O noble chef-d'œuvre! il y a dans ta majesté une magie, qui évoque dans ma mémoire tous mes torts, et qui a privé de ses sens la fille, dont l'admiration fait une seconde statue.

PERDITA.—Et permettez-moi, sans dire que c'est une superstition, de tomber à ses genoux et d'implorer sa bénédiction.—Madame, chère reine, qui finîtes lorsque je ne faisais que de commencer, donnez-moi cette main à baiser.

PAULINE.—Oh! arrêtez! la statue n'est posée que tout nouvellement; les couleurs ne sont pas sèches.

CAMILLO.—Seigneur, vous n'avez que trop cruellement ressenti le chagrin que seize hivers n'ont pu dissiper, qu'autant d'étés n'ont pu tarir; à peine est-il de bonheur qui ait duré aussi longtemps; il n'est point de chagrin qui ne se soit détruit lui-même beaucoup plus tôt.

POLIXÈNE, *au roi*.—Chère frère, permettez que celui qui a été la cause de tout ceci, ait le pouvoir de vous ôter autant de chagrin qu'il en peut prendre lui-même pour sa part.

PAULINE.—En vérité, seigneur, si j'avais pu prévoir que la vue de ma pauvre statue vous eût fait tant d'impression (car ce marbre est à moi), je ne vous l'aurais pas montrée.

(Elle va pour fermer le rideau.)

LÉONTES.—Ne tirez point le rideau.

PAULINE. — Vous ne la contemplerez pas plus longtemps : peut-être votre imagination en viendrait-elle à penser qu'elle se remue.

LÉONTES.—Je voudrais être mort, si ce n'est qu'il me semble que déjà... Quel est cet homme qui l'a faite? Voyez, seigneur, ne croiriez-vous pas qu'elle respire, et que le sang circule en effet dans ses veines?

POLIXÈNE.—C'est le chef-d'œuvre d'un maître : la vie même semble animer ses lèvres.

LÉONTES.—Son œil, quoique fixe, semble animé, tant est grande l'illusion de l'art!

PAULINE.—Je vais fermer le rideau : mon seigneur est déjà si transporté qu'il va croire tout à l'heure qu'elle est vivante.

LÉONTES.—O ma chère Pauline! faites-le moi croire pendant vingt années de suite; il n'est point de raison sage dans ce monde qui puisse égaler le plaisir de ce délire. Laissez-moi la voir.

PAULINE.—Je suis bien fâchée, seigneur, de vous avoir

causé tant d'émotion; mais je pourrais vous affliger encore davantage.

LÉONTES. — Faites-le, Pauline; car cette tristesse a autant de douceur que les plus grandes consolations.— Eh quoi ! il me semble qu'il sort de sa bouche un souffle : quel habile ciseau a donc pu sculpter l'haleine ! Que personne ne rie; mais je veux l'embrasser.

PAULINE.—Mon cher seigneur, arrêtez. Le vermillon de ses lèvres est encore humide; vous le gâteriez, si vous l'embrassiez, et vous souilleriez les vôtres de l'huile de la peinture. Fermerai-je le rideau?

LÉONTES.—Non, non, pas de vingt ans.

PERDITA.—Je pourrais rester tout ce temps à la contempler.

PAULINE.—Ou arrêtez-vous là et quittez cette chapelle, ou préparez-vous à un plus grand étonnement. Si vous pouvez en soutenir la vue, je vais faire mouvoir véritablement la statue, la faire descendre et venir vous prendre la main; mais alors vous croiriez, et cependant je proteste qu'il n'en est rien, que je suis aidée des esprits du mal.

LÉONTES.—Tout ce qu'il est en votre pouvoir de lui faire faire, je serai satisfait de le voir; tout ce qu'il est en votre pouvoir de lui faire dire, je serai satisfait de l'entendre; car il est aussi aisé de la faire parler que de la faire mouvoir.

PAULINE.—Il faut que vous réveilliez toute votre foi. Allons, demeurez tous immobiles, ou que ceux qui croiront que j'accomplis quelque œuvre illicite se retirent.

LÉONTES.—Commencez; personne ne bougera d'un pas.

PAULINE, *à des musiciens*.—Musique, éveillez-la. Commencez,—il est temps; descends, cesse d'être une pierre; approche et frappe d'étonnement tous ceux qui te regardent. Allons, je vais fermer ta tombe; remue, descends, rends à la mort ce silence obstiné; car la vie chérie te rachète de ses bras.—Vous le voyez, elle se remue. (*Hermione descend.*) Ne tressaillez point; ses actions seront saintes comme l'enchantement que vous tenez pour légitime; ne l'évitez point que vous ne la revoyiez mourir une seconde fois; car vous lui donneriez deux fois la mort.—Allons, présentez-lui votre main : lorsqu'elle était jeune, c'était vous qui lui faisiez la cour; à présent qu'elle est plus âgée, c'est elle qui vous prévient.

LÉONTES, *en l'embrassant.*—Oh! sa main est chaude! Si ceci est de la magie, que ce soit un art aussi légitime que de manger.

POLIXÈNE.—Elle l'embrasse!

CAMILLO.—Elle se suspend à son cou! Si elle appartient à la vie, qu'elle parle donc aussi!

POLIXÈNE.—Oui, et qu'elle nous révèle où elle a vécu, ou comment elle s'est échappée du milieu des morts?

PAULINE.—Si l'on n'eût fait que vous dire qu'elle était vivante, vous auriez bafoué cette idée comme un vieux conte : mais vous voyez qu'elle vit, quoiqu'elle ne parle pas encore. Faites attention un petit moment.—(*A Perdita.*) Voudriez-vous, belle princesse, vous jeter entre elle et le roi? tombez à ses genoux, et demandez la bénédiction de votre mère. (*A Hermione.*) Tournez-vous de ce côté, chère reine, notre Perdita est retrouvée.

(Elle lui présente Perdita, qui s'agenouille aux pieds d'Hermione.)

HERMIONE, *prenant la parole.*—O vous, dieux! abaissez ici vos regards, et de vos urnes sacrées versez toutes vos grâces sur la tête de ma fille! (*A sa fille.*) Dis-moi, ma fille, où tu as été conservée? Où tu as vécu? Comment as-tu retrouvé la cour de ton père? Car, sachant par Pauline que l'oracle avait donné l'espérance que tu étais en vie, je me suis conservée pour en voir l'accomplissement.

PAULINE.—Il y aura assez de temps pour cela.—De crainte que les spectateurs, excités par cet exemple, n'aient l'envie de troubler votre joie par de pareilles relations,—allez ensemble, vous tous qui retrouvez en ce moment quelque bonheur : et communiquez à chacun votre allégresse : moi, tourterelle vieillie, je vais me reposer sur quelque rameau flétri, et là pleurer mon compagnon, que jamais je ne retrouverai qu'en mourant moi-même.

LÉONTES.—Ah! calmez-vous, Pauline : vous devriez prendre un époux sur mon consentement, comme je prends moi une épouse sur le vôtre : c'est un pacte fait entre nous, et confirmé par nos serments. Vous avez trouvé mon épouse, mais comment? C'est là la question : car je l'ai vue morte, à ce que j'ai cru : et j'ai fait en vain plus d'une prière sur son tombeau. Je n'irai pas chercher bien loin (car je connais en partie ses sentiments) pour vous trouver un honorable époux.—Avancez, Camillo, et prenez-la par la main ; son mérite et sa vertu sont bien connus, et attestés encore ici par le témoignage de deux rois.—Quittons ces lieux.—Quoi? (*A Hermione.*) Regardez mon frère! Ah! pardonnez-moi tous deux, de ce que j'ai pu jamais me placer par mes soupçons entre vos chastes regards. (*A Hermione.*) Voici votre gendre, le fils du roi, qui, grâce au ciel, a engagé sa foi à votre fille.—Chère Pauline, conduisez-nous dans un lieu où nous puissions à loisir nous questionner mutuellement et répondre sur le rôle que chacun de nous a joué dans ce long intervalle de temps depuis l'instant où nous avons été séparés les uns des autres : hâtez-vous de nous conduire.

(Tous sortent.)

FIN DU CINQUIÈME ET DERNIER ACTE.

TROÏLUS ET CRESSIDA

TRAGÉDIE

NOTICE
SUR
TROÏLUS ET CRESSIDA

Si, dans *Troïlus et Cressida,* le poëte traite un peu lestement les héros de l'*Iliade,* si ces grands noms lui ont si peu imposé qu'il est douteux que cette composition dramatique ne soit pas une parodie, ne croyons pas que Shakspeare ait blasphémé contre la divinité d'Homère ; rappelons-nous que nos anciens romanciers avaient fait des demi-dieux et des héros de l'antiquité de véritables chevaliers errants, et qu'Hercule, Thésée, Jason, Achille, conservaient, pendant dix gros volumes, les mêmes mœurs que les Lancelot, les Roland, les Olivier, et d'autres paladins chrétiens.

C'est à Chaucer que Shakspeare nous semble en grande partie redevable de l'idée de *Troïlus et Cressida;* mais les grands traits avec lesquels il dessine les caractères de ses autres héros, Hector, Achille, Ajax, Diomède, Agamemnon, Nestor, le lâche et satirique Thersite, l'amitié d'Achille et de Patrocle, l'éloquence d'Ulysse, que la Minerve d'Homère n'eût pas si bien inspiré ; enfin, quelques traits historiques qu'on ne trouve ni dans Chaucer, ni dans Caxton, ni dans aucun des romanciers du moyen âge, font conjecturer que Shakspeare aurait bien pu connaître par la traduction quelques livres de l'*Iliade.*

Quoi qu'il en soit, jamais Shakspeare ne s'est moins occupé de l'effet théâtral que dans cette pièce. Nous passons en revue avec lui tous ces héros, que nos souvenirs classiques nous rendent sacrés, sans pouvoir résister à la tentation de les trouver parfois ridicules, et cependant naturels.

Hector, qui paraît d'abord digne de concentrer sur lui tout l'intérêt, parce qu'il est représenté comme le plus aimable, nous surprend tout à coup en refusant de se battre avec Ajax, parce qu'il est son cousin. On ne pardonnerait point à Shakspeare cette excuse, s'il ne faisait en quelque sorte réparation d'honneur à ce héros en le faisant périr d'une mort sublime.

Ajax est un des caractères les plus originaux de la pièce, et s'accorde assez bien avec celui de l'*Iliade*. Il forme avec Achille un contraste habilement ménagé. On trouverait encore de nos jours à faire l'application de son portrait tel que l'esquisse Alexandre.

Achille est bien aussi l'Achille de l'*Iliade*; mais il se déshonore en excitant les bouffonneries de Patrocle et la méchanceté de Thersite; et il y a quelque chose de révoltant dans la froide férocité avec laquelle il égorge Hector.

Le vieux roi de Pylos ne paraît que pour nous montrer sa barbe blanche et recevoir les compliments d'Ulysse. Celui-ci possède à lui seul l'éloquence et la raison de la pièce; mais il faut bien que ses discours soient sublimes, car il ne fait que des discours. Les autres héros de Troie et du camp des Grecs jouent un rôle encore moins important, et pour la prise de Troie, et pour l'intrigue des deux amants.

Troïlus lui-même a pour caractère de n'en point avoir. Sa patience nous fait sourire; on a peine à croire à ses emportements qui, du reste, comme l'observe Schlegel, ne font mal à personne. Mais les caractères de Cressida et de Pandarus sont frappants de vérité et d'originalité; le nom de celui-ci est devenu dans la langue anglaise un mot honnête pour exprimer un métier qui ne l'est guère, et qui n'a point d'équivalent dans la nôtre; car le *Bonneau* de *la Pucelle* de Voltaire n'est pas encore proverbial parmi nous.

Cressida nous amuse par son étourderie ; elle devient amoureuse de Troïlus par désœuvrement, et le quitte par pure légèreté. Sa passion pour Diomède n'est pas plus sérieuse que la première; un troisième galant n'aurait qu'à s'offrir pour le supplanter aussi facilement que l'a été Troïlus.

On peut lui appliquer le vers de lord Byron :

> *Thou art not false, but thou art fickle.*
> Tu n'es point perfide, tu n'es que légère.

Si cette pièce n'est pas une des plus morales et des plus fortement conçues de Shakspeare, elle n'est pas une des moins amusantes et des moins instructives. Naturellement, Shakspeare ne se passionne pour aucun de ses personnages; nulle part, peut-être, il n'est entièrement sérieux ou entièrement comique; mais c'est ici surtout qu'il s'est fait un jeu du caprice de ses idées, et qu'il semble avoir voulu donner un double sens à sa composition

Johnson observe que le style de Shakspeare, dans *Troïlus et Cressida*, est plus correct que dans la plupart de ses pièces ; on doit y remarquer aussi une foule d'observations politiques et morales, cachet d'un génie supérieur.

Dryden a refait cette tragédie avec des changements. Il a donné au fond une nouvelle forme ; il a omis quelques personnages, et ajouté Andromaque : en général, il y a plus d'ordre et de liaison dans ses scènes, et quelques-unes sont neuves et du plus bel effet.

Selon Malone, Shakspeare aurait composé *Troïlus et Cressida* en 1602 [1].

---

[1] *Troïlus and Cressida, or Truth found too late* (ou *la Vérité connue trop tard*). London, 1679.

TROÏLUS ET CRESSIDA

TRAGÉDIE

PERSONNAGES

PRIAM, roi de Troie.
HECTOR,
TROILUS,
PARIS, } ses fils.
DEIPHOBE,
HELENUS,
ENÉE,
ANTÉNOR, } chefs troyens.
PANDARE, oncle de Cressida.
CALCHAS, prêtre troyen du parti des Grecs.
MARGARÉLON, fils naturel de Priam.
AGAMEMNON, général des Grecs.
MÉNÉLAS, son frère.

ACHILLE,
AJAX,
ULYSSE,
NESTOR, } chefs des Grecs.
DIOMÈDE,
PATROCLE,
THERSITE, Grec difforme et lâche.
ALEXANDRE, serviteur de Cressida.
UN SERVITEUR DE TROILUS.
UN SERVITEUR DE PARIS.
UN SERVITEUR DE DIOMÈDE.
HÉLÈNE, femme de Ménélas.
ANDROMAQUE, femme d'Hector.
CASSANDRE, fille de Priam, proph.

CRESSIDA, fille de Calchas.—SOLDATS GRECS ET TROYENS, ETC.

La scène est tantôt dans Troie, et tantôt dans le camp des Grecs.

PROLOGUE.

Troie est le lieu de la scène. Des îles de la Grèce, une foule de princes enflammés d'orgueil et de courroux ont envoyé au port d'Athènes leurs vaisseaux chargés de combattants et des apprêts d'une guerre cruelle. Soixante-neuf chefs, rois couronnés d'autant de petits empires, sont sortis de la baie athénienne et ont vogué vers la Phrygie, tous liés par le vœu solennel de saccager Troie. Dans ses fortes murailles, Hélène, l'épouse du roi Ménélas, dort en paix dans les bras de son ravisseur Pâris; et voilà la cause de cette grande querelle. Les Grecs abordent à Ténédos, et là leurs vaisseaux vomissent de leurs larges flancs sur le rivage tout l'appareil de la guerre. Déjà les Grecs, pleins d'ardeur et fiers de leurs forces encore entières, plantent leurs tentes guerrières sur les plaines de Dardanie. Les six portes de la cité de

Priam, la porte Dardanienne, la Thymbrienne, l'Ilias, la Chétas, la Troyenne et l'Anténoride, avec leurs lourds verroux et leurs barres de fer, enferment et défendent les enfants de Troie. — Maintenant l'attente agite les esprits inquiets dans l'un et l'autre parti ; Grecs et Troyens sont disposés à livrer tout aux hasards de la fortune :—Et moi je viens ici comme un Prologue armé ;— mais non pas pour vous faire un défi dans la confiance que m'inspire la plume de l'auteur, ou le jeu des acteurs, mais simplement pour offrir le costume assorti au sujet, et pour vous dire, spectateurs bénévoles, que notre pièce, franchissant tout l'espace antérieur et les premiers germes de cette querelle, court se placer au milieu même des événements, pour se replier ensuite sur tout ce qui peut entrer et s'arranger dans un plan. Approuvez ou blâmez, faites à votre gré; maintenant, bonne ou mauvaise fortune, c'est la chance de la guerre.

ACTE PREMIER

SCÈNE I

La scène est devant le palais de Priam.

Entrent TROILUS *armé et* PANDARE.

TROILUS.—Appelez mon varlet[1] ; je veux me désarmer. Eh! pourquoi ferais-je la guerre hors des murs de Troie, lorsque j'ai à soutenir de si cruels combats ici dans mon sein ? Que le Troyen qui est maître de son cœur aille au champ de bataille : le cœur de Troïlus, hélas! n'est plus à lui.

> [1] Ci-gît Hakin et son varlet
> Tout déarmé et tout défaict
> Avec son espée et sa loche.

PANDARE.—N'y a-t-il point de remède à toutes ces plaintes?

TROILUS.—Les Grecs sont forts, habiles autant que forts, fiers autant qu'habiles, et vaillants autant que fiers. Mais moi, je suis plus faible que les pleurs d'une femme, plus paisible que le sommeil, plus crédule que l'ignorance. Je suis moins brave qu'une jeune fille pendant la nuit, et plus novice que l'enfance sans expérience.

PANDARE.—Allons! je vous en ai assez dit là-dessus: quant à moi, je ne m'en mêlerai plus. Celui qui veut faire un gâteau du froment doit attendre la mouture.

TROILUS.—Ne l'ai-je pas attendu?

PANDARE.—Oui, la mouture; mais il faut attendre le blutage.

TROILUS.—N'ai-je pas attendu?

PANDARE.—Oui, le blutage: mais il vous faut attendre la levure.

TROILUS.—Je l'ai attendue aussi.

PANDARE.—Oui, la levure: mais ce n'est pas tout, il faut encore pétrir, faire le gâteau, chauffer le four, cuire; et il faut bien attendre encore que le gâteau se refroidisse, ou vous risquez de vous brûler les lèvres.

TROILUS.—La patience elle-même, toute déesse qu'elle est, supporte la souffrance moins paisiblement que moi. Je m'assieds à la table royale de Priam, et lorsque la belle Cressida vient s'offrir à ma pensée,—que dis-je, traître, quand elle vient?—Quand en est-elle jamais absente?

PANDARE.—Eh bien! elle était plus belle hier au soir que je ne l'ai jamais vue, ni elle ni aucune autre femme.

TROILUS.—J'en étais à vous dire... —Quand mon cœur, comme ouvert par un violent soupir, était prêt à se fendre en deux; dans la crainte qu'Hector, ou mon père, ne me surprissent, j'ai enseveli ce soupir dans le pli d'un sourire, comme le soleil lorsqu'il éclaire un orage: mais le chagrin, que voile une gaieté apparente, est comme une joie que le destin change en une tristesse soudaine.

PANDARE.—Si ses cheveux n'étaient pas d'une nuance

plus foncée que ceux d'Hélène, allons, il n'y aurait pas plus de comparaison à faire entre ces deux femmes... mais, quant à moi, elle est ma parente : je ne voudrais pas, comme on dit, trop la vanter.—Mais je voudrais que quelqu'un l'eût entendue parler hier, comme je l'ai entendue, moi... Je ne veux pas déprécier l'esprit de votre sœur Cassandre.—Mais...

TROILUS.—O Pandare, je vous le déclare... Pandare, quand je vous dis que là sont ensevelies toutes mes espérances, ne me répliquez pas, pour me dire à combien de brasses de profondeur elles sont plongées. Je vous dis que je suis fou d'amour pour Cressida ; vous me répondez qu'elle est belle, vous versez dans la plaie ouverte de mon cœur tout le charme de ses yeux, de sa chevelure, de ses joues, de son port, de sa voix. Vous parlez de sa main ! auprès de laquelle toutes les blancheurs sont de l'encre qui trahit elle-même sa noirceur ; auprès de la douceur de son toucher, le duvet du cygne même est rude, et la sensation la plus exquise est grossière comme la main du laboureur.—Voilà ce que vous me dites. Et tout ce que vous me dites est la vérité, comme lorsque je dis que je l'aime.—Mais en me parlant ainsi, au lieu de baume et d'huile, vous plongez dans chaque blessure que m'a faite l'amour le couteau qui les a ouvertes.

PANDARE.—Je ne dis que la vérité.

TROILUS.—Vous n'en dites pas encore assez.

PANDARE.—Ma foi, je ne veux plus m'en mêler : qu'elle soit ce qu'elle voudra; si elle est belle, tant mieux pour elle ; si elle ne l'est pas, elle a le remède dans ses propres mains.

TROILUS.—Bon Pandare ! eh bien ! Pandare ?

PANDARE.—J'en suis pour mes peines : je suis mal vu d'elle et mal vu de vous : je me suis mêlé de négocier entre vous deux, mais on me sait fort peu gré de mes soins.

TROILUS.—Quoi ! seriez-vous fâché, Pandare ? Le seriez-vous contre moi ?

PANDARE.—Parce qu'elle est ma parente, elle n'est pas

aussi belle qu'Hélène. Si elle n'était pas ma parente, elle serait aussi belle le vendredi qu'Hélène le dimanche. Mais qu'est-ce que cela me fait à moi? Fût-elle noire comme un nègre, peu importe : cela m'est bien égal.

TROILUS.—Est-ce que je dis qu'elle n'est pas belle?

PANDARE.—Peu importe que vous le disiez ou que vous ne le disiez pas ; c'est une sotte de rester ici sans son père, qu'elle aille trouver les Grecs ; et je le lui dirai, la première fois que je la verrai ; pour ce qui est de moi, c'est fini, je ne m'en mêlerai plus.

TROILUS.—Pandare...

PANDARE.—Non, jamais.

TROILUS.—Mon cher Pandare...

PANDARE.—Je vous en prie, ne m'en parlez plus ; je veux tout laisser là, comme je l'ai trouvé ; et tout est fini.

(Pandare sort.)
(Bruit de guerre.)

TROILUS.—Silence, odieuses clameurs! silence, rudes sons! insensés des deux partis! Il faut bien qu'Hélène soit belle, puisque vous la fardez tous les jours de votre sang. Moi, je ne puis combattre pour un pareil sujet : il est trop chétif pour mon épée. Mais Pandare... O dieux, comme vous me tourmentez! Je ne puis arriver à Cressida que par Pandare ; et il est aussi difficile de l'engager à lui faire la cour pour moi, qu'elle est obstinée dans sa vertu contre toute sollicitation. Au nom de ton amour pour ta Daphné, dis-moi, Apollon, ce qu'est Cressida, ce qu'est Pandare, et ce que je suis. Le lit de cette belle est l'Inde : elle est la perle qui y repose; je vois l'errant et vaste Océan, dans l'espace qui est entre Ilion et le lieu de sa demeure : moi, je suis le marchand, et ce Pandare, qui vogue de l'un à l'autre bord, est ma douteuse espérance ; mon remorqueur et mon vaisseau.

(Bruit de guerre. Entre Énée.)

ÉNÉE.—Quoi donc, prince Troïlus! pourquoi n'êtes-vous pas sur le champ de bataille?

TROILUS.—Parce que je n'y suis pas ; cette réponse de femme est à propos, car c'est pour une femme que l'on sort de ces murs. Quelles nouvelles, aujourd'hui, Énée, du champ de bataille?

ÉNÉE.—Que Pâris est rentré blessé dans la ville.

TROILUS.—Par qui, Énée?

ÉNÉE.—Par Ménélas, Troïlus.

TROILUS.—Que le sang de Pâris coule : c'est une blessure à dédaigner. Pâris a été percé par la corne de Ménélas.

ÉNÉE.—Écoutez, quelle belle chasse on donne aujourd'hui hors de la ville!

TROILUS.—Il y en aurait une plus belle dans la ville si *vouloir* était *pouvoir*. — Mais allons à la chasse de la plaine!—Vous y rendez-vous?

ÉNÉE.—En toute hâte.

TROILUS.—Venez, allons-y ensemble.

(Ils sortent.)

SCÈNE II

Une rue de Troie.

Entrent CRESSIDA ET ALEXANDRE [1].

CRESSIDA.—Qui étaient celles qui viennent de passer près de nous?

ALEXANDRE.—La reine Hécube et Hélène.

CRESSIDA.—Et où vont-elles?

ALEXANDRE.—Elles vont voir la bataille, de la tour de l'Orient, dont la hauteur commande en souveraine toute la vallée; Hector, dont la patience est inébranlable, comme la vertu même, était ému aujourd'hui. Il a grondé Andromaque et frappé son écuyer; et comme s'il était question d'économie de ménage dans la guerre, il s'est levé avant le soleil pour s'armer à la légère et se rendre sur le champ de bataille dont chaque fleur pleurait, comme si elle pressentait prophétiquement les effets du courroux d'Hector.

CRESSIDA.—Et quel était le sujet de sa colère?

---

[1] Alexandre est ici un valet, ce n'est pas Alexandre Pâris, il est vrai que Pandare va tout à l'heure lui dire bonjour, mais les gens comme Pandare sont les plus affables du monde.

ALEXANDRE.—Voici le bruit qui s'est répandu. Il y a, dit-on, parmi les Grecs, un héros du sang troyen, neveu d'Hector : on le nomme Ajax.

CRESSIDA.—Fort bien ; et que dit-on de lui?

ALEXANDRE.—On dit que c'est un homme *perse*, et qui se tient tout seul[1].

CRESSIDA.—On en peut dire autant de tous les hommes, à moins qu'ils ne soient ivres, malades, ou sans jambes.

ALEXANDRE.—Cet homme, madame, a volé à plusieurs animaux leurs qualités distinctives. Il est aussi vaillant que le lion, aussi grossier que l'ours, aussi lent que l'éléphant : c'est un homme en qui la nature a tellement accumulé les humeurs diverses, qu'en lui la valeur se mêle à la folie, et que la folie est assaisonnée de prudence : il n'y a pas un homme qui ait une vertu dont il n'ait une étincelle, un défaut dont il n'ait quelque teinte. Il est mélancolique sans sujet et gai à rebrousse-poil. Il a des jointures pour tous ses membres ; mais tout en lui est si démanché, que c'est un Briarée goutteux avec cent bras dont il ne peut faire usage, un Argus aveugle avec cent yeux dont il ne voit pas clair.

CRESSIDA.—Mais comment cet homme, qui me fait sourire, peut-il exciter le courroux d'Hector?

ALEXANDRE.—On dit qu'il a lutté hier avec Hector dans le combat et qu'il l'a terrassé. Furieux et honteux depuis cet affront, Hector n'en a ni mangé ni dormi.

(Entre Pandare.)

CRESSIDA.—Qui vient à nous?

ALEXANDRE.—Madame, c'est votre oncle Pandare.

CRESSIDA.—Hector est un brave guerrier.

ALEXANDRE.—Autant qu'homme au monde, madame.

PANDARE.—Que dites-vous là? que dites-vous là?

CRESSIDA.—Bonjour, mon oncle Pandare.

PANDARE.—Bonjour, ma nièce Cressida. De quoi parlez-vous?—Ah! bonjour, Alexandre.—Eh bien! ma

---

[1] *Stands alone, stat solus,* proéminent; *to stand* veut dire aussi se tenir debout, de là l'équivoque.

nièce, comment vous portez-vous? Depuis quand êtes-vous à Ilion[1]?

CRESSIDA.—Depuis ce matin, mon oncle.

PANDARE.—De quoi parliez-vous quand je suis arrivé?—Hector était-il armé et sorti avant que vous vinssiez à Ilion? Hélène n'était pas levée? n'est-ce pas?

CRESSIDA.—Hector était parti; mais Hélène n'était pas encore levée.

PANDARE.—Oui, Hector a été bien matinal.

CRESSIDA.—C'était de lui que nous causions, et de sa colère.

PANDARE.—Est-ce qu'il était en colère?

CRESSIDA.—Il le dit, lui.

PANDARE.—Oui, cela est vrai. J'en sais aussi la cause; il en couchera par terre aujourd'hui, je peux le leur promettre; et il y a aussi Troïlus qui ne le suivra pas de loin: qu'ils prennent garde à Troïlus; je peux leur dire cela aussi.

CRESSIDA.—Quoi! est-ce qu'il est en colère aussi?

PANDARE.—Qui, Troïlus? Troïlus est le plus brave des deux.

CRESSIDA.—O Jupiter, il n'y a pas de comparaison.

PANDARE.—Comment! pas de comparaison entre Troïlus et Hector? Reconnaîtriez-vous un homme si vous le voyiez?

CRESSIDA.—Oui, si je l'avais jamais vu auparavant et si je le connaissais.

PANDARE.—Eh bien! je dis que Troïlus est Troïlus.

CRESSIDA.—Oh! vous dites comme moi; car je suis sûre qu'il n'est pas Hector.

PANDARE.—Non; et Hector n'est pas Troïlus, à quelques égards.

CRESSIDA.—Cela est exactement vrai de tous deux : il est lui-même, et pas un autre.

PANDARE.—Lui-même? Hélas! le pauvre Troïlus! je voudrais bien qu'il le fût.

CRESSIDA.—Il l'est aussi.

---

[1] Ilion était le palais de Troie.

PANDARE.—S'il l'est, je veux aller nu-pieds jusqu'à l'Inde.

CRESSIDA.—Il n'est pas Hector.

PANDARE.—Lui-même? Oh! non, il n'est pas lui-même. —Plût au ciel qu'il fût lui-même! Allons, les dieux sont au-dessus de nous; le temps amène les biens ou finit les maux. Allons, Troïlus, allons... je voudrais que mon cœur fût dans son sein!—Non, Hector ne vaut pas mieux que Troïlus.

CRESSIDA.—Pardonnez-moi.

PANDARE.—Il est plus âgé.

CRESSIDA.—Pardonnez-moi, pardonnez-moi

PANDARE.—L'autre n'est pas encore parvenu à son âge; vous m'en direz des nouvelles quand il y sera venu: Hector n'aura jamais son esprit de toute l'année.

CRESSIDA.—Il n'en aura pas besoin s'il a le sien.

PANDARE.—Ni ses qualités.

CRESSIDA.—N'importe.

PANDARE.—Ni sa beauté.

CRESSIDA.—Elle ne lui siérait pas; la sienne lui va mieux.

PANDARE.—Vous n'avez pas de jugement, ma nièce: Hélène elle-même jurait l'autre jour que Troïlus, pour un teint brun (car son teint est brun, il faut que je l'avoue), et pas brun, pourtant...

CRESSIDA.—Non; mais brun.

PANDARE.—D'honneur, pour dire la vérité, il est brun et pas brun.

CRESSIDA.—Oui, pour dire la vérité, cela est vrai et n'est pas vrai.

PANDARE.—Enfin elle vantait son teint au-dessus de celui de Pâris.

CRESSIDA.—Mais Pâris a assez de couleurs.

PANDARE.—Oui, il en a assez.

CRESSIDA.—Eh bien! en ce cas, Troïlus en aurait trop. Si elle l'a mis au-dessus de Pâris, son teint est plus vif que le sien; si Pâris a assez de couleurs et Troïlus davantage, c'est un éloge trop fort pour un beau teint. J'aimerais autant que la langue dorée d'Hélène eût vanté Troïlus pour un nez de cuivre.

PANDARE.—Je vous jure que je crois qu'Hélène l'aime plus qu'elle n'aime Pâris.

CRESSIDA.—C'est donc une joyeuse Grecque?

PANDARE.—Oui, je suis sûr qu'elle l'aime. Elle alla l'aborder l'autre jour dans l'embrasure de la fenêtre.— Et vous savez, qu'il n'a pas plus de trois ou quatre poils au menton.

CRESSIDA.—Oh! oui, l'arithmétique d'un garçon de cabaret peut trouver le total de tout ce qu'il en possède.

PANDARE.—Il est bien jeune, et cependant, à trois livres près, il enlève autant que son frère Hector.

CRESSIDA.—Quoi! si jeune et déjà si vieux voleur[1]?

PANDARE. — Mais pour vous prouver qu'Hélène est amoureuse de lui, elle l'aborda, et elle lui passa sa main blanche sous la fente du menton.

CRESSIDA.—Que Junon ait pitié de nous! comment! a-t-il le menton fendu?

PANDARE.—Hé! vous savez bien qu'il a une fossette : je ne crois pas qu'il y ait un homme, dans toute la Phrygie, à qui le sourire aille mieux.

CRESSIDA.—Oh! il a un fier sourire.

PANDARE.—N'est-ce pas?

CRESSIDA.—Oh! oui ; c'est comme un nuage en automne.

PANDARE.—Allons, poursuivez. — Mais pour prouver qu'Hélène aime Troïlus...

CRESSIDA.—Troïlus acceptera la preuve, si vous voulez en venir là.

PANDARE.—Troïlus? Il n'en fait pas plus de cas que je ne fais d'un œuf de serpent.

CRESSIDA.—Si vous aimiez un œuf de serpent autant que vous aimez une tête vide, vous mangeriez les petits dans la coque.

PANDARE.—Je ne peux m'empêcher de rire, quand je songe comme elle lui chatouillait le menton.—Il est vrai qu'elle a une main d'une blancheur divine, il faut en faire l'aveu.

---

[1] *Lifter*, voleur. *Illistus*, en langue gothique, voulait dire voleur; équivoque sur le mot.

CRESSIDA.—Sans qu'il soit besoin de vous donner la question pour cela.

PANDARE.—Et elle voulait à toute force découvrir un poil blanc sur son menton.

CRESSIDA.—Hélas! pauvre menton : il y a mainte verrue plus riche que lui en poils.

PANDARE.—Mais, on se mit tant à rire.—La reine Hécube en a tant ri, que ses yeux en pleuraient.

CRESSIDA.—Des meules de moulin !

PANDARE.—Et Cassandre riait !

CRESSIDA.—Mais c'était un feu plus doux qu'on voyait dans le creux de ses yeux : ses yeux ont-ils pleuré aussi?

PANDARE.—Et Hector riait...

CRESSIDA.—Et pourquoi tous ces éclats de rire?

PANDARE.—Eh ! à cause du poil blanc qu'Hélène avait découvert sur le menton de Troïlus.

CRESSIDA.—Si ç'avait été un poil vert, j'en aurais ri aussi.

PANDARE.—Ils n'ont pas tant ri du poil que de la jolie réponse de Troïlus.

CRESSIDA.—Quelle fut sa réponse?

PANDARE.—Elle lui dit : « Il n'y a que cinquante et un « poils sur votre menton, et il y en a un de blanc. »

CRESSIDA.—C'était là le propos d'Hélène?

PANDARE.—Oui, n'en doutez pas. « Cinquante et un « poils, répond Troïlus, et un blanc? Ce poil blanc est « mon père, et tous les autres sont ses enfants.—Jupi- « ter! dit-elle, lequel de ces poils est Pâris, mon époux? « —Le fourchu, répliqua-t-il : arrachez-le, et le lui don- « nez. » Mais on en rit tant, on en rit tant! et Hélène rougit si fort, et Pâris fut si courroucé, et toute l'assemblée poussa tant d'éclats de rire, que cela passe toute idée.

CRESSIDA.—Allons, laissons cela : car il y a longtemps que cela dure.

PANDARE.—Eh bien! ma nièce; je vous ai dit quelque chose hier, pensez-y.

CRESSIDA.—C'est ce que je fais.

PANDARE.—Je vous jure que c'est la vérité, il vous pleurerait comme s'il était né en avril.

CRESSIDA.—Et moi je pousserais sous ses larmes comme si j'étais une ortie du mois de mai.

(On entend résonner la retraite.)

PANDARE.—Écoutez, les voilà qui reviennent du champ de bataille : nous tiendrons-nous ici, pour les voir passer et défiler vers Ilion? Restons, ma chère nièce, ma bonne nièce Cressida.

CRESSIDA.—Comme cela vous fera plaisir.

PANDARE.—Oh! voici, voici une place excellente : nous pouvons d'ici voir à merveille; je vais vous les nommer l'un après l'autre, à mesure qu'ils vont passer. Mais surtout remarquez bien Troïlus.

(Énée passe le premier sur le théâtre.)

CRESSIDA.—Ne parlez pas si haut.

PANDARE.—Voilà Énée. N'est-ce pas un bel homme? C'est une des fleurs de Troie. Je puis vous dire.... — Mais remarquez Troïlus : vous allez le voir bientôt.

(Anténor suit)

CRESSIDA.—Quel est celui-là?

PANDARE.—C'est Anténor : il a l'esprit fin, je puis vous dire, et c'est un homme d'assez de mérite : c'est une des têtes les plus solides qu'il y ait dans Troie; et il est bien fait de sa personne.—Quand donc viendra Troïlus? Je vais tout à l'heure vous montrer Troïlus. S'il m'aperçoit, vous le verrez me faire un signe de tête.

CRESSIDA.—Vous donnera-t-il un signe de tête.

PANDARE.—Vous verrez.

CRESSIDA.—Alors le moins fou en donnera à l'autre[1].

(Suit Hector.)

PANDARE. — Voilà Hector; le voilà : c'est lui, lui; regardez, c'est lui. Voilà un homme!—Va ton chemin, Hector.—Voilà un brave homme, ma nièce! O brave Hector! Voyez son regard! Voilà une contenance! N'est-ce pas un brave guerrier?

CRESSIDA.—Oh! très-brave!

PANDARE.—N'est-il pas vrai? cela fait du bien au cœur de le voir. Regardez combien d'entailles il y a sur son casque. Voyez là-bas : voyez-vous? Regardez bien! il

---

[1] Jeu de mots sur *noddy*, niais, et *nod*, signe de tête, etc.

n'y a pas à plaisanter : ce n'est pas un jeu ; ce sont des coups, les ôtera qui voudra, comme on dit : mais ce sont bien là des entailles.

CRESSIDA.—Sont-ce des coups d'épée?

(Pâris passe.)

PANDARE.—D'épée? de quelque arme que ce soit, il ne s'en embarrasse guère. Que le diable l'attaque, cela lui est bien égal. Par la paupière d'un dieu, cela met la joie au cœur, de le voir.—Là-bas, c'est Pâris qui passe.—Regardez là-bas, ma nièce. N'est-ce pas un beau cavalier aussi? N'est-ce pas?... Hé! c'est bon, cela.—Qui donc disait qu'il était rentré blessé dans la ville aujourd'hui? Il n'est pas blessé. Allons, cela fera du bien au cœur d'Hélène. Ah! je voudrais bien voir Troïlus à présent : vous allez voir Troïlus tout à l'heure.

CRESSIDA.—Quel est celui-là?

(Hélénus passe.)

PANDARE.—C'est Hélénus.—Je voudrais bien savoir où est Troïlus :—C'est Hélénus.—Je commence à croire que Troïlus ne sera pas sorti des murs aujourd'hui.—C'est Hélénus.

CRESSIDA.—Hélénus est-il homme à se battre, mon oncle?

PANDARE.—Hélénus? Non,—oui, il se bat passablement bien.—Je me demande où est Troïlus.—Ah! écoutez, n'entendez-vous pas le peuple crier, *Troïlus?*—Hélénus est un prêtre.

CRESSIDA.—Quel est ce faquin qui vient là-bas?

(Troïlus passe.)

PANDARE.—Où? là-bas? C'est Déiphobe. Oh! c'est Troïlus! Voilà un homme, ma nièce! Hem! le brave Troïlus : le prince des chevaliers!

CRESSIDA.—Silence ; de grâce, silence!

PANDARE. — Remarquez-le : considérez-le bien. — O brave Troïlus! Regardez-le bien, ma nièce : voyez-vous comme son épée est sanglante, et son casque haché de plus de coups que celui d'Hector! Et son regard, sa démarche! O admirable jeune homme! il n'a pas encore vu ses vingt-trois ans! Va ton chemin, Troïlus, va ton chemin. Si j'avais pour sœur une grâce, ou pour fille une déesse, il pourrait choisir. O l'admirable guerrier! Pâris... Pâris est de la boue au prix de lui; et je gage qu'Hélène, pour changer, donnerait un œil par-dessus le marché.

(Suivent une troupe de combattants, soldats, etc.)

CRESSIDA.—En voici encore.

PANDARE.—Anes, imbéciles, benêts, paille et son, paille et son! de la soupe après dîner. Je pourrais vivre et mourir sous les yeux de Troïlus : ne regardez plus, ne regardez plus : les aigles sont passés; buses et corbeaux, buses et corbeaux! J'aimerais mieux être Troïlus qu'Agamemnon et tous ses Grecs.

CRESSIDA.—Il y a Achille parmi les Grecs. C'est un héros qui vaut mieux que Troïlus.

PANDARE.—Achille? un charretier, un crocheteur, un vrai chameau.

CRESSIDA.—Bien, bien.

PANDARE.—Bien, bien?—Avez-vous quelque discernement? Avez-vous des yeux? Savez-vous ce que c'est qu'un homme? La naissance, la beauté, la bonne façon, le raisonnement, le courage, l'instruction, la douceur, la jeunesse, la libéralité et autres qualités semblables; ne sont-elles pas comme les épices et le sel, qui assaisonnent un homme?

CRESSIDA.—Oui, un homme en hachis, pour être cuit sans dattes [1] dans le pâté; car alors la date de l'homme ne compte plus.

PANDARE.—Vous êtes une drôle de femme; on ne sait pas sur quelle garde vous vous tenez [2].

CRESSIDA.—Je me tiens sur mon dos pour défendre mon ventre; sur mon esprit pour défendre mes ruses; sur mon secret pour défendre ma vertu; sur mon masque pour défendre ma beauté, et sur vous pour

[1] Pour comprendre ce jeu de mots, il faut savoir qu'autrefois les dattes étaient un ingrédient qui entrait dans les pâtés.

[2] Expression empruntée à l'escrime; mais il y a le verbe *to lie*, qui est employé dans un sens très-étendu ici, comme presque toujours quand Shakspeare a quelque calembour en tête.

défendre tout cela ; je me tiens enfin sur mes gardes, et je ne cesse de veiller.

PANDARE.—Nommez-moi une de vos gardes.

CRESSIDA.—Je m'en garderai bien, et c'est là une de mes principales gardes. Si je ne puis garder ce que je ne voudrais pas laisser toucher, je puis bien me garder de vous dire comment j'ai reçu le coup, à moins que l'enflure ne soit si grande que je ne puisse le cacher, et alors il est impossible de s'en garder.

PANDARE.—Vous êtes de plus en plus étrange.

(Entre le page de Troïlus.)

LE PAGE.—Seigneur, mon maître voudrait vous parler à l'instant même.

PANDARE.—Où ?

LE PAGE.—Chez vous. Il est là qui se désarme.

PANDARE.—Bon page, va lui dire que je viens. (*Le page sort.*)—Je crains qu'il ne soit blessé. Adieu, ma chère nièce.

CRESSIDA.—Adieu, mon oncle.

PANDARE.—Je vais venir vous rejoindre tout à l'heure, ma nièce.

CRESSIDA.—Pour m'apporter, mon oncle...

PANDARE.—Oui, un gage de Troïlus.

CRESSIDA.—Par ce gage !... vous êtes un entremetteur. (*Pandare sort.*) Promesses, serments, présents, larmes, et tous les sacrifices de l'amour, il les offre pour un autre que lui. Mais je vois plus de mérite dans Troïlus, dix mille fois, que dans le miroir des éloges de Pandare : et pourtant je le tiens à distance. Les femmes sont des anges quand on leur fait la cour ; sont-elles obtenues, tout finit là. L'âme du plaisir est dans la recherche même. La femme aimée ne sait rien, si elle ne sait pas cela : les hommes prisent l'objet qu'ils ne possèdent pas bien au-dessus de sa valeur : jamais il n'exista de femme qui ait connu tant de douceurs dans l'amour satisfait qu'il y en a dans le désir. J'enseigne donc cette maxime d'amour : la servitude suit la conquête ; l'humble prière accompagne la recherche.—Ainsi, quoique mon cœur satisfait lui porte un amour inébranlable, aucun indice ne s'en manifestera dans mes yeux.

(Elle sort.)

SCÈNE III

Le camp grec devant la tente d'Agamemnon. Les trompettes sonnent.

Paraissent AGAMEMNON, NESTOR, ULYSSE MÉNÉLAS *et autres chefs.*

AGAMEMNON.—Princes, quel chagrin jaunit ainsi vos visages? Dans toutes les entreprises commencées sur la terre, les vastes promesses que fait l'espérance ne sont jamais complétement remplies; les obstacles et les revers naissent du sein même des actions les plus élevées : comme les nœuds formés par la rencontre de la séve déforment le pin robuste, et détournent du cours naturel de sa croissance sa veine errante et tortueuse. Il n'est pas nouveau, à nos yeux, princes, de nous être si fort trompés dans nos conjectures, qu'après sept années de siége, les murs de Troie sont encore debout. Dans toutes les entreprises qui nous ont devancé, dont nous avons la tradition, l'exécution a toujours rencontré des obstacles et des traverses, et n'a point répondu au but qu'on se proposait, ni à cette vague figure imaginaire à laquelle la pensée avait donné une forme imaginaire. Pourquoi donc, princes, contemplez-vous notre ouvrage d'un front si consterné? Pourquoi voyez-vous autant d'affronts dans ce qui n'est en effet qu'une épreuve prolongée par le grand Jupiter, pour trouver la constante persévérance chez les hommes? Ce n'est point dans les faveurs de la fortune que la trempe de cette vertu se reconnaît; car alors le lâche et le brave, le sage et l'insensé, le savant et l'ignorant, l'homme dur et l'homme sensible, paraissent tous se ressembler et être de la même famille. C'est dans les vents d'orage qu'excite son courroux que la Gloire, armée d'un large van, sépare et rejette toute la balle; mais ce qui a de la consistance et du corps reste seul riche en vertu et sans mélange.

NESTOR.—Avec le respect qui est dû à votre place suprême, illustre Agamemnon, Nestor fera l'application de vos dernières paroles. Les vicissitudes de la fortune sont la véritable épreuve des hommes. Lorsque la mer est calme, combien de légers esquifs osent se hasarder sur son sein patient, et faire route à côté des vaisseaux de haut bord[1]. Mais que l'impétueux Borée vienne à courroucer la paisible Thétis, voyez alors les vaisseaux aux robustes flancs fendre les montagnes liquides, et, comme le coursier de Persée[2], bondir entre les deux humides éléments. Où est alors la présomptueuse nacelle dont la faible structure osait, il n'y a qu'un moment, rivaliser avec la grandeur? Elle a fui dans le port, ou bien elle est déjà engloutie par Neptune. De même, c'est dans les orages de l'adversité que la valeur apparente et la valeur réelle se distinguent. Sous l'éclat brillant de ses rayons, le troupeau est plus tourmenté par le taon que par le tigre; mais, lorsque le vent destructeur fait ployer le genou au chêne noueux et que l'insecte se met à l'abri, l'animal courageux[3], excité par la fureur de la tempête, s'irrite avec elle, et répond sur le même ton à la fortune ennemie.

ULYSSE.—Agamemnon, illustre général, toi qui es les os et les nerfs de la Grèce, le cœur de nos soldats, l'âme et l'esprit dans lesquels doivent se concentrer tous les caractères et toutes les volontés, écoute ce que dit Ulysse. —D'abord je dois donner l'approbation et les applaudissements qui sont dus à vos harangues, à la tienne, ô toi

---

[1] Stace a la même comparaison.

> Sic ubi magna novum Phario de littore puppis
> Solvit iter, jamque innumeros utrinque rudentes
> Lataque veliferi porrexit brachia mali,
> Invasitque vias, it eodem angusta Phalesus
> Æquore, immensi partem sibi vindicat Austri.

[2] Allusion à la fable des ailes prêtées à Persée par Minerve.

[3] On dit que le tigre redouble de fureur dans les tempêtes; cette opinion n'est nullement fondée.

le plus puissant par ton rang et ton autorité, et à la tienne, Nestor, vénérable par tes longues années. Il faudrait les graver sur une table de bronze que montreraient Agamemnon et la main de la Grèce. Nestor aussi mériterait d'être représenté sur l'argent, enchaînant toutes les oreilles des Grecs à sa langue éloquente par un lien d'air aussi fort que le pivot sur lequel tourne le ciel[1]. Cependant, sous votre bon plaisir à tous deux, toi, puissant roi, et toi, sage vieillard, daignez écouter Ulysse.

AGAMEMNON.—Parle, prince d'Ithaque; nous sommes bien plus certains que tu ne prends pas la parole pour traiter des sujets inutiles et sans importance, que nous ne le sommes de n'entendre aucun trait d'ingénieuse éloquence, ni aucun oracle de sagesse, quand le grossier Thersite ouvre sa mâchoire de dogue.

ULYSSE.—Troie, debout encore sur ses fondements, serait en ruines, et l'épée du grand Hector n'aurait plus de maître, sans les obstacles que je vais nommer. La règle et les droits de l'autorité ont été méprisés : voyez combien de tentes grecques s'élèvent sur cette plaine; eh bien, comptez autant de factions. Lorsque celle du général ne ressemble pas à la ruche, où doivent revenir toutes les abeilles dispersées dans les champs, quel miel peut-on espérer? Quand la distinction des rangs est méconnue, le plus indigne paraît beau sous le masque. Les cieux mêmes, les planètes et ce globe, centre de l'univers[2], observent les degrés, les prééminences et les distances respectives ; régularité dans leurs cours divers, marche constante, proportions, saisons, formes, tout suit un ordre invariable. Et c'est pourquoi le soleil, cette glorieuse planète, sur son trône, brille en roi au milieu des autres qui l'environnent : son œil réparateur corrige les ma-

---

[1] Le bronze est le symbole de la force et de la durée, l'argent celui de la douceur; on dit en anglais une *bouche d'argent*, comme en grec, en latin et en français une *bouche d'or; Chrysostôme*: il y a dans le texte le verbe *to hatch* (hacher), ancienne expression de graveur. Les commentateurs ont pris ce passage pour texte de leurs dissertations, et *ont fini par n'être plus d'accord*.

[2] Le système de Ptolémée était alors en vogue.

lins aspects des planètes malfaisantes, et son influence souveraine, telle que l'ordre d'un monarque, agit et gouverne, sans obstacle ni contradiction, les bonnes et les mauvaises étoiles.—Mais lorsque les planètes, troublées et confondues, sont errantes et en désordre, alors que de pestes, que de prestiges, que de séditions! La mer est furieuse, la terre tremblante et les vents déchaînés; les terreurs, les changements, les horreurs brisent l'unité, déchirent et déracinent de fond en comble la paix des États arrachés à leur repos. De même, quand la subordination est troublée, elle qui est l'échelle de tous les grands projets, alors l'entreprise languit. Par quel autre moyen, que par la subordination, les degrés dans les écoles, les communautés et les corporations dans les villes, le commerce paisible entre des rivages séparés, les droits de la naissance et de la primogéniture, les prérogatives de l'âge, des couronnes, des sceptres et des lauriers peuvent-ils être maintenus à leur rang légitime? Otez la subordination, mettez cette corde hors de l'unisson, et écoutez quelle dissonance va suivre. Toutes choses se rencontrent pour se combattre : les eaux renfermées dans leur lit enflent leur sein plus haut que leurs bords et trempent la masse solide de ce globe : la force devient la maîtresse de la faiblesse, et le fils brutal va étendre son père mort à ses pieds. La violence s'érige en droit, ou plutôt le juste et l'injuste, que sépare la justice assise au milieu de leur choc éternel, perdent leurs noms, et la justice anéantie périt aussi; alors chacun se revêt du pouvoir, le pouvoir de la volonté, la volonté de la passion, et la passion, ce loup insatiable, ainsi secondée du pouvoir et de la volonté, doit nécessairement faire sa proie de toutes choses et finir par se dévorer elle-même. Grand Agamemnon, voilà le chaos qui est inévitable, lorsque la subordination est étouffée; c'est ce mépris de la subordination qui fait reculer d'un pas, lorsqu'on a le projet de monter. Le général est méprisé par l'officier qui est à un pas au-dessous de lui, celui-ci par le suivant, le suivant par celui qui est au-dessous de lui, ainsi chacun suivant l'exemple du premier, qui s'est dégoûté de son supérieur, est pris d'une fièvre d'envie et d'une émulation pâle et sans énergie : c'est cette fièvre qui maintient Troie sur sa base, et non pas sa propre puissance. Pour conclure ce discours déjà trop long, Troie subsiste par notre faiblesse et non par sa force.

NESTOR.—Ulysse a parlé avec sagesse, il a découvert le mal dont toute notre armée est infectée.

AGAMEMNON.—La nature du mal étant connue, Ulysse, quel en est le remède?

ULYSSE.—Le grand Achille, que l'opinion couronne, comme la force et le bras droit de notre armée, ayant l'oreille remplie du bruit de sa renommée, devient délicat sur son propre mérite, et reste étendu dans sa tente à se moquer de nos desseins. A ses côtés, nonchalamment couché sur un lit, Patrocle, tout le long du jour, fait assaut avec lui de propos bouffons ; et ce calomniateur appelle imitation les traits ridicules et gauches sous lesquels il prétend nous contrefaire. Tantôt, illustre Agamemnon, il se met à jouer ta mission souveraine ; semblable à un acteur affecté, dont tout le mérite est dans son jarret, et qui croit que c'est une merveille d'entendre les planches retentir et répondre à l'impulsion de son pied tendu ; c'est par cette farce chargée et déplorable qu'il contrefait ta majesté.—Lorsqu'il parle, c'est comme un carillon qu'on raccommode ; et il exhale des termes si outrés que, dans la bouche mugissante de Typhon même, ils paraîtraient encore des hyperboles. A ces mauvaises plaisanteries, le vaste Achille, étendu sur son lit gémissant, applaudit en tirant de sa poitrine profonde un bruyant éclat de rire, et s'écrie : « Excellent ! c'est Agamemnon au naturel.—Allons, joue-moi Nestor à présent ; fais hem ! hem ! et caresse ta barbe[1] comme le vieillard, lorsqu'il se prépare à nous débiter sa harangue. » Patrocle obéit, et se rapproche de Nestor comme les extrémités de deux lignes parallèles[2], il lui ressemble comme Vulcain à sa

---

[1] Tange manu mentum, tangunt quo more precantes,
Optabis merito cum mala multa viro.   (OVIDE.)

[2] « Les parallèles dont il s'agit semblent être les lignes parallèles des cartes géographiques. »   (JOHNSON.)

femme. Cependant le bon Achille s'écrie toujours : « Excellent! c'est Nestor en personne! allons, représente-le-moi, Patrocle, lorsqu'il s'arme pour répondre à une alarme nocturne. » Et alors, les infirmités mêmes de la vieillesse deviennent un objet de risée ; Patrocle de tousser, de cracher, de tâtonner d'une main paralytique son gorgerin, sans pouvoir en ajuster l'agrafe ; et à ce jeu, notre chevalier La Valeur de mourir de rire et de s'écrier : « Oh! assez, Patrocle, ou donne-moi des côtes d'acier : je briserai les miennes en me dilatant la rate[2]. » C'est de cette manière que tous nos talents, nos facultés, nos caractères, nos personnes, toutes nos qualités les plus estimables, nos exploits, nos inventions, nos ordres, nos défenses, nos défis au combat, ou nos négociations pour les trêves, nos succès ou nos pertes, ce qui est et ce qui n'est pas sert de matière aux bouffonneries de ces deux personnages.

NESTOR.—Et l'exemple de ce couple, que l'opinion, comme l'a dit Ulysse, proclame de sa voix souveraine, infecte beaucoup de gens. Ajax est devenu volontaire ; il porte la tête tout aussi haut que le grand Achille : comme lui, il garde sa tente, il y donne des festins séditieux, il raille nos plans de guerre avec la hardiesse d'un oracle, , et il excite Thersite, ce vil esclave, dont le fiel forge sans cesse des calomnies comme une monnaie, à nous comparer à la fange, à rabaisser et discréditer notre conduite et nos actions, de quelque imminent péril que nous soyons environnés.

ULYSSE.—Ils blâment notre prudence et la taxent de poltronnerie ; ils tiennent la sagesse comme inutile à la guerre, ils dédaignent la prévoyance et n'estiment d'autres actes que ceux de la main. Les calmes facultés intellectuelles qui règlent le nombre de ceux qui doivent frapper, quand une occasion favorable les appelle, qui savent, par les travaux de l'observation et de la pensée, peser les forces de l'ennemi, tout cela ne vaut pas un seul doigt de la main : ils appellent tout cela des ouvrages de

---

[1] Pièce d'armure pour défendre la gorge.
[2] La rate est, disait-on, l'organe du rire.

lit, fatras géographique, guerre de cabinet : en sorte que le bélier qui renverse les murailles par le grand élan et la force de ses coups passe à leurs yeux avant la main qui a créé cette machine et avant l'âme intelligente qui en guide à propos le mouvement.

NESTOR.—Si on accorde cela, bientôt le cheval d'Achille vaudra plusieurs fils de Thétis.

(On entend une trompette.)

AGAMEMNON.—Quelle est cette trompette? Voyez, Ménélas.

MÉNÉLAS.—Elle vient de Troie.

(Entre Énée.)

AGAMEMNON.—Qui vous amène devant notre tente?

ÉNÉE.—Est-ce ici la tente du grand Agamemnon, je vous prie?

AGAMEMNON.—Ici même.

ÉNÉE.—Un guerrier, prince et héraut à la fois, peut-il faire entendre un message loyal à son oreille royale?

AGAMEMNON.—Il le peut avec plus de sûreté que n'en pourrait garantir le bras d'Achille à la tête de tous les Grecs, qui, d'une voix unanime, nomment Agamemnon leur chef et leur général.

ÉNÉE.—Noble permission et sécurité étendue. Mais comment un étranger pourra-t-il reconnaître les regards souverains de cet illustre chef et le distinguer des yeux des autres mortels?

AGAMEMNON.—Comment?

ÉNÉE.—Oui, je te demande pour éveiller mon respect et tenir mes joues prêtes à se colorer d'une rougeur modeste, comme celle de l'Aurore quand elle regarde d'un œil chaste le jeune Phœbus, qui est ce dieu en dignité qui guide ici les hommes? qui est le grand et puissant Agamemnon?

AGAMEMNON.—Ce Troyen se rit de nous, ou les guerriers de Troie sont de cérémonieux courtisans.

ÉNÉE.—Désarmés, ils sont des courtisans aussi francs et aussi doux que des anges qui s'inclinent; telle est leur renommée dans la paix; mais dès qu'ils prennent le maintien des guerriers, ils sont pleins de fiel, ils ont des bras robustes, des jarrets fermes et des épées fidèles; et

Jupiter sait que nul n'a plus de cœur. Mais silence, Énée ; silence, Troyen : pose ton doigt sur tes lèvres. L'éloge perd son lustre et son mérite, lorsqu'il sort de la bouche même de l'homme qui en est l'objet : la seule louange que la renommée publie est celle que l'ennemi accorde avec peine : voilà la seule louange pure et transcendante.

AGAMEMNON.—Seigneur, qui êtes de Troie, vous vous appelez Énée ?

ÉNÉE.—Oui, Grec ; tel est mon nom.

AGAMEMNON.—Quelle affaire vous amène, je vous prie ?

ÉNÉE.—Pardonnez : mon message est pour les oreilles d'Agamemnon.

AGAMEMNON.—Agamemnon ne donne point d'audience particulière à ceux qui viennent de Troie.

ÉNÉE.—Et je ne viens pas non plus de Troie pour murmurer à son oreille. J'apporte avec moi une trompette pour le réveiller, pour exciter ses sens à une attention profonde, et alors je parlerai.

AGAMEMNON.—Parle aussi librement que les vents. Ce n'est pas ici l'heure où Agamemnon est endormi : et pour te convaincre, Troyen, qu'il est éveillé, c'est lui-même qui te le déclare.

ÉNÉE.—Trompette, retentis : que ta voix d'airain résonne dans toutes ces tentes oisives, et que tout Grec courageux sache que les loyales propositions offertes par Troie seront offertes tout haut. (*La trompette sonne.*) Illustre Agamemnon, nous avons à Troie un prince nommé Hector, fils de Priam, qui se rouille dans l'inaction d'une trêve trop prolongée. Il m'a ordonné d'amener avec moi un trompette, et de vous parler ainsi :—Rois, princes et chefs ! si parmi les premiers de la Grèce, il en est un qui estime son honneur plus que son repos, qui soit plus jaloux de gloire qu'alarmé des dangers, qui connaisse sa valeur et ne connaisse pas la peur, qui aime sa maîtresse d'un amour plus vrai que de simples protestations faites avec de vains serments aux lèvres de celle qu'il aime, et qui ose soutenir sa beauté et sa vertu dans d'autres bras que les siens, à lui ce défi : Hector, à la vue des Troyens et des Grecs, prouvera (ou du moins il fera tous ses efforts pour le faire) que sa dame est plus sage, plus belle, plus fidèle, que jamais Grec n'en ait enlacée de ses bras ; et demain matin, s'avançant à mi-chemin des murs de Troie, il provoquera à son de trompe un Grec fidèle en amour.—Si quelqu'un se présente, Hector l'honorera : s'il ne vient personne, rentré dans Troie, il y publiera que les dames grecques sont toutes brûlées par le soleil, et que pas une ne vaut la peine qu'on brise une lance pour elle. J'ai dit.

AGAMEMNON.—Énée, on annoncera ce défi à nos amants. Si aucun d'eux n'a le courage d'y répondre, nous les aurons laissés tous dans notre patrie. Mais nous sommes soldats, et qu'il ne soit jamais qu'un lâche, le soldat qui n'a pas été, qui n'est pas, ou qui ne se promet pas d'être amoureux. S'il s'en trouve un seul qui soit, qui ait été ou qui se promette d'être amoureux, c'est lui qui se mesurera avec Hector : s'il n'y en a aucun, ce sera moi.

NESTOR.—Parle-lui aussi de Nestor, d'un vieillard qui était déjà homme, lorsque l'aïeul d'Hector tetait encore. Il est vieux à présent ; mais s'il ne se trouvait pas dans notre armée un noble Grec qui eût une étincelle de courage pour répondre pour sa dame, dis à Hector, de ma part, que je cacherai ma barbe argentée sous un casque d'or, que j'enfermerai ce bras décharné dans mon armure, et qu'acceptant son défi, je lui déclarerai que ma dame était plus belle que son aïeule, et aussi chaste que qui que ce soit au monde. C'est ce que je prouverai à sa jeunesse bouillante, avec les trois gouttes de sang qui me restent dans les veines.

ÉNÉE.—Que le ciel ne permette pas une si grande disette de jeunes guerriers !

ULYSSE.—Ainsi soit-il.

AGAMEMNON.—Noble seigneur, laissez-moi vous toucher la main : je veux vous conduire à notre tente. Achille sera informé de ce message, ainsi que tous les chefs de la Grèce, de tente en tente. Il faut que vous soyez de nos festins avant votre départ, et vous recevrez de nous l'accueil d'un noble ennemi.

(Ils sortent tous, excepté Ulysse et Nestor.)

ACTE I, SCÈNE III. 445

ULYSSE.—Nestor ?

NESTOR.—Que dit Ulysse?

ULYSSE.—Mon cerveau vient de concevoir un germe d'idée : soyez pour moi ce qu'est le temps pour les projets, aidez-moi à la faire éclore.

NESTOR.—Quelle est-elle ?

ULYSSE.—La voici : les coins épais fendent les nœuds les plus durs. L'orgueil a atteint toute sa maturité dans le vain cœur d'Achille, il est monté en graine : il faut l'abattre maintenant, ou bien il va répandre sa semence et enfanter une pépinière de maux semblables dont nous serons tous accablés.

NESTOR.—Sans doute ; mais comment?

ULYSSE.—Ce défi qu'envoie le brave Hector, quoique offert en général à tous les Grecs, s'adresse pourtant en intention au seul Achille.

NESTOR.—L'intention est aussi claire que l'est aux yeux l'état d'une fortune dont un petit nombre de chiffres expose le total. Et ne doutez pas qu'à la publication de ce défi, Achille, son cerveau fût-il aussi aride que les sables de la Libye (quoique, Apollon le sait, il soit peu fertile), ne manquera pas de concevoir, d'un jugement rapide et très-vite, qu'il est le but auquel vise Hector.

ULYSSE.—Et cela l'excitera-t-il à lui répondre, croyez-vous ?

NESTOR.—Oui, et il le faut; car quel autre guerrier, capable d'enlever à Hector l'honneur de ce défi, pourriez-vous lui opposer, si ce n'est Achille? Quoique ce combat ne soit qu'un jeu, cependant cette épreuve est fort importante : par là, les Troyens veulent apprécier notre mérite le plus renommé par celui d'entre eux qui peut le mieux en juger ; et croyez-moi, Ulysse, notre valeur sera étrangement pesée d'après la fortune de ce combat isolé. Car le succès, bien qu'appartenant à un individu, servira de mesure au bon ou au mauvais succès général. Quoique de semblables index ne soient qu'un point en comparaison des volumes qui vont suivre, on y découvre pourtant le tableau abrégé de la masse des choses qui vont être développées. On supposera que celui qui lutte avec Hector est le champion de notre choix, et ce choix, étant l'acte unanime de tous les Grecs, tombe sur le mérite d'un homme qui semble extrait de chacun de nous et composé de toutes nos vertus. S'il échoue, quel cœur en recevra un pressentiment de victoire, pour affermir son opinion avantageuse de lui-même ? Et c'est cette opinion de soi, dont les membres ne sont que les instruments ; ils agissent sous son impulsion, comme l'arc et l'épée sont dirigés par le bras.

ULYSSE.—Pardonnez le discours que vous allez entendre.—C'est pour cela qu'il n'est pas à propos que ce soit Achille qui combatte Hector. Imitons les marchands ; montrons d'abord nos marchandises les plus médiocres, en espérant qu'elles se vendront peut-être, sinon l'éclat de ce qu'il y a de mieux en ressortira davantage, après avoir exposé d'abord le rebut. Ne consentons jamais qu'Hector et Achille soient aux prises ensemble, car du sort de ce combat sortiront deux étranges conséquences pour notre honneur ou notre honte.

NESTOR.—Mes yeux, affaiblis par l'âge, ne les voient pas : quelles sont-elles ?

ULYSSE.—La gloire que notre Achille obtiendrait sur Hector, nous la partagerions avec lui s'il n'était pas si orgueilleux : mais il est déjà trop insolent. Et il vaudrait mieux être brûlés par les ardeurs du soleil d'Afrique, que d'avoir à soutenir les dédains insultants de son œil superbe, s'il échappait au bras d'Hector s'il était vaincu, alors nous verrions tomber l'estime de nous-mêmes avec notre meilleur guerrier. Non : faisons une loterie et combinons-la de façon que le sort nomme le stupide Ajax pour combattre Hector. Entre nous, donnons-lui notre aveu comme à notre plus vaillant héros : ces éloges serviront à guérir le hautain Mirmidon qui s'échauffe par les applaudissements ; ils feront tomber son cimier qui se balance avec plus de fierté que l'arc azuré d'Iris. Si le stupide et écervelé Ajax s'en tire, nous le parerons de nos éloges ; s'il succombe, nous restons toujours à l'abri de l'opinion que nous avons de plus vaillants guerriers. Mais, vainqueur ou vaincu, toujours nous atteindrons notre but ; notre projet aura cet effet salutaire, c'est qu'employant Ajax on ôtera quelques plumes à Achille.

NESTOR.—Ulysse, je commence à goûter ton avis, et je vais à l'instant en donner le goût à Agamemnon. Allons le trouver, sans différer. Les deux dogues s'apprivoiseront l'un l'autre : l'orgueil est l'os qu'il faut leur jeter pour les exciter.

(Ils sortent.)

FIN DU PREMIER ACTE.

ACTE DEUXIÈME

SCÈNE I

Camp des Grecs.

Entrent AJAX ET THERSITE.

AJAX.—Thersite ?

THERSITE.—Agamemnon…—S'il avait des boutons par tout le corps, généralement ?

AJAX.—Thersite ?

THERSITE.—Et si ces boutons donnaient ? Supposons que cela fût, le général ne donnerait-il pas, alors ? Ne serait-ce pas un amas d'ulcères ?

AJAX.—Chien !

THERSITE.—Alors il sortirait de lui du moins quelque chose, et jusqu'à présent je ne lui vois rien produire.

AJAX.—Toi, fils d'un chien-loup, ne peux-tu pas m'entendre ? Eh bien, voyons si tu me sentiras.
(Il le frappe.)

THERSITE.—Que la peste de Grèce te saisisse, seigneur, métis à l'esprit de bœuf.

AJAX.—Parle donc, levain chanci, réponds ; je te battrai jusqu'à ce que tu deviennes un bel homme.

THERSITE.—C'est moi plutôt qui te raillerai jusqu'à ce que tu aies de l'esprit et de la piété ; mais je crois que ton cheval aura plus tôt appris une oraison par cœur, que tu n'auras pu apprendre une prière sans livre. Tu peux frapper, le peux-tu ? Que la rouge peste te saisisse pour tes âneries !

AJAX.—Excrément de crapaud, apprends-moi l'objet de la proclamation.

THERSITE.—Penses-tu que je sois sans sentiment pour me frapper de la sorte?

AJAX.—La proclamation !

THERSITE.—Tu es, je crois, proclamé fou.

AJAX.—Ne me.... Porc-épic, ne me.... La main me démange.

THERSITE.—Je voudrais que tu fusses tourmenté de démangeaisons de la tête aux pieds, et que ce fût moi qui fusse chargé de te gratter ; je ferais de toi le plus dégoûtant galeux de la Grèce. Quand tu es sorti pour quelque expédition, tu es aussi lent à frapper qu'un autre.

AJAX.—La proclamation, te dis-je.

THERSITE.—Tu murmures et tu t'emportes à chaque instant contre Achille ; et tu es aussi plein d'envie contre sa grandeur, que Cerbère contre la beauté de Proserpine ; oui, voilà ce qui te fait aboyer après lui.

AJAX.—Madame Thersite !

THERSITE.—Tu devrais le battre, lui.

AJAX.—Masse lourde et informe [1] !

THERSITE.—Il te mettrait en miettes avec son poing, aussi aisément qu'un matelot brise son biscuit.

AJAX, *en le frappant de nouveau.*—Comment ! infâme mâtin ?

THERSITE.—Courage ! courage !

AJAX.—Sellette à sorcière [2] !

THERSITE.—Oui, va, va, seigneur à l'esprit détrempé : tu n'as pas plus de cervelle dans la tête, qu'il n'y en a dans mon coude. Un ânon pourrait t'en remontrer, méchant et vaillant baudet ; tu es venu ici pour rosser les Troyens, et tous ceux qui ont quelque esprit te vendent et t'achètent comme un esclave de Barbarie ; si tu prends l'habitude de me battre, je commencerai à t'anatomiser

---

[1] *Cob loaf*, pain lourd et raboteux.

[2] Une manière de donner la question à une sorcière, c'était de la placer sur une sellette les jambes liées en croix : la circulation s'embarrassait au bout de quelque temps dans cette position où tout le poids du corps portait sur le même point; souvent après vingt-quatre heures d'abstinence, les malheureuses s'avouaient sorcières.

depuis les talons, et je te dirai ce que tu es, pouce par pouce, masse sans entrailles, oui !

AJAX.—Chien !

THERSITE.—Méchant seigneur !

AJAX, *le battant.*—Roquet !

THERSITE.—Idiot de Mars ! continue, brutal, continue, chameau ! continue.

(Entrent Achille et Patrocle.)

ACHILLE.—Quoi, qu'y a t-il donc, Ajax ? pourquoi le maltraiter ainsi ? Thersite, voyons, de quoi s'agit-il ?

THERSITE.—Vous le voyez là, n'est-ce pas ?

ACHILLE.—Oui ; de quoi s'agit-il ?

THERSITE.—Voyons, regardez-le.

ACHILLE.—Oui, eh bien ! de quoi s'agit-il ?

THERSITE.—Mais considérez-le bien.

ACHILLE.—Eh bien ! c'est ce que je fais.

THERSITE.—Mais non, vous ne le considérez pas bien ; car, pour qui que vous le preniez, c'est Ajax.

ACHILLE.—Je le sais bien, fou.

THERSITE.—Oui, mais ce fou ne se connaît pas lui-même.

AJAX.—C'est pour cela que je te bats.

THERSITE, *riant.*—Là, là, là ! les petites preuves d'esprit qu'il donne ! voilà comme ses saillies ont les oreilles longues. Je lui ai rogné le cerveau, comme il a battu mes os. J'achèterai neuf moineaux pour un sou ; eh bien ! sa pie-mère [1] ne vaut pas la neuvième partie d'un moineau. Ce seigneur, Achille, cet Ajax..., qui porte son esprit dans son ventre et ses boyaux dans la tête, je vais vous dire ce que je dis de lui.

ACHILLE.—Eh bien ! quoi ?

THERSITE.—Je dis que cet Ajax...

(Ajax s'avance pour le frapper de nouveau ; Achille se met entre eux deux.)

ACHILLE.—Allons, bon Ajax...

THERSITE.—N'a pas autant d'esprit...

(Ajax veut se débarrsaser des bras d'Achille.

[1] *Pie-mère, pia mater,* sorte de membrane très-fine qui revêt immédiatement le cerveau.

ACHILLE.—Allons, je vous tiendrai.

THERSITE.—... Qu'il en faudrait pour boucher le trou de l'aiguille d'Hélène, pour laquelle il vient combattre.

ACHILLE.—Paix, fou.

THERSITE.—Je voudrais avoir la paix et le repos; mais ce fou ne le veut pas : tenez, c'est lui, le voilà; voyez-le bien.

AJAX.—O damné roquet ! je te...

ACHILLE.—Voulez-vous lutter d'esprit avec un fou ?

THERSITE.—Non, je vous en réponds; car l'esprit d'un fou ferait honte au sien.

PATROCLE.—Point d'injures, Thersite.

ACHILLE.—Quel est donc le sujet de la querelle ?

AJAX.—J'ai dit à cette vile chouette de m'apprendre l'objet de la proclamation, et il se met à me railler.

THERSITE.—Je ne suis pas ton valet.

AJAX.—Allons, va, va.

THERSITE.—Je sers ici en volontaire.

ACHILLE.—Ton dernier service était un service de patience; il n'était certainement pas volontaire; il n'y a point d'homme qui soit battu volontairement; c'était Ajax qui était ici le volontaire, et toi tu étais comme sous presse [1].

THERSITE.—Oui-da ?—Une grande partie de votre esprit gît aussi dans vos muscles, ou bien il y a des menteurs [2]. Hector sera une bonne capture, s'il vous fait sauter la cervelle ; il gagnerait autant à casser une grosse noix moisie sans amande.

ACHILLE.—Quoi ! à moi aussi, Thersite ?

THERSITE.—Il y a Ulysse et le vieux Nestor, dont l'esprit était moisi avant que vos grands-pères eussent des ongles à leurs orteils..., qui vous accouplent au joug comme deux bœufs de charrue, et vous font labourer cette guerre.

ACHILLE.—Quoi ? que dis-tu là ?

---

[1] *Under an impress*, soumis à la presse militaire.

[2] Encore le verbe *to lie* qui sert à l'équivoque *to lie* être, être couché, mentir.

THERSITE.—Oui, vraiment. Ho! ho! Achille! ho! ho! Ajax! ho! ho!

AJAX.—Je te couperai la langue.

THERSITE.—Peu m'importe : je parlerai encore autant que vous après.

PATROCLE.—Allons, plus de paroles, Thersite; paix!

THERSITE.—Moi, je me tiendrai en paix, quand le braque d'Achille me dira de me taire.

ACHILLE.—Voilà pour vous, Patrocle.

THERSITE.—Je veux vous voir pendus, comme deux bourriques, avant que je rentre jamais dans vos tentes; je me tiendrai là où il y a un peu d'esprit, et je quitterai la faction des fous.

(Il sort.)

PATROCLE.—Un bon débarras.

ACHILLE.—Voici ce qu'on a publié dans toute l'armée : qu'Hector, demain vers la cinquième heure du soleil, viendra, avec un trompette, entre nos tentes et les murs de Troie, défier au combat quelque chevalier qui aura du cœur et qui osera soutenir,... je ne sais quoi. C'est de la sottise, adieu!

AJAX.—Adieu? Qui lui répondra?

ACHILLE.—Je n'en sais rien ; on l'a mis en loterie, autrement il connaîtrait déjà son homme.

AJAX.—Ah! vous voulez parler de vous.—Je vais en apprendre davantage.

SCÈNE II

Troie.—Appartement du palais de Priam.

PRIAM, HECTOR, TROILUS, PARIS ET HÉLÉNUS.

PRIAM.—Après la perte de tant d'heures, de discours et de sang, Nestor vient encore nous dire au nom des Grecs : « Rendez Hélène, et tous les dommages : hon-
« neur, perte de temps, voyages, dépenses, blessures,
« amis, et tout l'amas de biens précieux que cette guerre
« vorace a consumés dans son sein brûlant, seront mis
« de côté. »—Hector, qu'en dites-vous?

HECTOR.—Quoiqu'aucun homme ne craigne moins les Grecs que moi, quant à ce qui me touche particulièrement, néanmoins, vénérable Priam, il n'y a pas de dame parmi celles dont les entrailles sont les plus tendres et les plus susceptibles de concevoir des craintes, qui soit plus prête qu'Hector à s'écrier : Qui peut prévoir la suite ? Le mal de la paix, c'est la sécurité, une sécurité trop confiante. Mais une défiance modeste est nommée le fanal du sage, la sonde qui pénètre jusqu'au fond de tout ce qu'il y a de pire. Qu'Hélène parte. Depuis que la première épée a été tirée pour cette querelle, parmi les milliers de guerriers égorgés, chaque dixième victime nous était aussi précieuse qu'Hélène : je parle des nôtres ; si nous avons perdu tant de fois le dixième des nôtres pour conserver un bien qui ne nous appartient pas, ce bien porterait mon nom qu'il n'aurait pas la valeur du dixième. Sur quoi se fonde le motif qui nous fait refuser de la rendre?

TROILUS.—Fi donc ! fi donc ! mon frère. Pesez-vous le prix et l'honneur d'un roi, d'un aussi grand roi que notre auguste père, dans la balance qui sert aux intérêts vulgaires? Voulez-vous calculer avec des jetons la valeur inappréciable de son mérite infini et entourer un corps immense d'une ceinture aussi étroite que les craintes et les raisons. Fi donc ! ayez honte, au nom des dieux !

HÉLÉNUS.—Il n'est pas étonnant que vous attaquiez si rarement la raison, vous qui en êtes si dépourvu. Faudrait-il donc que notre père gouvernât les affaires de son empire sans le secours de la raison, parce que votre discours, qui le lui conseille, en est dénué?

TROILUS.—Vous êtes pour le sommeil et les songes, mon frère le prêtre ; vous garnissez vos gants de raisons. Les voici, vos raisons : vous savez qu'une épée est dangereuse à manier ; et la raison fuit tout objet qui présente un danger. Qui donc s'étonnera qu'Hélénus, lorsqu'il aperçoit devant lui un Grec et son épée, ajuste promptement les ailes de la raison à ses talons, et s'enfuie aussi vite que Mercure grondé par Jupiter, ou qu'une étoile lancée hors de sa sphère? Si nous voulons parler de raison, fermons donc nos portes, et dormons ; le courage et l'honneur auraient bientôt des cœurs de lièvre, s'ils se farcissaient seulement leurs pensées de cette grasse raison. La raison et la prudence rendent le foie blanc [1] et abattent la force.

HECTOR.—Mon frère, Hélène ne vaut pas ce qu'il nous en coûte pour la garder.

TROILUS.—Quel objet a d'autre valeur que celle qu'on y attache?

HECTOR.—Mais cette valeur ne dépend pas d'un caprice particulier; l'estime et le cas qu'on fait d'un objet viennent autant de son prix réel que de l'opinion de celui qui le prise. C'est une folle idolâtrie, que de rendre le culte plus grand que le dieu; c'est un délire que de vouloir attribuer à un objet des qualités qu'il s'arroge bientôt lui-même sans avoir l'ombre du mérite auquel il prétend.

TROILUS.—J'épouse aujourd'hui une femme, et mon choix est dirigé par mon penchant : mon inclination s'est enflammée par mes oreilles et mes yeux, deux pilotes naviguant entre le dangereux rivage du caprice et du jugement. Comment puis-je me dégager de la femme que j'ai choisie, quoique ma volonté vienne à se dégoûter de son propre choix? Il n'y a aucun moyen d'échapper à ceci, tout en restant ferme dans la route de l'honneur. Nous ne renvoyons pas au marchand ses soieries, après que nous les avons salies, et nous ne jetons pas les restes d'un festin dans le panier de rebut, parce que nous nous trouvons rassasiés. On a trouvé à propos que Pâris tirât des Grecs quelque vengeance; c'est le souffle de vos suffrages unanimes qui a enflé ses voiles : les vents et la mer, suspendant leur antique querelle, ont fait une trêve pour seconder ses desseins; enfin il a touché au port désiré; et pour une vieille tante [1], que les Grecs retenaient captive, il a enlevé une reine de Grèce, dont la jeunesse et la fraîcheur flétrissent les traits d'Apollon

---

[1] *Make livers pale* (rendent le foie blanc). La blancheur du foie était regardée comme une preuve de lâcheté, ainsi dans Macbeth « *thou lily livered.* »

[2] *Hésione*, sœur de Priam.

même, et font pâlir l'Aurore. Pourquoi la gardons-nous? Les Grecs gardent notre tante. — Mérite-t-elle d'être gardée? Oh! Hélène est une perle dont la conquête a fait lancer mille vaisseaux, et a converti en marchands des rois couronnés. Si vous accordez une fois que Pâris fit sagement de partir (comme vous êtes forcés d'en convenir, vous étant tous écriés : Partez, partez) ; si vous avouez qu'il a ramené chez nous une noble conquête, comme vous êtes aussi forcés de l'avouer, après avoir frappé des mains, et crié inestimable! pourquoi donc blâmez-vous aujourd'hui les suites de vos propres conseils, et faites-vous une chose que n'a pas faite encore la fortune, en ravalant l'objet que vous avez vous-même estimé au-dessus des richesses de la mer et de la terre? O quel vil larcin que de voler un bien que nous tremblons de garder! Voleurs, indignes du trésor que nous avons enlevé, lorsqu'après avoir fait aux Grecs cet affront dans le sein même de leur pays, nous craignons d'en défendre la possession dans notre ville natale!

CASSANDRE, *de l'intérieur du théâtre.* — Pleurez, Troyens, pleurez!

PRIAM. — Quel est ce bruit? d'où viennent ces cris sinistres?

TROILUS. — C'est notre folle de sœur : je reconnais sa voix.

CASSANDRE, *dans l'intérieur.* — Pleurez, Troyens!

HECTOR. — C'est Cassandre.

CASSANDRE *entre en délire.* — Pleurez, pleurez, Troyens! Prêtez-moi dix mille yeux, et je les remplirai de larmes prophétiques[1].

HECTOR. — Paix, ma sœur; paix!

CASSANDRE. — Jeunes filles, jeunes garçons, adultes et vieillards ridés, tendres enfants qui ne pouvez que pleurer, secondez tous mes clameurs. Payons d'avance la moitié du tribut immense de gémissements que nous

---

[1] Tunc etiam fatis aperit Cassandra futuris
Ora, dei jussu non unquam credita Teucris.
(*Énéide*, l. II, v. 246-47.)

prépare l'avenir. Pleurez, Troyens, pleurez. Accoutumez vos yeux aux larmes. Troie ne sera plus, et le superbe palais d'Ilion va tomber. Pâris, notre frère, est la torche embrasée qui nous consume. Pleurez, Troyens ; criez : Hélène ! Malheur ! pleurez, pleurez : Troie est en feu, si Hélène ne s'en va !

(Elle sort.)

HECTOR. —Eh bien ! jeune Troïlus, ces accents prophétiques de notre sœur n'excitent-ils aucun remords ? Ou votre sang est-il si follement bouillant, que les conseils de la raison, ni la crainte d'un mauvais succès dans une mauvaise cause, ne puissent le modérer ?

TROILUS.—Quoi ! mon frère Hector, nous ne pouvons juger de la justice d'une entreprise sur l'issue que pourront lui donner les événements, ni laisser abattre le courage de nos âmes, parce que Cassandre est folle. Les transports de son cerveau malade ne peuvent pas dénaturer la bonté d'une cause que notre honneur à tous s'est engagé à faire triompher. Pour ma part, je n'y ai pas plus d'intérêt que tous les fils de Priam ; mais que Jupiter ne permette pas qu'il soit pris parmi nous aucune résolution qui laisse au plus faible courage de la répugnance à la soutenir et à combattre pour elle !

PARIS.—Autrement le monde pourrait taxer de légèreté mes entreprises aussi bien que vos conseils ; mais j'atteste les dieux que c'est votre plein consentement qui a donné des ailes à mon inclination, et qui a étouffé toutes les craintes attachées à ce fatal projet ; car que peut, hélas ! mon bras isolé ? Quelle défense y a-t-il dans la valeur d'un seul homme, pour soutenir le choc et la vengeance des ennemis que devait armer cette querelle ? Et cependant, je proteste que si je devais moi seul en subir les périls, et que mon pouvoir égalât ma volonté, jamais Pâris ne rétracterait ce qu'il a fait, ni ne faiblirait dans sa poursuite.

PRIAM.—Pâris, vous parlez comme un homme enivré de voluptés : vous avez le miel, vous ; mais ils goûtent le fiel : ainsi vous n'avez pas de mérite à être vaillant.

PARIS.—Seigneur, je n'ai pas seulement en vue les

plaisirs qu'une pareille beauté apporte avec elle : je voudrais aussi effacer la tache de son heureux enlèvement, par l'honneur de la garder. Quelle trahison ne serait-ce pas contre cette princesse enlevée, quel opprobre pour votre gloire, quelle ignominie pour moi, de céder aujourd'hui sa possession, lâchement et par contrainte? Se peut-il qu'une idée aussi basse puisse prendre pied un moment dans vos âmes généreuses? Parmi les plus faibles courages de notre parti, il n'en est pas un qui n'ait un cœur pour oser, et une épée à tirer, quand il est question de défendre Hélène : il n'en est pas un, si grand, si noble qu'il soit, dont la vie fût mal employée, ou la mort sans gloire, lorsqu'Hélène en est l'objet : je conclus donc que nous pouvons bien combattre pour une beauté, dont la vaste enceinte de l'univers ne peut nous offrir l'égale.

HECTOR.—Pâris, et vous, Troïlus, vous avez tous deux bien parlé ; et vous avez raisonné sur l'affaire et la question maintenant en discussion ; mais bien superficiellement, et comme des jeunes gens qu'Aristote [1] jugerait incapables d'entendre la philosophie morale. Les raisons que vous alléguez conviennent mieux à l'ardente passion d'un sang bouillant, qu'à un libre choix entre le juste et l'injuste : car le plaisir et la vengeance ont l'oreille plus sourde que le serpent à la voix d'une sage décision. La nature veut qu'on rende tous les biens au légitime possesseur ; or quelle dette plus sacrée y a-t-il, parmi le genre humain, que celle de l'épouse envers l'époux? Si cette loi de la nature est enfreinte par la passion, et que les grandes âmes lui résistent par une partiale indulgence pour leurs penchants inflexibles, il y a, dans toute nation bien gouvernée, une loi pour dompter ces passions effrénées qui désobéissent et se révoltent. Si donc Hélène est la femme du roi de Sparte (comme il est notoire qu'elle l'est), ces lois morales de la nature et

---

[1] On ne s'attendait guère
A voir *Aristote* en cette affaire.
(LA FONTAINE.)

des nations crient hautement qu'il faut la renvoyer à son époux. Persister dans son injustice, ce n'est pas la réparer ; c'est au contraire l'aggraver encore. Voilà quel est l'avis d'Hector, en ne consultant que la vérité ; néanmoins, mes braves frères, je penche de votre côté dans la résolution de garder Hélène : c'est une cause qui n'intéresse pas médiocrement notre dignité générale et individuelle.

TROILUS.—Vous venez de toucher l'âme de nos desseins. Si nous n'étions pas plus jaloux de gloire que nous ne le sommes d'obéir à nos ressentiments, je ne souhaiterais pas qu'il y eût une goutte de plus du sang troyen versé pour la défense d'Hélène. Mais, brave Hector, elle est un objet d'honneur et de renommée ; un aiguillon puissant aux actions courageuses et magnanimes ; notre valeur peut aujourd'hui terrasser nos ennemis, et la gloire dans l'avenir peut nous sanctifier. Car je présume que le brave Hector ne voudrait pas, pour les trésors du monde entier, renoncer à la riche promesse de gloire qui sourit au front de cette guerre.

HECTOR.—Je suis des vôtres, valeureux fils de l'illustre Priam.—J'ai lancé un audacieux défi au milieu des Grecs factieux et languissants ; il portera l'étonnement au fond de leurs âmes assoupies. J'ai été informé que leur grand général sommeillait, tandis que la jalousie se glissait dans l'armée. Ceci, je présume, le réveillera.

(Ils sortent.)

SCÈNE III

Le camp des Grecs.—L'entrée de la tente d'Achille.

Entre THERSITE.

THERSITE.—Eh bien ! Thersite ? Quoi ! tu te perds dans le labyrinthe de ta colère ? Cet éléphant d'Ajax en sera-t-il quitte à ce prix ?—Il me bat, et je le raille : vraiment, belle satisfaction ! Je voudrais changer de rôle avec lui ; moi, pouvoir le battre, et en être raillé. Par le diable,

ACTE II, SCÈNE III.

j'apprendrai à conjurer, à évoquer les démons, plutôt que de ne pas voir quelque résultat aux imprécations de ma colère. Et puis cet Achille : un fameux travailleur! Si Troie n'est prise que lorsque ces deux assiégeants auront miné ses fondements, ses murs tiendront jusqu'à ce qu'ils tombent d'eux-mêmes. — O toi, grand lance-tonnerre de l'Olympe, oublie donc que tu es Jupiter, le roi des dieux, et toi, Mercure, oublie toute l'astuce des serpents enlacés à ton caducée, si vous n'achevez pas d'ôter à ces deux champions la petite, la très-petite dose de bon sens qui leur reste encore. Et l'ignorance elle-même, à la courte vue, sait que cette dose est si excessivement mince qu'elle ne leur fournirait pas d'autre expédient, pour délivrer un moucheron des pattes d'une araignée, que de tirer leur fer pesant et de couper la toile. Après cela, vengeance sur le camp entier : ou plutôt, le mal des os[1]; car c'est, je crois, le fléau attaché à ceux qui font la guerre pour une jupe. — J'ai dit mes prières : que le démon de l'envie réponde, *amen!* Holà! ho! seigneur Achille.

(Entre Patrocle.)

PATROCLE. — Qui appelle? Thersite! bon Thersite, entre donc, et viens railler.

THERSITE. — Si j'avais pu me souvenir d'une pièce d'or fausse, tu n'aurais pas échappé à mes réflexions. Mais peu importe : je te laisse à toi-même. Que la commune malédiction du genre humain, l'ignorance et la folie, abondent en toi! Que le ciel te fasse la grâce de te laisser sans mentor, et que la discipline n'approche pas de toi! Que la fougue de ton sang soit ton seul guide jusqu'à ta mort! Et alors, si celle qui t'ensevelira dit que tu es un beau corps, je veux jurer et jurer encore qu'elle n'a jamais enseveli que des lépreux. *Amen!* — Où est Achille?

PATROCLE. — Quoi, es-tu devenu dévot? Étais-tu là en prière?

---

[1] *Bone-Ache*, soit que l'on regarde ces douleurs ostéocopes comme un symptôme de la maladie ou comme la maladie elle-même, il est certain que Shakspeare a voulu parler ici du mal de Vénus.

THERSITE.—Oui ; et que le ciel veuille m'entendre !
(Achille sort de sa tente.)
ACHILLE.—Qui est-là ?
PATROCLE.—Thersite, seigneur.
ACHILLE.—Où, où ?—Te voilà venu ? Pourquoi, toi, mon fromage, mon digestif, pourquoi ne t'es-tu pas servi sur ma table depuis tant de repas ?—Allons ; dis-moi ce qu'est Agamemnon ?
THERSITE.—Ton commandant, Achille.—Allons, Patrocle, dis-moi ce qu'est Achille ?
PATROCLE.—Ton chef, Thersite : dis-moi à ton tour, qu'es-tu, toi ?
THERSITE.—Ton connaisseur, Patrocle : et dis-moi, Patrocle, qu'es-tu, toi ?
PATROCLE.—Tu peux le dire, toi qui te dis connaisseur.
ACHILLE.—Oh ! dis-le, dis-le.
THERSITE.—Je vais décliner toute la question : Agamemnon commande Achille ; Achille est mon chef ; je suis le connaisseur de Patrocle, et Patrocle est un fou.
PATROCLE.—Comment, misérable !
THERSITE.—Tais-toi, fou. Je n'ai pas fini.
ACHILLE.—Allons, c'est un homme privilégié.—Continue, Thersite.
THERSITE.—Agamemnon est un fou ; Achille est un fou ; Thersite est un fou ; et, comme je l'ai dit ci-devant, Patrocle est un fou.
ACHILLE.—Prouve cela, allons !
THERSITE.—Agamemnon est un fou de prétendre commander Achille ; Achille est un fou de se laisser commander par Agamemnon : Thersite est un fou de rester au service d'un pareil fou, et Patrocle est absolument fou.
PATROCLE.—Pourquoi suis-je fou ?
THERSITE.—Demande-le à celui qui t'a fait : moi, il me suffit que tu le sois.—Regardez, qui vient à nous ?
(Agamemnon, Ulysse, Nestor, Diomède et Ajax s'avancent vers la tente d'Achille.)
ACHILLE.—Patrocle, je ne veux parler à personne.—Viens avec moi, Thersite.
(Achille rentre dans sa tente.)

THERSITE.—Que de sottise, de jonglerie et de friponnerie il y a dans tout ceci! le sujet de la question est un homme déshonoré et une femme perdue. Une belle querelle, vraiment, pour exciter ces factions jalouses, et verser son sang jusqu'à la dernière goutte!—Que le *serpigo*[1] dessèche le sujet de ces débats!—et que la guerre et la débauche détruisent tout.

(Il s'en va.)

AGAMEMNON.—Où est Achille?

PATROCLE.—Dans sa tente: mais il est indisposé, seigneur.

AGAMEMNON.—Faites-lui savoir que nous sommes ici: il a brusqué nos députés; et nous mettons de côté nos prérogatives pour venir le visiter. Dites-le-lui, de crainte qu'il ne s'imagine peut-être que nous n'osons pas rappeler les droits de notre place, ou que nous ne savons pas ce que nous sommes.

PATROCLE.—Je lui dirai.

(Il sort.)

ULYSSE.—Nous l'avons vu à l'entrée de sa tente: il n'est point malade.

AJAX.—Il l'est, mais du mal de lion; il est malade d'un cœur enflé d'orgueil: vous pouvez appeler cela mélancolie, si vous voulez l'excuser; mais, sur ma tête, c'est de l'orgueil. Et pourquoi donc, pourquoi donc? Qu'il nous en donne la raison.—Un mot, seigneur.

(Agamemnon et Ajax vont se parler à l'écart.)

NESTOR.—Quel est donc la cause qui excite Ajax à aboyer ainsi contre lui?

ULYSSE.—Achille lui a débauché son fou.

NESTOR.—Qui? Thersite?

ULYSSE.—Lui-même.

NESTOR.—Voilà donc Ajax qui va manquer de matière, s'il a perdu le sujet de son discours.

ULYSSE.—Non, vous voyez qu'Achille est devenu son sujet, à présent qu'il lui a pris le sien.

---

[1] Ulcère qui sillonne en zigzag la peau.

NESTOR.—Tant mieux, leur séparation entre plus dans nos vœux que leur faction, puisqu'un fou a pu la rompre!

ULYSSE.—L'amitié, dont la sagesse n'est pas le nœud, est aisément désunie par la folie; voici Patrocle qui revient.

(Patrocle revient.)

NESTOR.—Point d'Achille avec lui.

ULYSSE.—L'éléphant a des jointures, mais point pour la politesse : ses jambes sont pour son besoin, et non pour fléchir.

PATROCLE.—Achille me charge de vous dire qu'il est bien fâché, si quelque autre objet que celui de votre dissipation et de votre plaisir a porté Votre Grandeur, et sa noble suite, à venir à sa tente : il se flatte que tout le but de cette visite est votre santé, que c'est une promenade de l'après-dîner pour aider à la digestion.

AGAMEMNON.—Écoutez, Patrocle.—Nous ne sommes que trop accoutumés à ces réponses. Mais cette excuse qu'il nous envoie sur les ailes rapides du mépris n'échappe point à notre intelligence. Il a beaucoup de mérite, et nous avons beaucoup de raisons de lui en attribuer : cependant toutes ses vertus, que lui-même ne montre pas dans un jour glorieux, commencent à perdre de leur éclat à nos yeux; c'est un beau fruit servi dans un plat malsain, et qui pourrait bien se gâter sans qu'on en goûte. Allez, et répétez-lui que nous sommes venus pour lui parler; et vous ne ferez pas mal de lui dire que nous l'accusons d'un excès d'orgueil, et d'un défaut d'honnêteté. Il se croit plus grand dans son opinion présomptueuse qu'il ne le paraît au jugement du bon sens. Dites-lui que de plus dignes personnages que lui tolèrent la sauvage solitude qu'il affecte, dissimulent la force sacrée de leur autorité, souscrivent avec une humble déférence à sa bizarre supériorité, et épient ses mauvaises lunes, le flux et le reflux de son humeur, comme si tout le cours de cette entreprise devait suivre la marée de ses caprices. Allez, dites-lui cela; et ajoutez que, s'il se met à un prix trop haut, nous nous passerons de lui;

que, semblable à une machine de guerre qu'on ne peut transporter, il reste gisant et chargé de ce reproche public : « il faut ici du mouvement : cette machine ne « peut aller à la guerre. » Nous préférons un nain actif à un géant endormi.—Dites-lui cela.

PATROCLE.—Je vais le faire, et je rapporterai sa réponse sur-le-champ.

(Patrocle sort.)

AGAMEMNON.—Sa seconde réponse ne nous satisfera pas. Nous sommes venus pour lui parler.... Ulysse, pénétrez dans sa tente.

(Ulysse sort.)

AJAX.—Hé! qu'est-il plus qu'un autre!

AGAMEMNON.—Il n'est pas plus qu'il ne se croit être.

AJAX.—Est-il autant? Ne pensez-vous pas qu'il croit valoir mieux que moi?

AGAMEMNON.—Sans aucun doute.

AJAX.—Et souscrirez-vous à cette opinion, et direz-vous : cela est vrai?

AGAMEMNON.—Non, noble Ajax; vous êtes aussi fort, aussi vaillant, aussi sage, aussi noble, beaucoup plus doux et beaucoup plus traitable que lui.

AJAX.—Comment un homme peut-il être orgueilleux? Comment vient l'orgueil? Je ne sais pas ce que c'est que l'orgueil.

AGAMEMNON.—Votre jugement en est plus net, Ajax, et vos vertus en sont plus belles. L'homme orgueilleux se dévore lui-même. L'orgueil est son miroir, son héraut, son historien : et toute belle action qu'il vante lui-même, il en engloutit le mérite par sa louange même.

AJAX.—Je hais un homme orgueilleux, comme je hais la génération des crapauds.

NESTOR, *à part.*—Et cependant il s'aime lui-même : cela n'est-il pas étrange?

(Ulysse revient:)

ULYSSE.—Achille n'ira point au combat demain matin.

AGAMEMNON.—Quelle est son excuse?

ULYSSE.—Il n'en allègue aucune : mais il suit le penchant de sa propre humeur, sans attention, ni égard pour personne, obstiné dans sa présomption et sa propre volonté.

AGAMEMNON.—Pourquoi ne veut-il pas, cédant à notre honnête prière, sortir de sa tente et respirer l'air avec nous?

ULYSSE.—Il donne de l'importance aux plus petites choses, pour cela même qu'il se voit prié. Il est possédé de sa grandeur, et il ne se parle à lui-même qu'avec un orgueil mécontent de ses propres louanges. L'idée qu'il a de son mérite fait bouillir son sang avec tant de chaleur qu'au milieu de ses facultés actives et intellectuelles, le royal Achille se mêle en furieux à la commotion et se renverse lui-même : que vous dirai-je? Il est tellement infecté de la peste d'orgueil, que les symptômes mortels crient : Il n'y a point de remède [1].

AGAMEMNON.—Qu'Ajax aille le trouver.—Mon cher seigneur, allez, et saluez-le dans sa tente; on dit qu'il fait cas de vous; et à votre prière il se laissera détourner un peu de son obstination.

ULYSSE.—O Agamemnon, n'en faites rien. Nous consacrerons tous les pas d'Ajax quand ils s'éloigneront d'Achille. Ce chef altier qui nourrit son arrogance de sa propre substance et qui ne souffre jamais que les affaires du monde entrent dans sa tête à l'exception de celles qu'il conçoit et rumine lui-même, sera-t-il vénéré par un héros que nous honorons plus que lui? Non, il ne faut pas que ce vaillant seigneur trois fois illustre prostitue ainsi sa palme, si noblement acquise; ni, suivant mon avis, qu'il asservisse son mérite personnel, aussi riche en titres que peut l'être celui d'Achille, en allant trouver Achille. Cette complaisance ne ferait qu'enfler [2] son orgueil déjà trop bouffi; ce serait ajouter des feux au Cancer, lorsqu'il est embrasé, et qu'il entretient les feux du grand Hypérion. Qu'Ajax aille le trouver! O Jupiter, ne le souffre pas, et réponds au milieu du tonnerre : Achille, va le trouver!

---

[1] Allusion aux taches mortelles des pestiférés.
[2] Il y a dans le texte *engraisser son orgueil*.

NESTOR, *à part.*—A merveille : il touche l'endroit sensible !

DIOMÈDE, *à part.*—Et comme le silence d'Ajax savoure ces louanges !

AJAX.—Je vais à lui, je veux lui frapper le visage de mon gantelet.

AGAMEMNON.—Oh ! non, vous n'irez pas.

AJAX.—S'il veut faire le fier avec moi, je lui frotterai son orgueil.—Laissez-moi y aller.

ULYSSE.—Non, pour toute la valeur de ce qui dépend de cette guerre.

AJAX.—Un insolent, un misérable !

NESTOR, *à part.*—Comme il se dépeint lui-même !

AJAX.—Ne peut-il donc être sociable ?

ULYSSE, *à part.*—C'est le corbeau qui crie contre la couleur noire.

AJAX.—Je tirerai du sang à ses humeurs.

AGAMEMNON, *à part.*—C'est le malade qui se fait ici le médecin.

AJAX.—Si tout le monde pensait comme moi....

ULYSSE, *à part.*—L'esprit ne serait plus à la mode.

AJAX.—Il n'en serait pas quitte à ce prix : il lui faudrait avaler nos épées auparavant. L'orgueil remportera-t-il la victoire ?

NESTOR, *à part.*—Si cela était, vous en remporteriez la moitié.

ULYSSE, *à part.*—Il en aurait dix parts.

AJAX.—Je le pétrirai comme il faut, et je le rendrai souple.

NESTOR, *à part, à Ulysse.*—Il n'est pas encore assez échauffé : farcissez-le d'éloges, versez, versez, son ambition a soif.

ULYSSE, *à Agamemnon.*—Seigneur, vous vous tourmentez trop longtemps de ce désagrément.

NESTOR.—Notre illustre général, ne songez plus à cela.

DIOMÈDE.—Il faut vous préparer à combattre sans Achille.

ULYSSE.—Et c'est de l'entendre nommer qui lui fait du mal. Voici un vrai héros.—Mais ce serait le louer en face : je me tais.

NESTOR.—Et pourquoi cela? Il n'est pas jaloux comme Achille.

ULYSSE.—Le monde entier sait qu'il est aussi vaillant que lui.

AJAX.—Un infâme chien se jouer de nous! Oh! que je voudrais qu'il fût Troyen!

NESTOR.—Maintenant quel vice serait-ce dans Ajax....

ULYSSE.—S'il était orgueilleux.

DIOMÈDE.—Ou avide de louanges.

ULYSSE.—Oui, ou d'une humeur colère?

DIOMÈDE.—Ou bizarre et plein de lui-même.

ULYSSE.—Rends-en grâce au ciel, Ajax, ton caractère est formé : loue celui qui t'a engendré, celle qui t'a allaité : gloire à ton précepteur; et que les dons que tu as reçus de la nature soient renommés au delà, bien au delà de la science. Mais celui qui a instruit tes bras aux combats.... que Mars partage l'éternité en deux, et lui en donne la moitié! et quant à ta force, Milon, porte-taureau[1], le cède au nerveux Ajax. Je ne vanterai point ta sagesse, qui, comme une borne, un poteau, un rivage, limite et termine l'étendue de tes grandes facultés. Voici Nestor.—Instruit par le temps écoulé, il doit être, il est en effet, et il est impossible qu'il ne soit pas sage.—Mais pardonnez, mon père Nestor, si vos années étaient aussi jeunes que celles d'Ajax, et votre cerveau de la même trempe que le sien, vous n'auriez pas la prééminence sur lui, mais vous seriez ce qu'est Ajax.

AJAX.—Vous appellerai-je mon père[2]?

NESTOR.—Oui, mon cher fils.

DIOMÈDE. — Laissez-vous guider par lui, seigneur Ajax.

ULYSSE.—Il est inutile de rester ici plus longtemps; le cerf Achille reste dans les taillis. Qu'il plaise à notre illustre général de convoquer son conseil de guerre. De nouveaux rois sont entrés dans Troie. Demain, nous de-

---

[1] Milon peut bien être cité ici après Aristote.
[2] Shakspeare suit ici la coutume de son temps, Ben Johnson avait plusieurs amis qui s'appelaient ses fils.

vons faire face avec nos principales forces; et voici un guerrier!—Qu'il vienne des chevaliers de l'Orient et de l'Occident, et qu'ils choisissent entre eux la fleur de leur héros, Ajax fera raison au meilleur.

AGAMEMNON. — Allons au conseil. — Laissons dormir Achille, les barques légères volent sur l'onde, tandis que les gros vaisseaux s'engravent.

(Ils sortent.)

FIN DU DEUXIÈME ACTE.

ACTE TROISIÈME

SCÈNE I

Troie. — Appartement du palais de Priam.

PANDARE, UN VALET.

PANDARE.—Ami ! je vous prie, un mot, n'êtes-vous pas de la suite du jeune seigneur Pâris ?

LE VALET.—Oui, monsieur, quand il marche devant moi.

PANDARE.—Vous dépendez de lui, veux-je dire ?

LE VALET.—Monsieur, je dépends de mon seigneur.

PANDARE.—Vous dépendez d'un noble seigneur, il faut que je fasse son éloge.

LE VALET.—Le seigneur soit loué !

PANDARE.—Vous me connaissez : n'est-ce pas ?

LE VALET.—Ma foi, monsieur, très-superficiellement.

PANDARE.—Ami, connaissez-moi mieux, je suis le seigneur Pandare.

LE VALET.—J'espère que je connaîtrai mieux votre honneur.

PANDARE.—C'est ce que je désire.

LE VALET.—Êtes-vous en état de grâce ?

PANDARE.—*Grâce*[1] ? Non, mon ami, honneur, seigneurie, voilà mes titres.—Quelle est cette musique ?

(On entend une musique dans l'intérieur.)

LE VALET.—Je ne la connais qu'en *partie*, seigneur, c'est une musique en parties.

PANDARE.—Connaissez-vous les musiciens ?

---

[1] Jeu de mots sur *grâce*, titre que prennent les ducs en Angleterre.

ACTE III, SCÈNE I.   469

LE VALET.—En entier, monsieur.

PANDARE.—Pour qui jouent-ils?

LE VALET.—Pour ceux qui les écoutent, monsieur.

PANDARE.—Pour le *plaisir* de qui, ami?

LE VALET.—Pour le mien, monsieur, et celui des amateurs de musique.

PANDARE.—Par les ordres de qui, veux-je dire, ami?

LE VALET.—A qui donnerais-je des ordres, seigneur [1]?

PANDARE.—Ami, nous ne nous entendons pas l'un l'autre; je suis trop poli, et toi trop malin; à la requête de qui les musiciens jouent-ils?

LE VALET.—Voilà une question qui va droit au but, celle-là; ma foi, monsieur, à la requête de Pâris mon maître, qui est là en personne; et avec lui, la Vénus mortelle, le cœur de la beauté, l'âme invisible de l'amour.

PANDARE.—Qui, ma nièce Cressida?

LE VALET.—Non, monsieur:—Hélène, n'avez-vous donc pu la reconnaître à ses attributs?

PANDARE.—Il me paraît, l'ami, que tu n'as pas vu la belle Cressida.—Je viens pour parler à Pâris de la part du prince Troïlus; je lui ferai un assaut de politesses et de compliments; car mon affaire bout.

LE VALET.—Une affaire bouillie! C'est une phrase à l'étuvée, ma foi!

(Entrent Pâris et Hélène. Suite.)

PANDARE.—Bel avenir à vous, seigneur et à toute cette belle compagnie! Que de beaux désirs, dans une belle mesure, les accompagnent tous! et surtout vous, belle reine! Que de beaux songes soient le doux oreiller de votre sommeil!

HÉLÈNE.—Cher seigneur, vous êtes plein de belles paroles.

PANDARE.—C'est votre beau plaisir de le dire, aimable princesse.—Beau prince, voilà de la bonne musique interrompue.

PARIS.—C'est vous qui l'avez interrompue, cousin, et

---

[1] Équivoque sur le verbe *command*, commander et commandement, si *command* est substantif.

sur ma vie, vous en renouerez le fil de nouveau ; vous la raccommoderez avec une pièce de votre invention.— Hélène, il a une voix pleine d'harmonie.

PANDARE.—Non, madame, en vérité.

HÉLÈNE.—Oh ! seigneur...

PANDARE.—Rauque, en vérité ; rauque, vraiment.

PARIS.—Bien dit, seigneur.—Oui, je sais que c'est là votre excuse de temps en temps.

PANDARE.—Chère princesse, j'aurais affaire au seigneur Pâris.—(*A Pâris.*) Seigneur, voulez-vous m'accorder la faveur de vous dire un mot?

HÉLÈNE.—Non ; cette défaite ne nous éconduira pas : nous vous entendrons chanter, certainement.

PANDARE.—Allons, belle princesse, vous me raillez. — (*A Pâris.*)Mais vraiment, comme je vous le dis, seigneur, —mon cher seigneur, mon estimable ami, votre frère Troïlus...

HÉLÈNE.—Seigneur Pandare, mon doux seigneur...

PANDARE.—Allons, poursuivez, charmante princesse, poursuivez.—(*A Pâris*) ...se recommande à vous dans les termes les plus affectueux.

HÉLÈNE.—Vous ne nous priverez pas de notre mélodie.—Si vous le faites, que notre mélancolie retombe sur votre tête.

PANDARE.—Douce princesse, chère princesse ; oh ! c'est une charmante princesse, en vérité !

HÉLÈNE.—...Et rendre triste une douce princesse, c'est une grande insulte. Non, vous aurez beau faire, cela est inutile ; vous n'y gagnerez rien, en vérité ; oh! je ne m'embarrasse pas de ces propos. Non, non.

PANDARE, *à Pâris.*—...Et, seigneur, il vous prie, si le roi l'invite au souper, de vous charger de l'excuser.

HÉLÈNE.—Seigneur Pandare...

PANDARE.—Que dit mon aimable reine, ma très-aimable reine ?

PARIS.—Quel projet a-t-il en tête? Où soupe-t-il ce soir?

HÉLÈNE.—Non ; mais, seigneur...

PANDARE.—Que dit ma belle reine? Mon cousin se

brouillera avec vous ; il ne faut pas que vous sachiez où il soupe.

HÉLÈNE.—Je gagerais ma vie que c'est avec Cressida l'usurpatrice.

PANDARE.—Oh! non, non, vous n'y êtes pas ; vous en êtes bien loin ; allez, l'usurpatrice est malade¹.

PARIS.—Eh bien ! je ferai ses excuses au roi.

PANDARE.—Oui, mon noble seigneur.—(*A Hélène.*) Pourquoi disiez-vous Cressida? Oh ! non, la pauvre usurpatrice est malade.

PARIS.—Ah ! je devine.

PANDARE.—Vous devinez ? eh ! que devinez-vous ? Donnez-moi un instrument. — Allons, voyons, belle princesse.

HÉLÈNE.—Oh ! cela est bien bon de votre part.

PANDARE.—Ma nièce est horriblement amoureuse d'une chose que vous possédez, belle reine.

HÉLÈNE.—Elle est à elle, seigneur, pourvu que ce ne soit pas mon seigneur Pâris.

PANDARE.—Lui ? non, elle ne veut pas de lui. Elle et lui font deux ².

HÉLÈNE.—Une réconciliation, après une brouillerie, pourrait des deux en faire trois.

PANDARE.—Allons, allons, je ne veux pas en entendre davantage là-dessus ; je vais vous chanter une chanson.

HÉLÈNE.—Oui, oui, je vous en prie ; sur mon honneur, mon digne seigneur, vous préludez bien.

PANDARE.—Oui, oui, vous pouvez, vous pouvez...

HÉLÈNE.—Que l'amour soit le sujet de votre chanson. Ah! l'amour nous perdra tous. O Cupidon ! Cupidon ! Cupidon !

PANDARE.—L'amour ! oui, ce sera lui, d'honneur.

PARIS.—Oh ! oui, bon ; l'amour, l'amour, rien que l'amour.

PANDARE.—En vérité, cela commence ainsi...

---

¹ Hélène appelle Cressida l'usurpatrice, parce que sa beauté lui fait tort.
² C'est-à-dire ils sont brouillés.

L'amour, l'amour, rien que l'amour, toujours l'amour,
 Car, oh! l'arc de l'amour
 Perce chevreuils et chevrettes ;
 Le trait tue
 Lorsqu'il blesse ;
 Mais il chatouille toujours la blessure.

 Ces amants s'écrient : Oh ! oh ! Ils meurent;
 Mais ce qui semble blesser à mort
 Se change en oh ! oh ! en ah ! ah ! eh !
 De sorte que l'amour mourant vit toujours,
 Oh ! oh ! un moment; mais ah ! ah ! ah !
 Oh ! oh ! on gémit en disant : Ah ! ah ! ah!
  Eh ! oh !

HÉLÈNE.—De l'amour, vraiment jusqu'au bout du nez.

PARIS.—Il ne se nourrit que de colombes, l'Amour ; et cela échauffe le sang, et le sang chaud engendre de brûlants désirs, et les brûlants désirs produisent de brûlants effets, et ces brûlants effets sont l'amour.

PANDARE.—Est-ce là la génération de l'Amour? Un sang chaud, de chauds désirs, de chauds effets; comment donc? ce sont des vipères ; l'amour est-il une génération de vipères ?—Mon cher seigneur, qui est-ce qui est en campagne aujourd'hui ?

PARIS,—Hector, Déiphobe, Hélénus, Anténor, et tous les braves de Troie. J'aurais bien désiré m'armer aussi aujourd'hui ; mais mon Hélène ne l'a pas voulu.—Comment se fait-il que mon frère Troïlus n'y ait pas été?

HÉLÈNE.—Il y a quelque chose qui lui fait faire la moue.—Vous savez tout, seigneur Pandare.

PANDARE.—Non, ma tendre et douce reine.—Je brûle de savoir quel succès ils ont eu aujourd'hui.—(*A Pâris.*) Vous vous rappellerez les excuses de votre frère.

PARIS.—Ponctuellement.

PANDARE.—Adieu, belle princesse.

            (Il sort.)
(On sonne la retraite.)

HÉLÈNE.—Ne m'oubliez pas auprès de votre nièce

PANDARE.—Je m'en souviendrai, belle princesse.

PARIS.—Ils sont revenus du champ de bataille : allons au palais de Priam complimenter les guerriers. Chère

Hélène, il faut que je vous prie d'aider à désarmer notre Hector; les boucles rebelles de son armure, une fois touchées de cette charmante main blanche, obéiront plus vite qu'au tranchant de l'acier, ou à la force des muscles grecs. Vous serez plus puissante que tous ces rois insulaires pour désarmer le grand Hector.

HÉLÈNE.—Je serai fière, Pâris, de le servir : oui, ce qu'il recevra de moi en hommages me donnera plus de droits au prix de la beauté que ce que j'en possède, et même m'embellira encore.

PARIS.—O ma chère, je t'aime au delà de toute idée.

(Ils sortent.)

SCÈNE II

Troie.—Les jardins de Pandare.

PANDARE, UN VALET DE TROILUS.

PANDARE.—Eh bien, où est ton maître ? est-il chez ma nièce Cressida ?

LE VALET.—Non seigneur, il vous attend pour l'y conduire.

(Entre Troïlus.)

PANDARE.—Ah ! le voilà qui vient.—Eh bien ? eh bien ?

TROILUS, *au valet.*—Drôle, éloigne-toi.

(Le valet sort.)

PANDARE.—Avez-vous vu ma nièce ?

TROILUS.—Non, Pandare, je me promène auprès de sa porte, comme une ombre étrangère sur les bords du Styx en attendant la barque. O vous, soyez mon Caron, et transportez-moi rapidement à ces champs fortunés, où je pourrai me reposer mollement sur ces couches de lis destinées à celui qui en est digne. O cher Pandare, arrachez à l'amour ses ailes peintes, et volez avec moi vers Cressida.

PANDARE. — Promenez-vous dans ce verger. Je vais l'amener ici à l'instant.

(Pandare sort.)

TROILUS, *seul.*—Je suis tout étourdi; l'attente me donne

des vertiges. Le plaisir que je goûte déjà en imagination est si doux qu'il enchante tous mes sens. Qu'arrivera-t-il donc lorsque je m'abreuverai à longs traits du céleste nectar de l'amour? La mort, je le crains; une mort d'évanouissement, une volupté trop exquise, trop pénétrante, trop exaltée dans sa douceur pour la capacité de mes facultés grossières. Je le crains beaucoup; je crains aussi de perdre le sentiment net de ma joie, comme dans une bataille où l'on charge pêle-mêle l'ennemi en déroute.

(Pandare rentre.)

PANDARE.—Elle s'apprête, elle va être ici tout à l'heure. C'est à présent qu'il faut vous aider de tout votre esprit : elle rougit aussi fort, sa respiration est aussi courte que si elle était épouvantée par un esprit. Je vais l'aller chercher. Oh! c'est la plus jolie friponne.—Elle ne respire pas plus qu'un moineau qu'on vient de saisir.

(Pandare sort.)

TROILUS.—Le même trouble s'empare de mon sein : mon pouls bat plus vite que le pouls de la fièvre; et toutes mes facultés perdent leur usage, comme un vassal en rencontrant à l'improviste les yeux du monarque.

(Pandare vient avec Cressida.)

PANDARE, *à sa nièce.*—Allons, venez. Pourquoi rougissez-vous? La pudeur est un enfant.—La voilà; répétez-lui maintenant tous les serments que vous m'avez faits à moi.—Quoi, vous voilà déjà repartie? Il faudra donc vous priver de sommeil, pour vous apprivoiser[1]? dites, le faudra-t-il? Allons, venez, avancez; ou si vous reculez, nous vous placerons entre les brancards. —Pourquoi ne lui adressez-vous pas la parole? Allons, levez ce voile, et laissez voir votre portrait. Allons donc! quelle répugnance vous avez à offenser la lumière du jour! S'il était nuit, je crois que vous vous rapprocheriez plutôt.—Allons, allons, éveillez-vous et embrassez la demoiselle. Comment, comment? c'est un baiser infini comme un fief perpétuel : bâtis ici, charpentier, l'air y

---

[1] Voyez *l'Art du Fauconnier.*

est doux. Oh! vous vous direz tout ce que vous avez sur le cœur avant que je vous sépare. Oh! le faucon vaut le tiercelet[1], je gagerais tous les canards de la rivière : allez, allez.

TROILUS. — Vous m'avez ôté l'usage de la parole, madame.

PANDARE. — Les paroles ne payent aucune dette : donnez-lui des effets. Mais elle vous en ôterait aussi les facultés, si elle mettait leur activité à l'épreuve. Quoi! on se becquète encore? Nous y voilà. — *En témoignage de quoi, les deux parties mutuellement...* Entrez, entrez : je vais faire faire du feu.

(Pandare sort.)

CRESSIDA. — Voulez-vous vous promener, seigneur?

TROILUS. — O Cressida! oh! combien de fois je me suis souhaité où je suis!

CRESSIDA. — Souhaité, seigneur? Les dieux le veuillent! ô seigneur!

TROILUS. — Qu'ils veuillent quoi? Où tend cette jolie apostrophe? quel limon ma douce dame aperçoit-elle dans la source de notre amour?

CRESSIDA. — Plus de limon que d'eau pure, si ma crainte a des yeux.

TROILUS. — La crainte fait un démon d'un chérubin; jamais la crainte ne voit la vérité.

CRESSIDA. — L'aveugle crainte, quand la raison clairvoyante la guide, marche d'un pas plus sûr que l'aveugle raison, qui, sans crainte, trébuche. En craignant le dernier des malheurs, on s'en préserve souvent.

TROILUS. — Ah! que ma belle Cressida ne conçoive aucune alarme! Dans toutes les scènes de l'amour on ne représente point de monstre.[2]

CRESSIDA. — Non? ni rien de monstrueux?

TROILUS. — Rien, si ce n'est nos projets. Lorsque nous faisons vœu de verser des torrents de larmes, de vivre au

---

[1] Le tiercelet est le mâle du faucon; du moins, en Angleterre, on entend toujours par faucon la femelle du tiercelet.

[2] Allusion aux théâtres d'alors.

milieu des flammes, de dévorer les rochers, d'apprivoiser les tigres, croyant qu'il est plus difficile à notre amante d'imaginer des épreuves assez fortes, qu'à nous de triompher des travaux qu'elle nous impose ; voilà, madame, ce qu'il y a de monstrueux dans l'amour : c'est que la volonté est infinie, et que le pouvoir est borné ; le désir est immense, et l'exécution esclave des limites.

CRESSIDA.—On dit que les amants jurent d'exécuter plus de choses qu'ils ne peuvent en accomplir, et cependant qu'ils tiennent en réserve un pouvoir qu'ils n'emploient jamais, jurant de faire dix fois plus qu'un homme et n'accomplissant pas la dixième partie de ce que fait un homme. Ceux qui ont la voix des lions et la lâcheté des lièvres ne sont-ils pas des monstres ?

TROÏLUS.—Y a-t-il des gens pareils ? Nous n'en sommes pas. Mesurez vos louanges sur l'épreuve que vous faites de nous, accordez-nous le degré de mérite que nous témoignons ; notre tête restera nue jusqu'à ce que le mérite la couronne ; nulle perfection à venir ne recueillera d'éloges anticipés ; ne nommons point le mérite avant sa naissance ; et lorsqu'il sera né, ses titres seront modestes ; peu de paroles et beaucoup de foi. Voilà ce que Troïlus sera pour Cressida, tout ce que l'envie pourra inventer de plus noir sera de ridiculiser ma constance, et tout ce que la vérité pourra dire de plus vrai ne sera pas plus sincère que Troïlus.

CRESSIDA.—Voulez-vous entrer, seigneur ?

(Pandare revient.)

PANDARE.—Quoi, vous rougissez encore ? N'avez-vous donc pas fini de jaser ensemble ?

CRESSIDA.—Eh bien ! toutes les folies que je fais, je vous les consacre.

PANDARE.—Je vous en rends grâces : oui, si le seigneur Troïlus a un fils de vous, vous me le donnerez : soyez-lui fidèle ; et s'il vous délaisse, c'est moi que vous gronderez.

TROÏLUS.—Vous connaissez à présent nos otages ; la parole de votre oncle et ma foi constante.

PANDARE.—Oh ! j'engagerai sans crainte ma parole pour

elle aussi : les filles de notre famille sont longtemps à se laisser faire l'amour ; mais une fois gagnées, elles sont constantes ; ce sont de vrais glouterons, je puis vous l'assurer ; elles s'attachent là où on les jette.

CRESSIDA.—La hardiesse commence à me venir, et me rend le courage, prince Troïlus ; je vous ai aimé nuit et jour depuis de bien longs mois.

TROILUS.—Pourquoi donc ma Cressida a-t-elle tardé si longtemps à se laisser vaincre ?

CRESSIDA.—Dites à paraître vaincue ; mais j'étais vaincue, seigneur, depuis le premier coup d'œil que je... Pardonnez-moi... Si j'en avoue trop, vous deviendrez tyran. Je vous aime à présent ; mais jusqu'à présent, pas au point de n'être pas maîtresse de mon amour.—Ah ! d'honneur, je ne dis pas vrai ; mes pensées étaient comme des enfants sans lisière, devenus trop mutins pour obéir à leur mère.—Voyez comme nous sommes folles ! Pourquoi ai-je bavardé ? Qui sera discret pour nous, lorsque nous ne pouvons pas nous garder le secret à nous-mêmes ? Mais, quoique je vous aimasse bien, je ne vous recherchais pas, et cependant, je le jure, je souhaitais alors être un homme, ou bien que les femmes eussent le privilége qu'ont les hommes de parler les premiers. Mon ami, dites-moi de me taire, car dans l'enchantement où je suis, je dirai vivement des choses dont je me repentirai après. Voyez, voyez : votre silence, adroit dans sa discrétion, surprend à ma faiblesse le secret le plus profond de mon âme.—Fermez-moi la bouche.

TROILUS.—Je le veux bien (*il l'embrasse*), quoiqu'il en sorte une douce musique.

PANDARE.—C'est fort joli, en vérité.

CRESSIDA.—Seigneur, je vous en conjure, pardonnez-moi. Je n'avais pas l'intention de demander un baiser. Je suis honteuse.—O ciel ! qu'ai-je fait ?—Pour cette fois, je veux prendre congé de vous, seigneur.

TROILUS.—Congé, chère Cressida ?

PANDARE.—Congé ! Oh ! si vous prenez congé avant demain matin...

CRESSIDA.—Je vous en prie, permettez-moi...
TROILUS.—Qui est-ce qui vous importune, madame?
CRESSIDA.—Seigneur, ma propre compagnie.
TROILUS.—Vous ne pouvez pas vous fuir vous-même.
CRESSIDA.—Laissez-moi m'en aller et essayer : j'ai une partie fâcheuse, qui s'abandonne elle-même pour être la dupe d'un autre.—Je voudrais m'en aller! Où est donc ma raison? Je ne sais ce que je dis.
TROILUS.—On sait bien ce qu'on dit quand on parle avec tant de sagesse.
CRESSIDA.—Peut-être, seigneur, que j'ai montré plus de finesse que d'amour : et que je vous ai fait sans détour de si grands aveux pour amorcer vos désirs.—Mais vous n'êtes pas sage, ou vous n'aimez pas. Unir la sagesse et l'amour surpasse le pouvoir de l'homme[1] : ce prodige est réservé aux dieux.
TROILUS.—Ah! que je voudrais pouvoir penser qu'il est au pouvoir d'une femme (et si cela est possible, je le crois de vous) d'entretenir toujours son flambeau et les feux de l'amour; de conserver sa constance pleine de vigueur et de jeunesse, afin qu'elle survive à sa beauté extérieure par une âme qui se renouvelle plus promptement que le sang ne s'appauvrit! ou si je pouvais être convaincu que mon dévouement et ma fidélité pour vous peuvent rencontrer leur égale dans une tendresse pure sans alliage; oh! que je serais alors élevé au-dessus de moi-même! Mais, hélas! je suis aussi vrai que la simplicité de la vérité, et plus simple que la vérité dans son enfance.
CRESSIDA.—Je lutterai de constance avec vous.
TROILUS.—O combat vertueux, lorsque la vertu lutte avec la vertu, à qui vaudra le mieux! Les vrais amants, dans les siècles futurs, attesteront leur foi par le nom de Troïlus. Lorsque dans leurs vers, remplis de protestations, de serments et de grandes comparaisons, ils auront épuisé toutes les figures, qu'ils les auront usées à force de les répéter; après qu'ils auront juré que leur

---

[1] *Amare et sapere vix à Deo conceditur.* (PUBLIUS SYRUS.)

cœur est aussi fidèle que l'acier, aussi constant que les plantes le sont à la lune, que le soleil l'est au jour, la tourterelle à sa compagne, le fer à l'aimant, la terre à son centre ; après toutes ces comparaisons, je serai cité comme le modèle le plus célèbre de fidélité : Fidèle comme Troïlus, telle sera la conclusion de leurs vers pour les rendre sacrés.

CRESSIDA.—Puissiez-vous être prophète ! Si je suis perfide, ou que je m'écarte de la fidélité de l'épaisseur d'un cheveu, quand le temps vieilli se sera oublié lui-même, quand les gouttes de pluie auront usé les murs de Troie, que l'aveugle oubli aura englouti les cités, et que des États puissants seront effacés de la terre et réduits à la poussière du néant, qu'alors la mémoire, remontant au milieu des filles infidèles, d'infidélité en infidélité, me reproche ma perfidie. Lorsqu'on aura dit : Aussi perfide que le renard l'est à l'agneau, le loup au veau de la génisse ; le léopard au chevreuil, ou la marâtre à son fils, qu'alors on ajoute, pour toucher au cœur même de la perfidie : Aussi perfide que Cressida !

PANDARE.—Allons, voilà un marché fait : scellez-le, scellez-le ; je servirai de témoin. Je tiens ici votre main, et voici celle de ma nièce : si jamais vous devenez infidèles l'un à l'autre, après toutes les peines que j'ai prises pour vous rapprocher, que tous les malheureux entremetteurs soient jusqu'à la fin du monde appelés de mon nom ; qu'on les appelle tous des Pandares, que tous les hommes inconstants soient appelés des Troïlus, toutes les femmes perfides des Cressida, et tous les intrigants d'amour des Pandare ! dites tous deux : *Amen !*

TROÏLUS.—*Amen !*

CRESSIDA.—*Amen !*

PANDARE.—*Amen !*—Et là-dessus, je vais vous montrer une chambre à coucher : et comme le lit ne parlera jamais de vos tendres combats, pressez-le à mort : allons, venez ; et que Cupidon veuille procurer à toutes les filles qui sont ici bouche close, un lit, une chambre, et un Pandare pour tout préparer !

(Ils sortent.)

SCÈNE III

Le camp des Grecs.

AGAMEMNON, ULYSSE, DIOMÈDE, NESTOR, AJAX, MÉNÉLAS et CALCHAS.

CALCHAS.—Princes, les circonstances présentes m'autorisent à parler et à réclamer la récompense du service que je vous ai rendu. Je dois remettre devant vos yeux, que, d'après mon talent de lire dans l'avenir, j'ai abandonné Troie à Jupiter; j'ai quitté mes biens, et encouru le nom de traître, je me suis exposé à un sort incertain, au lieu des avantages et de la fortune dont j'étais possesseur assuré; séparant de moi tout ce que l'habitude, les liaisons, la coutume et mon état avaient rendu agréable, familier à ma nature; pour vous rendre service, je suis devenu ici étranger, tout nouveau dans le monde, sans amis ni connaissances. Je vous prie donc de m'accorder aujourd'hui une légère faveur prise à l'avance sur les nombreuses promesses qui subsistent toujours, dites-vous, pour m'enrichir à l'avenir.

AGAMEMNON.—Que désires-tu de nous, Troyen? Expose ta demande.

CALCHAS.—Vous avez un prisonnier troyen, nommé Anténor, pris d'hier. Troie attache un grand prix à sa personne. Vous avez plusieurs fois (et je vous en ai souvent remercié) demandé ma fille Cressida en échange de prisonniers illustres, et Troie l'a toujours refusée; mais cet Anténor, je le sais, est tellement nécessaire [1] à leurs négociations que, privées de sa direction, elles doivent échouer; et ils nous donneraient presque un prince du sang, un des fils de Priam, en échange. Renvoyez-le, illustres princes, pour la rançon de ma fille, dont la présence vous acquittera entièrement envers moi de tous les services que j'ai pu vous rendre, dans les entreprises qui vous intéressaient le plus.

---

[1] Il y a dans le texte: *Such a wrest in their affairs; wrest*, instrument pour accorder les harpes, dit un commentateur.

AGAMEMNON.—Que Diomède le conduise à Troie et nous ramène Cressida : Calchas aura ce qu'il nous demande. —Noble Diomède, apprêtez-vous convenablement pour cet échange; et de plus, annoncez à Troie que si Hector veut demain qu'on réponde à son défi, Ajax est tout prêt.

DIOMÈDE.—Je me charge de tout ceci, et c'est un fardeau que je suis fier de porter.

(Diomède et Calchas sortent.)
(Achille et Patrocle sortent et paraissent devant leur tente.)

ULYSSE.—J'aperçois Achille à l'entrée de sa tente. Qu'il plaise à notre général de passer près de lui, d'un air indifférent, comme s'il l'avait oublié : et vous, princes, jetez tous sur lui un coup d'œil vague et inattentif. Je passerai le dernier; il est probable qu'il me demandera pourquoi on le regarde d'un air si dédaigneux, pourquoi ces froids regards. S'il le fait, je saurai, par une dérision salutaire, expliquer vos dédains à son orgueil qui sera naturellement avide de m'écouter; cela peut être bon.— L'orgueil n'a pour se montrer d'autre miroir que l'orgueil : la souplesse des genoux entretient l'arrogance, et c'est le salaire de l'homme orgueilleux.

AGAMEMNON.—Nous allons exécuter votre dessein, et affecter un visage indifférent en passant devant lui. Que chacun de vous en fasse autant; et que personne ne le salue, ou plutôt qu'on le salue avec dédain; ce qui l'irritera bien plus que si on ne le regardait pas. Je vais passer le premier.

(Ils marchent tous.)

ACHILLE.—Quoi! le général vient-il me parler? Vous savez ma résolution; je ne combattrai plus contre Troie.

AGAMEMNON.—Que dit Achille? Nous veut-il quelque chose?

NESTOR, à Achille.—Voudriez-vous, seigneur, parler au général?

ACHILLE.—Non.

NESTOR, à Agamemnon.—Rien, seigneur.

AGAMEMNON.—Tant mieux.

ACHILLE, à Ménélas.—Bonjour, bonjour.

MÉNÉLAS.—Comment vous portez-vous? comment vous portez-vous?
(Ménélas sort.)

ACHILLE.—Quoi! cet homme déshonoré me mépriserait-il!

AJAX.—Comment vous va, Patrocle?

ACHILLE.—Bonjour, Ajax.

AJAX.—Hein!

ACHILLE.—Bonjour.

AJAX.—Oui, et bon lendemain aussi.
(Ajax sort.)

ACHILLE.—Que veulent dire ces gens-là? Est-ce qu'ils ne connaissent pas Achille?

PATROCLE.—Ils passent devant nous d'un air bien indifférent : ils avaient coutume de saluer, d'envoyer devant eux leurs sourires vers Achille, de lui adresser de gracieux sourires, et de l'aborder avec l'humilité qu'ils montrent au pied des saints autels.

ACHILLE.—Quoi! suis-je devenu pauvre tout à coup? Il est certain que la grandeur, une fois qu'elle est brouillée avec la fortune, doit se brouiller aussi avec les hommes. L'homme ruiné lit sa chute dans les yeux d'autrui aussitôt qu'il la sent lui-même ; car les hommes, comme les papillons, ne déploient leurs ailes poudreuses que pendant l'été; et l'homme qui n'est que simplement homme ne reçoit aucun honneur ; il n'est honoré que pour ses honneurs extérieurs, comme sa place, ses richesses, sa faveur, avantages dus au hasard aussi souvent qu'au mérite. Quand ces honneurs, étais glissants d'une amitié glissante comme eux, viennent à tomber, les uns entraînent l'autre, et tout périt ensemble dans la chute. Mais il n'en est pas ainsi de moi ; la fortune et moi nous sommes amis ; je jouis au plus haut degré de tout ce que je possédais, excepté des regards de ces hommes qui, à ce qu'il me paraît, trouvent en moi quelque chose qui n'est plus digne de ces regards complaisants qu'ils m'ont si souvent accordés. Voici Ulysse; je veux interrompre sa lecture.—Ulysse?

ULYSSE.—Eh bien! illustre fils de Thétis?

ACTE III, SCÈNE III.

ACHILLE.—Que lisez-vous là?

ULYSSE.—Un étrange mortel m'écrit ici qu'un homme, quelque richement doué qu'il soit, quels que soient ses avantages intérieurs ou extérieurs, ne peut se vanter d'avoir ce qu'il a, et qu'il ne sent ce qu'il possède qu'en le voyant par autrui : ses vertus en brillant devant les autres les échauffent, et ils rendent à leur tour cette chaleur à l'homme dont elle est émanée.

ACHILLE.—Il n'y a rien d'étrange à cela, Ulysse. La beauté du visage n'est pas connue de celui qui le porte. C'est des yeux d'autrui qu'il apprend son prix ; et l'œil même, l'organe le plus pur du sentiment, ne peut se voir sans sortir de lui-même ; mais œil contre œil se saluent l'un l'autre de leur forme respective ; car la vue ne veut se replier sur elle-même qu'après avoir traversé l'espace ; c'est là qu'elle s'unit à un miroir où elle peut se contempler : cela n'a rien d'étrange, Ulysse.

ULYSSE.—Je n'ai pas d'objections à la proposition, elle est familière ; mais je m'étonne des conséquences qu'en tire l'auteur. Dans le développement de ses preuves, il démontre que l'homme ne possède rien en maître (quelles que soient ses richesses extérieures et intérieures) jusqu'au moment où il les communique aux autres ; par lui-même il ne leur connaît aucun prix qu'après qu'il les a vues emprunter leur forme et leur valeur de l'approbation de ceux auxquels elles s'étendent : ainsi la voix est répercutée d'une voûte sonore ; ainsi une porte d'acier placée en face du soleil reçoit et renvoie son image et sa chaleur. J'étais plongé là dedans, et j'en ai fait sur-le-champ l'application à Ajax ; il est encore ignoré. Mais ô ciel, quel homme c'est! un vrai cheval qui porte un trésor qu'il ne connaît pas. O nature, que de choses qui sont viles à nos yeux, et qui deviennent précieuses par l'usage! Que de choses, au contraire, si fort estimées et qui sont d'une mince valeur! C'est demain que nous verrons par un exploit que le hasard du sort a fait tomber sur lui, Ajax devenu célèbre. O ciel, que de choses font quelques mortels, tandis que d'autres les laissent faire! Combien d'hommes se glissent dans le palais de la Fortune inconstante, tandis que d'autres font les idiots sous ses yeux! Ainsi un homme prospère aux dépens d'un autre, dont l'orgueil se repaît de lui-même dans une molle indolence! Il faut voir les chefs grecs! Ils frappent déjà sur l'épaule du lourd Ajax comme s'il avait le pied sur la gorge du brave Hector et si la fameuse Troie s'écroulait.

ACHILLE.—Je crois ce que vous dites là, car ils ont passé près de moi comme feraient des avares devant un mendiant; ils ne m'ont adressé ni une bonne parole, ni un regard. Quoi! mes exploits sont-ils oubliés?

ULYSSE.—Le Temps, seigneur, a sur son dos une besace, où il jette les aumônes qu'il va recueillant pour l'Oubli, qui est un géant, monstre d'ingratitude. Ces aumônes sont les bonnes actions passées; dévorées presque aussitôt qu'elles sont accomplies, oubliées dès qu'elles sont finies : la persévérance seule, cher seigneur, entretient l'honneur dans son éclat; avoir fait, c'est être passé de mode et suspendu à l'écart, ainsi qu'une cotte d'armes rouillée dans une décoration ridicule. Prenez le chemin qui s'offre à vous; car l'honneur voyage dans un défilé si étroit, qu'il n'y peut passer qu'un homme de front avec lui : gardez donc le sentier. L'émulation a mille enfants, qui se suivent et se pressent l'un l'autre. Si vous cédez, et que vous vous rangiez de côté hors de la route directe, semblables au flux qui entre dans le port, ils se précipiteront tous ensemble et vous laisseront derrière; vous resterez comme un brave cheval de bataille tombé au premier rang, et qui, foulé par l'arrière-garde, reste gisant et écrasé sous les pieds. Ainsi ce que les autres font dans le présent, quoique au-dessous de vos exploits passés, les surpassera nécessairement; car le Temps ressemble à un hôte du grand monde, qui serre froidement la main à l'ami qui s'en va, et qui, les bras étendus, comme s'il voulait prendre son vol, embrasse le nouveau venu. Toujours l'arrivée sourit, et l'adieu soupire en s'en allant. Oh! que la vertu ne cherche jamais la récompense de ce qu'elle a été. Beauté, esprit, naissance, force du corps, mérite des services,

ACTE III, SCÈNE III.

amour, amitié, bienfaisance, tout cela est le sujet du temps envieux et calomniateur. Un trait commun de la nature fait du monde entier une seule famille; tous, d'un accord unanime, prisent les hochets nouveaux, quoiqu'ils soient faits et formés avec les choses qui ne sont plus, et donnent plus de louanges à la poussière qui est un peu dorée qu'à l'or pur couvert de poussière. L'œil présent admire l'objet présent; ainsi ne t'étonne pas, héros illustre et accompli, si tous les Grecs commencent à adorer Ajax : les objets en mouvement attirent bien plus la vue que ce qui ne remue pas. Tous les cris s'adressaient jadis à toi; ils te suivraient encore et pourraient te revenir encore si tu ne voulais pas t'ensevelir tout vivant, et enfermer ta réputation dans ta tente, toi dont les glorieux exploits, dans ces derniers combats encore, firent descendre de l'Olympe les dieux jaloux et ennemis, et rendirent le grand Mars séditieux.

ACHILLE.—J'ai de fortes raisons pour rester retiré dans ma tente.

ULYSSE.—Mais les raisons qui condamnent votre retraite sont encore plus puissantes et plus dignes d'un héros. On sait, Achille, que vous êtes amoureux d'une des filles de Priam.

ACHILLE.—Ah ! on le sait ?

ULYSSE.—Et cela doit-il vous étonner? La Providence qui, dans un État bien gouverné, connaît presque chaque grain d'or de Plutus, trouve le fond des plus insondables profondeurs ; elle va se placer à côté de la pensée, et comme les dieux, elle dévoile celles qui sont muettes encore dans leur berceau. Il est dans l'âme d'un État un mystère où n'ose jamais pénétrer l'œil de l'histoire, et qui a une opération, une influence plus divine que la voix ou la plume ne peuvent l'exprimer. Toute la correspondance que vous avez eue avec Troie nous est aussi parfaitement connue qu'à vous-même, seigneur; et il siérait beaucoup mieux à Achille de terrasser Hector que Polyxène; mais ce qui affligera le jeune Pyrrhus resté dans vos foyers, c'est, lorsque la renommée ira sonner la trompette dans nos îles, de voir toutes les jeunes

Grecques chanter en dansant : *Achille a séduit la sœur du grand Hector, mais notre illustre Ajax a bravement terrassé Hector*. Adieu, seigneur, je vous parle en ami; un fou glisse sur la glace que vous devriez rompre.

(Ulysse sort.)

PATROCLE.—Je vous ai donné le même conseil, Achille. Une femme impudente et masculine n'inspire pas plus de dégoût et de mépris qu'un homme efféminé au moment de l'action. Et moi, on me blâme de cela; les Grecs s'imaginent que c'est mon peu d'ardeur pour la guerre, et votre grande amitié pour moi, qui vous retiennent ainsi. Ami, réveillez-vous, et bientôt le faible et folâtre Cupidon détachera de votre cou ses bras amoureux, et vous le secouerez loin de vous comme le lion secoue de sa crinière une goutte de rosée.

ACHILLE.—Est-ce qu'Ajax combattra Hector?

PATROCLE.—Oui, et peut-être en recueillera-t-il beaucoup d'honneur.

ACHILLE.—Je le vois, ma réputation est en péril; ma renommée est dangereusement atteinte.

PATROCLE.—Prenez-y donc bien garde. Les blessures que l'homme se fait lui-même guérissent difficilement. L'omission d'un devoir indispensable nous met en butte aux coups du danger; et le danger, comme une fièvre contagieuse, nous saisit subtilement, même lorsque nous sommes nonchalamment assis au soleil.

ACHILLE.—Va, cher Patrocle; appelle Thersite. J'enverrai ce bouffon vers Ajax, et le chargerai d'inviter les chefs troyens à venir, après le combat, nous voir ici désarmés. J'ai une envie de femme, un désir dont je suis malade; c'est de voir le grand Hector dans ses habits de paix, de causer avec lui, et de contempler à satiété son visage. — (*Apercevant Thersite.*) Voici une peine épargnée.

(Entre Thersite.)

THERSITE.—Un prodige!

ACHILLE.—Quoi?

THERSITE.—Ajax erre çà et là dans la plaine, se cherchant lui-même.

ACHILLE.—Comment cela?

THERSITE.—Il doit se battre demain en combat singulier avec Hector; et il est si fier d'avance d'une bastonnade héroïque, qu'il extravague en ne disant rien.

ACHILLE.—Comment cela peut-il être?

THERSITE.—Eh! il marche à pas posés en long et en large comme un paon : il fait un pas, puis une pause. Il rumine, comme une hôtesse qui n'a d'autre arithmétique que sa tête pour inscrire son compte. Il se mord la lèvre avec un regard malin, comme s'il voulait dire : « Il y aurait de l'esprit dans cette tête, s'il en voulait sortir : » et oui, il y en a; mais il y est aussi caché, aussi froid que l'étincelle dans le caillou, dont elle ne jaillit que lorsque le caillou a été frappé. C'est un homme perdu sans ressource; car si Hector ne lui rompt pas le cou dans le combat, il se le rompra lui-même à force de vaine gloire. Il ne me reconnaît plus; je lui ai dit : Bonjour, Ajax. Il m'a répondu : Merci, Agamemnon. Que dites-vous de cet homme, qui me prend pour le général? Il est devenu un vrai poisson de terre, sans voix, un monstre muet. La peste soit de l'opinion! Un homme peut la porter dans les deux sens, à l'endroit et à l'envers, comme un pourpoint de cuir.

ACHILLE.—Il faut que tu sois mon ambassadeur près de lui, Thersite.

THERSITE.—Qui, moi?—Eh mais! il ne veut répondre à personne; il fait profession de ne pas répondre : parler est bon pour la canaille; lui, il porte sa langue dans son bras.—Je veux le contrefaire devant vous : que Patrocle me questionne; vous allez voir la scène d'Ajax.

ACHILLE.—Questionne-le, Patrocle; dis-lui : « Je prie humblement le vaillant Ajax d'inviter le très-valeureux Hector à venir désarmé dans ma tente, et de lui procurer un sauf-conduit pour sa personne, du très-magnanime, très-illustre, et six ou sept fois honorable général de l'armée grecque, Agamemnon, etc.... » Dis cela.

PATROCLE.—Que Jupiter bénisse le grand Ajax!

THERSITE.—Hom!

PATROCLE.—Je viens de la part du brave Achille.

THERSITE.—Ah !

PATROCLE.—Qui vous prie humblement d'inviter Hector à venir sous sa tente.

THERSITE.—Hom ?

PATROCLE.—Et d'obtenir pour lui un sauf-conduit d'Agamemnon !

THERSITE.—Agamemnon ?

PATROCLE.—Oui, seigneur.

THERSITE.—Ah !

PATROCLE.—Quelle est votre réponse ?

THERSITE.—Dieu soit avec vous : de tout mon cœur.

PATROCLE.—Votre réponse, seigneur ?

THERSITE.—S'il fait beau demain, vers les onze heures, le sort se décidera pour l'un ou pour l'autre ; mais il me payera cher avant de me tenir.

PATROCLE.—Votre réponse ?

THERSITE.—Adieu, de tout mon cœur.

ACHILLE.—Mais il ne chante pas sur ce ton-là, n'est-ce pas ?

THERSITE.—Non ; il est hors de tous les tons, comme je vous le dis. Je ne sais pas quelle musique on trouvera dans son individu, quand Hector lui aura brisé la cervelle ; mais je suis sûr qu'on n'en tirera rien, à moins que le ménétrier Apollon ne prenne ses nerfs pour en faire des cordes pour son luth.

ACHILLE.—Allons, il faut que tu lui portes une lettre sur-le-champ.

THERSITE.—Donnez-m'en donc une autre pour son cheval ; car il est le plus intelligent des deux.

ACHILLE.—Mon âme est émue comme une fontaine troublée, et moi-même je n'en puis voir le fond.

(Achille et Patrocle sortent.)

THERSITE, *seul*.—Plût aux dieux que la fontaine de votre âme redevînt claire, pour qu'on pût y abreuver un âne ; j'aimerais mieux être une tique sur un mouton que d'avoir cette stupide bravoure.

(Il sort.)

FIN DU TROISIÈME ACTE.

ACTE QUATRIÈME

SCÈNE I

Rue de Troie.

ÉNÉE *entre d'un côté, avec un valet portant une torche; de l'autre entrent* PARIS, DÉIPHOBE, ANTÉNOR, DIOMÈDE ET AUTRES, *avec des torches.*

PARIS.—Voyez, qui est-ce que j'aperçois là-bas

DÉIPHOBE.—C'est le seigneur Énée.

ÉNÉE, *reconnaissant Pâris.*—Quoi, prince, vous êtes ici en personne ? Si j'avais d'aussi bonnes raisons, prince Pâris, de rester longtemps au lit, il n'y aurait qu'un ordre des cieux qui pût me séparer de ma belle compagne.

DIOMÈDE.—Je pense comme vous.—Salut, seigneur Énée !

PARIS.—Un vaillant Grec, Énée ! Prenez-lui la main : j'en atteste votre récit même, le jour que vous nous disiez comment Diomède s'était, pendant une semaine entière, jour par jour, attaché à vous sur le champ de bataille.

ÉNÉE, *à Diomède.*—Portez-vous bien, brave guerrier, tant que dureront les rapports de ce paisible armistice ; mais, lorsque je vous rencontrerai en armes, je vous adresserai le défi le plus sanglant que le cœur puisse concevoir ou le courage exécuter.

DIOMÈDE.—Diomède accepte l'un et l'autre. Notre sang est calme maintenant ; et tant qu'il le sera, portez-vous bien, Énée : mais dès que les combats m'offriront l'occasion de vous joindre, par Jupiter ! je deviendrai le chasseur de ta vie, et j'y dévoue toutes mes forces, toute ma vitesse et toute mon adresse.

ÉNÉE. —Et tu chasseras un lion qui fuira en retournant la tête.—Sois le bienvenu à Troie, et reçois-y un bon accueil : oui, par les jours d'Anchise ! tu es le bienvenu. Je jure par la main de Vénus qu'il n'est point d'homme vivant qui puisse mieux aimer celui qu'il a l'intention de tuer.

DIOMÈDE. — Nous sympathisons. — Grand Jupiter, qu'Énée vive, si son trépas ne doit rien ajouter à la gloire de mon épée ! Qu'il voie le soleil remplir mille fois le cercle complet de son cours ! Mais en faveur de mon honneur jaloux, qu'il meure, que chacun de ses membres porte une blessure ; et cela demain !

ÉNÉE.—Nous nous connaissons bien l'un l'autre

DIOMÈDE.—Oui, et nous désirons nous connaître plus mal.

PARIS.—Voilà le compliment le plus mêlé de vengeance et de paix, d'amitié et de haine héroïque, que j'aie jamais entendu.—Quelle affaire, seigneur, vous fait lever de si grand matin ?

ÉNÉE.—Je suis mandé par le roi, j'ignore pour quel motif.

PARIS.—Je vous apporte ses ordres. C'était pour vous charger de conduire ce Grec à la maison de Calchas, et de lui faire rendre la belle Cressida en échange d'Anténor. Daignez nous accompagner ; ou plutôt, s'il vous plaît, hâtez-vous de nous y précéder. Je pense certainement, ou plutôt ma pensée peut s'appeler une certitude, que mon frère Troïlus y a passé cette nuit. Éveillez-le, et donnez-lui avis de notre approche, avec les détails de notre message : je crains que nous ne soyons fort mal reçus.

ÉNÉE.—Oh ! cela, je vous en réponds. Troïlus aimerait mieux voir emporter Troie en Grèce, que de voir emmener de Troie sa Cressida.

PARIS.—Il n'y a pas de remède. Ce sont les cruelles conjonctures des temps qui le veulent ainsi.—Allez, seigneur, nous vous suivons.

ÉNÉE.—Salut à tous.
(Énée sort.)

PARIS.—Et dites-moi, noble Diomède, soyez de bonne foi ; dites-moi la vérité, parlez-moi avec la franchise d'une bonne amitié : lequel de Ménélas ou de moi jugez-vous le plus digne de la belle Hélène ?

DIOMÈDE.—Tous les deux également. Il mérite bien de l'avoir, lui qui, sans s'inquiéter de sa souillure, la cherche à travers un enfer de peines et un monde d'obstacles. Et vous, vous méritez autant de la garder, vous qui, insensible à son déshonneur, la défendez au prix de la perte immense de tant de richesses et d'amis. Lui, misérable gémissant, boirait jusqu'à la lie impure d'un vin passé et sans saveur ; et vous, en vrai débauché, il vous plaît d'engendrer vos héritiers dans les flancs d'une prostituée : dans le vrai, vos deux mérites balancés ne pèsent ni plus ni moins l'un que l'autre ; mais vous êtes égaux, puisqu'il s'agit entre vous d'une femme infâme.

PARIS.—Vous êtes trop amer pour votre compatriote.

DIOMÈDE.—C'est elle qui est bien amère pour son pays. Écoutez-moi, Pâris : pas une goutte de sang qui remplit ses veines impures qui n'ait coûté la vie à un Grec ; pas une drachme dans tout le poids de son corps avili et prostitué qui n'ait coûté la mort à un Troyen : depuis qu'elle a su parler, elle n'a pas prononcé autant de bonnes paroles qu'il est mort pour elle de Grecs et de Troyens.

PARIS.—Beau Diomède, vous en usez comme les chalands qui déprécient le bijou qu'ils ont envie d'acheter ; mais nous, nous nous contentons d'estimer en silence son mérite, et nous ne vanterons point ce que nous n'avons pas envie de vendre. Voici notre chemin.
(Ils sortent.)

SCÈNE II

Une cour devant la maison de Pandare.

TROILUS et CRESSIDA.

TROILUS.—Ma chère, ne te tourmente pas, la matinée est froide.

CRESSIDA.—Alors, mon cher seigneur, je vais faire descendre mon oncle : il nous ouvrira les portes.

TROILUS.—Non, ne le dérange pas. Au lit! au lit! Que le sommeil ferme ces jolis yeux, et plonge tous tes sens dans un repos aussi profond que le sommeil des enfants, qui est vide de toute pensée !

CRESSIDA.—Adieu donc.

TROILUS.—Je t'en prie, remets-toi au lit.

CRESSIDA.—Êtes-vous las de moi ?

TROILUS.—O Cressida ! si le jour actif, éveillé par l'alouette, n'avait pas réveillé les hardis corbeaux et chassé les songes et la nuit, qui ne peut plus couvrir de son ombre nos plaisirs, je ne me séparerais pas de toi.

CRESSIDA.—La nuit a été trop courte.

TROILUS. — Maudite soit la sorcière ! Elle demeure auprès des enchanteurs nocturnes jusqu'à les lasser autant que l'enfer; mais elle fuit les embrassements de l'amour d'une aile plus rapide que le vol de la pensée.— Vous prendrez froid, et vous me le reprocherez.

CRESSIDA.—Je vous en conjure, restez encore : vous autres hommes, vous ne voulez jamais rester. O folle Cressida !—Je pouvais vous tenir encore loin de moi, et vous seriez resté alors. Écoutez, il y a quelqu'un de levé.

PANDARE, *à haute voix, dans l'intérieur de la maison.*— Quoi ! toutes les portes sont-elles donc ouvertes ici ?

TROILUS.—C'est votre oncle. (Entre Pandare.)

CRESSIDA.—La peste soit de lui ! Il va se moquer de moi, je vais mener une vie...

PANDARE.—Eh bien, eh bien ! comment vont les virginités ?—Vous voilà, jeune vierge ! Où est ma nièce Cressida à présent ?

CRESSIDA.—Allez vous pendre, mon oncle, méchant moqueur. Vous me conseillez de faire... et ensuite vous me raillez.

PANDARE.—De faire quoi ? de faire quoi ? Voyons, qu'elle dise quoi.... Que vous ai-je conseillé de faire ?

CRESSIDA.—Allons, maudit soit votre cœur ! Vous ne serez jamais bon, et vous ne souffrirez jamais que les autres le soient.

PANDARE.—Ha, ha! hélas! la pauvre petite! la pauvre innocente! Tu n'as pas dormi cette nuit? Est-ce que ce méchant ne t'a pas laissée dormir? Qu'un fantôme l'emporte!

(On frappe à la porte.)

CRESSIDA, *à Troïlus.*—Ne vous l'avais-je pas dit? Je voudrais qu'on lui cassât la tête!—Qui est à la porte? Mon bon oncle, allez voir.—(*A Troïlus.*) Seigneur, rentrez dans ma chambre : vous souriez et vous vous moquez de moi, comme si j'avais des intentions malicieuses.

TROILUS, *riant.*—Ha, ha!

CRESSIDA.—Allons, vous vous trompez; je ne songe à rien de semblable. (*On frappe encore.*)—Avec quelle force ils frappent!—Je vous en prie, rentrez. Je ne voudrais pas, pour la moitié de Troie, qu'on vous vît ici.

(Ils rentrent tous les deux.)

PANDARE.—Qu'y est là? qu'y a-t-il? Voulez-vous donc enfoncer les portes? Eh bien, de quoi s'agit-il?

(Entre Énée.)

ÉNÉE.—Bonjour, seigneur, bonjour.

PANDARE.—Qui est là?—Quoi! c'est vous, seigneur Énée? Sur ma parole, je ne vous ai pas reconnu. Quelles nouvelles apportez-vous si matin?

ÉNÉE.—Le prince Troïlus n'est-il pas ici?

PANDARE.—Ici? Hé! qu'y ferait-il?

ÉNÉE.—Allons, il est ici, seigneur; ne nous le célez pas : il est très-important pour lui que je lui parle.

PANDARE.—Il est ici, dites-vous? C'est plus que je n'en sais, je vous le jure.—Quant à moi, je suis rentré tard. —Hé! que ferait-il ici?

ÉNÉE.—Quoi? rien.—Allons, allons, vous lui feriez beaucoup de tort, sans vous en douter; j'espère que vous lui serez assez fidèle pour le trahir; à la bonne heure, ignorez qu'il est ici; mais allez toujours le chercher. Allez.

(Pandare va sortir, Troïlus entre.)

TROILUS.—Quoi? Qu'y a-t-il?...

ÉNÉE.—Seigneur, à peine ai-je le temps de vous saluer, tant mon message est pressé. Voici à deux pas Pâris votre frère, et Déiphobe, le Grec Diomède, et notre Anténor qui nous est rendu ; mais, en échange de sa liberté, il faut que sur-le-champ, dans une heure et avant le premier sacrifice, nous remettions dans les mains de Diomède la jeune Cressida.

TROILUS.—Est-ce une chose arrêtée ?

ÉNÉE.—Oui, par Priam et le conseil de Troie ; ils me suivent et sont prêts à l'exécuter.

TROILUS.—Comme mes projets se jouent de moi !—Je vais aller les joindre ; et vous, seigneur Énée, nous nous sommes rencontrés par hasard ; vous ne m'avez pas trouvé ici.

ÉNÉE.—Bon, bon, seigneur ; les secrets de la nature ne sont pas gardés dans un plus profond silence.

(Troïlus et Énée sortent.)

PANDARE.—Est-il possible ? Pas plutôt gagnée qu'elle est perdue ! Que le diable emporte Anténor ! Le jeune prince en perdra la raison ; la peste soit d'Anténor ! Je voudrais qu'ils lui eussent cassé le cou.

CRESSIDA.—Eh bien, de quoi s'agit-il ? Qui donc était ici ?

PANDARE.—Ah ! ah !

CRESSIDA.—Pourquoi soupirez-vous si profondément ? Où est mon seigneur ? De grâce, mon cher oncle, dites-moi ce que c'est.

PANDARE.—Je voudrais être enfoncé de toute ma hauteur sous la terre !

CRESSIDA.—O dieux ! qu'y a-t-il donc ?

PANDARE.—Je te prie, rentre. Plût aux dieux que tu ne fusses jamais née ! Je savais bien que tu serais cause de sa mort ! O pauvre prince ! la peste soit d'Anténor !

CRESSIDA.—Mon cher oncle, je vous en conjure, à genoux, je vous en conjure, qu'y a-t-il ?...

PANDARE.—Il faut que tu partes, ma pauvre fille, il faut que tu partes ; tu es échangée avec Anténor : il faut que tu retournes vers ton père, et que tu te sépares de Troïlus : ce sera sa mort, son poison ; il ne pourra jamais le supporter.

CRESSIDA.—O dieux immortels !—Je ne partirai pas.

PANDARE.—Il le faut.

CRESSIDA.—Je ne le veux pas, mon oncle. J'ai oublié mon père, je ne connais aucun sentiment de parenté. Non, il n'est point de parents, de tendresse, de sang, de cœur, qui me touchent d'aussi près que mon cher Troïlus. O dieux du ciel! faites du nom de Cressida le symbole de la perfidie, si jamais elle abandonne Troïlus. Temps, violence, mort, portez-vous sur ce corps à toutes les extrémités; mais la base solide sur laquelle mon amour est affermi est comme le centre même de la terre, il attire tout à lui.—Je vais rentrer et pleurer.

PANDARE.—Oui, va, va.

CRESSIDA.—Et arracher mes beaux cheveux, et égratigner ces joues si vantées, briser ma voix à force de sanglots, et briser mon cœur à force de crier : Troïlus! Je ne veux pas sortir de Troie.

(Ils sortent.)

SCÈNE III

La scène se passe devant la maison de Pandare.

PARIS, TROILUS, ÉNÉE, DÉIPHOBE, ANTÉNOR, DIOMÈDE.

PARIS.—Il est grand jour, et l'heure fixée pour la remettre à ce vaillant Grec s'avance à grands pas.—Mon cher frère Troïlus, allez dire à Cressida ce qu'il faut qu'elle fasse, et déterminez-la promptement à y consentir.

TROILUS.—Entrez dans sa maison. Je vais l'amener dans un instant à ce Grec; et lorsque vous me verrez la remettre entre ses mains, croyez voir un autel, et dans votre frère Troïlus le prêtre qui immole son propre cœur.

(Il sort.)

PARIS.—Je sais ce que c'est que d'aimer; et je voudrais pouvoir le secourir comme je le plains.—Entrez, je vous prie, seigneurs.

(Ils sortent.)

SCÈNE IV

On voit un appartement de la maison de Pandare.

PANDARE, CRESSIDA.

PANDARE.—De la modération, de la modération.

CRESSIDA.—Que me parlez-vous de modération ? Ma douleur est complète, parfaite, et extrême comme l'amour qui l'a produite ; et elle m'agite avec la même force invincible que lui. Comment puis-je la modérer ? Si je pouvais composer avec ma passion, ou la refroidir et l'affaiblir, je pourrais tempérer de même mon chagrin : mais mon amour n'admet point d'alliage qui le modifie, et mon chagrin n'en admet pas davantage dans une perte aussi chère.

(Entre Troïlus.)

PANDARE.—Le voici qui vient, le voici.—Ah ! mes pauvres poulets[1] !

CRESSIDA *l'embrassant.*—O Troïlus, Troïlus !

PANDARE.—Quel couple d'objets infortunés j'ai devant les yeux ! Que je vous embrasse aussi. O cœur ! comme on l'a si bien dit :

> O cœur, ô triste cœur !
> Pourquoi soupires-tu sans te briser ?

Et à cela il répond :

> Parce que tu ne peux soulager ta cuisante douleur
> Ni par l'amitié, ni par les paroles[2].

Jamais il n'y eut rime plus vraie. Ne faisons dédain de rien, car nous pourrions vivre assez pour avoir besoin de ces vers ; nous le voyons, nous le voyons... Eh bien ! mes agneaux ?

TROILUS.—Cressida, je t'adore d'un amour si pur que les dieux bienheureux, comme s'ils étaient jaloux de ma passion plus fervente dans son zèle que la dévotion que

---

[1] *Sweet ducks!*
[2] Citation de quelque ancienne ballade.

respirent pour leurs divinités des lèvres glacées, te séparent de moi.

CRESSIDA.—Les dieux sont-ils sujets à l'envie?

PANDARE. — Oui, oui, oui; en voilà la preuve bien évidente.

CRESSIDA.—Et est-il vrai qu'il me faille quitter Troie?

TROILUS.—Odieuse vérité!

CRESSIDA.—Quoi? et Troïlus aussi?

TROILUS.—Troie, et Troïlus!

CRESSIDA.—Est-il possible?

TROILUS.—Et si soudainement que la cruauté du sort nous ravit le temps de prendre congé l'un de l'autre, brusque tous les délais, frustre avec barbarie nos lèvres de la douceur de s'unir, interdit violemment nos étroits embrassements, étouffe nos tendres vœux à la naissance même de notre haleine laborieuse. Nous deux, qui nous sommes achetés l'un l'autre au prix de tant de milliers de soupirs, nous sommes forcés de nous vendre misérablement après un seul soupir fugitif et imparfait! Le temps injurieux, avec la précipitation d'un voleur, entasse pêle-mêle et au hasard tout son riche butin. Nous nous devons autant d'adieux qu'il est d'étoiles dans le firmament, tous bien articulés, et scellés d'un baiser : eh bien! il les amoncelle tous en un seul adieu vague, et nous réduit à un seul baiser affamé, gâté par l'amertume de nos larmes.

ÉNÉE, *derrière le théâtre.*—Seigneur, la dame est-elle prête?

TROILUS.—Écoutez! c'est vous qu'on appelle... On dit que c'est ainsi que le Génie crie: Viens! à celui qui va mourir.—Dites-leur d'avoir patience; elle va venir à l'instant.

PANDARE.—Où sont mes larmes? Pluie, coulez pour abattre ce vent, sans quoi mon cœur va être déraciné.

(Pandare sort.)

CRESSIDA.—Faut-il donc que j'aille chez les Grecs?

TROILUS.—Il n'y a point de remède.

CRESSIDA.—La malheureuse Cressida au milieu des Grecs joyeux!—Quand nous reverrons-nous?

TROILUS.—Écoute-moi, ma bien-aimée; garde-moi seulement un cœur fidèle...

CRESSIDA.—Moi! fidèle?—Quoi donc? quelle est cette mauvaise pensée?

TROILUS.—Allons, il faut user doucement des plaintes, car c'est l'instant de notre séparation.—Je ne te dis pas, sois fidèle, parce que je doute de toi; car je jetterais mon gant à la Mort elle-même, pour la défier de prouver qu'aucune tache ait souillé ton cœur; mais si je dis, sois fidèle, c'est uniquement pour amener la protestation que je vais te faire; sois fidèle, et j'irai te voir.

CRESSIDA.—O prince! vous serez exposé à des dangers aussi nombreux que pressants; mais je serai fidèle.

TROILUS.—Et moi, je me ferai un ami du danger.—Porte cette manche.

CRESSIDA.—Et vous ce gant. Quand vous verrai-je?

TROILUS. — Je corromprai les sentinelles des Grecs, pour te rendre visite la nuit : mais, sois fidèle.

CRESSIDA.—O ciel! encore : Sois fidèle !

TROILUS.—Écoute pourquoi je parle ainsi, mon amour : les jeunes Grecs sont remplis de qualités; ils sont amoureux, bien faits, riches des dons de la nature et perfectionnés par les arts et les exercices. La nouveauté fait impression quand les talents sont unis aux grâces de la personne!... Hélas! une sorte de jalousie céleste (que je vous conjure d'appeler une erreur vertueuse) m'inspire des craintes.

CRESSIDA.—O ciel! vous ne m'aimez pas.

TROILUS.—Que je meure en lâche si je ne vous aime pas! Si je vous parle ainsi, c'est bien moins de votre fidélité que je doute que de mon propre mérite : je ne sais point chanter, ni danser la volte, ni parler avec douceur, ni jouer à des jeux d'adresse, autant de talents brillants, naturels et familiers aux Grecs : mais je puis vous dire que sous les grâces de ces dons séduisants est caché un démon dangereux qui parle sans rien dire, et tente avec un art extrême : ne vous laissez pas tenter.

CRESSIDA.—Croyez-vous que je me laisse tenter?

TROILUS. — Non, mais nous faisons quelquefois des choses que nous ne voulons pas ; nous sommes nos propres démons à nous-mêmes, lorsque nous voulons tenter la fragilité de nos forces, en présumant trop de leur puissance variable.

ÉNÉE, *en dehors*.—Allons, mon bon seigneur.

TROILUS. — Allons, embrassons-nous, et séparons-nous.

PARIS, *en dehors*.—Mon frère Troïlus!

TROILUS.—Mon cher frère, entrez ici, et amenez Énée et le Grec avec vous.

CRESSIDA.—Seigneur, serez-vous fidèle?

TROILUS.—Qui, moi? hélas! c'est mon vice, c'est mon défaut. Tandis que les autres savent gagner par adresse une haute estime, moi, par mon excès d'honnêteté, je n'obtiens qu'une simple approbation. Tandis que d'autres dorent avec art leurs couronnes de cuivre, j'offre la mienne nue avec franchise et sincérité. Ne craignez rien de ma fidélité : franchise et bonne foi, c'est là toute ma morale. (*Entrent Énée, Pâris, Anténor, Déiphobe et Diomède.*) Soyez le bienvenu, noble Diomède : voici la dame que nous rendons à la place d'Anténor. Aux portes, seigneur, je la remettrai dans vos mains, et, chemin faisant, je vous ferai comprendre ce qu'elle vaut. Traitez-la avec distinction ; et, par mon âme, beau Grec, si jamais tu te trouvais à la merci de mon épée, nomme seulement Cressida, et ta vie sera aussi en sûreté que Priam dans Ilion.

DIOMÈDE.—Belle Cressida, dispensez-vous, je vous prie, des remercîments que ce prince attend de vous ; l'éclat de vos yeux et la beauté céleste de vos traits vous assurent tous les égards : vous serez la souveraine de Diomède ; il est tout entier à vos ordres.

TROILUS.—Grec, tu ne me traites pas avec courtoisie, de faire honte à l'ardeur de ma prière, en louant Cressida. Je te dis, prince grec, qu'elle est aussi fort au-dessus de tes louanges, que tu es indigne de porter le nom de son serviteur : je te recommande de la bien traiter, à ma seule considération ; car, j'en jure par le redoutable

Pluton, si tu ne le fais pas, quand le géant Achille serait ton gardien, je te couperai la gorge.

DIOMÈDE.—Ah! point de courroux, prince Troïlus; qu'il me soit permis, par le privilége de mon rang et de mon message, de parler en liberté : quand je serai sorti de cette ville, je suivrai ma volonté ; et sachez, seigneur, que je ne ferai rien sur vos ordres; elle sera appréciée suivant son propre mérite; mais lorsque vous direz : que cela soit, je vous répondrai dans toute la fierté du courage et de l'honneur : non.

TROÏLUS.—Allons, marchons vers les portes.—Je te dis, moi, Diomède, que cette bravade te forcera plus d'une fois à cacher ta tête.—Belle Cressida, donnez-moi la main, et, en marchant, achevons ensemble un entretien nécessaire et qui ne regarde que nous.

(Troïlus, Cressida et Diomède sortent.)
(On entend une trompette.)

PARIS.—Écoutez ; c'est la trompette d'Hector.

ÉNÉE.—A quoi avons-nous passé cette matinée? Le prince doit me croire paresseux et négligent, moi qui lui avais juré d'être sur le champ de bataille avant lui.

PARIS.—C'est la faute de Troïlus. Allons, allons, rendons-nous sur le champ de bataille avec lui.

DÉIPHOBE.—Faisons diligence.

ÉNÉE.—Oui, marchons avec le joyeux empressement d'un jeune époux, et volons sur les traces d'Hector : la gloire de notre Troie dépend aujourd'hui de sa noble valeur et de ce combat singulier.

(Ils sortent.)

SCÈNE V

Le camp des Grecs, une lice a été préparée.

AJAX *s'avance armé*, AGAMEMNON, ACHILLE, PATROCLE, MÉNÉLAS, ULYSSE, NESTOR *et autres chefs*.

AGAMEMNON.—Te voilà déjà complétement vêtu de ta brillante armure et devançant le temps dans l'impatience de ton courage. Redoutable Ajax, ordonne à ton héraut

ACTE IV, SCÈNE V.

d'envoyer jusqu'à Troie le signal éclatant de sa trompette, et que l'air épouvanté frappe l'oreille du grand champion et l'appelle ici.

AJAX.—Trompette, voilà ma bourse. Maintenant crève tes poumons et brise ta trompe d'airain. Souffle, coquin, jusqu'à ce que tes joues arrondies se gonflent plus que celles de l'aquilon essoufflé. Allons, enfle ta poitrine, et que le sang jaillisse de tes yeux; c'est Hector que tu appelles.

(La trompette sonne.)

ULYSSE.—Aucune trompette ne répond.

ACHILLE.—Il est bien matin encore.

AGAMEMNON.—N'est-ce pas Diomède qu'on aperçoit là-bas, avec la fille de Calchas?

ULYSSE.—C'est lui-même; je le reconnais à sa tournure : il marche en s'élevant sur la pointe du pied ; c'est son ambitieuse fierté qui l'élève ainsi au-dessus de la terre.

(Diomède s'avance avec Cressida.)

AGAMEMNON.—Est-ce là la jeune Cressida?

DIOMÈDE.—Oui, c'est elle.

AGAMEMNON.—Vous êtes la bienvenue chez les Grecs, belle dame.

NESTOR.—Notre général vous salue d'un baiser.

ULYSSE.—Ce n'est là qu'une courtoisie particulière : il vaudrait bien mieux qu'elle fût baisée par tous en général[1].

NESTOR.—Et c'est là un conseil bien galant. Allons, c'est moi qui commencerai.—Voilà pour Nestor.

ACHILLE.—Je veux chasser l'hiver de vos lèvres, belle dame. Achille vous souhaite la bienvenue.

MÉNÉLAS.—J'avais jadis de bonnes raisons pour mes baisers.

PATROCLE.—Mais ce n'est pas une raison pour baiser aujourd'hui ; Pâris est arrivé tout d'un coup si effrontément qu'il vous a séparés, vous et vos raisons

ULYSSE.—Amère pensée, sujet de tous nos affronts; nous perdons nos têtes pour dorer ses cornes.

---

[1] *Notre général* et *en général*, jeu de mots.

PATROCLE.—Le premier était le baiser de Ménélas, celui-ci est le mien; c'est Patrocle qui vous embrasse.

MÉNÉLAS.—Oh! cela est joli!

PATROCLE.—Pâris et moi, nous baisons toujours pour Ménélas.

MÉNÉLAS.—Je veux avoir le mien, seigneur; belle dame, permettez....

CRESSIDA.—En embrassant, donnez-vous, ou recevez-vous?

MÉNÉLAS.—Je prends, et je donne.

CRESSIDA.—Je veux faire un marché où je puisse gagner ma vie. Le baiser que vous prenez vaut mieux que celui que vous donnez; ainsi point de baiser.

MÉNÉLAS.—Je vous payerai l'excédant; je vous en donnerai trois pour un.

CRESSIDA.—Donnez juste autant, ou n'en donnez point. Vous êtes un homme impair.

MÉNÉLAS.—Un homme impair, dites-vous, belle? tout homme l'est.

CRESSIDA.—Non, Pâris ne l'est pas; car vous savez qu'il est très-vrai que vous êtes impair, et que lui est au pair avec vous.

MÉNÉLAS.—Vous me donnez des chiquenaudes sur le front.

ULYSSE.—La partie ne serait pas égale, votre ongle contre sa corne. Puis-je, belle dame, vous demander un baiser?

CRESSIDA.—Vous le pouvez.

ULYSSE.—Je le désire.

CRESSIDA.—Allons, demandez-le.

ULYSSE.—Eh bien! pour l'amour de Vénus, donnez-moi un baiser, quand Hélène sera redevenue vierge, et en sa possession.

(Montrant Ménélas.)

CRESSIDA.— Je suis votre débitrice : réclamez votre payement quand il sera échu.

ULYSSE.—Jamais le jour n'arrivera, ni votre baiser.

DIOMÈDE.—Madame, un mot —Je vais vous conduire à votre père. (Diomède emmène Cressida.)

NESTOR.—C'est une femme d'un esprit vif.

ULYSSE.—Fi donc, fi donc! tout parle en elle, ses yeux, ses joues, ses lèvres, jusqu'au mouvement de son pied. Ses penchants déréglés se décèlent dans tous ses muscles, dans tous les mouvements de sa personne. Oh! ces hardies assaillantes, si libres de la langue, qui vous font ainsi les premières avances, et qui ouvrent les tablettes de leurs pensées toutes grandes au premier venu qui les flatte, regardez-les comme la proie complaisante de la première occasion, et de vraies filles du métier.

(On entend une trompette au dehors.)

TOUS.—La trompette du Troyen.

AGAMEMNON.—Voilà sa troupe qui vient.

(Entrent Hector armé, Énée, Troïlus, d'autres Troyens et suite.)

ÉNÉE.—Salut! vous tous, princes de la Grèce. Quel sera le prix de celui qui remportera la victoire? ou vous proposez-vous de déclarer un vainqueur? voulez-vous que les deux champions se poursuivent l'un l'autre jusqu'à la dernière extrémité : ou seront-ils séparés par quelque voix, quelque signal du champ de bataille? Hector m'a ordonné de vous le demander.

AGAMEMNON.—Quel est le désir d'Hector?

ÉNÉE.—Cela lui est indifférent : il obéira aux conventions.

ACHILLE.—C'est bien là Hector; mais il agit bien tranquillement, avec un peu de fierté et il ne fait pas grand cas du chevalier son adversaire.

ÉNÉE.—Si vous n'êtes pas Achille, seigneur, quel est votre nom?

ACHILLE.—Si je ne suis pas Achille, je n'en ai point.

ÉNÉE.—Eh bien, Achille soit : mais qui que vous soyez, sachez ceci : que les deux extrêmes en valeur et en orgueil excellent chez Hector : l'un monte presque jusqu'à l'infini; l'autre descend jusqu'au néant. Faites bien attention à ce héros, et ce qui en lui ressemble à de l'orgueil est courtoisie. Cet Ajax est à demi-formé du sang d'Hector, et par amour pour ce sang la moitié d'Hector reste à Troie : c'est la moitié de son courage, de sa force la moitié d'Hector, qui vient chercher ce chevalier de sang mêlé, moitié Grec et moitié Troyen.

ACHILLE.—Ce ne sera donc qu'un combat de femme? —Oh! je vous comprends.

(Diomède revient.)

AGAMEMNON.—Voici Diomède.—Allez, noble chevalier: tenez-vous près de notre Ajax. Il en sera comme vous déciderez, vous et le seigneur Énée, sur l'ordre du combat ; soit que vous arrêtiez qu'ils doivent se battre à outrance ou que les deux champions pourront reprendre haleine : les combattants étant parents, leur combat est à moitié arrêté avant que les coups aient commencé.

(Ajax et Hector entrent dans la lice.)

ULYSSE.—Les voilà déjà prêts à en venir aux mains.

AGAMEMNON.—Quel est ce Troyen qui a l'air si triste?

ULYSSE.—C'est le plus jeune des fils de Priam, un vrai chevalier ; il n'est pas mûr encore et il est déjà sans égal : ferme dans sa parole, parlant par ses actions et sans langue pour les vanter ; lent à s'irriter, mais lent à se calmer quand il est provoqué : son cœur et sa main sont tous deux ouverts et tous deux francs ; ce qu'il a, il le donne, ce qu'il pense, il le montre : mais il ne donne que lorsque son jugement éclaire sa bienfaisance, et il n'honore jamais de sa voix une pensée indigne de son caractère : courageux comme Hector et plus dangereux que lui. Hector, dans la fougue de sa colère, cède aux impressions de la tendresse : mais lui, dans la chaleur de l'action, il est plus vindicatif que l'amour jaloux : on le nomme Troïlus, et Troie fonde sur lui sa seconde espérance, avec autant de confiance que sur Hector même : ainsi le peint Énée, qui connaît ce jeune homme de la tête aux pieds, et tel est le portrait qu'il m'a fait de lui en confidence, dans le palais d'Ilion.

(Bruit de guerre. Hector et Ajax combattent.)

AGAMEMNON.—Les voilà aux prises.

NESTOR.—Allons, Ajax, tiens-toi bien sur tes gardes.

TROÏLUS.—Hector, tu dors ; réveille-toi.

AGAMEMNON.—Ses coups sont bien ajustés.—Ici, Ajax.

DIOMÈDE, *aux deux champions*.—Il faut vous en tenir là.

(Les trompettes cessent.)

ÉNÉE.—Princes, c'est assez, je vous prie.

AJAX.—Je ne suis pas encore échauffé. Recommençons le combat.

DIOMÈDE.—Comme il plaira à Hector.

HECTOR.—Eh bien ! moi, je veux en rester là.—Noble guerrier, tu es le fils de la sœur de mon père, cousin-germain des enfants de l'auguste Priam. Les devoirs du sang défendent entre nous deux une émulation sanguinaire. Si tu étais mélangé d'éléments grecs et troyens, de manière à pouvoir dire : « Cette main est toute « grecque et celle-ci toute troyenne : les muscles de cette « jambe sont de Troie et les muscles de celle-ci sont de « la Grèce : le sang de ma mère colore la joue droite, et « dans les veines de cette joue gauche bouillonne le « sang de mon père, » par le tout-puissant Jupiter, tu ne remporterais pas un seul de tes membres grecs, sans que mon épée y eût marqué l'empreinte de notre haine irréconciliable ; mais que les dieux ne permettent pas que mon épée homicide répande une goutte du sang que tu as emprunté de ta mère, la tante sacrée d'Hector.— Que je t'embrasse, Ajax ! par le Dieu qui tonne, tu as des bras vigoureux, et voilà comme Hector veut qu'ils tombent sur lui. Cousin, honneur à toi !

AJAX.—Je te remercie, Hector : tu es trop franc et trop généreux. J'étais venu pour te tuer, cousin, et pour remporter, par ta mort, de nouveaux titres de gloire.

HECTOR.—L'admirable Néoptolème lui-même, dont la renommée montre le panache brillant, criant de sa voix éclatante : c'est lui, ne pourrait pas se promettre d'ajouter à sa gloire un laurier de plus enlevé à Hector.

ÉNÉE.—Les deux partis sont dans l'attente de ce que vous allez faire.

HECTOR.—Nous allons y satisfaire. L'issue du combat est notre embrassement. Adieu, Ajax.

AJAX.—Si je puis me flatter d'obtenir quelque succès par mes prières, bonheur qui m'arrive rarement, je désirerais voir mon illustre cousin dans nos tentes grecques.

DIOMÈDE,—C'est le désir d'Agamemnon, et le grand

Achille languit de voir le vaillant Hector désarmé.

HECTOR.—Énée, appelez-moi mon frère Troïlus ; et allez annoncer à ceux du parti troyen qui nous attendent cette entrevue d'amitié ; priez-les de rentrer dans Troie.— (*A Ajax.*) Donne-moi ta main, cousin, je veux aller dîner avec toi, et voir vos guerriers.

AJAX.—Voilà l'illustre Agamemnon qui vient au-devant de nous.

HECTOR.—Nomme-moi l'un après l'autre les plus braves d'entre eux : mais pour Achille, mes yeux le chercheront et le reconnaîtront seuls à sa haute et robuste taille..

AGAMEMNON.—Digne guerrier, soyez le bienvenu autant que vous pouvez l'être d'un homme qui voudrait être délivré d'un tel ennemi. Mais ce n'est pas là un bon accueil ; écoutez ma pensée en termes plus clairs. Le passé et l'avenir sont couverts d'un voile et des ruines informes de l'oubli : mais dans le moment présent, la foi et la franchise, purifiées de toute intention détournée, t'adressent, grand Hector, avec l'intégrité la plus divine, un salut sincère, du plus profond du cœur.

HECTOR.—Je te rends grâces, royal Agamemnon.

AGAMEMNON, *à Troïlus.*—Illustre prince de Troie, soyez aussi le bienvenu.

MÉNÉLAS.—Laissez-moi confirmer le salut du roi mon frère ; noble couple de frères belliqueux, soyez les bienvenus ici.

HECTOR.—A qui avons-nous à répondre ?

MÉNÉLAS.—Au noble Ménélas.

HECTOR.—Ah ! c'est vous, seigneur ? Par le gantelet de Mars, je vous remercie. Ne vous moquez pas de moi si je choisis ce serment peu ordinaire. Celle qui fut naguère votre femme jure toujours par le gant de Vénus : elle est en pleine santé ; mais elle ne m'a point chargé de vous saluer de sa part.

MÉNÉLAS.—Ne la nommez pas : c'est un sujet fatal d'entretien.

HECTOR.—Ah ! pardon, je vous offense.

NESTOR.—Brave Troyen, je vous avais vu souvent, travaillant pour la destinée, ouvrir un chemin sanglant à travers les rangs de la jeunesse grecque ; je vous avais vu, ardent comme Persée, pousser votre coursier phrygien, mais dédaignant bien des exploits et bien des défaites quand une fois vous aviez suspendu votre épée en l'air, et ne la laissant point retomber sur ceux qui étaient tombés, voilà ce qui me faisait dire à ceux qui étaient près de moi : Voyez Jupiter qui distribue la vie ! je vous avais vu, enfermé dans un cercle de Grecs, vous arrêter et reprendre haleine, comme un lutteur dans les jeux olympiques. Voilà comme je vous avais vu. Mais je n'avais pas encore vu votre visage, qui était toujours caché par l'acier. J'ai connu votre aïeul et j'ai combattu une fois contre lui, c'était un bon soldat ; mais j'en jure par le dieu Mars, notre chef à tous, il ne vous fut jamais comparable. Permettez qu'un vieillard vous embrasse ; venez, digne guerrier, soyez le bienvenu dans notre camp.

ÉNÉE, *à Hector*.—C'est le vieux Nestor.

HECTOR.—Laisse-moi t'embrasser, bon vieillard, chronique antique, qui as si longtemps marché en donnant la main au temps ; vénérable Nestor, je suis heureux de te serrer dans mes bras.

NESTOR.—Je voudrais que mes bras pussent lutter contre les tiens dans le combat, comme ils luttent avec toi d'amitié.

HECTOR.—Je le voudrais aussi.

NESTOR.—Ah ! par cette barbe blanche, je combattrais contre toi dès demain. Allons, sois le bienvenu : j'ai vu le temps, où...

ULYSSE.—Je suis étonné que cette ville là-bas soit encore debout, lorsque nous avons ici près de nous sa colonne et sa base.

HECTOR.—Je reconnais bien vos traits, seigneur Ulysse. Ah ! seigneur, il y a bien des Grecs et des Troyens de morts; depuis que je vous vis pour la première fois avec Diomède dans Ilion, lorsque vous y vîntes député par les Grecs.

ULYSSE.—Oui ; je vous prédis alors ce qui devait arriver. Ma prophétie n'est encore qu'à la moitié de son cours; car ces murs que nous voyons là-bas entourer fièrement votre Troie, et les cimes de ces tours ambitieuses qui vont baiser les nuages devront bientôt baiser leur base.

HECTOR.—Je ne suis pas obligé de vous croire. Les voilà encore debout ; et je crois, sans vanité, que la chute de chaque pierre phrygienne coûtera une goutte de sang grec. La fin couronne l'œuvre. Et cet antique et universel arbitre, le temps, amènera un jour la fin.

ULYSSE. — Oui ; abandonnons-lui les événements. — Noble et vaillant Hector, soyez le bienvenu : je vous conjure de venir dans ma tente, de m'honorer de votre seconde visite, en quittant notre général, et d'y partager mon repas.

ACHILLE.—Je passerai avant vous, seigneur Ulysse ; avant vous.—A présent, Hector, mes yeux sont rassasiés de te considérer : je t'ai examiné en détail, Hector, et j'ai observé jointure par jointure.

HECTOR.—Est-ce Achille ?

ACHILLE.—Je suis Achille.

HECTOR. —Tiens-toi droit, je te prie, laisse-moi te regarder.

ACHILLE.—Regarde tant que tu voudras.

HECTOR.—J'ai déjà fini.

ACHILLE.—Tu vas trop vite : moi je veux encore une fois te contempler membre par membre, comme si je voulais t'acheter.

HECTOR.—Tu veux me parcourir tout entier, comme un livre d'amusement ; mais il y a en moi plus de choses que tu n'en comprends : pourquoi m'opprimes-tu de tes regards ?

ACHILLE.—Ciel ! montre-moi dans quelle partie de son corps je dois le détruire ; si c'est ici, ou là, ou là ? afin que je puisse donner un nom à la blessure suivant son lieu, et rendre distincte la brèche par laquelle aura fui la grande âme d'Hector. Ciel ! réponds-moi.

HECTOR.—Les dieux bienheureux se déshonoreraient en répondant à une pareille question ; homme superbe, arrête encore : penses-tu donc conquérir ma vie si facilement que tu puisses nommer d'avance avec une exactitude si précise, l'endroit où tu veux me frapper de mort?

ACHILLE.—Oui, te dis-je !

HECTOR.—Tu serais un oracle que je ne t'en croirais pas : désormais, sois bien sur tes gardes, car moi je ne te tuerai pas ici, ou là, ou là ; mais par les forges qui ont fabriqué le casque de Mars, je te tuerai partout ton corps ; oui, partout ton corps.—Vous, sages Grecs, pardonnez-moi cette bravade, c'est son insolence qui arrache des folies à mes lèvres ; mais je tâcherai que mes actions confirment mes paroles ; ou puissé-je ne jamais...

AJAX.—Ne vous irritez point, cousin.—Et vous, Achille, laissez-là vos menaces jusqu'à ce que l'occasion ou votre volonté vous mettent à portée de les exécuter. Vous pouvez chaque jour vous rassasier d'Hector, si vous en avez tant d'envie ; et le conseil de la Grèce, j'en ai peur, aurait quelque peine à obtenir de vous d'en venir aux mains avec lui.

HECTOR.—Je vous prie, qu'on vous voie sur le champ de bataille : nous n'avons livré que des combats insignifiants depuis que vous avez abandonné la cause des Grecs.

ACHILLE.—M'en pries-tu, Hector ? Demain, je te rencontrerai, cruel comme la mort ; ce soir nous sommes tous amis.

HECTOR.—Donne-moi ta main pour gage de ta promesse.

AGAMEMNON.—D'abord, vous tous, nobles Grecs, venez dans ma tente et livrons-nous ensemble à la joie des festins ; ensuite, fêtez Hector, chacun à votre tour, suivant son loisir et votre libéralité. Que les tambours battent, que les trompettes sonnent, et que ce grand guerrier sache qu'il est le bienvenu.

(Ils sortent, excepté Troïlus et Ulysse.

TROILUS.—Seigneur Ulysse, dites-moi, je vous prie, dans quelle partie du camp se trouve Chalcas?

ULYSSE.—Dans la tente de Ménélas, noble Troïlus. Diomède y soupe avec lui ce soir : Diomède ne regarde plus ni le ciel ni la terre ; toute son attention et ses amoureux regards sont fixés sur la belle Cressida.

TROILUS.—Aimable seigneur, vous aurais-je l'obligation infinie de m'y conduire au sortir de la tente d'Agamemnon ?

ULYSSE.—Je serai à vos ordres, seigneur : répondez à ma complaisance en me disant quelle considération l'on avait à Troie pour Cressida ? N'y avait-elle pas un amant qui pleure à présent son absence ?

TROILUS.—Ah! seigneur, ceux qui, pour se vanter, montrent leurs cicatrices, méritent qu'on se moque d'eux. Voulez-vous que nous marchions, seigneur? Elle était aimée, elle aimait : elle est aimée, elle aime ; mais le tendre amour est toujours la proie de la fortune

(Ils sortent.)

FIN DU QUATRIÈME ACTE.

ACTE CINQUIÈME

SCÈNE 1

Le camp des Grecs.—La scène se passe devant la tente d'Achille.

ACHILLE, PATROCLE.

ACHILLE.—Je vais lui échauffer le sang ce soir avec du vin grec; et demain je le lui rafraîchirai avec mon épée. —Patrocle, fêtons-le à toute outrance.
(Entre Thersite.)

PATROCLE.—Voici Thersite.

ACHILLE.—Eh bien! cœur de l'envie, pâte mal pétrie par la nature, quelles nouvelles?

THERSITE.—Allons, toi, portrait de ce que tu parais, idole adorée par des imbéciles, voilà une lettre pour toi.

ACHILLE.—De la part de qui, avorton?

THERSITE.—De Troie, plat de fou.

PATROCLE.—Qui garde la tente maintenant?

THERSITE.—L'étui du chirurgien, ou la blessure du patient[1].

PATROCLE.—Bien dit, seigneur contrariant. Et quel besoin avons-nous de ces tours d'esprit?

THERSITE.—Je t'en prie, tais-toi, mon garçon: je ne gagne rien à tes propos: tu passes pour être le varlet mâle d'Achille.

PATROCLE.—Varlet mâle! Insolent que veux-tu dire par là?

THERSITE.—Eh bien! que tu es sa concubine mâle. Que toutes les gangrènes du Midi, les coliques, les hernies,

---

[1] *Tent*, appareil de chirurgie et tente.

les catarrhes, la gravelle et les sables des reins, les léthargies, les froides paralysies, la chassie des yeux, la pourriture du foie, l'enrouement des poumons, les apostumes, les sciatiques, les calcinantes ardeurs dans la paume des mains, l'incurable carie des os, et les rides de la lèpre soient la punition de ces horribles inventions!

PATROCLE. — Détestable boîte à envie, qui prétends-tu maudire ainsi?

THERSITE. — Est-ce que je te maudis, toi?

PATROCLE. — Non, borne en ruine; non, chien difforme, fils de prostituée.

THERSITE. — Non! Alors pourquoi t'emportes-tu, toi, écheveau léger de soie floche, bandeau de taffetas vert pour un œil malade, glands de la bourse d'un prodigue! Ah! comme le pauvre monde est importuné de ces moucherons d'eau, atomes de la nature!

PATROCLE. — Va-t'en, fiel!

THERSITE. — Va-t'en, œuf de chardonneret[1]!

ACHILLE. — Mon cher Patrocle, me voilà traversé dans mon grand projet de combat pour demain. Voici une lettre de la reine Hécube, et un gage de sa fille, ma belle maîtresse, qui m'imposent et m'adjurent de tenir un serment que j'ai fait. Je ne veux pas le violer : tombez, Grecs; gloire, éclipse-toi : honneur, fuis ou reste; mon premier vœu est engagé ici; c'est à lui que je veux obéir. — Allons, allons, Thersite, aide à parer ma tente; il faut passer toute cette nuit dans les festins. — Viens, Patrocle.

(Ils sortent.)

THERSITE. — Avec trop de sang, et trop peu de cervelle, ces deux compagnons peuvent devenir fous; mais s'ils le deviennent jamais par trop de cervelle, et par trop peu de sang, je consens à me faire médecin de fous. — Voici Agamemnon, un assez honnête homme, et grand amateur de cailles[2]. Mais il n'a pas autant de cervelle qu'il

---

[1] On ne sait trop quel sens injurieux Shakspeare attachait à cette dénomination.

[2] La caille est un oiseau très-lascif; *caille coiffée,* sobriquet qu'on donne aux femmes. En vieux français, *caille* signifiait fille de joie.

a de cire dans l'oreille; et cette belle métamorphose de Jupiter qui est là, son frère, le taureau, patron primitif et emblème des hommes déshonorés, maigre chausse-pied dans une chaîne, pendant à la jambe de son frère, sous quelle autre forme que celle qu'il a, l'esprit lardé de malice, ou la malice farcie d'esprit, le métamorphoseraient-ils? En âne? ce ne serait rien; il est à la fois âne et bœuf. En bœuf? ce ne serait rien encore; il est à la fois bœuf et âne. Être chien, mulet, chat, putois, crapaud, lézard, chouette, buse, ou un hareng sans laite; je ne m'en embarrasserais pas : mais être un Ménélas, oh! je conspirerais contre la destinée. Ne me demandez pas ce que je voudrais être, si je n'étais pas Thersite; car je consens à être le pou d'un mendiant, pourvu que je ne sois pas Ménélas.—Ouais! Esprits et feux[1]!

(Entrent Hector, Troïlus, Ajax, Agamemnon, Ulysse, Nestor, Ménélas et Diomède, avec des flambeaux.)

AGAMEMNON.—Nous nous trompons, nous nous trompons.

AJAX.—Non, c'est là-bas, où vous voyez de la lumière.

HECTOR.—Je vous dérange.

AJAX.—Non, non, pas du tout.

ULYSSE.—Le voilà, qui vient lui-même nous guider.

(Entre Achille.)

ACHILLE.—Soyez le bienvenu, brave Hector : soyez tous les bienvenus, princes.

AGAMEMNON.—A présent, beau prince de Troie, je vous souhaite une bonne nuit. Ajax commande la garde qui doit vous escorter.

HECTOR.—Merci, et bonne nuit au général des Grecs.

MÉNÉLAS.—Bonne nuit, seigneur.

HECTOR.—Bonne nuit, aimable Ménélas.

THERSITE, à part.—Aimable! Est-ce aimable qu'il a dit? Aimable égout, aimable cloaque!

---

[1] Exclamation de Thersite en apercevant les torches dans le lointain.

ACHILLE.—Bonne nuit, et salut à ceux qui s'en vont, ou qui restent.

AGAMEMNON.—Bonne nuit.

(Agamemnon et Ménélas s'en vont.)

ACHILLE.—Le vieux Nestor reste, et vous aussi Diomède, tenez compagnie à Hector, une heure ou deux.

DIOMÈDE.—Je ne le puis, seigneur. J'ai une affaire importante dont voici l'heure. Bonne nuit, brave Hector.

HECTOR.—Donnez-moi votre main.

ULYSSE, *à part, à Troïlus.*—Suivez sa torche : il va à la tente de Calchas. Je vais vous accompagner.

TROILUS.—Aimable seigneur, vous me faites honneur.

HECTOR.—Adieu donc, bonne nuit.

(Diomède sort suivi d'Ulysse et de Troïlus.)

ACHILLE.—Allons, allons, entrons dans ma tente.

(Achille sort avec Hector, Ajax et Nestor.)

THERSITE.—Ce Diomède est un misérable au cœur faux, un scélérat sans foi ; je ne me fie pas plus à lui quand il vous regarde de travers, qu'à un serpent quand il siffle. Il fera grand bruit de paroles et de promesses, comme un mauvais limier ; mais lorsqu'il les tient, oh ! les astronomes l'annoncent, c'est un prodige, cela doit amener quelque révolution : le soleil emprunte sa lumière de la lune, quand Diomède tient sa parole. J'aime mieux manquer de voir Hector que de ne pas le suivre : on dit qu'il entretient une fille troyenne, et qu'il emprunte la tente du traître Calchas ; je veux le suivre. Il n'y a que des débauchés ici : ce sont tous des valets incontinents.

SCÈNE II

Devant la tente de Calchas.

Entre DIOMÈDE.

DIOMÈDE.—Est-on levé ici ? Holà, répondez.

CALCHAS.—Qui appelle ?

DIOMÈDE.—Diomède.—C'est Calchas, je crois.—Où est votre fille ?

CALCHAS.—Elle vient à vous.
(Troïlus et Ulysse arrivent à quelque distance, Thersite est derrière eux.)

ULYSSE.—Tenons-nous à l'écart pour que la torche ne nous fasse pas apercevoir.
(Cressida entre.)

TROILUS.—Cressida va au-devant de lui!

DIOMÈDE.—Comment allez-vous, mon joli dépôt?

CRESSIDA.—Et vous, mon cher gardien? Écoutez, un mot en secret.
(Elle lui parle à l'oreille.)

TROILUS.—Ah! tant de familiarité!

ULYSSE.—Elle chantera de même au premier venu, à première vue.

THERSITE, *à part*.—Et tout homme la fera chanter s'il peut saisir sa clef; elle est notée.

DIOMÈDE.—Vous souvenez-vous?...

CRESSIDA.—Si je m'en souviens! Oui.

DIOMÈDE.—Eh bien! faites-le donc, et que les effets répondent à vos paroles.

TROILUS.—De quoi doit-elle se souvenir?

ULYSSE.—Écoutez!

CRESSIDA.—Grec doux comme le miel, ne me tentez pas davantage de faire une folie.

THERSITE, *à part*.—Scélératesse!

DIOMÈDE.—Quoi! mais...

CRESSIDA.—Je vous dirai comment...

DIOMÈDE.—Bah! bah! allons, je m'en soucie comme d'une épingle, vous êtes parjure...

CRESSIDA.—En bonne foi, je ne le puis! Que voulez-vous que je fasse?

THERSITE, *à part*.—Un tour d'escamotage... se faire ouvrir secrètement.

DIOMÈDE.—Qu'avez-vous juré de m'accorder?

CRESSIDA.—Je vous prie, ne me forcez pas à tenir mon serment; commandez-moi toute autre chose, doux Grec.

DIOMÈDE.—Bonsoir.

TROILUS.—Allons, patience!

ULYSSE.—Eh bien! Troyen?

CRESSIDA.—Diomède...

DIOMÈDE.—Non, non, bonsoir : je ne serai plus votre dupe.

TROILUS.—Meilleur que toi l'est bien.

CRESSIDA.—Écoutez : un mot à l'oreille.

TROILUS.—O peste et fureur !

ULYSSE.— Vous êtes ému, prince ! Partons, je vous en prie, de peur que votre ressentiment n'éclate en paroles forcenées : ce lieu est dangereux : le moment est mortel : je vous en conjure, partons.

TROILUS.—Voyons, je vous prie.

ULYSSE.—Seigneur, allons-nous-en : vous volez à une mort certaine ; venez, seigneur.

TROILUS.—Je vous prie, demeurez.

ULYSSE.—Vous n'avez pas assez de patience : venez.

TROILUS.—De grâce, attendez : par l'enfer, et par tous les tourments de l'enfer, je ne dirai pas une parole.

DIOMÈDE.—Et là-dessus, bonne nuit.

CRESSIDA.—Oui, mais vous me quittez en colère.

TROILUS.—C'est donc là ce qui t'afflige ! O foi corrompue !

ULYSSE.—Eh bien ! seigneur, vous allez...

TROILUS.— Par Jupiter, je serai patient.

CRESSIDA.—Mon gardien !... Eh bien ! Grec ?

DIOMÈDE.—Bah ! bah ! adieu. Vous me jouez.

CRESSIDA.—En vérité, non : revenez ici.

ULYSSE.—Quelque chose, seigneur, vous agite : voulez-vous partir ? Vous allez éclater.

TROILUS.—Elle lui caresse la joue !

ULYSSE.—Venez, venez.

TROILUS —Non, attendez : par Jupiter, je ne dirai pas un mot : il y a entre ma volonté et tous les outrages un rempart de patience.—Restons encore un moment.

THERSITE, *à part*. —Comme le démon de la luxure avec sa croupe arrondie et ses doigts de pommes de terre les chatouille tous les deux[1] ! Multiplie, luxure, multiplie !

DIOMÈDE.—Mais vraiment, vous le ferez ?...

---

[1] Les pommes de terre passaient alors pour porter à l'incontinence.

CRESSIDA.—Sur ma foi, je le ferai, là, ou ne vous fiez jamais à moi.

DIOMÈDE.—Donnez-moi quelque gage pour sûreté de votre parole.

CRESSIDA.—Je vais vous en chercher un.

(Cressida sort.)

ULYSSE.—Vous avez juré d'être patient.

TROILUS.—Ne craignez rien, seigneur : je ne serai pas moi-même, et j'ignorerai ce que je sens. Je suis tout patience.

(Cressida rentre.)

THERSITE, *à part*.—Voilà le gage! voyons, voyons!

CRESSIDA.—Tenez, Diomède : gardez cette manche.

TROILUS.—O beauté, où est ta foi?

ULYSSE.—Seigneur...

TROILUS.—Je serai patient : je le serai du moins extérieurement.

CRESSIDA.—Vous regardez cette manche! Considérez-la bien.—Il m'aimait!... O fille perfide!... Rendez-la moi.

DIOMÈDE.—A qui était-elle?

CRESSIDA.—Peu importe, je la tiens : je ne vous recevrai pas demain. Je vous en prie, Diomède, cessez vos visites.

THERSITE, *à part*.—Voilà qu'elle aiguise son désir.—Bien dit, pierre à aiguiser.

DIOMÈDE.—Je veux l'avoir.

CRESSIDA.—Quoi, ce gage?

DIOMÈDE.—Oui, cela même.

CRESSIDA.—O dieux du ciel!... O joli, joli gage! ton maître maintenant est dans son lit songeant à toi et à moi ; et il soupire, il prend mon gant, et le baise doucement en souvenir de moi, comme je te baise ici... Non, ne me l'arrachez pas : celui qui m'enlève ceci doit m'enlever mon cœur en même temps.

DIOMÈDE.—J'avais votre cœur auparavant : ce gage doit le suivre.

TROILUS.—J'ai juré que je serais patient.

CRESSIDA.—Vous ne l'aurez pas, Diomède : non, vous ne l'aurez pas : je vous donnerai quelque autre chose.

DIOMÈDE.—Je veux avoir ceci.—A qui était-ce?

CRESSIDA.—Peu importe.

DIOMÈDE.—Allons, dites-moi à qui cela appartenait.

CRESSIDA.—Cela appartenait à un homme qui m'aimait plus que vous ne m'aimerez.—Mais, maintenant que vous l'avez, gardez-le.

DIOMÈDE.—A qui était-ce?

CRESSIDA.—Par toutes les suivantes de Diane qui brillent là-haut, et par Diane elle-même, je ne vous le dirai pas!

DIOMÈDE.—Demain je veux le porter sur mon casque, et tourmenter le cœur de son maître, qui n'osera pas le revendiquer.

TROILUS.—Tu serais le diable, et tu le porterais sur tes cornes, qu'il serait revendiqué.

CRESSIDA.—Allons, allons, c'est fait, c'est fini... Et cependant non, pas encore.—Je ne veux pas tenir ma parole.

DIOMÈDE.—En ce cas, adieu donc. Tu ne te moqueras plus de Diomède.

CRESSIDA.—Vous ne vous en irez pas.—On ne peut dire un mot, que vous ne vous courrouciez.

DIOMÈDE.—Je n'aime point toutes ces plaisanteries.

THERSITE, *à part.*—Ni moi, par Pluton : mais c'est ce que vous n'aimez pas, qui me plaît le plus.

DIOMÈDE.—Eh bien! viendrai-je? A quelle heure?

CRESSIDA.—Oui, venez... O Jupiter!... Oui, venez... Que je vais être tourmentée!

DIOMÈDE.—Adieu, jusque-là.

(Il sort.)

CRESSIDA.—Bonne nuit. Je vous en prie, allons... (*Diomède sort.*) Adieu, Troïlus! Un de mes yeux te regarde encore, mais c'est par l'autre que mon cœur voit. O notre pauvre sexe! Je sens que c'est notre défaut, de laisser guider notre âme par l'erreur de nos yeux, et ce que l'erreur guide doit s'égarer. Oh! concluons donc que les cœurs, dirigés par les yeux, sont pleins de turpitude!

(Elle sort.)

THERSITE, *à part.*—Elle ne pouvait pas donner une preuve plus forte, à moins de dire : « Mon âme est maintenant changée en prostituée. »

ULYSSE.—Tout est fini, seigneur.

TROILUS.—Oui.

ULYSSE.—Pourquoi restons-nous alors?

TROILUS.—Pour repasser dans mon âme chaque syllabe qui a été prononcée. Mais si je raconte la manière dont ils se sont concertés, ne mentirai-je pas en publiant la vérité! Car il est encore une foi dans mon cœur, une espérance si fatalement obstinée qu'elle renverse le témoignage de mes oreilles et de mes yeux : comme si ces organes avaient des fonctions trompeuses, créées uniquement pour la calomnie. Était-ce bien Cressida qui était ici?

ULYSSE.—Je n'ai pas le pouvoir d'évoquer des fantômes, prince.

TROILUS.—Elle n'y était pas, j'en suis sûr.

ULYSSE.—Très-certainement elle y était.

TROILUS.—En le niant, je ne parle point en insensé.

ULYSSE.—Ni moi, en l'affirmant, seigneur; Cressida était ici, il n'y a qu'un moment.

TROILUS.—Que l'on ne le croie pas pour l'honneur du sexe! Pensez que nous avons eu des mères. Ne donnons point cet avantage à ces censeurs acharnés et enclins, sans aucune cause et par dépravation, à juger de tout le sexe sur l'exemple de Cressida. Croyons plutôt que ce n'est pas là Cressida.

ULYSSE.—Ce qu'elle a fait, prince, peut-il déshonorer nos mères?

TROILUS. — Rien du tout, à moins que ce ne fût elle.

THERSITE, *à part.*—Quoi! veut-il donc braver le témoignage de ses propres yeux?

TROILUS.—Elle, Cressida? Non, c'est la Cressida de Diomède ; si la beauté a une âme, ce n'est point là Cressida : si l'âme dicte les vœux, si ces vœux sont des actes sacrés, si ces actes sacrés sont le plaisir des dieux, s'il est vrai que l'unité soit une, ce n'était point Cressida. O délire de raisonnements, par lesquels l'homme plaide pour et contre soi-même : autorité équivoque, où la raison peut se soulever sans se perdre, et où la raison perdue peut se croire sagesse ! C'est et ce n'est pas Cressida. Il s'élève dans mon âme un combat d'une nature étrange, qui sépare une chose indivisible par un espace aussi immense que celui qui sépare la terre et les cieux. Et cependant la vaste largeur de cette division ne laisse pas d'ouverture à une pointe aussi fine que la trame rompue d'Arachné. O preuve ! preuve forte comme les portes de Pluton ! Cressida est à moi, elle tient à moi par les nœuds du ciel. O preuve ! preuve forte comme le ciel même ! Les nœuds du ciel sont relâchés et dénoués ; et, par un autre nœud que ses cinq doigts viennent de former, les restes de sa foi, les fragments de son amour, les débris et les rebuts graisseux de sa fidélité sont attachés à Diomède.

ULYSSE.—Le sage Troïlus peut-il éprouver réellement la moitié des sentiments qu'exprime ici sa passion ?

TROILUS.—Oui, Grec ; et cela sera divulgué en caractères aussi rouges que le cœur de Mars enflammé par Vénus. Jamais jeune homme n'aima d'une âme aussi constante, aussi fidèle. Grec, écoutez : autant j'aime Cressida, autant, par la même raison, je hais Diomède. Cette manche, qu'il veut porter sur son cimier, est à moi ; et son casque, fût-il l'ouvrage de l'art de Vulcain, mon épée saura l'entamer ; et le terrible ouragan, que les marins appellent trombe, condensé en une masse par le tout-puissant soleil, n'étourdit pas l'oreille de Neptune d'un bruit plus retentissant, que ne le fera mon épée en tombant à coups pressés sur Diomède.

THERSITE, à part.—Il le chatouillera pour le punir de sa paillardise.

TROILUS.—O Cressida ! ô perfide Cressida ! perfide, perfide, perfide ! Qu'on place toutes les faussetés à côté de ton nom souillé, elles paraîtront glorieuses.

ULYSSE.—Ah ! de grâce, contenez-vous. Votre fureur attire les oreilles de notre côté.

(Énée entre.)

ÉNÉE.—Je vous cherche depuis une heure, seigneur. Hector, à l'heure qu'il est, s'arme dans Troie. Ajax, votre gardien, attend pour vous reconduire dans la ville.

TROILUS.—Je suis à vous, prince.—Adieu, mon courtois seigneur.—Adieu, beauté parjure! Et toi, Diomède, sois ferme et porte un château [1] sur ta tête.

ULYSSE.—Je veux vous accompagner jusqu'aux portes du camp.

TROILUS.—Agréez des remerciements troublés.

(Troïlus, Énée et Ulysse sortent.)

THERSITE.—Je voudrais rencontrer ce vaurien de Diomède; je croasserais comme un corbeau; je lui présagerais malheur. Patrocle me donnera tout ce que je voudrai si je lui fais connaître cette prostituée. Un perroquet n'en ferait pas plus pour une amande, que lui, pour se procurer une courtisane facile. Luxure, luxure! Toujours guerre et débauche : rien autre ne reste à la mode! Qu'un diable brûlant les emporte!

(Il sort.)

SCÈNE III

Troie.— Devant le palais de Priam.

HECTOR, ANDROMAQUE.

ANDROMAQUE.—Quand donc mon seigneur fut-il d'assez mauvaise humeur pour fermer son oreille aux conseils? Désarmez-vous, désarmez-vous : ne combattez point aujourd'hui.

HECTOR.—Vous me poussez à vous offenser : rentrez. Par tous les dieux immortels, j'irai!

ANDROMAQUE.—Mes songes, j'en suis sûre, sont aujourd'hui des présages certains.

HECTOR.—Cessez, vous dis-je.

(Entre Cassandre.)

CASSANDRE.—Où est mon frère Hector?

ANDROMAQUE.—Le voici, ma sœur, tout armé, et ne res-

---

[1] *Castle,* espèce de casque juste qui enfermait toute la tête.

pirant que le carnage. Unissez-vous à mes cris et à mes tendres prières : conjurons-le à genoux ; car j'ai rêvé de combats sanglants, et toute cette nuit je n'ai vu que des spectres de mort et de carnage.

CASSANDRE.—Oh ! c'est la vérité.

HECTOR. — Allez, dites à mon héraut de sonner la trompette.

CASSANDRE.—Oh ! qu'elle ne sonne point le signal d'une sortie, au nom du ciel, mon cher frère.

HECTOR. — Retirez-vous, vous dis-je ; les dieux ont entendu mon serment.

CASSANDRE.—Les dieux sont sourds aux vœux d'une témérité obstinée ; ce sont des offrandes impures, plus abhorrées du ciel que les taches sur le foie des victimes.

ANDROMAQUE.—Ah ! laissez-vous persuader : ne croyez pas que ce soit un acte pieux de faire le mal par respect pour un serment ; il serait aussi légitime pour nous de donner beaucoup au moyen de violents larcins, et de voler au profit de la charité.

CASSANDRE.—C'est l'intention qui fait la force du serment ; mais tous les serments ne doivent point s'accomplir. Désarmez-vous, cher Hector.

HECTOR. — Tenez-vous tranquilles, vous dis-je ! c'est mon honneur qui règle mes destins. Tout homme tient à la vie ; mais l'homme vertueux attache plus de prix à l'honneur qu'à la vie. (*Entre Troïlus.*) Eh bien ! jeune homme, as-tu l'intention de combattre aujourd'hui ?

ANDROMAQUE.—Cassandre, va chercher mon père pour persuader Hector.

(Cassandre sort.)

HECTOR.—Non, en vérité, jeune Troïlus ; dépouille ton armure, jeune homme, je suis aujourd'hui en veine de courage ; laisse grossir tes muscles jusqu'à ce que leurs nœuds soient robustes, et ne risque pas les chocs terribles de la guerre ; désarme-toi, va, et n'aie pas d'inquiétude, brave jeune homme, je combattrai aujourd'hui pour toi, pour moi, et pour Troie.

TROÏLUS.—Mon frère, vous avez en vous un vice de générosité qui sied mieux à un lion qu'à un homme.

HECTOR.—Quel est ce vice, cher Troïlus? reproche-le-moi.

TROILUS.—Mille fois, quand les Grecs captifs tombent au seul sifflement de votre belle épée, vous leur ordonnez de se lever et de vivre.

HECTOR.—Oh! c'est le franc jeu!

TROILUS.—Un jeu d'insensé, par le ciel, Hector!

HECTOR.—Comment donc? pourquoi?

TROILUS.—Pour l'amour de tous les dieux, Hector, laissons la compassion à nos mères; et lorsqu'une fois nous avons revêtu nos armures, que la vengeance la plus envenimée chevauche sur nos glaives; poussons-les aux actes sanguinaires, et défendons-leur la pitié.

HECTOR.—Fi donc, barbare! fi!

TROILUS.—Hector, c'est ainsi qu'on fait la guerre.

HECTOR.—Troïlus, je ne veux pas que vous combattiez aujourd'hui.

TROILUS.—Qui pourrait me retenir? Ni la destinée, ni l'obéissance, ni le bras de Mars, quand il me donnerait le signal de la retraite avec son glaive enflammé, ni Priam ni Hécube à mes genoux, les yeux rougis par les pleurs; ni vous, mon frère, avec votre fidèle épée nue et pointée contre moi pour m'en empêcher, vous ne pourriez arrêter ma marche, qu'en me tuant.

(Cassandre revient avec Priam.)

CASSANDRE.—Emparez-vous de lui, Priam, retenez-le. Il est votre bâton de vieillesse; si vous le perdez, vous qui êtes appuyé sur lui, et Troie entière qui l'est sur vous, vous tombez tous ensemble.

PRIAM.—Allons, Hector, allons, reviens sur tes pas; ta femme a eu des songes, ta mère des visions. Cassandre prévoit l'avenir, et moi-même je me sens saisi soudain d'un transport prophétique, pour t'annoncer que ce jour est sinistre; ainsi rentre.

HECTOR.—Énée est au champ de bataille, et ma parole est engagée à plusieurs Grecs, sur la foi de la valeur, de me présenter ce matin devant eux.

PRIAM.—Tu n'iras point.

HECTOR.—Je ne dois pas violer ma parole. Vous me savez soumis : ainsi, père chéri, ne me forcez pas à outrager le respect, mais accordez-moi la grâce de suivre avec votre suffrage et votre consentement, le chemin que vous voulez m'interdire, ô roi Priam!

CASSANDRE.—O Priam, ne lui cédez pas.

ANDROMAQUE.—Oh! non, mon bon père.

HECTOR.—Andromaque, je suis fâché contre vous; au nom de l'amour que vous me portez, rentrez.

(Andromaque sort.)

TROILUS, *montrant Cassandre.*—Cette fille insensée, superstitieuse, occupée de songes, crée tous ces vains présages.

CASSANDRE.—Adieu, cher Hector. Vois, comme te voilà mourant! comme tes yeux s'éteignent! comme ton sang coule par mille blessures! Écoute les gémissements de Troie, les sanglots d'Hécube : comme la pauvre Andromaque exhale sa douleur dans ses cris aigus! Vois, le désespoir, la frénésie, la consternation s'abordent comme des acteurs ignorants, tous crient : Hector, Hector est mort! ô Hector!

TROILUS.—Va t'en! va t'en!

CASSANDRE.—Adieu!... Non, arrêtons-nous. Hector, je prends congé de toi; tu te trompes toi-même, et notre Troie... (Elle sort.)

HECTOR, *à Priam.*—Vous êtes consterné, mon père, de ses exclamations. Rentrez, et rassurez les habitants : nous allons sortir pour combattre, et faire des exploits dignes de louanges, que nous vous raconterons ce soir.

PRIAM.—Adieu, que les dieux t'environnent et protégent tes jours!

(Priam sort, ainsi qu'Hector d'un côté opposé.—On entend des bruits d'armes.)

TROILUS.—Les voilà à l'action, écoutez! — Présomptueux Diomède, sois sûr que je viens pour perdre ce bras, ou regagner ma manche.

(Comme Troïlus va pour sortir, Pandare entre du côté opposé.)

PANDARE.—Entendez vous, seigneur? entendez-vous?

TROILUS.—Quoi donc?

PANDARE.—Voici une lettre de cette pauvre fille.
TROILUS.—Lisons.
PANDARE.—Une misérable phthisie, une coquine de phthisie me tourmente horriblement, et de plus, la fortune de cette sotte fille; et soit une chose, soit une autre, je vous ferai mes adieux un de ces jours; j'ai encore une humeur dans les yeux et un tel mal dans les os, que je ne sais qu'en penser, à moins qu'on ne m'ait jeté un sort.—Eh bien! que dit-elle là-dedans?
TROILUS.—Des mots, des mots, rien que des mots; rien qui vienne du cœur. (*Il déchire la lettre.*) L'effet est le contraire de ce qu'elle croit. Allez, vent, avec le vent; changez et tournez ensemble. Elle nourrit mon amour de paroles et de perfidies, mais elle consacre ses actions à un autre.

(Ils sortent séparément.)

SCÈNE IV

Plaine entre Troie et le camp des Grecs.

(Bruits d'armes; mouvements de troupes.)

THERSITE *entre*.

THERSITE.—Maintenant ils sont à se tarabuster l'un l'autre; je veux aller voir cela. Cet abominable hypocrite, ce faquin de Diomède a planté sur son casque la manche de ce jeune imbécile de Troie, de cet amoureux extravagant; je serais curieux de les voir aux prises, et que ce jeune ânon de Troyen, qui aime cette prostituée-là, pût envoyer ce maître fourbe de Grec débauché avec sa manche, vers sa courtisane, lui porter un message sans manche. D'un autre côté, la politique de ces rusés et déterminés coquins... de Nestor, ce vieux morceau de fromage sec et rongé des rats, et de ce renard d'Ulysse... ne vaut pas une mûre de haie. Ils ont, par finesse, opposé ce roquet métis, Ajax, à cet autre roquet d'aussi mauvaise race, Achille : le roquet Ajax est aussi fier que le roquet Achille, et ne s'armera pas aujourd'hui. Les Grecs mécontents commencent à être tentés d'invoquer la barbarie ; la politique a bien perdu dans leur esprit. Doucement.—Doucement, voici la manche, et l'autre aussi.

(Entrent Diomède et Troïlus.)

TROILUS.—Ne fuis pas, car tu passerais le fleuve du Styx que je me jetterais à la nage sur ta trace.

DIOMÈDE.—Tu donnes à tort le nom de fuite à ma retraite ; je ne fuis pas : c'est le soin de mon avantage qui m'a fait éviter la mêlée : à toi !

THERSITE, *à part*.—Garde ta prostituée, Grec !... Allons, bravo pour ta prostituée, Troyen !... allons, la manche, la manche !

(Diomède et Troïlus sortent en combattant.)
(Hector survient.)

HECTOR.—Qui es-tu, Grec ? Es-tu fait pour te mesurer avec Hector ? es-tu d'un sang noble ? as-tu de l'honneur ?

THERSITE.—Non, non ; je suis un misérable, un pauvre bouffon qui n'aime qu'à railler, un vrai vaurien.

HECTOR.—Je te crois ; vis.

(Il sort.)

THERSITE.—Les dieux soient loués de ce que tu veux bien m'en croire ; mais que la peste t'étrangle pour m'avoir effrayé ! Que sont devenus ces champions de filles ? Je crois qu'ils se sont avalés l'un l'autre : je rirais bien de ce miracle. Cependant, en quelque façon, la débauche se dévore elle-même. Je vais les chercher.

(Il sort.)

SCÈNE V

Une autre partie du champ de bataille.

DIOMÈDE, UN VALET.

DIOMÈDE. — Va, va, mon valet, prends le cheval de Troïlus ; présente ce beau coursier à madame Cressida ; songe à vanter mes services à cette belle ; dis-lui que j'ai châtié l'amoureux Troyen, que je suis son chevalier par mes preuves.

LE VALET.—Je pars, seigneur.

(Le valet sort.)

(Entre Agamemnon.)

AGAMEMNON.—De nouveaux guerriers! de nouveaux guerriers! Le fougueux Polydamas a terrassé Menon. Le bâtard Margarelon a fait Doréus prisonnier; et debout comme un colosse, il brandit sa lance sur les corps défigurés des rois Épistrophe et Cedius; Polixène est tué; Amphimaque et Thoas sont mortellement blessés; Patrocle est pris ou tué; Palamède est cruellement blessé et meurtri; le terrible Sagittaire [1] épouvante nos soldats : hâtons-nous, Diomède, de voler à leur secours, ou nous périrons tous.

(Entre Nestor.)

NESTOR.—Allez, portez à Achille le corps de Patrocle; et dites à cet Ajax, lent comme un limaçon, de s'armer s'il craint la honte. Il y a mille Hector dans le champ de bataille. Ici, il combat sur son coursier galate, et bientôt il manque de victimes; il combat ailleurs à pied, et tous fuient ou meurent comme des poissons fuyant par troupes devant la baleine vomissante. Il reparaît plus loin; et là, les Grecs légers et mûrs pour son glaive tombent devant lui comme l'herbe sous la faux; il est ici, là et partout, quitte et revient avec une dextérité si fidèle à sa volonté, que tout ce qu'il veut il le fait; et il en fait tant, que ce qu'il a exécuté paraît encore impossible.

(Entre Ulysse.)

ULYSSE.—Courage, courage, princes! le grand Achille s'arme en pleurant, en maudissant, en jurant vengeance. Les blessures de Patrocle ont réveillé son sang assoupi, ainsi que la vue de ses Myrmidons, qui, mutilés, hachés et défigurés, sans nez, sans mains, courent à lui en criant après Hector. Ajax a perdu un ami, et il est tout écumant de rage; il est armé, et il est à l'œuvre, rugissant après Troïlus, qui a fait aujourd'hui des prodiges de témérité et d'extravagance, s'engageant sans cesse dans la mêlée et s'en retirant toujours avec une fougue

---

[1] C'était, suivant le roman de la *guerre de Troie*, une bête prodigieuse qui avait le buste de l'homme et la croupe du cheval, et qui tirait de l'arc à merveille.

insouciante et une prudence sans force, comme si la fortune, en dépit de toute précaution, lui ordonnait de tout vaincre.

(Entre Ajax.)

AJAX.—Troïlus! lâche Troïlus!

(Il sort.)

DIOMÈDE.—Oui, par là, par là.

NESTOR.—Allons, allons, nous serons ensemble.

(Ils sortent.)

(Entre Achille.)

ACHILLE.—Où est cet Hector? allons, viens, meurtrier d'enfants, montre-moi ton visage! Apprends ce que c'est que d'avoir affaire à Achille irrité. Hector! où est-il, Hector? Je ne veux qu'Hector.

SCÈNE VI

Une autre partie du champ de bataille.

AJAX *reparaît*.—Troïlus, lâche Troïlus, montre donc ta tête!

DIOMÈDE *arrive*.—Troïlus, dis-tu? où est Troïlus?

AJAX.—Que lui veux-tu?

DIOMÈDE.—Je veux le châtier.

AJAX.—Je serais le général que tu m'arracherais ma dignité avant que je te laissasse ce soin... Troïlus! dis-je; Troïlus!

(Entre Troïlus.)

TROILUS.—O traître Diomède! tourne ton visage perfide, traître, et paye-moi ta vie, que tu me dois pour m'avoir enlevé mon cheval!

DIOMÈDE.—Ah! te voilà?

AJAX.—Je veux le combattre seul, arrête, Diomède.

DIOMÈDE.—Il est ma proie; je ne veux pas vous regarder faire.

TROILUS. — Venez tous deux, Grecs perfides[1], voilà pour tous les deux.

(Ils sortent en combattant.)

(Entre Hector.)

---

[1] *Græcia mendax.* (CICÉRON.)

HECTOR.—Ah! c'est toi, Troïlus! oh! bien combattu, mon jeune frère.

(Achille paraît.)

ACHILLE.—Enfin, je t'aperçois.—Allons, défends-toi, Hector.

(Ils combattent.)

HECTOR.—Arrête, si tu veux.

ACHILLE.—Je dédaigne ta courtoisie, orgueilleux Troyen. Tu es heureux que mes armes soient hors d'usage; ma négligence et mon repos te servent en ce moment, mais bientôt tu entendras parler de moi; en attendant, va, suis ta fortune.

(Il sort.)

HECTOR.—Adieu. Je t'aurais offert un adversaire plus frais et plus dispos, si je t'eusse attendu. (*Troïlus paraît.*) Eh bien! mon frère?

TROILUS.—Ajax a pris Énée. Le souffrirons-nous? Non, par les feux de ce ciel glorieux, il n'emmènera pas son prisonnier; je serai pris aussi, ou je le délivrerai.—Destin, écoute ce que je dis : peu m'importe que ma vie finisse aujourd'hui.

(Il sort.)

(Paraît un autre guerrier revêtu d'une armure somptueuse.)

HECTOR.—Grec, arrête : tu es un beau but.—Non, tu ne veux pas? Je suis épris de ton armure; je veux la briser et en faire sauter toutes les agrafes jusqu'à ce que j'en sois maître. (*L'autre fuit.*) Tu ne veux pas rester, animal? Eh bien! fuis donc, je vais te faire la chasse pour avoir ta dépouille.

(Il le poursuit.)

SCÈNE VII

La scène est dans une autre partie de la plaine.

ACHILLE, *suivi de ses Myrmidons.*

ACHILLE.—Venez ici, autour de moi, mes Myrmidons, et faites attention à ce que je dis. Suivez mon char. Ne frappez pas un seul coup, mais tenez-vous en haleine ; et lorsqu'une fois j'aurai trouvé le sanglant Hector, environnez-le de vos armes : soyez cruels et ne ménagez rien.—Suivez-moi, amis, et voyez-moi agir. C'est décrété ; il faut que le grand Hector périsse.

(Ils sortent.)

SCÈNE VIII

Un autre côté de la plaine.

MÉNÉLAS ET PARIS *entrent en combattant, puis vient* THERSITE.

THERSITE.—Ah ! Ménélas et celui qui lui a fait cadeau de ses cornes sont aux prises. Allons, taureau ! allons, dogue ! allons Pâris ! allons, courage, moineau à double femelle : allons, Pâris ! allons. Le taureau a l'avantage : gare les cornes. Holà !

(Pâris et Ménélas sortent.)

MARGARÉLON *survient*.—Tourne-toi, esclave, et combats.

THERSITE.—Qui es-tu ?

MARGARÉLON.—Un fils bâtard de Priam.

THERSITE.—Je suis bâtard aussi. J'aime les bâtards : je suis bâtard de naissance, bâtard d'éducation, bâtard dans l'âme, bâtard en valeur, bâtard en tout. Un ours n'en mord pas un autre ; pourquoi donc les bâtards se feraient-ils du mal ? Prends-y garde, la dispute nous serait fatale. Si le fils d'une femme perdue combat pour une femme perdue, il appelle le jugement. Adieu, bâtard.

MARGARÉLON.—Que le diable t'emporte, lâche !

(Ils sortent.)

SCÈNE IX

Le théâtre représente une autre partie de la plaine.

Entre HECTOR.

HECTOR.—Cœur gangrené, sous de si beaux dehors, ta belle armure t'a coûté la vie ! A présent ma tâche de ce jour est finie, je vais reprendre haleine. Repose-toi, mon épée : tu es rassasiée de sang et de carnage.

(Il ôte son casque et suspend son bouclier derrière lui.)
(Achille survient à la tête de ses Myrmidons.)

ACHILLE.—Regarde, Hector, vois : le soleil est prêt à se coucher; vois comme la nuit hideuse suit la trace de l'astre au moment où il va s'abaisser sous l'horizon, et faire place aux ténèbres pour terminer le jour : la vie d'Hector est finie.

HECTOR.—Je suis désarmé. N'abuse pas de cet avantage, Grec.

ACHILLE.—Frappez, soldats, frappez! c'est lui que je cherche. (Hector tombe.) Ilion, tu vas tomber après lui; Troie, tombe en ruines! ici gisent ton cœur, tes os et tes muscles.—Allons, Myrmidons; et criez tous de toutes vos forces : Achille a tué le puissant Hector! (On sonne la retraite.) Écoutez : on sonne la retraite du côté des Grecs.

UN MYRMIDON.—Les trompettes de Troie la sonnent aussi, seigneur.

ACHILLE.—Les dragons de la nuit étendent leurs ailes sur la terre et séparent les deux armées comme les juges du combat; mon épée à demi rassasiée, qui aurait volontiers achevé son repas, charmée de ce morceau friand, rentre ainsi dans son lit. (Il remet son épée dans le fourreau.)—Allons, liez son corps à la queue de mon cheval : je veux traîner ce Troyen le long de la plaine.

(Ils sortent.)

SCÈNE X

Toujours entre la ville et le camp des Grecs.

AGAMEMNON, AJAX, MÉNÉLAS, NESTOR, DIOMÈDE
et les autres guerriers en marche.—Acclamations.

AGAMEMNON. — Écoutez, écoutez! Quelles sont ces clameurs?

NESTOR.—Silence, tambours.

UN CRI.—Achille ! Achille ! Hector est tué ! Achille !

DIOMÈDE.—On crie : Hector est tué, et par Achille !

AJAX.—Si cela est, qu'il ne s'en enorgueillisse pas. Le grand Hector était un aussi brave guerrier que lui.

AGAMEMNON.—Marchons avec ordre.— Qu'on dépêche quelqu'un pour prier Achille de venir nous trouver dans notre tente. Si les dieux nous ont témoigné leur faveur par la mort d'Hector, la fameuse Troie est à nous, et nos sanglantes guerres sont finies.

(Ils sortent.)

SCÈNE XI

Une autre partie du champ de bataille.

ÉNÉE, *suivi des Troyens.*

ÉNÉE.—Arrêtez, nous sommes maîtres du champ de bataille ; ne rentrons pas chez nous ; restons ici toute la nuit.

(Troïlus arrive.)

TROILUS.—Hector est tué.

TOUS LES TROYENS.—Hector !—Que les dieux nous en préservent !

TROILUS.—Il est mort ; et, attaché à la queue du cheval de son meurtrier, comme le plus vil des animaux, il est honteusement traîné le long de la plaine. Cieux ! courroucez-vous, hâtez-vous d'accomplir votre vengeance. Asseyez-vous, dieux, sur vos trônes, et souriez à Troie ; oui, montrez votre clémence dans la rapidité de nos désastres, et ne prolongez point notre destruction inévitable.

ÉNÉE.—Seigneur, vous découragez toute l'armée.

TROILUS.—Vous qui me parlez ainsi, vous ne me comprenez pas. Je ne parle pas de fuite, de crainte ou de mort ; mais je brave tous les dangers, tous les maux dont nous menacent les hommes et les dieux. Hector n'est plus ! Qui l'annoncera à Priam ou à Hécube ? Que celui qui veut être appelé un hibou sinistre aille à Troie, et dise : Hector est mort ! Ce mot changera Priam en

ACTE V, SCÈNE XI.

pierre, et les épouses et les jeunes filles en fontaines et en Niobés, fera de froides statues des jeunes gens, et, en un mot, jettera Troie entière dans la consternation. Mais allons, marchons! Hector est mort, il n'y a rien de plus à dire : arrêtez cependant... Exécrables tentes, fièrement plantées sur nos plaines phrygiennes, que Titan se lève aussitôt qu'il l'osera, je vous traverserai de part en part. Et toi, lâche géant, nul espace de terre ne séparera nos deux haines : je t'obséderai comme une conscience coupable qui crée des spectres aussi vite que la fureur enfante des pensées. Donnez le signal de la marche vers Troie; prenons courage et marchons; l'espoir de la vengeance couvrira notre douleur intérieure.

(Énée sort avec les Troyens.)
Au moment où Troïlus va sortir, Pandare entre de l'autre côté.)

PANDARE.—Écoutez donc, écoutez donc !

TROILUS.—Loin d'ici, vil entremetteur ! que l'ignominie et la honte poursuivent ta vie et accompagnent à jamais ton nom !

(Troïlus sort.)

PANDARE.—Voilà un excellent topique pour mes douleurs. O monde ! monde ! monde ! c'est ainsi que le pauvre agent est méprisé ! O fourbes et entremetteurs, comme à force de protestations on vous presse d'agir, et comme on vous en récompense mal ! Pourquoi donc nos efforts sont-ils si recherchés et nos succès si dédaignés ! Quels vers citer à ce sujet? quels exemples? Voyons.

> Le bourdon chante joyeusement
> Tant qu'il conserve son miel et son aiguillon;
> Mais une fois qu'il a perdu sa queue armée,
> Adieu son miel et ses doux bourdonnements.

Bonnes gens qui faites le commerce de la chair, écrivez cette leçon sur vos tapisseries.

Vous tous qui dans cette assemblée êtes du château de la complaisance, que vos yeux à demi sortis de leur orbite pleurent la chute de Pandare; ou, si vous ne pouvez pleurer, du moins donnez-lui quelques gémissements; si ce n'est pas pour moi, que ce soit pour les douleurs de vos os malades, vous frères et sœurs, qui faites métier de veiller à la porte. Dans deux mois d'ici environ, mon testament sera fait; il le serait même déjà sans la crainte que j'ai que quelque maligne oie de Winchester [1] ne le sifflât : jusqu'à ce moment je transpirerai et chercherai mes aises ; et, l'instant venu, je vous lègue mes maladies.

(Il sort.)

[1] Les filles de joie étaient anciennement sous la juridiction de l'évêque de Winchester.

FIN DU CINQUIÈME ET DERNIER ACTE.

TABLE DES MATIÈRES
DU TOME QUATRIÈME

MESURE POUR MESURE.

Notice..	3
MESURE POUR MESURE, comédie.....................	5

OTHELLO.

Notice..	97
OTHELLO, OU LE MORE DE VENISE, tragédie.........	105

COMME IL VOUS PLAIRA.

Notice..	215
COMME IL VOUS PLAIRA, comédie.....................	217

LE CONTE D'HIVER.

Notice..	311
LE CONTE D'HIVER, tragédie...........................	314

TROILUS ET CRESSIDA.

Notice..	417
TROILUS ET CRESSIDA, tragédie......................	421

FIN DU TOME QUATRIÈME.

www.ingramcontent.com/pod-product-compliance
Lightning Source LLC
Chambersburg PA
CBHW051355230426
43669CB00011B/1644